プログレッシブ経済学シリーズ

統 計 学

【第2版】

刈屋武昭/勝浦正樹 著

東洋経済新報社

編集委員
猪木武徳
岩田規久男
堀内昭義

経済の統計学を学習する──はじめに

今日は明日の昨日

本書の狙い

　本書は，経済学，経営学，商学など社会科学系の学部生，あるいは統計学を学習し直したいという社会人や大学院生のための統計学の入門的な教科書である．

　統計学（あるいは統計科学）を学習することの重要性は，増大していく不確実性のなかで適切な意思決定を行ううえでますます大きくなっている．私たちは，毎日，情報のなかで生活している．なかでも GDP，株価，為替レート，企業の財務指標等のデータとしての数値情報は，経済情報の中心をなす．経済の統計学は，主としてこの数値情報を分析し，不確実な経済現象を実証的に把握し，将来を予測し，企業の経営計画や投資計画，政府の経済政策，あるいは家計の将来計画（住宅購入，貯蓄計画）等の意思決定をサポートする．数値情報は，何らかの概念を量的に表現するものであり，概念との対応関係において数値（統計データ）が意味を持つ．統計学は，その対応関係を科学する学問である．本書はこの立場から全体の流れを構成している．

本書の特徴

　統計学を学習する場合，多くの人が難しいと感ずる点は，データといろいろな概念を対応づける統計的推論の考え方である．本書は，まず第1にこの点を意識して，データとそれが生成される構造（母集団）との関係が少しずつ理解

できるように，多くの例や図表はもちろんのこと，解説を繰り返しながら章をつなげていく工夫をしている．そのため本文中の内容は，基礎的概念と基本的分析法に限定し，内容の連続性を保つようにしてある．

そして，各章末には練習問題を設け，各章で学習した基礎項目を復習できるようにしてある．練習問題のなかには本文で取り扱えなかった若干の応用的な内容も含まれている．統計学の学習においては，統計的な概念を理解するだけでは十分でなく，自ら実際に計算し，分析してみることが重要である．最初に本文だけを読んで概念が理解できなくても，計算を通じて，理解できるようになることがしばしばある．そこで，例題や練習問題にあるデータを，自分でExcelなどを用いて計算し，概念，データ，統計的考え方，分析方法の関係を理解してもらいたい．本書にある例題や練習問題は，特別な統計ソフトを利用しなくとも，Excelで計算できるようになっている．また，本文中ならびに練習問題で示されているデータは，すべて本書のウェブページからExcelファイルでダウンロードできる．ウェブページは，

http://wwwecono.meijo-u.ac.jp/~katsuura/index.html

にある本書のページへのリンクから入るようになっている．練習問題については，データや解答だけでなく，計算の過程も含まれているので参照されたい．

本書のもう1つの特徴は，経済の統計学という立場から，例題や練習問題にできるだけ実際の経済データを用いて解説している点である．経済の統計学は，様々な実際の経済状況を分析・把握し，いろいろな意思決定をサポートする．そこで重要になるのは，経済データについての理解である．経済データのなかには，為替レートや株価データのように市場で成立した直接の価格情報を表現するもの以外に，GDPのように様々な基礎となる統計を高度に加工したデータもある．また，家計調査のように標本抽出により集計されたデータもある．これらのデータの作成法やその意味については，紙幅の許す範囲で説明してある．

最後に，数式や数学の取扱い方である．統計学では，データの生成を記述するときに利用する確率の概念や偏差値など数値情報を集約する様々な概念を明確に表現するために，数式を利用する．数式を用いると複雑かつ難解にみえるかもしれないが，重要な点は，数式の持つ意味とその背後にある概念を理解す

ることにある．本書では，こうした理解ができるように，数式についてもその計算方法を含めて，ていねいな解説を心がけている．実際に Excel などで計算することは，概念と数式の関係の理解をかなり手助けしてくれるので，計算しながら数式に慣れてもらいたい．

本書の利用のしかた

　本書は14章から構成されているが，大学の半期（15回）ないしは通年（30回）の授業で用いられる教科書を意識して上梓したつもりである．そのために取り上げるトピックをかなり絞っている．例えば，確率モデルとしては2項分布と正規分布を基本として，t分布とχ^2（カイ2乗）分布を正規分布のもとでの標本分布として扱っているにすぎず，他の教科書で扱っているF分布などを割愛している．むしろ，そうした分布の基本となる確率の考え方や統計的推論の考え方に，それらに関する例題とともに紙幅をさいている．しかし，それでも内容的に若干多いかもしれない．

　通年の場合には，問題演習なども含めながら各章1～3回の授業といった目安で進めてもらえばよい．半期ずつ2期にわたって授業がある場合（例えば前後期で統計学Ⅰ・Ⅱなどに分かれている場合）には，前半で記述統計に対応する1章から6章に加えて13章（回帰分析の基礎）を扱い，後半で推測統計に対応する7章から12章に加えて14章を扱うという方法も考えられよう．半期のみの場合は，14章すべてを扱うのは時間的に難しいかもしれない．記述統計の部分だけに絞るというのも1つの方法である．また，問題演習や証明などを各自の課題としたうえで，扱うトピックを基本的な部分だけにして，各章を1回ないしは2回の授業を目安に進めていくのも1つの方法である．なお，若干難解と思われる項目には＊印をつけてあるので，省略してさしつかえない．また，数学的にやや困難と思われる証明などについては，章の最後につけた参考や巻末の付録にまとめてあるので，必要に応じて参照されたい．

第2版にむけて

　本書の初版が世に出たのは1994年であり，それから15年ほどが経っている．第2版として大幅な改訂をした理由は，データをアップデートするという意味

ももちろんあったが，その間に生じた様々な経済社会やニーズの変化に，できるだけ対応したいと考えたからである．もちろん，この間に統計科学が進歩を遂げたことは言うまでもないが，入門書で学ぶべき基本的な考え方や概念が，それほど大きく変わったわけではない．ここでいう変化を列挙すると以下のようなことである．

第1は，インターネットに代表されるIT技術の急速な発展と普及である．現在ではパソコンを使えるのは当然であり，コンピュータ・リテラシーとして，基本的な操作は多くの人に共通なものとなっている．統計学への理解を深めるためには実際に計算してみることが有効であるが，その際にコンピュータを使うことが効果的であるだけでなく，必要でもある．実際，ほとんどのパソコンにインストールされているExcelを使えば，回帰分析も含めた基本的な統計学の計算を自分で実行でき，学習効果を高めることができる．他方，データをインプットすることは単純作業で，計算する意欲をそぐものである．そこで，上述したように，本書に掲載されているすべてのデータのExcel用ファイルを上記のウェブアドレスからダウンロードできるようにしている．また，本書でも必要な箇所には，Excel 2007での計算方法を提示しており，Excelで計算しながら学習することを意識して内容を書き換えている．

第2は，高等学校での学習内容の変化や大学入学時における数学の習得状況の問題である．周知のとおり，数学に限らず，多くの科目で高等学校までで学習する内容が減っている．また，大学入試の多様化により，少数科目での受験や推薦入試などの拡大で，いわゆる文系の数学離れは進んでいる．そこで，これまで数学を十分に学習してこなかった場合でも内容が理解できるように，数学的により平易に解説することを心がけた．

この他にも，省庁再編や統計調査の変更などにより，データの出所や説明方法を変える必要があったことなども，版を新たにしようとしたきっかけの1つとなっている．

また，初版を利用して筆者たちが統計学を教育してきたこれまでの経験や，初版に対する様々な意見・要望が蓄積され，その結果，より効果的な説明の方法や，取り上げるトピックなどを模索し，改訂を行った．こうした貴重な意見や要望は，授業の受講生はもちろんのこと，統計学の教育・研究に携わる多く

の方々や統計学を利用している現場の社会人からも頂いた．それらを反映するようにていねいな説明を心がけたが，そのために紙幅が増え，初版にあった2つの章（時系列分析，物価指数）を章としては削除し，その内容の一部を他章に部分的に含めることにした．もちろん，これらの項目が重要でないというのではなく，本書を理解し終えた段階で，巻末の参考文献などによってこうした内容もさらに学習してもらいたい．

いずれにせよ，本書がより多くの方々に統計学に興味を持つ1つのきっかけとなってもらえれば幸いである．

最後になったが，本書の刊行にあたり，東洋経済新報社の川島睦保氏，須永政男氏，村瀬裕己氏には大変お世話になった．また，坂野槙子氏，川口真吾氏には，改訂版を作成するための入力作業に協力していただいた．記して謝意を表したい．

2008年7月

刈屋　武昭

勝浦　正樹

目次

経済の統計学を学習する──はじめに

1章　経済の統計学とその役割……………………………………3

1　数値情報　3
数値情報の特徴(3)／数値情報の役割(5)／経済情報と意思決定(5)

2　経済の統計学の役割　7
分析の流れと統計学の役割(7)／分析目的・データ・分析方法(8)／分析結果と意思決定(9)／確率的不確実性と意思決定(10)

3　データと母集団および本書の内容　11
母集団と標本(11)／記述統計と推測統計，本書の内容(11)／有限母集団と無限母集団(14)

キーワードと練習問題　16

2章　データについての理解……………………………………19

1　フローのデータとストックのデータ　19
フローとストック(19)／フローとストックの関係(20)

2　クロスセクションデータと時系列データ　21
クロスセクションデータと時系列データ(21)／時系列グラフ(22)／家計調査(26)

3　名目データと実質データ　28
実質化の必要性(28)／物価指数と実質化(29)

viii　目次

4　時間変化率と寄与度　31

変化率(31)／寄与度と増加寄与率(32)

5　質的データ（属性のデータ）と比率　36

質的データの数値化(36)／日銀ディフュージョン・インデックス(38)

6　離散的データと連続的データ　39

可算個のデータと離散的データ(39)／離散的データと連続的データの区別(40)

キーワードと練習問題　41

3章　度数分布とローレンツ曲線　……………………………47

1　度数分布表　48

データの表し方(48)／度数分布表(49)／度数，相対度数，累積度数(49)

2　ヒストグラム　52

ヒストグラム(52)／階級の決め方(53)／ヒストグラムにおける階級幅の調整(56)／クロス集計(59)

3　ローレンツ曲線とジニ係数　60

所得格差の問題(60)／ローレンツ曲線(62)／ジニ係数(66)
参考　階級数の決め方—統計理論的アプローチ—(69)

キーワードと練習問題　69

4章　データの代表値　……………………………………………75

1　平均値　76

平均値（算術平均値）(76)／2つのグループの平均値(77)／平均値の定義と総和記号Σ(78)／度数分布表からの平均値の計算(81)／平均値の性質(82)

2　メディアン（中央値）　85

メディアンの定義と性質(85)／度数分布表からのメディアンの計算(86)／相対貧困率と四分位数(88)

3　モード（最頻値）　89

モードの定義と性質(89)

4　平均値・メディアン・モードの関係　91

分布の形と平均値・メディアン・モードの大きさ(91)

5　その他の平均値　93

幾何平均(93)／移動平均(94)
参考　平均値の性質(3)の証明(97)

キーワードと練習問題　97

5章　散らばりの特性値 …………………………………… 101

1　分散と標準偏差　102

散らばりの情報の意味(102)／分散と標準偏差の定義(104)／分散・標準偏差の計算(106)／分散と標準偏差の性質(107)／度数分布表からの分散の計算(108)／リターンとリスク(109)／自由度調整済分散（不偏分散）*(111)

2　変動係数　112

3　その他の散らばりの特性値*　114

レンジ(114)／四分位範囲・四分位偏差(115)／平均偏差(115)

キーワードと練習問題　116

6章　基準化変量と歪度，尖度 …………………………… 119

1　基準化変量　120

基準化と基準化変量(120)／基準化の意味*(121)／偏差値(123)

2　歪度と尖度　125

歪度(126)／尖度(127)

3　四分位歪度と集中度*　130

参考　基準化の効果(131)

キーワードと練習問題　132

x　目次

7章　確率と確率変数 … 135

1　確率変数と離散的確率分布　136

確率変数(136)／確率分布(138)

2　確率変数の平均と分散　140

確率変数 X の平均と期待値(140)／確率変数 X の分散(142)／期待値の性質(144)／期待値の一般的な定義(146)／基準化確率変数(148)／歪度・尖度(148)

3　同時確率・周辺確率・条件付確率　149

2項確率モデル(149)／同時確率と同時確率分布(151)／周辺確率(153)／一般的な場合の同時確率，周辺確率(155)／条件付確率(155)／ベイズの定理(159)

4　2つの確率変数の平均，分散，共分散　162

2変数の関数の期待値(162)／2つの確率変数の1次式の平均値・分散と共分散(163)／n 個の確率変数の同時確率分布(165)

キーワードと練習問題　166

8章　離散的確率分布 … 169

1　確率変数の独立性　170

2つの確率変数の独立性(170)／独立性と条件付確率(171)／3つ以上の確率変数の独立性(172)／iid（互いに独立に同じ分布に従う）(172)

2　独立な確率変数の平均値，分散，共分散　174

平均値(174)／分散・共分散(174)／独立な n 個の確率変数の平均値・分散(175)

3　2項分布　176

2項試行と2項確率(176)／2回の2項試行の確率分布(177)／2項分布(180)／2項分布の平均と分散(183)

4　その他の離散的確率分布　184

ポアソン分布(185)／幾何分布(187)／負の2項分布*(188)

キーワードと練習問題　189

9章　連続的確率分布と正規分布 ……………………191

1　確率密度関数　192

連続的確率変数を離散的に考える(192)／確率密度関数(195)／連続的確率変数の平均値と分散(197)

2　正規分布　198

正規分布(199)／正規分布の性質(200)／標準正規分布と正規分布表(201)／正規分布表による確率計算(203)／標準偏差と確率変数の含まれる割合(205)

3　その他の連続的確率分布　206

一様分布(207)／指数分布(208)／ガンマ分布*(209)

4　2次元確率密度関数*　210

5　連続的確率変数の独立性　214

連続的確率変数の独立性とiid(214)／独立性のもとでの平均値・分散・共分散(216)

キーワードと練習問題　219

10章　標本抽出と標本分布 ……………………223

1　母集団と標本　224

視聴率調査(224)／有限母集団と無限母集団(226)／データと母集団(229)

2　標本抽出法　231

全数調査と標本調査(231)／無作為抽出と有意抽出(231)／単純無作為抽出法(233)／層別抽出法(234)／多段抽出法(236)／系統抽出法(236)／その他の標本抽出法(237)

3　標本平均 $\bar{X}$ の標本分布　238

標本平均の標本分布の例(238)／標本平均 $\bar{X}$ の標本分布の平均(241)／標本平均 $\bar{X}$ の標本分布の分散(242)／有限母集団からの標本平均 $\bar{X}$ の標本分布(244)

4　統計量の標本分布と比率への応用　245

標本分布の考え方(245)／統計量とパラメータ，推定量と推定値(246)／標本比率の標本分布(247)／標本比率の標本分布の平均と分散(248)

xii 目次

5 中心極限定理 250
母集団分布が正規分布の場合(250)／中心極限定理(251)／中心極限定理の応用(254)

6 t 分布 255
t 統計量と t 分布(255)／t 分布表(258)

7 歪度統計量，尖度統計量の標本分布 261

キーワードと練習問題 262

11章 母集団のパラメータの推定 ……265

1 信頼区間 266
点推定と区間推定(266)／区間推定のシミュレーション(267)／母平均 μ の信頼区間(269)／母比率 p の信頼区間(273)／母比率 p のより厳密な信頼区間*(276)

2 点推定量の特性 277
標本平均 $\bar{X}$ の持つ望ましい性質(277)／不偏性(277)／推定量の分散と有効性(278)／平均2乗誤差 MSE と最小分散性(280)／一致性(282)／チェビシェフの不等式*(283)

3 標本の大きさの決定 284
標準誤差(284)／比率の推定と標本の大きさ(285)／平均値の推定と標本の大きさ(288)

4 母分散 σ^2 の推定 289
標本分散の性質(289)／標本分散 S^2 の標本分布と χ^2 分布(290)／母分散 σ^2 の信頼区間(291)

5 最尤法* 294
最尤法の考え方(294)／尤度と最尤推定値(295)／最尤推定値の例(296)

キーワードと練習問題 298

12章 仮説検定 ……301

1 仮説検定の考え方 302

目次　xiii

簡単な例(302)／帰無仮説と対立仮説(303)／仮説の判定方法(305)／棄却域，受容域，有意水準(306)／検定統計量(307)／2種類の過誤(308)／仮説検定の手順のまとめ(309)

2　母平均 μ の片側検定　311

母平均 μ の片側検定の例(311)／母平均 μ の片側検定の手順(313)／母比率 p の片側検定(315)

3　母平均 μ の両側検定　316

母平均 μ の両側検定(317)／母比率 p の両側検定(318)

4　平均値の差の検定　319

母分散が等しい場合の平均値の差の検定(319)／母分散が等しくない場合の平均値の差の検定(321)／母比率の差の検定(322)

5　適合度検定と分割表の検定　323

適合度検定(324)／独立性の検定(326)

6　その他の検定*　329

分散の検定(329)／正規性の検定(329)

キーワードと練習問題　330

13章　回帰分析の基礎　333

1　散布図と相関係数　334

散布図(334)／散布図と相関(336)／共分散(336)／相関係数(339)

2　最小2乗法と回帰直線　342

散布図への直線のあてはめと残差(342)／最小2乗法(343)／回帰直線と残差の性質(346)／残差の分散(347)

3　決定係数　349

説明変数・被説明変数(349)／y の変動の分解と決定係数(350)／決定係数と相関係数(352)

4　重回帰分析　353

重回帰分析(353)／重回帰分析における最小2乗法と決定係数(354)／偏回帰係数(356)／説明変数の追加と決定係数(358)／修正決定係数(359)／修正決定係数が増加する条件*(361)

参考　重回帰分析（$K=2$）の最小2乗推定値(362)

キーワードと練習問題　362

14章　母集団回帰モデル　……………………367

1　母集団単回帰モデル　368

母集団回帰モデル(368)／誤差項に関する諸仮定(369)／最小2乗推定量の標本分布(371)／最小2乗推定量の性質(373)

2　回帰係数の区間推定　375

誤差項の分散 σ^2 の推定(375)／回帰係数の信頼区間(376)

3　回帰係数の仮説検定　378

回帰係数に関する仮説の設定(378)／検定統計量と t 値(379)／t 値と P 値(381)

4　母集団重回帰モデル　385

母集団重回帰モデル(385)／最小2乗推定量の標本分布(386)／回帰係数 β_k の信頼区間(387)／仮説検定と t 値・P 値(387)／多重共線性(388)／F 検定*(389)

5　回帰分析の応用　390

CAPM(390)／トレンドの推定と除去(391)／定常時系列(394)／自己回帰モデル(396)／相関係数の検定(398)

キーワードと練習問題　400

付録　405

練習問題　略解　413

付表　433

参考文献　437

索引　439

統計学 第2版

1章 経済の統計学とその役割

　本章では，統計学を学習するうえでの基本的な視点・考え方を説明しながら，本書の内容や本書全体を通しての立場や見方を紹介する．とりわけ経済データや経済分析を意識しながら，統計学がどのように役立つのかをいくつかの例をあげながら考えていく．経済の統計学の重要性を理解してもらいたい．

【本章の内容】
(1) 数値情報としてのデータの役割と特徴を，特に経済という側面から考察する．
(2) データを科学する統計学が分析の流れにおいてどのような役割を果たすのかをみる．
(3) データとそれを生成した母集団との関係を解説し，本書全体を通しての考え方や見方を紹介する．

1　数値情報

　本節の狙いは，数値情報としてのデータの意味と私たちの生活のなかでのその役割，そして統計学との関係を考えることである．

数値情報の特徴

　私たちは，毎日，情報のなかで生活している．いわゆるデータとしての数値情報は，経済情報の中心をなす．例えば，金利，株価，為替レート等の経済市況情報や，GDP（国内総生産），失業率，鉱工業生産指数等のマクロ経済指標，

あるいは企業の経常利益，売上高等のミクロ経済指標などきわめて数多くある．また身近な数値情報として，気象情報の降水確率，交通事故死亡者数，テレビ視聴率，野球選手の打率，家計簿に記された支出額等々があり，これらもまた豊富である．

これらの数値情報は，次のような特徴を持つ．

> (1) 数値とは，何らかの概念を量的に表現するものであり，概念との対応関係において数字が意味を持つ．その対応関係を科学するのが統計学（最近では統計（データ）に関する科学という意味で統計科学という）である．
> (2) 数値は，一般的に客観的であり，公表されているかぎり共通な情報である．
> (3) 数値情報の作成・管理・公表には，直接・間接的なコストがかかる．

野球選手の打率データの場合，打率という概念に関してデータは一義的な対応をする．すなわち，打率＝安打数÷打数である（打席数から四死球・犠打・犠飛を引いたものが打数）．しかし，選手の打者としての能力という概念に関しては，打率データはその一部の情報を提供するにすぎない．実際，打者の能力を測る指標（変数）としては，出塁率，安打数，打点数，ホームラン数等の別な指標も必要となろう．またこれらのうちどの指標に大きなウェイトを与えるかによって，選手の評価も分かれることになる．

同様に，景気動向をみるのによく利用される鉱工業生産指数は，鉄鋼業，化学工業等の鉱工業に属する企業や産業の生産活動に関する指標を作り，ウェイトをつけて総合化したものである．もちろん，ウェイトの与え方で数値が異なる．また失業率は，景気動向をみる場合には，あくまでも1つの数値情報にすぎず，景気は，失業率などの雇用状況以外にも，生産，消費，物価，金利等々の様々な経済データを総合的に評価して判断される．

これらのマクロデータは一般に集計されたものであり，集計の過程において様々な概念設定とそれに対応する測定法がとられる．例えば消費者物価指数は，多くの個別の財・サービスの価格をまとめて指標化した複雑な数値である．他方，株価の情報は市場で成立した均衡価格の情報を一義的に提供し，それは客観的かつ共通に認識できる数値情報である．これに対して気象情報の場合，気

象庁の専門家が背後にある多くのデータを分析した結果であり，降水確率も分析主体の判断が含まれている．その意味で上の数値情報と異なっている（判断を伴った分析情報）．しかしこれも公表される共通な情報である．

数値情報の役割

次に数値情報の役割を考えてみよう．数値情報はいろいろな意思決定の材料とされ，将来の経済活動の予測情報を与える．

野球の好きな人は，スポーツ紙を買って（コストを払って）いろいろな選手の打率や打点，あるいは防御率などをみたりする．またその情報を得れば，テレビの野球中継がいっそう楽しくなるのであろう．このような数値情報の利用は，楽しむ（効用を得る）ためであり，書籍等の文字情報に似ている．スポーツ新聞を作成する側は，記事情報とともに数値情報（データ）をコストをかけて手に入れる．ファンの知りたい情報が多いと新聞もよく売れるだろう．一方野球選手にとっては，数字は成績であり，翌年の給料（年俸）の査定の基本的材料（情報）とされる．さらに，チームの成績（勝率）や打率等の数字はテレビの視聴率にも影響を与えるし，視聴率は民放テレビ局などの広告収入に影響を与えることになるので，野球の試合の放映の意思決定に関係していき，またそれは球団の収入や選手の給料にもつながる．このように（数値）情報を楽しむ人がいるということは，いろいろなビジネスの意思決定に影響を与える．

また，公営ギャンブルである競馬では，競走馬や騎手のいろいろな数値情報が，予想（予測）のために利用されるであろう（ただし，正確には公営競技と呼ばれ，馬券は勝馬投票券という．ちなみにtotoが愛称のサッカーくじは，スポーツ振興投票券である）．そこでは，データは市場価値を持つし，その分析結果も市場価値を持つ．他方，交通事故死亡者数などの数値情報は，政策的な意思決定に影響を与えるし，その情報を受けた者の生活の仕方にも影響を与えるであろう．

経済情報と意思決定

経済的意思決定において最も重要なことは，将来の経済や社会状態をどうみるかであり，その予測に対して経済情報，特に数値情報は重要な役割を果たす．

政府は経済政策を実施するうえで，現在の経済状態を把握することのみならず，将来の為替レート水準等も含めた経済状態を予測しなければ経済政策を立案できないし，その経済政策のもたらす効果についても予測しなければならない．そこでは，一定の範囲で数値情報がなければ，例えば公共投資額の大きさ等の具体的な政策案を決定できない．

　実際，為替レートや株価の水準はいろいろな形で景気に影響を与えるのである．民間企業では，将来の景気の状況，為替レートや金利水準等を予想して，投資計画，生産計画，資金調達などの財務計画等を作る．また個人レベルでも，株価水準や金利，為替レートの変動が，金融的投資，海外旅行などの意思決定に大きな影響を与える．もちろん為替レートや株価が効率的に予測できれば，巨大な富を作ることもできる．経済的意思決定においては，こうした不確実性の高い経済変数の予測を強いられる一方，予測が外れた場合の金融的保険的手段（リスクをヘッジするといい，先物やオプション等が用いられる）も購入できる．その購入の意思決定も，自らの予測に対する自信と予測が外れた場合のリスクの大きさに依存する．例えば海外に自動車を輸出する企業が，輸出代金をドルで受け取るまで3カ月かかるとしよう．現在の為替レートは110円であるが3カ月後に為替が円高（例えば100円）になると，実際の円収入は輸出時点の為替レートで計算したものと比べて小さくなってしまう．そこで，3カ月後に入るドル代金を現在の為替レート（110円）で売る契約を銀行としておく．この契約のことを先渡し（フォワード）契約という．このように，将来入るドル収入を円転（円に替えること）するときに起こる為替変動リスク（不確実）を避けるため，このような保険的先渡し契約が頻繁になされている．

　このように数値情報は，いろいろな意思決定に影響を与えるし，経済的数値情報は将来の経済状態の予測のための客観的な基礎情報として特に重要となる．統計学は，このようないろいろな数値情報（データ）とそれが関係する概念との対応を科学する学問である．

2 経済の統計学の役割

分析の流れと統計学の役割

経済の統計学の役割は，分析目的に対応して，主に数値情報としてのデータを処理・分析することによって複雑な現象を理解し，データを生成した集団や構造についての知識の蓄積や予測をすることによって，いろいろな意思決定をサポートすることである．この流れは以下のように図示できる．

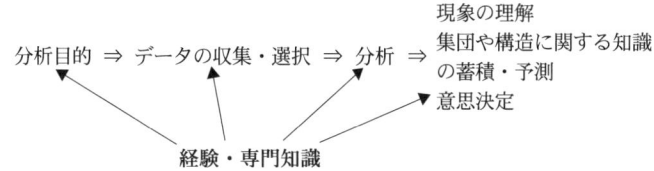

また，データの取り方（**標本抽出法**）やその加工法も統計学の重要な対象である．

> 統計学は，与えられたデータを分析（データ解析）するだけでなく，データの取り方や，データとそのデータを生成した集団や構造との関係を理解し，データの表現する量的概念とそれを生成した集団や構造との対応関係を科学（母集団への推論）する学問であり，そのための専門知識を与える．

狭い意味での統計学は，データの収集法とデータの分析手法を指すことが多い．しかし分析目的がわからないとどのようなデータを収集したらよいかわからないし，かりにそれが与えられたとしても，そのデータからどのような情報を抽出してよいかわからない．また有効な分析手法も選択できない．有効な分析をするためには分析目的を知り，データとデータを生成した集団や構造との関係を理解し，データの表現する量的概念との対応関係を理解することが重要である．そして分析目的に対応した分析視点を設定しなければならない．

分析目的・データ・分析方法

　複雑な経済現象の場合，分析目的に対していくつかの分析視点があることが普通である．知りたいこと（分析目的）をまず知ることが統計分析の出発点である．次に手中のデータが知りたいこと（分析目的）に対応しているかを問う．例えば，労働経済の問題として野球選手の能力と賃金の関係をみる場合，打率のデータだけを持っていたとしても不十分であろう．そしてある統計的方法を用いるとき，それがどのような情報を抽出したり，どのような分析に適しているのか，絶えず注意を払う必要がある．経済構造を知ることが狙いであれば，分析視点をすえてデータの範囲や方法，モデルの選択を行う．予測の問題では，データや方法（モデル）が予測に対して十分であるか，構造を把握するために効果的であるかを問う．また意思決定に関する問題では，分析目的は意思決定を効率的にする情報を抽出することになる．

　この野球の例でいえば，打率に加えて多くのシーズン中のデータが必要であろうし，それらのデータとともに勝ち試合への貢献度，負け試合での負の貢献度を判断できる方法と分析が必要となろう．その方法や分析は，本書でこれから学ぶいろいろな分析手法を応用することになる．他方，証券会社・銀行等の株のディーリングでは，株価の予測が主要な分析目的となる．そこでは短期的予測と長期的予測を区別する必要もあろう．しかし株価や為替レートの変動はきわめて複雑で不確実性が大きいため，分析目的が設定されても，関連するデータの範囲は，為替レートや株価はもちろん，マクロ経済データや企業の財務データときわめて広く，分析の視点をすえたうえで分析する必要がある．分析方法としては，13章，14章で扱われる因果的視点をすえた**回帰分析**や時間的変動の規則性を抽出する時系列分析等が利用される．当然，利用するデータが異なれば予測は異なるし，同じデータでも分析方法が異なれば，予測も異なる．実際の投資の意思決定では，予測値の信頼性を示すリスク分析も必要となる．予測値やリスク評価の値が異なることは，当然異なる意思決定をもたらす．

　当然のことながら統計学は分析のみならず，分析対象となるデータの収集法や加工法も，知りたい情報との対応でその方法を与える．知りたい情報が視聴率や政党支持率のような場合，その加工法は明らかであるものの，あるテレビ

番組をみたかどうか，ある政党を支持するかどうかを質問する人を選ぶ方法（標本抽出法）が問題となる．東京駅だけで政党支持率を調査しても，それでは特定の偏った人たちを調査することになり，あまり意味がないだろう．他方，消費者物価指数のように，多くの財・サービスの価格を調査して総合化する加工方法も，統計学のなかで重要な領域を作っている．しかし，多くの場合その作り方とデータが提供する情報の持つ意味を理解すればよく，これらのデータを利用してインフレ分析や金利との関係を分析して，現象の理解やいろいろな意思決定等をサポートできる．

分析結果と意思決定

　統計学的分析をするためのデータは，多くの場合インターネットを通じて収集できるようになり，購入費はあまりかからなくなったものの，ソフトウェアやハードウェアの購入，データのコンピュータへの入力などのコストがかかる．したがってこのようなコストをかけて分析する背後には，分析目的に対応した意思決定の重要性がある．あまり重要でない日常的な意思決定の場合，わざわざデータを収集して分析したりしないし，データが容易に手に入っても，分析は主観的に頭のなかで簡単にすませることが普通である．例えば，朝出かける前に傘を持って出るかどうかの意思決定の場合を考えよう．テレビなどの気象情報から降水確率が得られるので，そのデータは頭にインプットされる．しかし降水確率は低くても雨が降る可能性はないわけでないので，傘を持たないで外出した場合，雨が降れば不快な思いをしたり，タクシーを利用すれば金銭的コストがかかってしまう．しかしその具体的不快さ（不効用）や思わぬ出費の不効用は主観的なものであり，人によって違うので，傘を持っていくかどうかの意思決定は，その不効用を評価する主観的評価基準（効用関数，損失関数などとも呼ばれる）に依存する．その主観的評価基準の違いは，傘を持っていったり，持っていかなかったりする結果の違いを生む．

　よく似た例として，株価の収益率とリスク（危険性）について同じ予測をしても，リスクを非常に嫌う人は，そうでない人と比べて異なる行動をする（ある株を購入したら80％の確率で収益が得られると予測されても，多くの人は購入するだろうが，リスクを嫌う人は別な行動をとる）．しかし，株価の分析結

果の違いが異なる行動を生むのと同様，傘を持って出るかどうかの意思決定の場合も分析結果の違いが異なる行動を生んでいるのである．実際，共通な情報として与えられる降水確率も，そのまま直接的にそれを利用するのでなく，気象庁の予報に対する経験的信頼性，空をみた感じ，母親の評価等のデータを頭のなかにインプットし，頭のなかで瞬時に分析しているとみることができる．頭のなかにそれぞれの分析法と分析用のソフトウェアが組み込まれていて，大脳コンピュータによって分析されるとみることができる．他方，（ドームでない）野球場に店舗を持つ弁当販売業者にとっては，野球場のある場所での降水確率が必要であり，気象庁のデータだけでは十分ではなく，気象業者から分析結果としての予測結果を買い，弁当の生産量についての意思決定をする．その場合，やはり分析結果の信頼性も生産量の決定には利用されるであろう．なお，降水確率はアメダス等の映像の時間的変化の情報（時系列的情報）や気圧等いろいろな数値情報をもとに，専門家の知識判断を加えて分析された結果得られた予測数値情報である．

確率的不確実性と意思決定

　気象の長期予報は農業生産のみならずエアコン等の生産計画に影響を与える．アメリカでは気象予測を専門にする多くの企業があり，フロリダの冬季の温度予測がオレンジの先物価格に大きな影響を与える．日本でも1990年代に入って気象業務法が改正され，多様な気象ビジネスが発展している．そのビジネスを始めるためには気象予報士の資格が必要となるだろう．降水確率にしろ長期予報にしろ予測情報であり，その予測が必要である理由は，気象が不確実な現象であるからである．他方，その予測がビジネスとして成立するのは，効率的な予測がいろいろな損失やリスクを小さくしたり，先物等によって利益も得たりすることができるからである．

　このように気象の不確実性が，経済のいろいろな不確実性の原因にもなっていて，それは消費，投資，GDP等のマクロ経済指標や，株価，企業の利益等の変数が確率的な変動をする原因の1つにもなっている．一般に経済変数は，気候のみならず，政治や紛争，あるいは情報に反応するわれわれの行動によって確率的不確実性を持っている．統計学はこのような不確実性を伴う現象を確

率的に記述したり，不確実性のもとでの意思決定をサポートする．

3 データと母集団および本書の内容

母集団と標本

　与えられたデータの分析目的としては，データを発生させた集団やその構造について推論し，その知識を得ることである場合が多い．その場合，データとそのデータを発生させた集団の構造との対応関係を理解することが必要である．データを抽出した集団やデータを生成した構造を**母集団**という．それに対して，母集団から取られたデータは**標本**と呼ばれる（10章参照）．すなわちデータとは，母集団から抽出された標本である．統計学がデータを用いていろいろな現象を記述したり，現象の背後にある構造を明らかにしたり，予測をして意思決定をサポートできるのは，与えられたデータが現象の背後にある構造についての情報を提供するからである．与えられたデータがすでに過去に実現したものであるにもかかわらず，データの分析により構造の把握や将来の予測ができるのは，まさにデータがその母集団の情報を持っているからである．統計科学は，この母集団の情報を分析目的に関して効率的に抽出しようとする．

　しかしデータの分析の狙いは，必ずしも母集団についての知識を得るためだけではない．実際，データのなかにある情報それ自体が重要である場合も少なくない．例えば「源氏物語」について，「おかし」や「あわれ」などの言葉の頻度や文法的特徴を統計的に把握して「源氏物語」をこの点から記述したり，ある県の特徴をみるためいろいろな統計を取り人口や男女別比率，農業生産額，気温等を記述する場合等，たくさんある．

記述統計と推測統計，本書の内容

　このようにみていくとデータ分析の立場を次のように大別できる．

(1) **データのなかの分析**：主としてデータのなかに現れた現象や関係，あるいは特徴を分析し，その記述や要約を行う．この立場をしばしば**データ解析**もしくは**記述統計**の立場という．

(2) **データの外への推論**：分析対象が，データを生成した母集団であり，データの分析を通じて母集団やその構造を推論する．必要ならば将来の事象について予測を行う．この立場をしばしば**推測統計**の立場という．

(1)の記述統計（データのなかの分析）は，本書では，2章～6章と13章がそれにあたる．そして，10章～12章と14章は(2)の推測統計（データの外への推論）を扱い，7章～9章はそのための準備としての基礎的な理論を与える．ただし，(1)と(2)は独立したものではなく，互いに密接に関連しており，厳格に分類できるものではない．

簡単な例として，高校3年生男子500人の身長のデータがあるとして，その分析と本書の内容を対応させていこう．(1)の立場の分析としては，500人の身長の分布状況（3章の度数分布）や，平均値・分散など（4，5章の平均値・分散，さらに6章の尖度・歪度）を求めて，与えられた500人の身長の分布状況の特徴を記述する．また，身長のデータが過去から現在にかけて得られる場合には，その比較によって様々な考察を行うことができる（2章の時系列データの分析）．他方，(2)の立場の分析では，500人のデータの抽出法に注意を払う（10章の標本抽出法）．例えば，そのデータは全国から選ばれた高校3年生男子500人の身長であり，500人の抽出のされ方が恣意的でなくランダム（無作為）であるとする．その場合，この500人のデータは母集団（日本全体の高校3年生男子全員の身長）についての推論の基礎を与える．そこではデータから計算される平均値や分散を用いて母集団（日本）全体の平均や分散について推論したり，過去よりも身長が伸びているのかなどを検証する（11，12章の推定・検定）．その推論の基礎となるのは，確率の概念である（7章～9章の確率変数と確率分布）．さらに身長に地域差などがあったとすれば，それは各地域のどのような特徴を反映しているのか，身長が伸びてきたのであればその要因は何か，あるいは今後も伸び続けるのかといった問題は，身長と他のデータとの関連をみることになる（13章，14章の回帰分析）．

例題1.1 総務省統計局の「家計調査」によると，平成18（2006）年の日本の全世帯の1世帯当たり（2人以上の世帯）の貯蓄現在高の平均は1722万円であ

る．なぜこの値が高いのかを考えよ．

[解説] 貯蓄の平均が1722万円というのは，われわれの実感とはかなり離れている．しかしながら，これは総務省統計局によって実施された調査の結果であり，間違った数字ではない．この水準が高い理由を，以下のようにあげることができる．

まず第1に考えられる理由は，調査対象である．家計調査における貯蓄・負債の状況を調査するための母集団は，日本全体の世帯ではなく，2人以上の世帯とされている（家計調査の詳細は，2章2節参照）．単身世帯の貯蓄額がより少ないことは容易に想像でき，単身世帯を除外していることが，貯蓄現在高の平均を高めている1つの原因である．また，上記の結果は，全世帯の結果であるが，家計調査で全世帯とは，2章でも述べるように

　　　全世帯＝勤労者世帯＋勤労者以外の世帯

と定義されている．勤労者世帯とはいわゆるサラリーマン世帯，それ以外の世帯とは自営業や会社役員などを指す．われわれの実感からすると平均的な日本人としてサラリーマンを頭に浮かべるであろう．実際，勤労者世帯だけの平均貯蓄現在高は1264万円で，全世帯の1722万円に比べてかなり低くなる．

これらの問題は母集団を何にするかを考え，そこからどのように標本を抽出するのかという問題（10章〜12章）と大きく関係している．ごく一部の世帯の調査結果から，日本全体の数値をどのように推論するのかは，非常に重要な問題である．

第2の理由は，貯蓄の定義である．この調査で貯蓄の対象となっているのは，

　　　通貨性預貯金＋定期性預貯金＋生命保険など＋有価証券＋金融機関外の貯蓄

である．貯蓄というと銀行（ゆうちょ銀行への貯金を含む）の預（貯）金をイメージしやすいが，それは最初の2項目にすぎない．実際，図1-1には，貯蓄の種類別の貯蓄現在高が示されているが，通貨性預金＋定期性預金の割合は48.1%（1001万円）にすぎない（勤労者世帯だと，703万円）．つまり，生命保険（積立型のものなど）や株・国債なども含まれているという定義上の問題が，平均貯蓄を高くみせている1つの原因である．この定義からすれば，貯蓄とい

図 1-1　貯蓄の種類別貯蓄現在高（2006年，2人以上の全世帯）

通貨性預貯金	定期性預貯金	生命保険など	有価証券	金融機関外
16.5%	41.6%	24.7%	14.4%	2.8%
(284万円)	(717万円)	(426万円)	(248万円)	(48万円)

（出所）　総務省統計局「家計調査」．

うより金融資産の概念が妥当しよう．ただし，住宅ローンなどの負債は，考慮されていない．これは，上で述べた概念の設定と，データをいかに対応させるかの問題である．また，貯蓄の構成の推移をみるためには，2章で説明する寄与度分析などが有効である．

　第3の理由は，平均値の性質である．全体の代表的な値として平均値を利用している点が問題となる．貯蓄というのは，0円の世帯もいれば，非常に高額の世帯もある．平均値の場合は，少数でも高額の世帯がいれば，それに引っぱられて大きくなりやすい．少数の金持ちの金融資産残高が平均値を大きくしていると考えられる．図1-2には，貯蓄現在高別の世帯数の割合が示されているが，最も多いのは200万円未満の世帯である．他方，4000万円を超える世帯も多くはないが存在し，グラフの形は左右対称ではない．つまり，平均値よりも高い貯蓄現在高の世帯数は全体の比率として50%ではない（実際は約3分の1にすぎない）．実際，大きさの順序に並べたときのちょうど50%，すなわち順位が真ん中に対応する世帯の貯蓄現在高は1008万円（勤労者世帯では772万円）であり，平均に比べてだいぶ低くなっている．図1-2のようなグラフをヒストグラムという（3章）．このような平均の性質は4章で学習するが，分布状況をみるためには平均値以外の指標（4章～6章）も重要になってくる．■

有限母集団と無限母集団

　一般に統計的に推論を行う場合，データの個数（標本の大きさ）を増加させるとその推論の信頼性が増加する．実際，先の例では日本のすべての高校3年生男子全員の身長のデータを取れば，母集団の構造が完全にわかる．このように母集団が有限個の集団である場合を有限母集団という．有限母集団の場合，全数を調査すれば，母集団の知識を得ることができる．例えば，日本全体とし

図 1-2 貯蓄現在高別世帯数の割合（2006年，2人以上の全世帯）

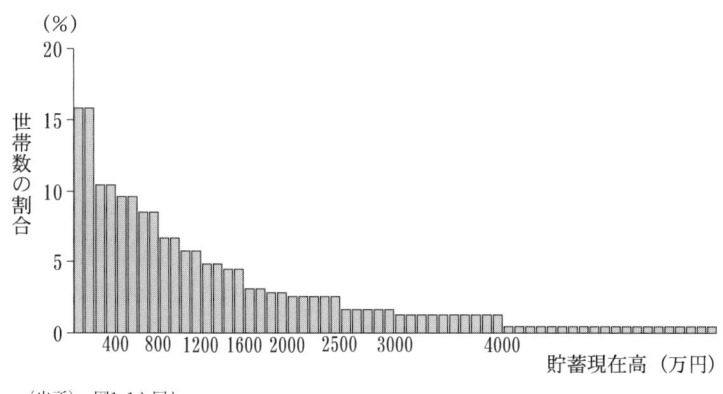

（出所）図1-1と同じ．

てある政党を支持する割合を知りたい場合，日本の有権者全体が母集団と考えられるから有限母集団である．他方，あるプロ野球選手の打率の場合はどうであろうか．その選手には，概念的に打数は無限回与えることができ，それに対応してヒット数も無限回出るかもしれない．すなわち打率の場合，打数がデータの個数であり，各回の打席でヒットを打ったか打たないかが打率を計算するためのもとのデータとなる．したがってこの場合の母集団は，概念的に無限となる．このように無限に標本を取ることができる母集団を無限母集団という．別な例として，電球を作る特定の工場（システム）から電球を取り出す場合，概念的に電球を無限に作り出す無限母集団とみることができる．そして統計分析としては，その工場から作り出す一定の個数の電球の標本を取り寿命などを調べ，そこからその特定の母集団（工場）から作られる電球の品質を推論する．

またGDPや為替レートのような経済データの場合，「経済構造」という（一定期間）不変な構造があって，そこからデータは生成されるとみるのが一般的である．その場合，例えばGDPのように四半期（3カ月）に一度公表されるデータは，四半期に一度その構造から生成されるに過ぎないが，概念的にはその構造から毎期出てくる無限母集団からのデータとみる．実際上は，経済構造は長期的には不変でないが，一定期間のデータに対しては概念的に1つの不変な構造から生成されたもので，継続的にその構造から無限に標本を取ることができると考えるのである．この点については再び10章で議論する．

本書では，母集団と標本という概念を常に意識し，説明を心がけているので，母集団と標本の関係，そして統計学の役割をしっかりと理解して，読み進めてほしい．

キーワード

数値情報　統計学（統計科学）　確率的不確実性　データのなかの分析　データの外への推論　母集団　標本　有限母集団と無限母集団

練習問題

1．次の概念に対応するデータには，どのようなものが考えられるか．
   (1)　国の経済力
   (2)　人の頭の良さ
   (3)　企業の優良度
   (4)　景気の状態
2．身近な数字情報をあげて，4ページの数値情報の特徴(1)～(3)を考えよ．
3．降水確率と傘を持っていくかどうかの判断はどのような関係にあるか．降水確率が何％以上であれば，傘を持っていくと判断すればよいのか．
4．次のような事項を調査したいときに，母集団をどのように考え，標本をどのように取ればよいか．また，母集団は有限であるか，無限であるか．
   (1)　内閣支持率
   (2)　大学生の通学時間
   (3)　ある生徒の偏差値
   (4)　ある会社の従業員の給与額
   (5)　1世帯当たりの教育費
5．次のような事項を分析するときには，主にデータのなかの分析を考えるのか，データの外への推論を考えるのか．
   (1)　内閣支持率

(2) 入学試験の合否判定
(3) 為替レートの動き
(4) あるプロ野球チームの勝率

2章 データについての理解

　本章では，数値情報としてのデータについての基本的な知識を得ることを目的とする．データには様々な種類のものがあるが，社会科学に関連するデータを中心として，データをいくつかの観点から分類しながらその性質を確認し，データの持つ特徴をみていく．

【本章の内容】
(1) フローのデータ，ストックのデータ，それ以外のデータの違いを理解する．
(2) 時系列データとクロスセクションデータの違いをみたうえで，時系列グラフを作成する．また，代表的な経済データとして，家計調査の概要を説明する．
(3) 金額データと物価水準の変化の関係を指摘したうえで，実質データの意味について考え，実質データの作成方法を説明する．
(4) 時系列データの時間変化率，ならびに寄与度等の計算方法や意味について例題を通じて理解する．
(5) 量的データと質的データの違いをみたうえで，比率，ディフュージョン・インデックスへの応用を考える．
(6) 離散的データと連続的データの違いを理解する．

1　フローのデータとストックのデータ

フローとストック

　経済に関するデータは，背景となる経済社会構造（母集団）と関係して生成

されたり，作られたりする．そのため，データには生成された時点や期間が付される．例えば，x_{1t} で第 t 時点の円／ドルの日次為替レート，x_{2t} で第 t 時点のユーロ／ドルの日次為替レートを表すものとすると，各変数において為替レートの観察される時点は t で示され，$t=1$ は与えられたデータの最初の時点，例えば2008年4月1日に対応するものとする．したがって多くの通貨の対ドル為替レートは x_{it} として表現でき，i は第 i 通貨，t は時点を示す．同様に第 i 番目の都道府県の第 t 年の（1年間）都道府県の1人当たりの所得を y_{it} と表すことができる．ここで $i=1,2,\cdots,47$ は分析者が適当に順番を付けた都道府県を示す．また z_{it} で第 i 企業の第 t 年度末の資産（合計額，すなわち流動資産＋固定資産＋投資等）などと表現できる．

　これらのデータには，共通に，変数の違いを表す添数（添え字）i と，時点や期間を表す添数 t が付されている．経済データの場合，所得，消費額やGDPのように1カ月，四半期（3カ月間のこと），1年間などの一定期間を単位として計測される変数を**フロー変数**，また資産や資本ストックのようにその時点までの累積額（量）を示す変数を**ストック変数**という．為替レートや株価のような価格変数は，フロー変数でもストック変数でもない．ここで価格変数は，各時点で成立する（市場）価格を示す．

フローとストックの関係

　貯蓄を例に取ってフローとストックのデータの関係を考えてみよう．貯蓄残高（貯蓄がある時点でいくらあるかを表し，1章の貯蓄現在高と同じ意味である）はストック変数であるが，例えば，2008年4月1日時点の貯蓄残高から，2007年4月1日時点での貯蓄残高を引けば，フロー変数である1年間の貯蓄額を求めることができる．このように，

　　　　（期末のストックの値）－（期首のストックの値）＝フローの値

といった関係がある．分析においてはこれらのデータの違いを理解し，必要ならば与えられたデータを加工して利用する．

例題2.1　2008年の1年間の第 i 都道府県の1人当たりの消費額は，都道府県それぞれの1人当たりの年間所得額と，都道府県それぞれの物価水準を示す消費

者物価指数に依存すると考えて，消費額を所得額と物価指数で説明する分析を行うとする．ただし消費者物価指数は，2008年の各月に対して発表されているものとする．このとき，この発表されている12カ月の指数を用いて1人当たり年間消費額を説明する物価指数の変数の作り方を考えよ．

[解説] このような問題は，後の回帰分析の章（13章，14章）で議論される典型的な問題である．ここで理解しなければならない点は，説明される変数（消費）と説明する変数（所得と物価）のデータのタイプである．明らかに消費と所得はともにフロー変数である．また物価は価格変数であるので，フロー変数でもストック変数でもない．さらに注意すべき点は，毎日の価格水準で消費は毎日行われているのに対して，すべての人に対して所得は必ずしも毎日あるわけでない．月給の場合，毎月1回の給料を1カ月の消費にあてる．また7月や12月のボーナス等季節的変動もあるであろう．この問題では，都道府県別データを用いて，それらを平均的にみた2008年の消費と所得と物価の関係を分析することを狙っている．そこで2008年を平均的にみた消費を説明する物価変数の取り方としては，各都道府県について毎月発表された12カ月分の物価指数の平均値を用いることが適当ということになる．■

2 クロスセクションデータと時系列データ

クロスセクションデータと時系列データ

例題2.1の分析では，2008年という期間（t）を固定し，都道府県別の消費，所得，物価のデータに基づいて日本全体の消費行動を平均的に説明しようとしている．このように期間や時点（t）を固定して，地域間の平均的行動やその散らばりなどの分析をすることをクロスセクション分析といい，そのデータを**クロスセクションデータ**という．その場合，時間は固定されているので，例えば上の例で第i県1人当たり年間消費や所得の変数はc_iやy_iというように，時間を示す添数tを落として表現するのが普通である．

他方，$i=2$を青森県とし，その1人当たり年間消費や所得が，2001年〜2007年に関して観察されているとする．このとき青森県の消費額c_{2t}をその所得

y_{2t}（$t=2001,\cdots,2007$）で説明する分析を考えることもできる．この場合，消費と所得の7個のデータを用いて，青森県の消費行動を7年間について分析することになろう．このように，場所や変数の番号等に対応する添数iを固定して，時間（期間）のなかで変動する変数の関係や個別変数の時間的変動を分析することを**時系列分析**といい，そのデータを**時系列データ**という．1つの変数に注目した時系列分析では，変数の番号iは固定されているので，c_{2t}やy_{2t}の代わりにc_tやy_tと書くのが普通である．

時系列グラフ

> **例題2.2** 表2-1に与えられた株価（日経平均株価）の時系列データを用いて，横軸に時間軸，縦軸に株価を取り，株価変動の様子をグラフ（時系列グラフ）で示せ．データは1997～2006年の10年分の月次データ（$12\times10=120$個）である．

[**解説**] 日経平均株価（日経平均）は，日本経済新聞社が独自のルールで選定した225銘柄の株価をそのまま加えて，一定数で割って算出される．225で割らないのは銘柄の入替等のとき指数の値が連続するように調整しているためである．なお一般に月次株価とは，その月の最後の営業日の終値を指す．

表2-1のデータの時系列グラフは，図2-1に示されている．このようなグラフを**時系列グラフ**という．時系列グラフを描く目的は，時間の変化のなかで株価がどのように変動したかを視覚的に把握することであり，このグラフから10年間にわたる月次株価のおおまかな変動がひと目でわかるが，そこから得る情報は見る人によって異なる．

図2-1のようなグラフが意味を持つのは，時系列データは時間的順序をおって1つずつ生成されるからである．これに対してクロスセクションデータである都道府県の1人当たり年間所得の場合でも，横軸に都道府県の番号である$i=1,2,\cdots,47$を取り，縦軸に所得を取ってグラフを描くことができる．この場合，変数の番号の順序に積極的な意味はないため，折れ線グラフではなく，棒グラフで示すのが普通である．しかし，添数iの順序が一般にあまり意味がないため，データの個数が小さい場合を除いてあまり描かれない．そのグラフか

2 クロスセクションデータと時系列データ　23

表 2-1　日経平均株価の月次データ（月末値，1997年1月～2006年12月）

(単位　円)

	1997年	1998年	1999年	2000年	2001年	2002年	2003年	2004年	2005年	2006年
1月	18,330	16,628	14,499	19,540	13,844	9,998	8,340	10,784	11,388	16,650
2月	18,557	16,832	14,368	19,960	12,884	10,588	8,363	11,042	11,741	16,205
3月	18,003	16,527	15,837	20,337	13,000	11,025	7,973	11,715	11,669	17,060
4月	19,151	15,641	16,702	17,974	13,934	11,493	7,831	11,762	11,009	16,906
5月	20,069	15,671	16,112	16,332	13,262	11,764	8,425	11,236	11,277	15,467
6月	20,605	15,830	17,530	17,411	12,969	10,622	9,083	11,859	11,584	15,505
7月	20,331	16,379	17,862	15,727	11,861	9,878	9,563	11,326	11,900	15,457
8月	18,229	14,108	17,437	16,861	10,714	9,619	10,344	11,082	12,414	16,141
9月	17,888	13,406	17,605	15,747	9,775	9,383	10,219	10,824	13,574	16,128
10月	16,459	13,565	17,942	14,540	10,366	8,640	10,560	10,771	13,607	16,399
11月	16,636	14,884	18,558	14,649	10,697	9,216	10,101	10,899	14,872	16,274
12月	15,259	13,842	18,934	13,786	10,543	8,579	10,677	11,489	16,111	17,226

(注)　四捨五入により整数にした．
(出所)　『日本経済新聞』．

図 2-1　日経平均株価の時系列グラフ

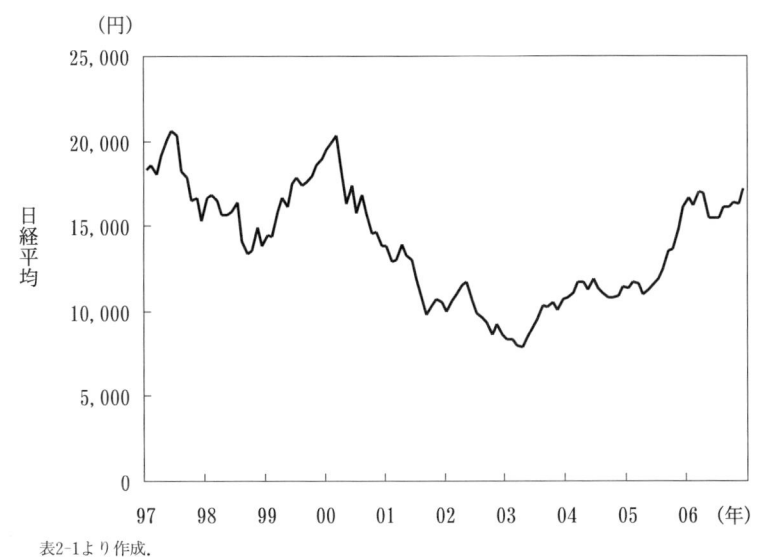

表2-1より作成．

らはどこが一番大きいとか小さいなどをひと目で把握できる．■

時系列データとクロスセクションデータを以下のように要約できる．

(1) 時系列データ $x_1, x_2, \cdots, x_n$ の場合の変数の番号（添数）である $1, 2, \cdots, n$ は，通常，データの発生した期間（フローデータの場合）や時点（例えば価格データの観察時点）の順序に対応する．時系列データの場合，記号としては第 t 時点（期間）のデータとして x_t を用いることが多い．

(2) クロスセクションデータ $x_1, x_2, \cdots, x_n$ の場合，同じ期間や同じ時点に発生したデータであるので，変数の番号 $1, 2, \cdots, n$ は，異なる地域や企業，世帯等を表し，地域別データの場合その順序にあまり意味がないことが多い．ただし，県別データでも東北方向と南西方向の季節的な違い等に順序的意味を与えることもある（練習問題8）．一方，年齢階級別データや収入階級別データ（表2-3参照）もクロスセクションデータであるが，これらのデータでは順序には意味がある．クロスセクションデータの場合，記号としては第 i 番目のデータとして x_i を用いる．

> **例題2.3** 表2-2と表2-3は，総務省統計局の「家計調査」の費目別支出等のデータである．これらのデータが，時系列データか，クロスセクションデータかを考え，それぞれのデータから，どのような分析が可能になるのかを考えよ．

[解説] 表2-2と表2-3をみると，いずれも表頭（表の一番上の行の項目の部分）は共通であるが，表側（表の一番左側の列の項目の部分）が異なっている．表側をみると，表2-2は年になっているので時系列データ，表2-3は年間収入十分位階級となっており，時間が2006年に固定されているのでクロスセクションデータである．年間収入十分位階級とは，家計調査で調査されている年間収入の大きさによって調査世帯を順番に並べ，その大きさの順に，各階級に含まれる世帯数が10分の1ずつと等しくなるように世帯を10個のグループ（階級）に分けたデータである．階級のIは，年間収入が最も低い10分の1の世帯を表し，IIは年間収入が低い方の下から2番目の10分の1の世帯を示す．また，消費支出とは，表の食料からその他の消費支出までの費目の合計のことで，いわゆる生活費全体を表す．

2 クロスセクションデータと時系列データ 25

表 2-2 1カ月当たり支出額等の推移（2000〜2006年，農林漁家世帯を含む2人以上の勤労者世帯） （単位 円）

年	可処分所得	消費支出	食料	住居	光熱・水道	家具・家事用品	被服及び履物	保健医療	交通・通信	教育	教養娯楽	その他の消費支出
2000	474,411	341,896	75,174	21,716	21,282	11,268	17,195	10,901	43,632	18,261	33,796	88,670
2001	466,003	336,209	73,558	21,978	21,228	11,359	16,156	10,748	44,054	17,569	33,537	86,023
2002	453,716	331,199	73,434	21,200	20,894	10,819	15,807	10,511	43,730	17,544	33,008	84,252
2003	440,667	326,566	71,394	22,222	20,718	10,427	15,444	11,603	44,730	17,857	32,181	79,991
2004	446,288	331,636	71,935	20,877	20,950	10,392	14,867	11,545	47,356	19,482	33,549	80,683
2005	441,156	329,499	70,947	21,839	21,328	10,313	14,971	12,035	46,986	18,561	32,847	79,671
2006	441,448	320,231	69,403	20,292	21,998	9,954	14,430	11,463	45,769	18,713	31,421	76,786

（出所） 総務省統計局「家計調査」．

表 2-3 年間収入十分位階級別1カ月当たり支出額等（2006年，農林漁家世帯を含む2人以上の勤労者世帯） （単位 円）

収入階級	可処分所得	消費支出	食料	住居	光熱・水道	家具・家事用品	被服及び履物	保健医療	交通・通信	教育	教養娯楽	その他の消費支出
I	227,724	197,873	50,970	21,284	17,818	6,108	7,440	8,003	29,106	6,864	15,589	34,691
II	280,981	222,856	53,887	23,331	19,012	7,091	9,161	9,269	31,003	8,464	18,674	42,963
III	319,631	244,207	58,158	22,362	19,520	7,404	9,501	9,593	35,772	11,932	21,213	48,751
IV	361,411	273,322	60,764	23,515	20,170	8,251	11,097	10,597	46,742	10,927	25,290	55,969
V	390,589	287,509	66,341	19,339	21,670	9,180	13,078	10,865	42,334	14,553	26,628	63,522
VI	429,653	305,793	69,247	15,462	21,784	9,632	13,263	10,580	50,731	16,261	31,951	66,883
VII	469,599	341,814	73,772	17,014	23,178	10,580	15,252	13,365	50,180	20,058	35,559	82,857
VIII	532,586	389,756	80,249	18,135	24,815	12,154	17,709	11,301	51,587	31,810	41,017	100,980
IX	615,846	427,356	85,026	22,887	25,472	12,793	19,704	15,884	55,945	33,416	45,293	110,937
X	786,458	511,821	95,617	19,595	26,543	16,351	28,096	15,168	64,293	32,848	53,001	160,309

（出所） 表 2-2と同じ．

　表2-3のクロスセクションデータによって，例えば，食料費が消費支出に占める割合（エンゲル係数）を算出し，その割合が収入が高くなるに従って低下するかどうか，すなわちエンゲルの法則が成り立つかどうかを確認することができる．他の費目についても同様の割合を算出し，費目が必需的（基礎的）であるか，選択的（ぜいたく品）であるかなどの特徴づけが可能になる．

　他方，表2-2の時系列データからは，消費支出の推移をみることによって，景気変動との対応関係をみることができる．消費支出は，景気のよいときには増加，悪いときには減少するからである．また，可処分所得に占める消費支出の割合（平均消費性向）や，それを1から引いた貯蓄率（黒字率）の推移をみることによって，消費動向の変化を追うことなども可能になる．∎

家計調査

　本書の例題や練習問題のデータに「家計調査」のデータをいくつか用いているが、ここで「家計調査」について、簡単に解説しておこう。最初に読むときは、飛ばしてもよい。

　家計調査とは、総務省統計局が毎月行っている国民生活における家計収支の実態を明らかにするための調査である。調査対象は、学生の単身世帯を除外した全国の世帯（母集団は、2人以上の世帯が約3387万世帯、単身世帯が約1170万世帯である。これらは平成12年国勢調査に基づく）であり、そこから約9000世帯が標本として抽出されている。従来は、農林漁家世帯や単身世帯は調査対象から除かれていたが、現在ではそうした世帯も調査対象に含まれている。標本抽出法は層化3段抽出法（10章参照）と呼ばれる抽出方法に基づき、調査世帯を抽出する。そして調査世帯自身に主に「家計簿」を記入してもらうことによって調査は実施され、家計の収入および支出を調査する（勤労者以外の世帯については支出のみ）。さらに2人以上の世帯に対しては、貯蓄・負債の状況についても調査される（1章例題1.1参照）。

　調査世帯は、2人以上の世帯については6カ月、単身世帯については3カ月継続して調査され、その後新しい世帯と交替し、世帯を抽出するもとになる調査区と呼ばれる地域は1年ごとに交替する。

　家計調査の1つの大きな特徴は、世帯を全世帯と勤労者世帯に分けて調査結果が集計されていることである。勤労者世帯とは、世帯主が会社等に勤めに出ている、いわゆるサラリーマン世帯である。勤労者以外の世帯（平成4年以前は一般世帯と呼ばれていた）は、世帯主が自営業や法人経営者（会社役員）、自由業者、無職者である世帯を指す。勤労者世帯と勤労者以外の世帯を合わせて、全世帯という。勤労者世帯と全世帯の集計は、2人以上の世帯、単身世帯、さらにそれらを合わせた総世帯について行われている。さらに、2人以上の世帯の結果については、農林漁家世帯を除いた結果と農林漁家世帯を含んだ結果の2つの系列がある。用語がやや複雑であるが、以下のようにそれぞれの関係を整理することができる。

　　　全世帯＝勤労者世帯＋勤労者以外の世帯

総世帯＝2人以上の世帯＋単身世帯

　勤労者世帯と全世帯，あるいは総世帯と2人以上の世帯・単身世帯のどのデータを利用するのかは，分析目的によって選択する必要がある．ただし，勤労者以外の世帯については収入に関して「年間収入」しか調査されていないので，全世帯の結果では，収入は年間収入しかみることができない．一方，勤労者世帯についての収入は，「実収入」（定期収入や賞与等），「実収入以外の収入」（預貯金引出等），「繰入金」に分けられており，各項目はさらに細かい項目に分けられている．また，経済分析でよく利用される実収入から税金・社会保険料等を引いた「可処分所得」（いわゆる手取り収入）の数値も示されている．したがって収入について細かく分析したいときには，全世帯ではなく，勤労者世帯のデータを用いるしかない．

　一方，支出については，勤労者世帯・勤労者以外の世帯ともに，非常に詳細な品目についてその支出額（ならびに購入数量など）が公表されている．支出の大部分を占めるのが「消費支出」である．消費支出とは，日常の生活のために購入される財・サービスであり，食料，住居，光熱・水道，家具・家事用品，被服及び履物，保健医療，交通・通信，教育，教養娯楽，その他の消費支出に大きく分類される（大分類）．さらにそれぞれの分類で，かなり細かい品目別の分類がある（例えば，食料であれば米，パン，…などに分類されるが，さらにパンでも食パン，他のパンといった詳細な分類もある）．また，消費支出以外の支出として「非消費支出」（税金，社会保険料等）があり，消費支出と非消費支出を合わせて「実支出」という．さらに「実支出以外の支出」として，預貯金，財産購入等がある．

　このように，分類された支出項目に各世帯が1カ月当たりいくら使っているのかを公表するのが家計調査の大きな目的である．家計調査は，毎月調査されているが，年に一度『家計調査年報』という報告書が公表され，集計結果が示されるとともに，総務省統計局のウェブサイト（http://www.stat.go.jp/）でも公表されている（本項も総務省統計局の家計調査のウェブサイトを参照した）．

　また，家計の消費行動については，この家計調査と同様の項目をより多くの世帯について調査する総務省統計局「全国消費実態調査」（ただし5年に一度），

購入頻度が少ない高額商品の支出を調査することなどを目的とした総務省統計局「家計消費状況調査」，主要耐久消費財等の保有状況や消費者の意識なども調査する内閣府「消費動向調査（全国，月次）」などもあり，必要に応じて家計調査を補完するデータとして利用するとよい．

3　名目データと実質データ

実質化の必要性

　表2-2の教養娯楽への支出額をみてみよう．2004年に一時的に増加しているものの，大きな流れとしては減少傾向にある（図2-2の実線）．実際，2000年には1カ月当たり3万3796円だったのが，2006年には3万1421円と，6年間で約7％の減少となっている．これだけをみると，勤労者世帯は，教養娯楽費を切り詰めているようにみえる．

　教養娯楽費は，教養娯楽用耐久財，教養娯楽用品，書籍等，教養娯楽サービスへの支出で構成されている．このうちテレビ・パソコン・デジタルカメラといった教養娯楽用耐久財の価格の低下はこの時期に非常に大きく，それを反映して教養娯楽全体の価格は低下傾向にある（表2-4(a)，2000年から2006年で約10％の低下）．したがって，表2-2にあるような支出額の時系列的な推移をみただけでそれが減少傾向にあるというのは，実態を反映していない．なぜならば，支出額は約7％の減少であるが，価格の低下はそれを上回って約10％低下しており，実際に購入できるものは，両者を差し引きすれば増加しているはずだからである（0.93÷0.9＝1.03より約3％の増加）．つまり教養娯楽に対する支出は，「名目的」には減少しているが，「実質的」には増加していることになる．

　このように，金額データを時系列的に比較するときは，物価（価格）変動の影響を考慮する必要がある．なぜならば，異なった時点間では物価水準が異なるので，物価水準の影響を取り除いたうえで比較することが望ましいからである．物価水準が違うということは，同じ金額（貨幣）でも購入できる財・サービスの数量が異なるということを意味し，物価水準は貨幣価値と同義である（例えば物価水準が5％上がると，貨幣価値は5％下がることを意味する）．

表 2-4　消費者物価指数と実質教養娯楽等の推移

(a)　消費者物価指数（2005年＝100）

年	総合	教養娯楽
2000	102.2	109.4
2001	101.5	106.1
2002	100.6	103.8
2003	100.3	102.3
2004	100.3	100.9
2005	100.0	100.0
2006	100.3	98.5

(b)　実質データ（2005年基準，単位：円）

教養娯楽	消費支出	可処分所得
30,892	334,536	464,199
31,609	331,240	459,116
31,800	329,224	451,010
31,457	325,589	439,349
33,250	330,644	444,953
32,847	329,499	441,156
31,899	319,273	440,128

（出所）　総務省統計局「消費者物価指数」および表2-2より作成．

図 2-2　教養娯楽費の推移

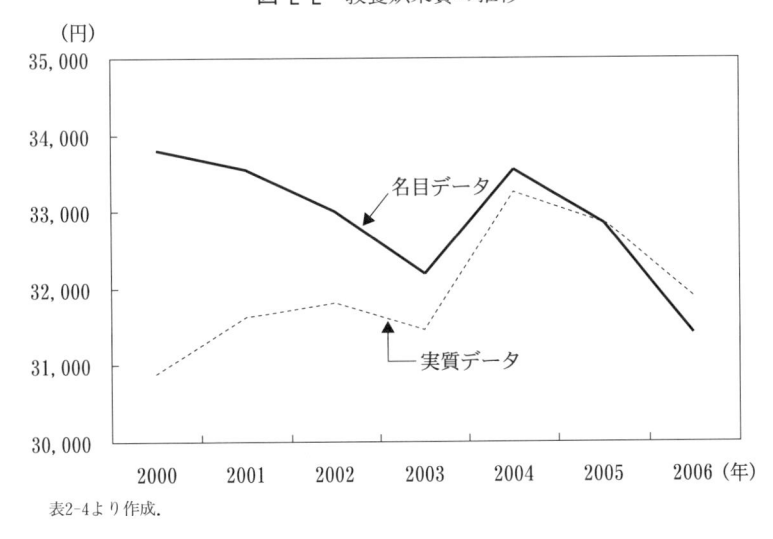

表2-4より作成．

物価指数と実質化

　物価水準は，通常，**物価指数**によって表される．物価指数は，基準時点を決め，その基準時点に比べて，ある時点の価格が何倍になったのかを様々な財・サービスについて算出し，それらを平均したものである．物価指数は，基準時点を100として表すので，物価指数がある時点で105であるということは，基準時点に比べて物価が1.05倍（5％の上昇）になったことを意味する．物価指数

には様々な算式があり，また，その対象によって，消費者物価指数，企業物価指数，企業向けサービス価格指数，GDPデフレータなど様々な種類がある．物価指数についての詳細は，中村他 [18]，廣松他 [19] などを参照せよ．

金額データから物価の影響を取り除いたデータを**実質データ**といい，実質化する前の物価を調整していない生の金額データを**名目データ**という．また，名目データから実質データを作成することを，**実質化**という．具体的には，

$$(2.1) \quad 実質データ = \frac{名目データ}{物価指数} \times 100$$

という式で実質化は行われる．物価指数は基準時点で100なので，基準時点では名目データと実質データは等しくなる．実質データを利用する場合，基準時点を明示することが必要である．

上の例では，教養娯楽に対する支出を取り上げていたので，実質化はそれに対応する教養娯楽の物価指数で除すことによって行われる．結果は，表2-4，図2-2に示されており，名目データと違い，実質化された教養娯楽支出では，増加傾向を示している．

他方，表2-2にある消費支出や可処分所得といった場合，特定の財・サービスではなくわれわれが購入する財やサービス全体に対応する金額であるので，物価指数もわれわれが購入する財・サービス全体（食料，教養娯楽，被服…）に対応するものでなければならない．このような物価指数は，**消費者物価指数（総合）**と呼ばれ，われわれが購入する財・サービスの主要なものの価格変動を平均することによって算出される（平成17年基準指数で584品目）．消費者物価指数で実質化された消費支出と可処分所得のデータは表2-4(b)に示されている（名目データと比較せよ）．また，GDPを実質化する場合は，消費者物価指数とは別のGDPに対応した物価指数（消費者が購入するものだけではなく，企業・政府・海外が購入する財・サービスの物価変動も反映する物価指数）が必要になり，それはGDPデフレータと呼ばれる．

いずれにせよ，実質化するときには，そのデータに対応した物価指数を用いることが重要である．

4 時間変化率と寄与度

変化率

> 時系列データが株価や GDP である場合，時間幅 t を日，週，月，四半期，あるいは年に取り，その時間的**変化率**を観察することが多い．y_t を第 t 時点の時系列データとすると，その時間変化率は次式で定義される．式は小数表示であるので％表示にする場合は100倍する．
>
> (2.2) $\quad x_t = \dfrac{y_t - y_{t-1}}{y_{t-1}}$

［解説］ y_t が GDP の場合，$t-1$ 期の y_{t-1} の水準から t 期の y_t に変化した幅が $y_t - y_{t-1}$ であり，それを y_{t-1} の水準に対する割合として評価した x_t は，GDP の成長率である．他方，y_t が株価である場合，x_t を t 時点の株価**収益率**という．実際，$y_t - y_{t-1}$ は価格上昇分（負の場合は減少分）であるので，y_{t-1} の価格で株を買っていれば得られる収益の割合となる．例えば $t-1$ 期に1000円で買った株が t 期に1200円になったとすれば $x_t = (1200 - 1000)/1000 = 0.2$ で，20％の収益率となる．なお，変化率は100倍して％表示にすることも多い．変化率は無名数であり，異なった単位を持つデータでも比較可能である．また，(2.2) 式は，$x_t = y_t / y_{t-1} - 1$ と書くこともできる．■

> **例題2.4** 表2-1を用いて，日経平均の月次の変化率（収益率）のグラフを描き，図2-1と比較せよ．

［解説］ 例えば，1997年2月の月次収益率は，その月の日経平均が1万8557円で，その前月（1997年1月）の株価が1万8330円であるから，(2.2) 式より $(18557 - 18330)/18330 = 0.0124$ (1.24％) となる．同様にすべての月について計算し，グラフにしたのが図2-3である．ただし，データの最初，つまり1997年1月については，その前月のデータが与えられていないため，変化率は計算できないことに注意せよ．

32 2章 データについての理解

図 2-3 日経平均の月次変化率（収益率）

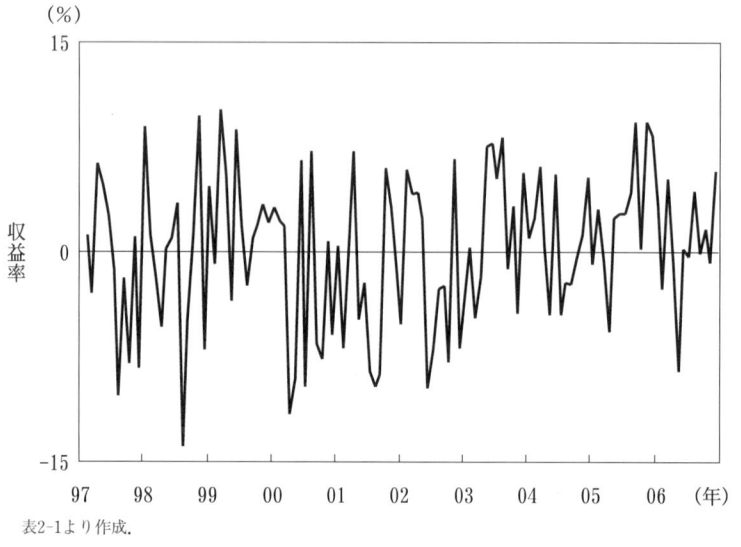

表2-1より作成．

　図2-1と図2-3のグラフを比較してみよう．図2-1の日経平均の変動は，1997年から1998年ごろまで低下し，その後2000年初めごろまで反転するものの，再び低下傾向をみせる．そして2003年3-4月には8000円を切るところまで下がった後，景気回復を反映し，上昇傾向をみせている．一方，図2-3の収益率では特定の傾向はみられず，0を中心として，かなりランダムになっていることが読み取れる．ただし，変動の幅の大きさに違いがみられる．変化率にする前のデータは，しばしば水準（レベル）データと呼ばれ，データの傾向をある程度みることができるが，変化率にするとそうした傾向的な変動はみられなくなるのが一般的である．■

寄与度と増加寄与率

　表2-5(a)は，GDPを民間需要，公的（政府）需要，海外需要（＝輸出－輸入）の3つの需要項目に分けたデータである．ここで，これら3つの需要項目の合計であるGDPの時間変化率は**経済成長率**であり，その経済成長率の推移は，表2-5(b)の一番右側の列に計算されている（確かめよ）．

　各項目がGDPに対してどれだけの割合を占めているのかは，GDPを100％

とした構成比として算出することができ，その時系列的な推移をみることも可能である．これに対して，項目の合計であるGDPの変化率を各項目に振り分けたものは，**寄与度**と呼ばれる．例えば，2006年度のGDPの変化率は2.3%であるが，この2.3%を，民間・公的・海外のそれぞれの需要項目が，どれ程度押し上げたのかをみるのが寄与度である．2006年度では，民間・公的・海外需要の寄与度は，それぞれ1.9%，−0.4%，0.8%となっている．当然，それらの合計は2.3%（＝経済成長率）であり，2003年度以降では民間需要の経済成長への寄与が最も大きい．一方，2002年度では海外需要の寄与が相対的に大きくなっており，公的需要は2003年度以降マイナスの寄与となっている．寄与度のグラフは図2-4に示されている．寄与度のグラフには，各項目の寄与度を積み上げた棒グラフが用いられることが多く，寄与度の合計である各年度の棒全体の高さが，合計であるGDPの変化率（経済成長率）に一致している．

より一般的に寄与度の計算方法を示そう．t時点の各項目を$x_{1t}, x_{2t}, \cdots, x_{mt}$（$m$は項目数），その合計を$z_t$とする（表2-5の例では$m=3$で，$z_t$はGDP）．したがって，$z_t = x_{1t} + x_{2t} + \cdots + x_{mt}$である．また1時点前の$t-1$時点でもこの式は成立する．すなわち，$z_{t-1} = x_{1,t-1} + x_{2,t-1} + \cdots + x_{m,t-1}$である．$t$時点の式から$t-1$時点の式を引き，両辺を$z_{t-1}$で除すと，以下の式が得られる．

$$(2.3) \quad \frac{z_t - z_{t-1}}{z_{t-1}} = \frac{x_{1t} - x_{1,t-1}}{z_{t-1}} + \frac{x_{2t} - x_{2,t-1}}{z_{t-1}} + \cdots + \frac{x_{mt} - x_{m,t-1}}{z_{t-1}}$$

この式の左辺は，合計の時間変化率（表2-5の例では，GDPの変化率）となっており，右辺では，それを各項目に振り分けていることになる．つまり，(2.3)式の右辺の各項が寄与度である．寄与度は，各項目の対前期増加分$x_{it} - x_{i,t-1}$を1期前の合計の値z_{t-1}で割ることにより求められる．もちろん，両辺に100を掛ければパーセント表示になり，表2-5(b)はこの式をもとに計算されている．

さらに，各項目の寄与度の合計は合計z_tの変化率に等しいので，寄与度を合計の変化率（各項目の寄与度の合計）で割れば，それぞれの項目の寄与度の，合計の変化率に対する構成比が計算できる．こうして計算された構成比を，**増加寄与率**という．増加寄与率は構成比の一種であり，合計が1（100%）となるので，時系列的な比較が容易になる．増加寄与率は，(2.3)式の両辺を合計

34　2章　データについての理解

表 2-5　需要項目別のGDPの推移（2000年暦年基準実質）

(a)　実数　　　　　　　　　　　　　　　　　　　（単位　10億円）

年度	民間需要	公的需要	海外需要	国内総支出
2000	378,867.5	120,431.9	6,322.5	505,621.9
2001	376,889.8	121,096.9	3,630.8	501,617.5
2002	378,436.1	121,254.8	7,324.0	507,014.9
2003	385,593.4	120,622.8	11,496.7	517,712.9
2004	394,978.4	118,801.1	14,213.8	527,993.3
2005	405,665.4	118,080.8	17,023.4	540,769.6
2006	416,098.0	115,901.0	21,440.8	553,439.8

（注）　海外需要は，国内総支出−（民間需要＋公的需要）として求めた．
（出所）　内閣府経済社会総合研究所「国民経済計算」．

(b)　寄与度　　　　　　　　　　　　　　　　　　　　　　　　（％）

年度	民間需要	公的需要	海外需要	国内総支出
2000				
2001	−0.4	0.1	−0.5	−0.8
2002	0.3	0.0	0.7	1.1
2003	1.4	−0.1	0.8	2.1
2004	1.8	−0.4	0.5	2.0
2005	2.0	−0.1	0.5	2.4
2006	1.9	−0.4	0.8	2.3

(c)　増加寄与率　　　　　　　　　　　　　　　　　　　　　　（％）

年度	民間需要	公的需要	海外需要	国内総支出
2000				
2001	49.4	−16.6	67.2	100.0
2002	28.6	2.9	68.4	100.0
2003	66.9	−5.9	39.0	100.0
2004	91.3	−17.7	26.4	100.0
2005	83.6	−5.6	22.0	100.0
2006	82.3	−17.2	34.9	100.0

の変化率$(z_t - z_{t-1})/z_{t-1}$で割ればよいから，以下のように計算できる．

$$(2.4) \quad 1 = \frac{x_{1t} - x_{1,t-1}}{z_{t-1}} \div \frac{z_t - z_{t-1}}{z_{t-1}} + \frac{x_{2t} - x_{2,t-1}}{z_{t-1}} \div \frac{z_t - z_{t-1}}{z_{t-1}} + \cdots + \frac{x_{mt} - x_{m,t-1}}{z_{t-1}} \div \frac{z_t - z_{t-1}}{z_{t-1}}$$

4 時間変化率と寄与度 35

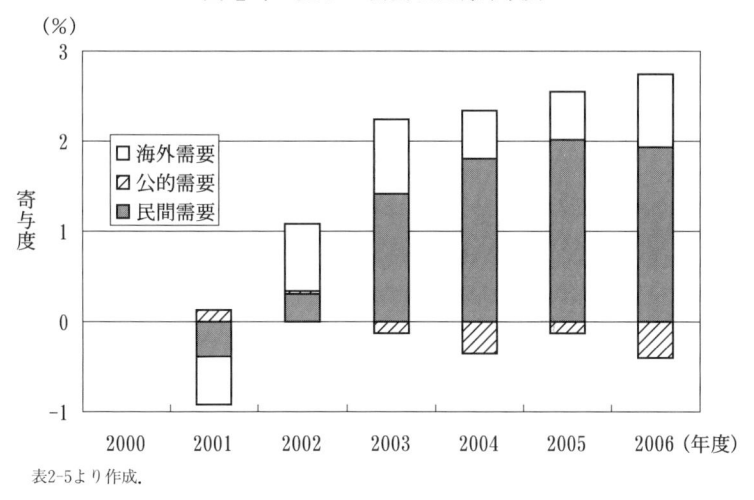

図 2-4 GDP の需要項目別寄与度

$$= \frac{x_{1t} - x_{1,t-1}}{z_t - z_{t-1}} + \frac{x_{2t} - x_{2,t-1}}{z_t - z_{t-1}} + \cdots + \frac{x_{mt} - x_{m,t-1}}{z_t - z_{t-1}}$$

もちろん，両辺に100を掛ければパーセント表示になり，表2-5(c)はこの式をもとに計算されている．増加寄与率の計算には，(2.4) 式の上下どちらの式を使っても同じである．上の式の方が複雑にみえるが，寄与度が計算されていれば，各項目の寄与度を寄与度の合計（＝合計の変化率）で割るだけなので，むしろ計算は簡単である．

ただし，表2-5(b)の2001年のように合計の変化率がマイナスになっている場合や，合計の変化率が0にかなり近い場合，増加寄与率の解釈が困難になってしまう．そうした場合は，(2.3) 式の右辺を合計の変化率でなく，寄与度の絶対値の合計で割った各項を増加寄与率と定義することもある．そうすることによって，増加寄与率の絶対値の合計を1にすることができる（渡辺・神田[20]や練習問題3を参照）．

5 質的データ（属性のデータ）と比率

質的データの数値化

ある硬貨を1回投げることを試行ということとする．n回の試行で，その結果を表と裏で記録したデータを考えてみよう．この場合，データはそれ自体数値でないが，数値でも表現可能である．あることが起こる・起こらない，ある特徴を持っている・持っていない，賛否，といった二者択一的な現象や属性（カテゴリー）の場合（例：男女），一般に，それに2つの数を対応させてデータを表現することができる．例えば，上の硬貨の例では，各回の試行で表が出た場合1，裏が出た場合0として，第i番目のデータを

$$(2.5) \quad x_i = \begin{cases} 1 & \text{第 } i \text{ 回目の試行で表} \\ 0 & \text{第 } i \text{ 回目の試行で裏} \end{cases}$$

として表現できる．数値の与え方は1，0以外でも自由であるが，この与え方には次の便利な点がある．データ $x_1, x_2, \cdots, x_n$ の和

$$(2.6) \quad A_n = x_1 + x_2 + \cdots + x_n$$

は，n回の試行で表が出た回数を意味し，

$$(2.7) \quad \frac{A_n}{n} = \frac{1}{n}(x_1 + x_2 + \cdots + x_n)$$

は，n回の試行で表が出た割合（比率）である．例えば8回の試行で00100011の場合，$(0+0+1+0+0+0+1+1)/8 = 3/8$が表の出た割合である．またこの比率は0‐1型データ $x_1, x_2, \cdots, x_n$ の平均値でもある．このように対象が二者択一的な質的（定性的）現象である場合，(2.5)式のように0または1で数値化してデータを観察することが多い．内閣府の景気動向指数のディフュージョン・インデックス（diffusion index; DI）では，景気に強く関係すると考えられる生産指数（鉱工業）などの10個程度の指標を選択し，各指標が増加した場合は1，減少した場合は0と観察して，指標全体のなかで増加した指標の割合を景気動向指数として表現している．他方，日本銀行のディフュージョン・インデックスでは，各変数の値として，-1，1を与えている．これについては後に述べる．

> **例題2.5** 昨年1年間のある野球選手の打率を硬貨投げの比率 (2.7) にならって説明せよ．また母集団についても述べよ．

[解説] 硬貨は何度も投げることができるので，試行回数 n はいくらでも大きく取れる．経験的に知っているように，比率 (2.7) は，硬貨が持っている表の出る確率の推定値とみなすことができる．試行回数 n が大きくなると，この推定値の精度がよくなると予想される．硬貨投げの母集団はその硬貨固有の確率に対応して0もしくは1のデータを発生する無限母集団である．

同様に野球選手の場合，各打席でヒットを打った場合1，打たなかった場合0として結果 x_i を記述すると，(2.7) は打率を表現する（ただし四死球や犠打・犠飛を除く）．この野球選手の能力としてヒットを打つ確率は，硬貨の表が出る確率と同じとみなすことができる．したがって，$x_1, x_2, \cdots, x_n$ は1章でも述べたように無限母集団からのデータとなる．昨年1年間の打率は，その選手のヒットを打つ確率の推定値とみることができる．硬貨の場合と違う点は，この確率は年（あるいは時間）とともに変化することである．■

硬貨投げの場合，その表もしくは裏を記録する0-1型データの値は，確率的な現象の結果である．しかし男女の区別等のように，同じ二者択一的なデータでもそれ自体確率的でない属性（カテゴリー）のデータもある．その場合でも (2.5) の変数は，ある属性を持っているか，持っていないかを示す数値として頻繁に利用される．比率 (2.7) は，その属性を持つ人やものの割合となる．

3つ以上の属性を区別する場合，分析目的に対応して適宜数値化する．職業分類のようにカテゴリーが数多くある場合，用意した分類（農林漁業作業者，事務従事者，…）に対して単純に1,2,…というように自然数を与える場合が多い．その場合，例えば，$x_i = 2$ は第 i 番目の人が事務従事者であることを示す．また，満足度を調査するのに，「満足」，「やや満足」，「普通」，「やや不満足」，「不満足」に1〜5の数値を割り当てる場合もある（順序尺度という）．他方，三者択一的な調査結果のデータの場合，数値として1，0，−1を利用することも多い．例えば，ある問題に対して，賛成，反対，どちらでもないという質

問の調査（サーベイ調査）をし，その結果を記録する数値としては，しばしば 1，−1，0 が与えられる．

このようにいくつかのカテゴリーで表されるデータは**質的データ**と呼ばれる．他方，日経平均や GDP などのような数値で表されるデータを**量的データ**と呼ぶ．

日銀ディフュージョン・インデックス

質的データが実際に利用されている代表的な例は，日本銀行による「全国企業短期経済観測調査」である．これは，通称，日銀「短観」と呼ばれ，経済の動向の把握や将来の予測に役立つものである．この調査は，全国の企業約 1 万 1000 社（2008 年 3 月）を対象とし，四半期ごとに調査される．そして企業の資産や雇用者数などの実績を調査するばかりでなく，売上高や利益，設備投資などの年間の計画に関する調査も行っており，経済の予測指標として利用されている．

また，「短観」の大きな特徴は，企業に対して，その企業の属している業種（製造業・非製造業に大別される）の景気の状況の「判断」を調査していることである．これは業況と呼ばれ，「良い」，「さほど良くない」，「悪い」のいずれかを答える形式になっている（業況の他にも国内での需給，海外での需給などの判断も調査される）．そして「良い」と答えた企業の割合から「悪い」と答えた企業の割合を引いたものが業況の判断に利用される．「良い」と答えた企業数から「悪い」と答えた企業数を引いた割合ということは，

$$x_i = \begin{cases} 1 & 第 i 企業が「良い」と答えた \\ 0 & 第 i 企業が「さほど良くない」と答えた \\ -1 & 第 i 企業が「悪い」と答えた \end{cases}$$

という属性を表す変数を導入し，$A_n = x_1 + x_2 + \cdots + x_n$ を計算し，A_n/n を作ることである（n は企業数）．この $(A_n/n) \times 100$ の値は，ディフュージョン・インデックス（DI）と呼ばれ，「短観」については業況判断 DI や日銀短観 DI と呼ばれている．この業況判断 DI は，−100 から +100 の間の値を取る（全ての企業が「悪い」と答えれば −100，全ての企業が「良い」と答えれば +100 を

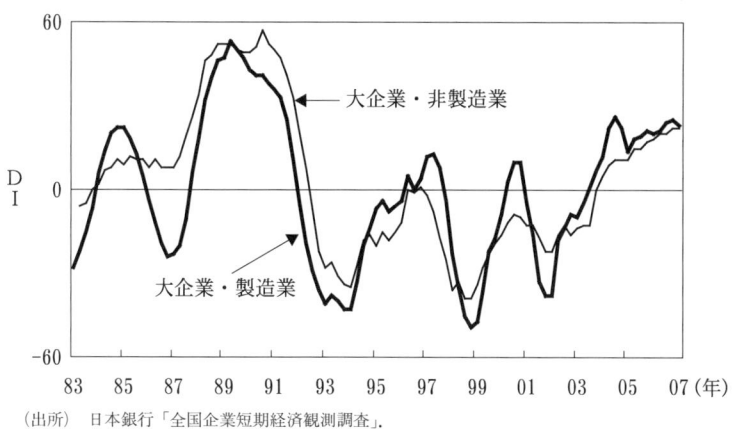

図 2-5　日銀短観・業況判断 DI

（出所）日本銀行「全国企業短期経済観測調査」．

取る）．そして，業況判断 DI がプラスのときは景気が良い，マイナスのときは景気が悪いと判断される．

この業況判断 DI の動向は図2-5に示されている．製造業と非製造業では，その変動に若干の違いがあるが，それは景気の動きが製造業と非製造業ではズレ（跛行性）があることを示している．業況判断 DI は景気をみるうえで1つの重要な指標になっている．

このように企業に対して景気の状況などを調査することをビジネス・サーベイという．

6　離散的データと連続的データ

可算個のデータと離散的データ

データの取りうる値による区別として，離散的データと連続的データがある．前節で述べたように質的データの場合，データの取りうる値は，分析者が分析目的に対応して設定した数値であるから，その取りうる値の範囲は有限個（もしくは可算個：$1, 2, 3, \cdots$，と数えられる場合をいう）である．例えば，硬貨投げのデータの場合，あるいは男女，賛否，支持・不支持等の二者択一データの場合，取りうる値の範囲は2つの数値 a_1, a_2 である．硬貨投げの場合，$a_1 = 0$，

$a_2=1$とすることが多いが，$a_1=-1$, $a_2=1$という数値の与え方も行われる．サイコロ投げの例では，その取りうる値は$1, 2, \cdots, 6$の6個である．また職業分類の場合，分析者が設定した分類項目の数が取りうる値の数となる．職業分類のようなデータの数値化では，職業の概念が必ずしも明確でないので，最後の分類項目を「その他」（あるいは分類不能）とすることが多い．いずれにしても，これらのデータでは，各データの取りうる値の数は，有限個となる．

他方，表が出るまで硬貨を投げるとき，初めて表が出たときの試行回数を記録するデータxを考えてみよう．これは野球の選手を例にとれば，ヒットが出るまでの打数xなどに対応する．このxの取りうる値は，第1回目の試行で表が初めて出た場合$x=1$，第2回目の試行で表が初めて出た場合$x=2, \cdots$，第k回目の試行で表が初めて出た場合$x=k$というようにxの取りうる値は自然数である．したがってxの取りうる値の数は有限とは限らないが可算個（数えられる個数）である．

離散的データと連続的データの区別

> 一般に各データに対して，その取りうる値として概念的に可算個の数値 $a_1, a_2, a_3, \cdots$ しか存在しない場合，そのデータは**離散的データ**であるという．離散的でないデータを**連続的データ**という．

連続的データの代表的なものとして，体重や身長のデータがある．体重の取りうる値は，（概念的に）正の実数値となる．実際，体重をxとすると，xはその測定可能性は別として$55+\sqrt{2}$のような無理数の値もありうるので，xの取りうる値は数え上げることができず，非可算個である．

為替レートのようなデータは，私たちが直接関係する世界では1円単位であるので可算個である．したがって，そのデータは離散的である．しかし銀行間の取引や外貨預金の金利は小数であるため，小数点以下3位程度の為替レートが扱われている．小数点以下3位までの為替レートは近似的に連続データとして扱った方が便利であることが多い．また概念的には，為替レートは任意の正の実数を取ると考えることができ，実際に取引されたり観察されたりする為替

レートは，小数点以下の一定の桁数を四捨五入したものとみることもできる．株価や他の価格変数についても同様で，それが整数で扱われているのは，単に生活上の便利さから（通貨の最小単位が1円であること），四捨五入の結果であるとみることができる．このようにみると経済データの多くのものは連続的データとみることができる．

キーワード

フローとストック　クロスセクションデータと時系列データ　家計調査　名目データと実質データ　実質化　物価指数　消費者物価指数　変化率　収益率　寄与度と増加寄与率　質的データと量的データ　0-1型データ　ディフュージョン・インデックス　離散的データと連続的データ

練習問題

1. 経済に関連するデータのうちから，フローのデータ，ストックのデータ，そのどちらでもないデータの例をあげよ．
2. 表2-6は，1997年1月から2006年12月までの10年間の為替レート（対ドルレート）の月次データである．
   (1) このデータを時系列グラフで表せ．
   (2) このデータは時系列データであるが，為替レートのクロスセクションデータとはどのようなデータか．
   (3) 収益率（変化率）を計算し，時系列グラフにせよ．そして，(1)のグラフと比較せよ．
3. 表2-5(a)の需要項目別のGDPについて，
   (1) 各需要項目の変化率を計算せよ．
   (2) 2000年を100として各需要項目およびGDPを指数表示せよ．指数表示とは，基準時点のデータを x_b，各時点のデータを x_t としたときに，以下の式で定義される．

42　2章　データについての理解

表 2-6　為替レートの月次データ（月末値，1997年1月〜2006年12月）

（単位　1ドル当たり円）

	1997年	1998年	1999年	2000年	2001年	2002年	2003年	2004年	2005年	2006年
1月	122.13	127.34	115.98	106.90	116.38	132.94	119.21	105.88	103.58	117.18
2月	120.88	126.72	120.32	110.27	116.44	133.89	117.75	109.08	104.58	116.35
3月	123.97	133.39	119.99	105.29	125.27	132.71	119.02	103.95	106.97	117.47
4月	126.92	131.95	119.59	106.44	124.06	127.97	119.46	110.44	105.87	114.32
5月	116.43	138.72	121.37	107.30	119.06	123.96	118.63	109.56	108.17	111.85
6月	114.30	139.95	120.87	105.40	124.27	119.22	119.82	108.69	110.37	114.66
7月	117.74	143.79	115.27	109.52	124.79	119.82	120.11	111.67	112.18	114.47
8月	119.39	141.52	110.19	106.43	118.92	117.97	117.13	109.86	111.42	117.23
9月	121.44	135.72	105.66	107.75	119.29	121.79	110.48	110.92	113.28	118.05
10月	120.29	116.09	104.89	108.81	121.84	122.48	108.99	105.87	115.67	117.74
11月	127.66	123.83	102.42	111.07	123.98	122.44	109.34	103.17	119.46	116.12
12月	129.92	115.20	102.08	114.90	131.47	119.37	106.97	103.78	117.48	118.92

（出所）日本銀行「外国為替相場状況」．

$$\frac{x_t}{x_b} \times 100$$

(3) 表2-5(c)の増加寄与率は (2.4) 式をもとに計算したが，この方法だと本文で示したように解釈に困難が生じる場合が少なくない．そこで，(2.4) のように寄与度の合計（＝合計の変化率）ではなく，寄与度の絶対値の合計（これは下の (2.8) の第1式の A_t である）で割る方法がある．すなわち，第 i 項目の増加寄与率は下の (2.8) の第2式で計算される．表2-5のデータについて，この方法で増加寄与率を計算し，グラフを描け．

(2.8)　$\displaystyle A_t = \sum_{i=1}^{m} \left| \frac{x_{it} - x_{i,t-1}}{z_{t-1}} \right|, \qquad \frac{x_{it} - x_{i,t-1}}{z_{t-1}} \div A_t \times 100$

4．表2-2の項目別支出のデータでは，消費支出が各項目の合計となっている．すなわち，

消費支出＝食料＋住居＋光熱・水道＋家具・家事用品＋被服及び履物＋
　　　　　保健医療＋交通・通信＋教育＋教養娯楽＋その他の消費支出

である．このデータ（可処分所得は除く）について，変化率，指数（2005年を100とする），構成比，寄与度，増加寄与率（上の (2.8) を利用）を計算

表 2-7　労働力状態別15歳以上人口（男女別，1995〜2006年）(単位　万人)

年	男 15歳以上総人口	男 労働力人口	男 就業者	男 失業者	男 非労働力人口	女 15歳以上総人口	女 労働力人口	女 就業者	女 失業者	女 非労働力人口
1995	5,105	3,966	3,843	123	1,139	5,399	2,701	2,614	87	2,698
1996	5,132	3,992	3,858	134	1,140	5,430	2,718	2,627	91	2,712
1997	5,174	4,027	3,892	135	1,147	5,476	2,760	2,665	95	2,716
1998	5,203	4,026	3,858	168	1,177	5,514	2,767	2,656	111	2,747
1999	5,224	4,025	3,831	194	1,199	5,545	2,755	2,632	123	2,790
2000	5,246	4,013	3,817	196	1,233	5,576	2,752	2,629	123	2,824
2001	5,269	3,992	3,783	209	1,277	5,608	2,760	2,629	131	2,848
2002	5,288	3,955	3,736	219	1,333	5,629	2,734	2,594	140	2,895
2003	5,303	3,934	3,719	215	1,369	5,648	2,732	2,597	135	2,916
2004	5,311	3,905	3,713	192	1,406	5,667	2,737	2,616	121	2,930
2005	5,317	3,901	3,723	178	1,416	5,678	2,749	2,633	116	2,929
2006	5,323	3,898	3,730	168	1,425	5,689	2,759	2,652	107	2,930

(注) 就業者＋失業者＝労働力人口，労働力人口＋非労働力人口＝15歳以上人口になるように，調整（不詳を除く，まるめの誤差を調整）したので，出所のデータとは一致していない．
(出所) 総務省統計局「労働力調査」．

せよ．

5．表2-7は，1995〜2006年までの労働力に関する統計である．ここで各項目の関係は，以下のとおりである．

　　全人口＝15歳以上人口＋15歳未満人口

　　15歳以上人口＝労働力人口＋非労働力人口

　　労働力人口＝就業者＋失業者

(1)　対前年変化率を計算せよ．また，2000年を100として各年のデータを指数表示せよ．

(2)　労働力率と失業率は以下の式で定義される．それぞれの値を男女別に計算し，どのような傾向がみられるのかを考えよ．

$$労働力率 = \frac{労働力人口}{15歳以上人口}, \quad 失業率 = \frac{失業者数}{労働力人口}$$

(3)　15歳以上人口＝労働力人口＋非労働力人口とみたとき，労働力人口と非労働力人口の寄与度，増加寄与率を男女別に計算せよ．

(4)　労働力人口＝男の労働力人口＋女の労働力人口とみたとき，男女別の

表 2-8 教養娯楽関連支出（農林漁家世帯を含む2人以上の勤労者世帯）と物価指数

年	支出額（円） 教養娯楽用耐久財	支出額（円） 教養娯楽サービス	物価指数（2005年基準） 教養娯楽用耐久財	物価指数（2005年基準） 教養娯楽サービス
1997	3,814	18,225	257.0	103.5
1998	3,665	18,456	250.2	103.7
1999	4,220	18,588	241.9	103.0
2000	4,236	17,554	226.2	102.6
2001	4,064	17,524	178.1	101.5
2002	3,829	17,257	150.9	100.6
2003	3,490	17,130	130.1	100.6
2004	3,609	18,256	114.0	100.1
2005	3,876	17,514	100.0	100.0
2006	3,613	16,673	81.4	100.7

（出所）総務省統計局「家計調査」,「消費者物価指数」．

寄与度，増加寄与率を計算せよ．

6．表2-8は，家計調査の教養娯楽費のうちの教養娯楽用耐久財および教養娯楽サービスに対する支出と，それぞれに対応する消費者物価指数の推移を示している．
　(1) 支出金額のデータを時系列グラフにせよ．また，変化率も求めよ．
　(2) 支出金額を実質化したうえで，時系列グラフを作成し，変化率を求めよ．そして，(1)の結果と比較せよ．

7．表2-9はGDPを消費，政府，投資，輸出，輸入という需要項目別にみた実額のデータ（名目データ）と，そのデフレータ（GDP用の物価指数）である．表のデータを実質化したうえで，輸出－輸入を計算せよ．そして，消費，政府，投資，（輸出－輸入）の4項目の合計をGDPとみなして，変化率，寄与度，増加寄与率を求めよ．

8．表2-10には，2005年の都道府県別の交通事故死者数と平均気温のデータが示されている．
　(1) これらのデータは時系列データかクロスセクションデータか．また，データの順序に意味はあるか．
　(2) これらのデータはフローのデータか，ストックのデータか．
　(3) これらのデータについて，全国の合計を出して，構成比を求めること

表 2-9 需要項目別 GDP の推移

年度	実額（単位：10億円）					デフレータ（2000年暦年＝100）				
	消費	政府	投資	輸出	輸入	消費	政府	投資	輸出	輸入
1997	282,846.8	79,371.6	143,917.3	56,397.5	49,226.8	101.8	103.1	104.9	113.5	109.5
1998	282,979.5	80,860.1	129,894.6	53,493.8	43,923.5	101.6	102.4	102.8	112.1	104.8
1999	284,340.7	82,698.3	124,676.8	52,151.4	44,322.9	100.9	100.6	101.0	103.1	99.1
2000	283,125.3	85,739.0	129,058.8	55,632.4	49,436.6	99.8	100.0	99.5	100.5	100.8
2001	283,348.9	87,663.8	118,762.6	52,272.5	48,403.3	98.5	99.4	97.3	102.5	102.1
2002	283,200.5	87,680.8	112,796.9	56,679.0	50,482.0	97.3	97.4	95.3	99.7	101.6
2003	282,563.2	88,613.3	113,375.8	60,375.7	51,180.5	96.4	96.0	94.0	96.7	100.0
2004	284,172.6	89,785.1	115,603.6	67,038.7	58,109.3	95.8	95.6	94.0	96.3	104.7
2005	287,556.1	90,576.8	119,209.7	74,902.1	68,400.1	95.1	95.7	94.4	98.8	116.4
2006	291,375.3	89,911.7	123,456.5	83,889.4	76,755.9	94.7	95.0	95.2	102.3	126.8

（注）消費：民間最終消費支出，政府：政府最終消費支出，投資：総固定資本形成＋在庫品増加.
（出所）表2-5と同じ.

表 2-10 2005年の都道府県別交通事故死者数（人）と平均気温（℃）

都道府県	交通事故死者数	平均気温	都道府県	交通事故死者数	平均気温	都道府県	交通事故死者数	平均気温	都道府県	交通事故死者数	平均気温
北 海 道	302	8.9	東 京 都	289	16.2	滋 賀 県	118	14.8	香 川 県	75	16.6
青 森 県	79	10.1	神奈川県	252	15.8	京 都 府	120	15.9	愛 媛 県	113	16.6
岩 手 県	114	10.0	新 潟 県	187	13.8	大 阪 府	268	17.0	高 知 県	47	17.0
宮 城 県	138	12.2	富 山 県	79	14.2	兵 庫 県	260	16.8	福 岡 県	249	17.2
秋 田 県	75	11.7	石 川 県	75	14.8	奈 良 県	65	14.9	佐 賀 県	63	16.6
山 形 県	82	11.6	福 井 県	75	14.5	和歌山県	71	16.6	長 崎 県	57	17.2
福 島 県	143	12.9	山 梨 県	64	14.9	鳥 取 県	45	14.9	熊 本 県	119	17.1
茨 城 県	278	13.4	長 野 県	152	11.6	島 根 県	69	15.0	大 分 県	86	16.8
栃 木 県	198	13.8	岐 阜 県	157	15.9	岡 山 県	148	16.4	宮 崎 県	78	17.4
群 馬 県	152	14.5	静 岡 県	251	16.5	広 島 県	187	16.1	鹿児島県	103	18.5
埼 玉 県	322	15.0	愛 知 県	351	15.7	山 口 県	116	15.5	沖 縄 県	63	23.1
千 葉 県	305	15.8	三 重 県	163	16.1	徳 島 県	68	16.7			

（注）平均気温は，各都道府県の県庁所在市の気象台・測候所等における観測値.
（出所）警察庁交通局「交通統計」，気象庁観測部「気象庁年報」.

に意味はあるか．意味があれば，構成比を算出せよ．

(4) 交通事故死者数と平均気温の間に関係はあるか．関係があるとすれば，なぜか．また，関係をどのように分析したらよいかを考えよ．

9．次の事項を硬貨投げに関する比率 (2.7) にならって説明せよ．母集団についても述べよ．

(1) お年玉年賀はがきで4等（下2桁数字に2通りの当たりがある）の当たる確率．

(2) 失業率を調べるのに10万人について調査した．

(3) 明日の降水確率．

3章

度数分布とローレンツ曲線

　1章で述べたように，データを分析するにあたっては，まずその分析目的を理解することが重要である．しかし，どのような分析目的に対しても，与えられたデータの持つ基本的特性（特徴）を把握しておくことが，後の分析に対して有効となる．基本的特性とは，データの中心がどのあたりにあるのか，データがどの程度散らばっているのか，などといったデータ全体についての特性である．本章では与えられたデータの持つ基本的特性を把握する方法として，度数分布表とヒストグラムと呼ばれる方法について解説するが，4章から6章では，平均，分散，歪度，尖度等の特性値と呼ばれる指標によってデータの分布状況を数値的に把握する方法を扱う．

　本章から6章を通じて，n個のデータは与えられているものとして，データの持つ情報を抽出する分析法を学習する．これは，1章で述べたデータのなかでの分析にあたる．例えば，与えられたn人の年間所得等を分析するもので，そのデータの取り方（標本調査法）やデータの生成の仕方との関係（データの外への推論）については分析の対象としていない．これについては7章以降で述べる．

【本章の内容】
(1)　データの分布状況を把握する方法として，度数分布表および関連する指標を解説する．
(2)　データの分布状況をヒストグラムによって視覚的に把握し，また階級の決め方に指針を与える．さらにクロス集計についても言及する．

(3) 度数分布表の経済分析への直接的な応用として，所得格差あるいは不均一性を測定するローレンツ曲線を描き，格差の尺度となるジニ係数を計算する．

1 度数分布表

データの表し方

与えられたデータを整理し，データの持つ基本的特徴を把握しておくことは，多くの統計分析の出発点になる．その整理のなかには次章以降で述べる平均や分散の計算も含まれる．しかしデータの特徴を把握する最も基本的な方法は，データの分布（散らばり）状態を知るために，度数分布表（およびヒストグラム）を作ることである．度数分布表には，読者もこれまでに，成績分布等で接しているはずである．

例えば次のデータは，ある高校3年生男女20人の数学試験の点数（100点満点）である．

```
43 20 18 38 32 33 91 9 12 26 41
53 25 65 29 37 36 43 33 57
```

これを1つの変数 x を用いて

$$x_1, x_2, \cdots, x_n \quad （ただし n=20）$$

と表現する．ここで $x_1=43, x_2=20, \cdots, x_{20}=57$ である．x_i は第 i 番目の人の点数であり，その番号 i は最初にデータを得たときのもので，人名の五十音順であったり，クラスの順に並んでいたり，ランダムであったりする．また，n は**データの個数（データ数，標本の大きさなどとも呼ぶ）**である．この例ではデータ数が $n=20$ と小さいので，それらを次のように小さい順に並べてみれば，これらの点数の分布状況がわかる．

```
9 12 18 20 25 26 29 32 33 33 36 37 38 41 43 43 53 57 65 91
```

あるいはデータを並べたものを数直線上に図3-1のように表現すれば，分布状況を視覚的に把握できる．

図 3-1 数直線による得点の分布

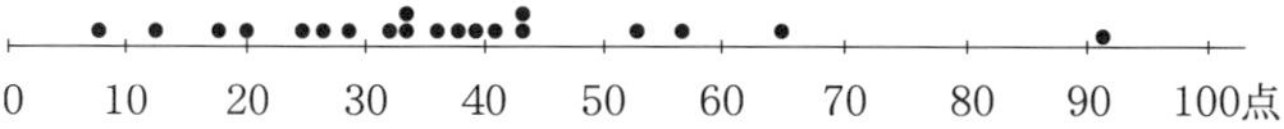

度数分布表

　しかしデータ数が大きくなると，このような図やデータを大きさの順に並べ換えただけでは，データの分布状況を把握することは難しくなる．そこで図3-1に対応して点数の刻みを10点とした区間（階級という）を作り，各区間に含まれているデータの個数（度数という）を数え上げ，表3-1のような表にまとめる．このような表を**度数分布表**という．このように「一定の幅を持った区間」を作ってそのなかに入るデータの個数をまとめる方法をとる場合は，データが，(1)連続的な場合か，(2)離散的であっても連続的とみなす場合，あるいは取りうる値が多数ある場合，である（2章6節）．ここでの試験の点数の場合は(2)の場合である．離散的データですべての取りうる値が少数の場合，取りうる値に対応してその度数を記述すればよい（表3-2のサイコロの例をみよ）．表3-1の**階級**（クラス）とは，データを分類するための区間であり，ここでは第1階級は0点以上10点未満の区間，第2階級は10点以上20点未満の区間，…となる．

度数，相対度数，累積度数

　以下で度数分布表に関するいくつかの基本的な用語について説明しよう．
　度数（frequency）とは各階級に含まれるデータの個数である．表3-1で第3階級の度数が4であるのは，20点がこの階級に含まれるからである．各階級 i の度数を n_i で表すと，以下の関係が成り立つ．

(3.1)　　$n_1 + n_2 + \cdots + n_m = n$　　（m は階級数，表3-1では $m=11$）

　相対度数は，各階級の度数 n_i をデータ数 n で割った比率

(3.2)　　相対度数 $(p_i) = \dfrac{度数}{データの個数} = \dfrac{n_i}{n}$

である．例えば $p_7 = 1/20 = 0.05$ となり，この階級にデータの5%が含まれていることを意味する．相対度数は各階級に入っているデータの割合（構成比）で

表 3-1 得点の度数分布表

階級	度数	相対度数	累積度数	累積相対度数
0点以上〜 10点未満	1	0.05	1	0.05
10 〜 20	2	0.10	3	0.15
20 〜 30	4	0.20	7	0.35
30 〜 40	6	0.30	13	0.65
40 〜 50	3	0.15	16	0.80
50 〜 60	2	0.10	18	0.90
60 〜 70	1	0.05	19	0.95
70 〜 80	0	0.00	19	0.95
80 〜 90	0	0.00	19	0.95
90 〜100	1	0.05	20	1.00
100 〜	0	0.00	20	1.00
合計	20	1.00	-	-

あるので,つねに合計は1となる.実際,(3.1)式の両辺をnで割れば

(3.3) $\quad p_1+p_2+\cdots+p_m=1$

となる.

相対度数を度数分布表に加えるのは,各階級のなかに入るデータの割合を明確にするためであり,各区間にわたるデータの分布状況を把握できる.特に,データ数が異なった場合でも相対度数をみれば,分布の比較が容易になる(表3-5参照).また(3.2)より$n_i = n \times p_i$であるから,各階級の度数n_iは相対度数p_iから求められる.

累積度数は,度数を階級の順に加えていくものである.第k階級の累積度数をR_kとすると,それは第k階級までの度数の和

(3.4) $\quad R_k = n_1+n_2+\cdots+n_{k-1}+n_k$

となる.例えば表3-1の第4階級の累積度数は$1+2+4+6=13$となる.

ある階級の累積度数は,その階級以下に含まれるデータの個数を示す.表3-1の例で,第3階級の累積度数は7,第4階級の累積度数は13であるから,第4階級にはデータを大きさの順に並べたとき,8番目から13番目のデータが含まれることがわかり,個々のデータが与えられていなくても,累積度数によってだいたいの順位をみるのに役立つ.

また,第$k-1$階級の累積度数は$R_{k-1}=n_1+n_2+\cdots+n_{k-1}$であるから,

表 3-2 サイコロを100回投げたときに出た目の度数分布表

サイコロの目	度数	相対度数	累積度数	累積相対度数
1	20	0.20	20	0.20
2	18	0.18	38	0.38
3	10	0.10	48	0.48
4	14	0.14	62	0.62
5	21	0.21	83	0.83
6	17	0.17	100	1.00
合計	100	1.00	-	-

(注) 度数は各目が出る確率が等しいという想定で，Excelの乱数の関数を用いて擬似的に発生させた．

(3.4) より

(3.5) $R_k = R_{k-1} + n_k$

となる．すなわち，第 k 階級の累積度数は，1つ前の階級の累積度数 R_{k-1} にその階級の度数 n_k を加えることによって求めることができる．

累積相対度数は，累積度数と同様に，相対度数を累積していったものである．第 k 階級の累積相対度数 r_k は，第 k 階級までの相対度数の和

(3.6) $r_k = p_1 + p_2 + \cdots + p_{k-1} + p_k = r_{k-1} + p_k$

となる．例えば表3-1の第4階級の累積相対度数は $0.05+0.10+0.20+0.3=0.35+0.3=0.65$ となる．累積相対度数 r_k は，第 k 階級までに入るデータの割合を示し，例えば第6階級の累積相対度数が0.90ということは，第6階級までにデータの9割が含まれること，したがって最初の6つの階級にデータのほとんどが集中していることを意味する．累積相対度数の分布の応用については次節で述べる．

なお，離散的データで取りうる値が少ない場合，その取りうる値に対応して度数分布表を作る．1例として，サイコロを100回投げたときの度数分布表を表3-2に与えてある．この表では1の目が20回出たことを示す．表3-2の一番左の列（表側）が，表3-1のように区間になっていないことに注意せよ．

2 ヒストグラム

ヒストグラム

　度数分布表に要約されたデータの分布状況を視覚的に把握するのが**ヒストグラム**（柱状グラフ）である．このグラフの横軸は x（表3-1の例では点数）であり，各柱の底辺は各階級（区間）の幅に対応する．縦軸は度数 n_i または相対度数 p_i である．図3-2の(a), (b)には度数 n_i と相対度数 p_i の場合のヒストグラムを描いてある．

　当然のことながら2つのグラフの形状（データの分布状況）は，まったく同じである．なぜならば，縦軸が n_i か，それを一定数 n で割った $p_i = n_i/n$ かの違いだけだからである．相対度数に基づくヒストグラム（図3-2(b)）では，柱の高さが比率で，その和は(3.3)によって1である．すなわち柱の高さの和が1になっている．図3-2(c)には，ヒストグラムの各柱の上側の中点（図(b)の黒点）を直線で結んだグラフを描いてある（度数曲線，度数多角形）．ヒストグラムの形状だけをみるときは，このような連続曲線を描くことが多い．

　累積度数や累積相対度数をグラフにする場合，柱の高さを左から順に加えていけばよい．図3-3は累積相対度数のグラフである．この図から，階級とともに相対度数がどのように増加していくかがわかる．グラフの右側は必ず1で終わる．また，このグラフの柱の上の中点を通る連続的な曲線は，累積（相対）度数多角形（曲線）とも呼ばれる．

　以上の議論から明らかなように，与えられたデータ $x_1, x_2, \cdots, x_n$ の分布状況を把握するためには度数分布表を作ればよい．そしてそれを視覚的に図示するのがヒストグラムである．

　度数分布表・ヒストグラムの作り方の手順を要約すると次のとおりである．

(1) 階級の幅（区間の幅）を選択し，階級を決める（第1階級，…，第 m 階級）．
(2) 各階級のなかに入る度数を求める．
(3) 相対度数，累積度数，累積相対度数を計算する．
(4) 度数または相対度数を柱状グラフにする．

2 ヒストグラム

図 3-2 得点のヒストグラム

(a) 度数によるヒストグラム

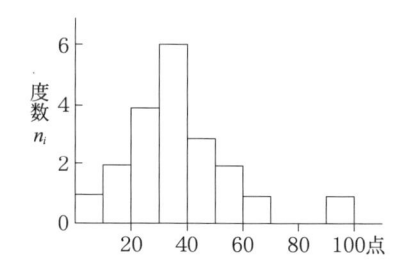

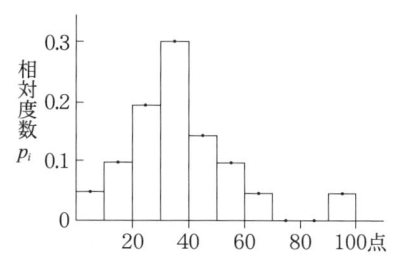

(b) 相対度数によるヒストグラム

(c) 度数曲線

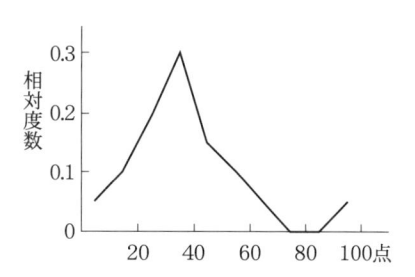

階級の決め方

　上記の手順で問題となる点は，(1)の階級の決め方，すなわち階級の数や階級の幅の取り方である．

　階級数は，区間の幅とその取り方に依存する．上の例の区間の取り方は，左側を含んで（以上），右側を含まない（未満）区間で取っている．そして階級数は，第11階級（100点以上）までの11個となる．つまり，「0点以上，10点未満」，「10点以上，20点未満」…となっている．もちろん100点満点であるので，第11階級は100点を取った人数に対応する．このように，データの取りうる値に上限があるような場合，第11階級を第10階級に結合して，「90点以上，100点以下」とするのが普通である．現在の例では100点満点がいないので，どちらにしても結果は変わらない．貯蓄残高のような経済データの場合，上限を事前

54 3章 度数分布とローレンツ曲線

図 3-3 得点の累積相対度数

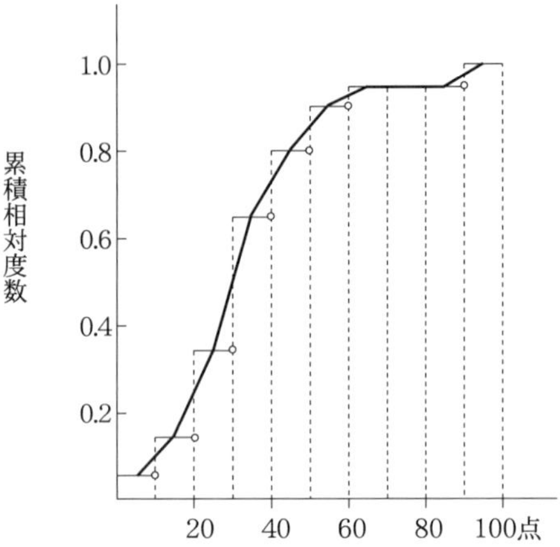

(注) この図の白丸の意味は，各階級の右端でジャンプすることを示す．

表 3-3 得点の度数分布表（階級幅20）

階級	度数	相対度数	累積度数	累積相対度数
0点以上～ 20点未満	3	0.15	3	0.15
20 ～ 40	10	0.50	13	0.65
40 ～ 60	5	0.25	18	0.90
60 ～ 80	1	0.05	19	0.95
80 ～100	1	0.05	20	1.00
100 ～	0	0.00	20	1.00
合計	20	1.00	－	－

に設定できないことが多く，表3-1のように最後の級を一定数以上の区間とする．このような階級を，片方の端が開いているという意味で，**オープンエンドの階級**という．また階級の取り方として，「～より大，…以下」を用いてもよいが，通常は，「～以上，…未満」が用いられる．

また階級の幅をあまり大きくするとデータの分布状況の情報を失う．例えば上例の場合100点を階級の幅とすると，第1階級は「0点以上100点未満」，第2階級は「100点以上」となり，まったく意味のない分類となる．他方，その幅をあまり小さくすると，各階級のなかに入るデータ（度数）が少なくなり，

度数0の階級が増加する．例えば，1点刻みや2点刻みの分類を考えてみよ．また，階級幅の取り方はデータ数 n にも依存する．n が小さいときに階級幅を小さくすると，全体としての分布状況の情報を失う．

いずれにせよ，階級の決め方は，1通りではなく，データ数やその分布状況，分析目的によって異なってくるが，以下のような目安を与えることができる．

階級の決め方についての目安

(1) **階級数**：データ数 n に対応して階級数 m をあまり大きくならないように，またあまり小さくないように取る．基本は，分析目的に照らしてデータの分布状況の情報を失わないようにすることである．

(2) **階級幅**：階級の幅は，第1階級と最後の第 m 階級を除いて，できるだけ均一幅に取る．しかし，分布情報を際立たせるため，分布が集中している部分を狭い幅にするなどすることもある（例題3.1参照）．

(3) **級限界**（階級の両端）：階級の両端の値はなるべく簡単な数字（区切りのよい数値）とする．また，階級の境は重複がないようにする．

階級の数をいくつにしたらよいのかを決めるのは，意外に難しい．階級数の決め方に決まった基準はなく，分析目的に照らしてヒストグラムなどをみながら，分析者が試行錯誤的に決めてよい（階級数の取り方を統計理論的に決めようとするアプローチについては，章末の参考をみよ）．その決め方も分析能力の1つとも考えられよう．

階級数あるいは階級幅を変えると度数分布表も変わる．例えば点数のデータの例で階級数を $m=6$（階級幅20点）とすると，表3-3となる．表3-1と表3-3を視覚的に比較するため，表3-3のヒストグラムを描いたものが図3-4である．

図3-2(a)と比較してみると階級の幅が小さい方が，データの分布状況を詳細に伝えており，学生が自分の相対的位置を知るためには図3-2(a)の方がよいであろう．他方，図3-4は数学の点数の分布状況をおおまかに把握し，例えば他の科目の点数の分布状況と比較するうえでは十分であるかもしれない．この2つの図の優劣は分析目的によるであろう．章末の参考で示されている階級数や階級幅の公式による階級は，20点間隔に近い．

56 3章 度数分布とローレンツ曲線

図 3-4 得点のヒストグラム（階級幅20）

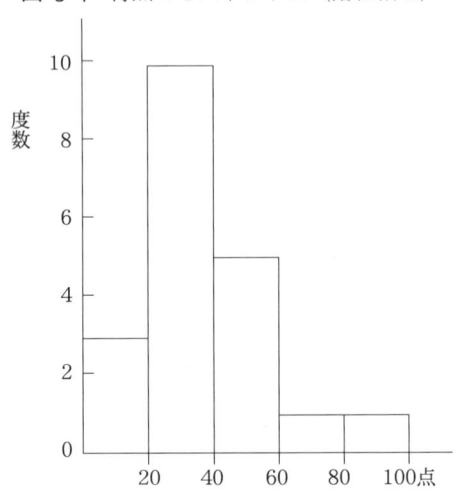

ヒストグラムにおける階級幅の調整

以上の知識をもとに次の応用問題を考えてみよう．

> **例題3.1** 表3-4は，家計調査による年間収入階級別の世帯数の度数分布表（2006年，農林漁家世帯を除く全世帯）である．このデータのヒストグラムを描け．

[**解説**] 表の第2列の**階級値**とは，各階級を代表する値である．通常，階級の両端が a, b のときの階級値は $(a+b)/2$ である（例えば，表3-1では，階級値は $5, 15, 25, \cdots$ となる）．しかし表3-4の階級値は，各階級に含まれるデータの平均値となっている．平均値を階級値に用いる理由は，階級値に度数（世帯数）を掛ければ，その階級に含まれるデータの合計が得られるからである（4章参照）．

表の第3列が度数であるが，それをそのままヒストグラムの高さにしてはいけない．度数をそのまま用いると，例えば1000～1250万円の方が，900～1000万円の階級よりも柱の高さが高くなってしまう．実際，表の階級（第1列）を

2 ヒストグラム

表 3-4　年間収入階級別世帯数（2006年，農林漁家世帯を除く全世帯）

年間収入階級	階級値	度数 (世帯数)	階級幅	$\frac{度数}{階級幅}\times 50$	相対度数	累積度数	累積相 対度数
200万円未満	157	239	86	139	0.0239	239	0.0239
200万円以上～ 250万円未満	225	368	50	368	0.0368	607	0.0607
250　　～　300	275	537	50	537	0.0537	1,144	0.1144
300　　～　350	323	792	50	792	0.0792	1,936	0.1936
350　　～　400	373	880	50	880	0.0880	2,816	0.2816
400　　～　450	423	811	50	811	0.0811	3,627	0.3627
450　　～　500	473	707	50	707	0.0707	4,334	0.4334
500　　～　550	522	700	50	700	0.0700	5,034	0.5034
550　　～　600	572	531	50	531	0.0531	5,565	0.5565
600　　～　650	621	606	50	606	0.0606	6,171	0.6171
650　　～　700	673	492	50	492	0.0492	6,663	0.6663
700　　～　750	720	463	50	463	0.0463	7,126	0.7126
750　　～　800	772	387	50	387	0.0387	7,513	0.7513
800　　～　900	842	651	100	326	0.0651	8,164	0.8164
900　　～1000	945	520	100	260	0.0520	8,684	0.8684
1000　　～1250	1,104	700	250	140	0.0700	9,384	0.9384
1250　　～1500	1,359	282	250	56	0.0282	9,666	0.9666
1500万円以上	1,985	334	970	17	0.0334	10,000	1.0000
合計		10,000			1.0000		

（出所）　総務省統計局「家計調査」．

みると次の点がわかる．

(1)　階級の幅がすべての階級に対して同一でない
(2)　第1階級と最後の階級の片端が開いていて，階級幅が設定されていない（オープンエンドの階級）．

階級の幅が異なっているため，例えば750～800万円の階級の度数387の方が，800～900万円の階級の度数651より小さくなっているが，このような場合ヒストグラムを描くには，後者の階級の柱の高さを前者の半分にするのが適当である．なぜならば後者の方が前者より階級幅が2倍になっているので，そのぶん度数が大きくなってしまう可能性があるからである．このことを一般的にいうと，階級の幅が異なる場合，度数を階級の幅で除した値，もしくはそれに一定値 a を掛けた値

(3.7)　　（度数÷階級幅）×a＝階級幅調整済度数

58 3章 度数分布とローレンツ曲線

図 3-5 年間収入のヒストグラム

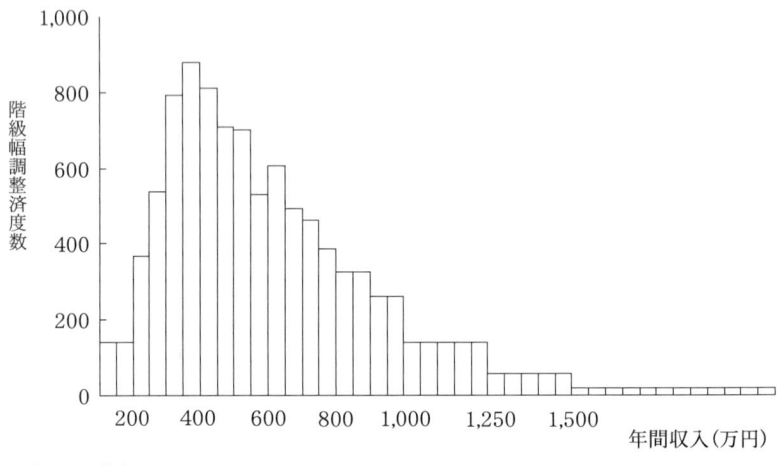

表3-4より作成.

を各階級のヒストグラムの高さとする．定数 a は，階級幅が大きいと，(度数÷階級幅) の値が小さくなるため，それを調整する適当な数である．a には，最も多い階級幅の値を取るとよい．表3-4の第5列がその値であり，a として第2階級から第13階級の階級幅である50を選択している．したがってこの第5列の階級幅調整済度数を柱の高さにしてヒストグラムとして描けばよい（図3-5）．

しかし，その第5列の第1階級と最後の階級の階級幅調整済度数139と17は，どのように計算されたのか不明であろう．それらの階級は上の(2)で述べたオープンエンドの階級であるので，表の第1列で階級幅が与えられていない．この場合，階級値を利用して，次のように階級幅を設定する．すなわち，階級値が階級幅の真ん中の値であるとみなして，オープンエンドの階級を

$$\frac{x+200}{2}=157 より x=114 なので，第1階級を114〜200万円，$$

$$\frac{1500+y}{2}=1985 より y=2470 なので，最後の階級を1500〜2470万円，$$

と定める．したがって，第1階級の階級幅は$200-114=86$，最後の階級の階級幅は$2470-1500=970$となる．この階級幅を用いたそれぞれの階級の階級幅調整済度数は，$239÷86×50=139, 334÷970×50=17$と計算される．図3-5のヒス

トグラムでは，これらの値を階級の柱の高さとしている．階級幅調整済度数は(3.7)の定数aの取り方にも関係する．これに対して，その相対度数は，階級幅調整済度数の合計で各階級幅調整度数を割るので，総和は1になり，aの取り方に依存しない．したがって階級幅調整済度数の相対度数のヒストグラムを描いてもよい．

図3-5の年間収入のヒストグラムをみると，最も度数の多い階級は350～400万円で，年間収入は400万円前後の世帯が多くなっている．またその分布は，左右対称でなく，ヒストグラムの山が左に偏っている（右にスソが長い分布）．収入や貯蓄額など経済データにはこのような分布形を持つものが多い．■

クロス集計

48ページの数学の得点の例のデータで，最初の11人（上段の$x_1, \cdots, x_{11}$）は男子，後の9人（下段の$x_{12}, \cdots, x_{20}$）は女子であったとしよう．そして表3-1の階級を用いて，男女別に度数をカウントし，相対度数を計算したのが表3-5である．

この度数分布表をみると，男女の得点の分布状況の違いがよくわかる．女子の方が全体的に男子より得点が高い方に位置していること，男子の方の散らばりが大きいことなどである．

この場合，得点を第1の変数，性別（男女）を第2の変数とみなし，この表3-5のように集計することによって両変数の関係をみることができる．このように2つの変数によって度数を集計することを**クロス集計**という．この場合，第2の変数は数値ではない質的なデータであるが，量的なデータ（例えば英語の得点．連続的でも離散的でもよい）でもクロス集計をすることが可能である．その場合，第2の変数を階級分けしたうえでの集計となる．

他方，表3-1や図3-2は，男女を区別していない度数分布表・ヒストグラムとみることができる．このように1つの変数だけに関する集計は，クロス集計に対して，**単純集計**と呼ばれる．

表 3-5 男女別の得点の度数分布表

階級	度数 男	度数 女	相対度数 男	相対度数 女
0点以上～ 10点未満	1	0	0.09	0.00
10 ～ 20	2	0	0.18	0.00
20 ～ 30	2	2	0.18	0.22
30 ～ 40	3	3	0.27	0.33
40 ～ 50	2	1	0.18	0.11
50 ～ 60	0	2	0.00	0.22
60 ～ 70	0	1	0.00	0.11
70 ～ 80	0	0	0.00	0.00
80 ～ 90	0	0	0.00	0.00
90 ～100	1	0	0.09	0.00
100 ～	0	0	0.00	0.00
合計	11	9	1.00	1.00

(注) 丸め誤差のため合計は1になっていない.

3 ローレンツ曲線とジニ係数

所得格差の問題

　本節のテーマは，1節で説明した累積相対度数を利用して，所得分配の不平等度を視覚的に表現するローレンツ曲線と，そこに表現された不平等度を1つの数値で測るジニ係数である．

　近年，経済的な格差すなわち所得格差の問題が盛んに議論されている．つまり，所得水準の低い人の割合が大きくなり，所得分配の不平等度が拡大しているのではないか，という問題である．この問題は，規制緩和など市場原理に基づく大幅な経済改革が所得格差を拡大させたといった論点を，フリーターやニートの増加の問題などとも関連させながら議論されることが多い．一方，所得格差の大きい高齢者の増加，すなわち高齢化の進行が，全体としての所得格差を拡大させているという指摘もある（例えば，大竹 [22]）．いずれにせよ，所得格差，所得分配の不平等度を，いかに客観的に把握するかということは重要であり，本節ではその方法としてローレンツ曲線とジニ係数について以下で説明する．

表 3-6 遺産配分の例

	人数	金額 (万円)	比率		累積比率	
			人数	金額	人数	金額
					0	0
四男	1	400	0.2	0.10	0.20	0.10
三男	1	600	0.2	0.15	0.40	0.25
次男	1	800	0.2	0.20	0.60	0.45
長男	1	1,000	0.2	0.25	0.80	0.70
五男	1	1,200	0.2	0.30	1.00	1.00
合計	5	4,000	1.0	1.00		

図 3-6 遺産配分の例の累積比率

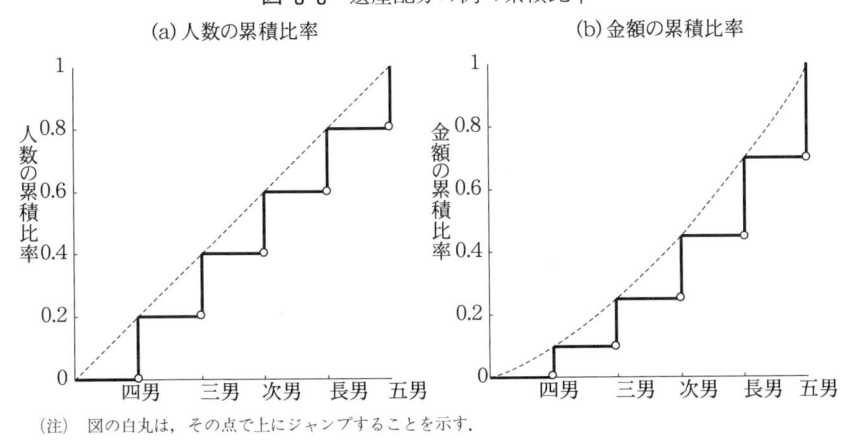

(a) 人数の累積比率　　　　　(b) 金額の累積比率

(注) 図の白丸は，その点で上にジャンプすることを示す．

まず次の例から始めよう．

5人兄弟の遺産相続で，長男に1000万円，次男に800万円，三男に600万円，四男に400万円，五男に1200万円配分されたとしよう（遺産の配分総額4000万円）．この配分が不平等であるかどうかは別として，不均一である（ただし，以下では不均一と不平等を同義に用いる）．その不平等の度合いをみるため，配分金額の小さい方から並べ，人数の比率（相対度数）とその累積比率（累積相対度数），金額の比率とその累積比率を表にしたのが表3-6，人数の累積比率と金額の累積比率をグラフにしたのが図3-6である．表3-6の各行は，度数分布表の階級と対応している（金額が階級，あるいは階級値であると理解すればよ

い)．また，金額は度数ではないので，相対度数，累積相対度数といった用語は適当でないため，比率，累積比率という用語を用いていることに注意しよう．

図3-6(a)では人数が（横軸に沿って）1人ずつ増えるに従って，人数の累積比率が0.2ずつ増加するので，角度が45度の線になる．他方，図3-6(b)では，分配比率が異なるので，金額の累積比率のグラフは45度線より下にある．もし平等に財産が分配されると，1人増えるごとに金額比率は0.2ずつ増加するので，人数の累積比率の場合と同様に45度線となるはずである．したがって，金額の累積比率を表す線が45度線にならないことが，分配が不平等であることと対応している．

ローレンツ曲線

表3-6と図3-6から，不平等の度合いを以下のようにみることができる．もし遺産配分が平等であれば，表3-5の人数の比率と金額の比率は一致するはずであるが，不平等であるがゆえに，両者は異なっている．そして，この両者の比率の違いが不平等の程度を表すことになる．さらに階級ごとの比較でなく，全体的な不平等の度合いをみるためには，人数と金額の累積比率を比較すればよい．例えば，第3階級（次男）までには，人数としては60％いるが，配分されている金額は45％にすぎず，その比率は等しくないので不平等であるとみる．

つまり，人数の累積比率と金額の累積比率を直接比較することによって，分配の不平等度をみることができる．図3-6の2つの図を比較すると，階級（横軸）の上昇に対しての人数の増加の割合と金額の増加の割合に差があることがわかるからである．その差を明確にするために，この2つの図を結合させた曲線，すなわち，表3-6の人数の累積比率（累積相対度数，r_iで表す）を横軸に，金額の累積比率（q_iで表す）を縦軸にとって，各点を結び付けた曲線が**ローレンツ曲線**である（図3-7）．このグラフは金額の低い方から人数の割合を増加させていくとき，それらの人数の合計金額の割合の増加の程度を示す．累積比率は人数・金額ともに0からスタートするとして，最後の階級では必ず1になるので，ローレンツ曲線は一辺の長さが1の正方形のなかに描かれることになる．

この曲線は所得分配の1つの不平等度を表現している．もしすべての相続者が同一の金額を配分されたとすれば，金額の累積比率は人数の累積比率と一致

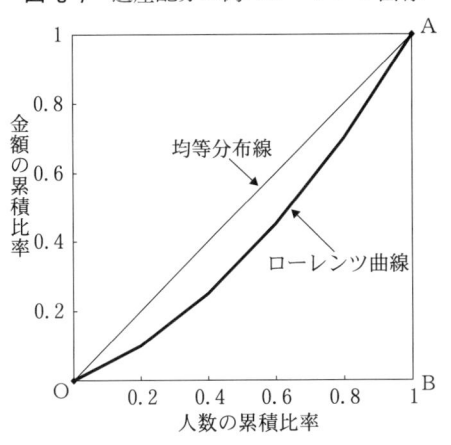

3 ローレンツ曲線とジニ係数　63

図 3-7　遺産配分の例のローレンツ曲線

するので，分配が平等な場合のグラフ（ローレンツ曲線）は図3-7の正方形の対角線 OA（45度線）となる．この対角線のことを**均等分布線**あるいは**完全平等線**という．しかし，金額にバラツキがあると，グラフは必ず対角線の下側にくる（なぜか考えよ）．グラフが下側にあるほど人数が増加しても金額はそれほど増えていないことを示し，金額に大きなバラツキ（不平等）があることを示す．ただしここでいう不平等とは，前に述べたように，例えば，五男が親の面倒をみていたからより多くの遺産を相続して当然であるといった倫理的な意味を含まず，均一でないという意味である．最も不平等な配分は，分配される金額が1人に独占される場合であり，このとき，金額の比率ならびに累積比率は，最後の階級で1になるので，図3-7の横軸の0.8までは横軸に沿って，そこから急激に A 点に移る．つまり，最も不平等な分配の場合（1人で独占）のローレンツ曲線は，B 点に近いところから A 点に上がるので，正方形の外枠 OBA となる（人数が多い場合を考えよ）．したがって，ローレンツ曲線の位置によって，不平等の度合いに関して，以下のようにまとめることができる．

- ローレンツ曲線が均等分布線（45度線）に近いほど，所得分配はより平等
- ローレンツ曲線が均等分布線（45度線）から離れる（外枠に近づく）ほど，所得分配はより不平等

64 3章 度数分布とローレンツ曲線

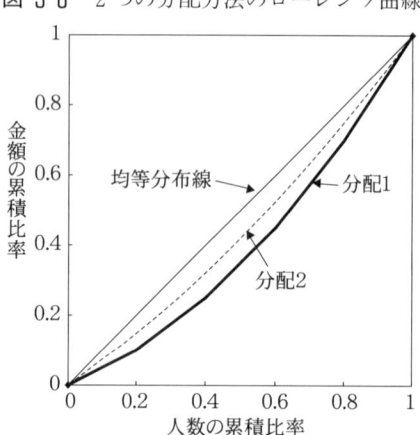

図 3-8　2つの分配方法のローレンツ曲線

　図3-8は，遺産相続の例で配分の仕方を，長男に900万円，次男に800万円，三男に700万円，四男に600万円，五男に1000万円とした場合（分配2とする）のローレンツ曲線と，先のローレンツ曲線（分配1）をいっしょに描いたものである．配分金額の数値をみれば，分配2の方がより均一に近いことが明らかであるが，分配2のローレンツ曲線の方が均等分布線により近くなっていることがそれを反映している．

> **例題3.2**　表3-4の年間収入階級別世帯数のデータをもとに，累積相対度数と年間収入の累積比率を求め，ローレンツ曲線を描け．

［解説］　年間収入階級別の世帯数の比率（相対度数），累積比率（累積相対度数）は，表3-4ですでに計算されている．他方，年間収入の累積比率とは何であろうか．累積されるのは，各階級に属する世帯の収入の合計である．表3-4には，各階級の年間収入の階級値（第2列）と世帯数（第3列）が与えられているので，それを用いて

$$\text{第 }i\text{ 階級の }n_i\text{ 世帯の収入の合計}=\text{第 }i\text{ 階級の階級値}\times\text{世帯数 }n_i$$

を計算したのが表3-7の総収入（第4列）である．各階級の総収入を，それらの階級の収入合計の和としての全世帯の収入の総合計6,396,786（639億6786万

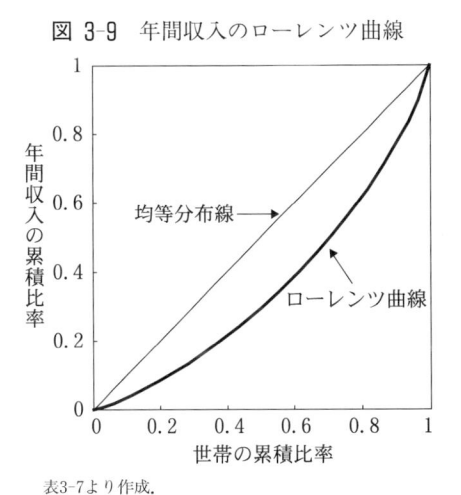

3 ローレンツ曲線とジニ係数　65

表 3-7　世帯と年間収入の累積比率等（2006年，農林漁家世帯を除く全世帯）

年間収入階級	階級値	度数 (世帯数)	総収入(階級 値×度数)	比率 世帯	比率 収入	累積比率 世帯	累積比率 収入	台形の 面積
200万円未満	157	239	37,523	0.0239	0.0059	0.0239	0.0059	0.0001
200万円以上～250万円未満	225	368	82,800	0.0368	0.0129	0.0607	0.0188	0.0005
250　～　300	275	537	147,675	0.0537	0.0231	0.1144	0.0419	0.0016
300　～　350	323	792	255,816	0.0792	0.0400	0.1936	0.0819	0.0049
350　～　400	373	880	328,240	0.0880	0.0513	0.2816	0.1332	0.0095
400　～　450	423	811	343,053	0.0811	0.0536	0.3627	0.1868	0.0130
450　～　500	473	707	334,411	0.0707	0.0523	0.4334	0.2391	0.0151
500　～　550	522	700	365,400	0.0700	0.0571	0.5034	0.2962	0.0187
550　～　600	572	531	303,732	0.0531	0.0475	0.5565	0.3437	0.0170
600　～　650	621	606	376,326	0.0606	0.0588	0.6171	0.4025	0.0226
650　～　700	673	492	331,116	0.0492	0.0518	0.6663	0.4543	0.0211
700　～　750	720	463	333,360	0.0463	0.0521	0.7126	0.5064	0.0222
750　～　800	772	387	298,764	0.0387	0.0467	0.7513	0.5531	0.0205
800　～　900	842	651	548,142	0.0651	0.0857	0.8164	0.6388	0.0388
900　～1000	945	520	491,400	0.0520	0.0768	0.8684	0.7156	0.0352
1000　～1250	1,104	700	772,800	0.0700	0.1208	0.9384	0.8364	0.0543
1250　～1500	1,359	282	383,238	0.0282	0.0599	0.9666	0.8964	0.0244
1500万円以上	1,985	334	662,990	0.0334	0.1036	1.0000	1.0000	0.0317
合計		10,000	6,396,786	1.0000	1.0000			0.3512

表3-4より作成．

図 3-9　年間収入のローレンツ曲線

表3-7より作成．

円)で割ったものが第6列の収入の比率である．この列の各数字は，第i階級に属する世帯数n_iの収入の合計が全世帯の収入の合計に占める割合である．そして，これを世帯数と同様に累積したのが収入の累積比率(第8列)である．

したがって，このデータのローレンツ曲線は，表の第7列の世帯の累積比率を横軸に，第8列の年間収入の累積比率を縦軸に取ったものであり，図3-9に示されている．これは2006年のローレンツ曲線であるが，同様のデータを他の年について収集し，ローレンツ曲線を同じ座標上に描いてどちらが均等分布線に近いのかをみることによって，その年に比べて所得格差が拡大しているかどうかをみることが可能となる．■

ジニ係数

このように複数のローレンツ曲線の位置関係によって，所得分配の不平等度を比較することが可能になる．しかしローレンツ曲線が交わってしまうと，どちらが不平等であるとはいえなくなってしまう．また，多くの年の不平等度を比較する場合には，1つの図に多くのローレンツ曲線を描くことになり，不平等度を判断することは困難になる．そこで，ローレンツ曲線と均等分布線の近さを数値で表す必要がある．両者の距離で考えると距離をどこで測るのかで判断が異なってくるので，両者によって囲まれた面積を考える．すなわち，均等分布線とローレンツ曲線によって囲まれた面積が小さいほど，両者は近くに位置し，所得分配はより平等であるとみなす．**ジニ係数**は，この面積を2倍した指標である．

> ジニ係数(G) = 2×(均等分布線とローレンツ曲線で囲まれる面積)

面積を2倍する理由は以下のとおりである．分配が完全に平等である場合，ローレンツ曲線は均等分布線に一致するので囲まれた面積は0，最も不平等な場合のローレンツ曲線は正方形の外枠に一致するので囲まれた面積は0.5(正方形の面積は1辺の長さが1なので1)となる．したがって，その面積を2倍したジニ係数は，完全な平等場合に0，最も不平等な場合に1を取る($0 \leq G \leq 1$)．0から0.5とするよりも，0から1とする方がわかりやすく，ジニ係

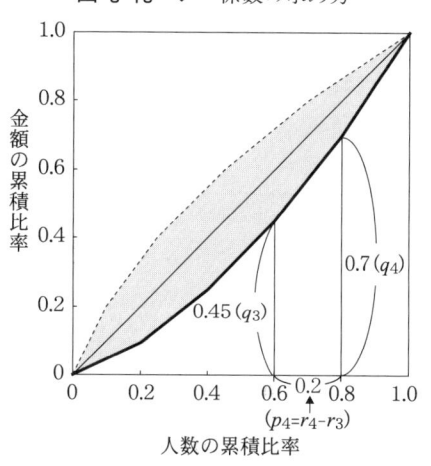

3 ローレンツ曲線とジニ係数　67

図 3-10　ジニ係数の求め方

数は図3-10の影付きの部分の面積である．また，ジニ係数は，図3-7における三角形OBAの面積（0.5）に対する，ローレンツ曲線と均等分布線によって囲まれた面積の割合とみることも可能である（割合なので0から1の間を取る．ジニ係数についての詳細は，例えば，中村他 [18] を参照せよ）．したがって，ローレンツ曲線と均等分布線の位置関係とジニ係数の大きさを対応させることによって，所得分配の不平等度に関して，以下のようにまとめることができる．

- ジニ係数が小さい（0に近い）ほど，所得分配はより平等
- ジニ係数が大きい（1に近い）ほど，所得分配はより不平等

図3-10の影付きの図形の面積であるジニ係数は，台形の面積を利用することによって，以下のように算出できる．

ジニ係数の求め方：人数（世帯）の比率を p_i，人数（世帯）の累積比率を r_i，所得（金額）の累積比率を $q_i (i=0,1,\cdots,m)$ とすると，ジニ係数は以下の式で求められる．

$$(3.8) \quad G = 1 - 2 \times \left\{ \frac{(r_1 - r_0)(q_1 + q_0)}{2} + \frac{(r_2 - r_1)(q_2 + q_1)}{2} + \cdots \right.$$

$$+ \frac{(r_m - r_{m-1})(q_m + q_{m-1})}{2}\Bigg\}$$

$$= 1 - 2 \times \left\{ \frac{p_1(q_1 + q_0)}{2} + \frac{p_2(q_2 + q_1)}{2} + \cdots + \frac{p_m(q_m + q_{m-1})}{2} \right\}$$

$$= 1 - \{p_1(q_1 + q_0) + p_2(q_2 + q_1) + \cdots + p_m(q_m + q_{m-1})\}$$

[解説] ジニ係数の求め方にはいくつかの方法があるが，ここではローレンツ曲線と均等分布線で囲まれた弓形の面積を，その右側の台形の面積を利用して求める（図3-10）．すなわち，弓形の右側を階級の数の台形に分け，それぞれの面積を求める．図からわかるように，第 i 番目の台形の上底と下底は，それぞれ q_i，q_{i-1} となり，高さは（3.6）より $r_i - r_{i-1} = p_i$，すなわち各階級の相対度数となる．したがって，台形の面積は

$$\frac{(r_i - r_{i-1})(q_i + q_{i-1})}{2} = \frac{p_i(q_i + q_{i-1})}{2}$$

となる．例えば4番目の台形の面積は，$(0.7 + 0.45) \times 0.2 \div 2 = 0.115$ となる．そしてこれらの台形の面積を合計したものを2倍し，正方形の面積である1から引けば，ローレンツ曲線と均等分布線で囲まれた面積の2倍であるジニ係数が求められる．■

遺産の例について（3.8）式よりジニ係数を計算すると，以下のようになる．

$$G = 1 - 2 \times \left\{ \frac{0.2(0 + 0.1)}{2} + \frac{0.2(0.1 + 0.25)}{2} + \frac{0.2(0.25 + 0.45)}{2} \right.$$
$$\left. + \frac{0.2(0.45 + 0.7)}{2} + \frac{0.2(0.7 + 1)}{2} \right\}$$

$$= 1 - 2 \times 0.4 = 0.2$$

このジニ係数の値が大きいのか，小さいのかを一般的に議論するのは難しい．そこで所得格差が拡大しているかどうかをみるのであれば，ジニ係数を該当する年ごとに算出し，その時系列的な推移をみることによって所得分配の不平等度の変化を追うことができる（練習問題7）．また，国別の比較なども可能である．

表3-7の年間収入の例題のジニ係数は，表の右列の台形の面積の合計から，

$G=1-2\times 0.3512=0.2976$と算出される．

参考　階級数の決め方－統計理論的アプローチ－

階級数の取り方を統計理論的に決めようとするアプローチもある．古くはスタージス（Sturges [1926]）の提案したデータの個数 n によって階級数を決めようとするスタージスの公式

(3.9)　　$m=1+\log_2 n$　　または　　$n=2^{m-1}$

があるが，この公式のなかにはデータの分布状況に関する情報が含まれていない．一方階級「幅」の選択をする公式

(3.10)　　$3.49sn^{-1/3}$

ただし，$s^2=\dfrac{1}{n}\left[(x_1-\bar{x})^2+(x_2-\bar{x})^2+\cdots+(x_n-\bar{x})^2\right]$,

$\bar{x}=\dfrac{1}{n}(x_1+x_2+\cdots+x_n)$

をスコット（Scott [1979]）が与えている（$\bar{x}, s^2$ はそれぞれ4章と5章で説明する平均と分散である）．また変数の取りうる区間が有限なときには，階級数の公式

(3.11)　　$m\approx (2n)^{1/3}$　　かつ　　$m\geq (2n)^{1/3}$

をテレルとスコット（Terrell and Scott [1985]）が与えている（ただし，$\approx$ はほぼ等しいを意味する記号で，$\fallingdotseq$ と同じ意味）．点数の例では，(3.9) によると $m=4.3$，(3.11) によると $m=4$ となる．他方 (3.10) による階級幅は，

$\bar{x}=36.75$,　$s^2=348.59$,　$3.49sn^{-1/3}=24.01$

となる．なお，ヒストグラムに関する優れた理論研究として Kogure [17] がある．■

キーワード

度数　度数分布表　相対度数　累積度数　累積相対度数　ヒストグラム　階級
階級値　クロス集計　単純集計　所得格差　ローレンツ曲線　ジニ係数

練習問題

1. 次のことを調べて，度数分布表やヒストグラムを作成せよ．
   (1) サイコロを100回振ったときの，1から6の目の出る回数．
   (2) 適当な英語の本を選び，その1ページ中に使われている各アルファベットの文字の出現回数．また，出てくる単語の長さ．
   (3) 電話帳（タウンページ）の1ページを選び，そこに出てくる電話番号の末尾の数字．

2. 表3-8は1982年から2006年までの消費者物価指数の上昇率（%）のデータである．このデータの度数分布表を作成せよ（相対度数，累積度数，累積相対度数も算出せよ）．ただし，階級は$-1.5 \sim -0.5$, $-0.5 \sim 0.5$…とする．また，ヒストグラムも描け．

3. 表2-1（23ページ）の日経平均株価と表2-6（42ページ）の為替レートのデータから算出した月次の変化率（収益率）について，
   (1) 度数分布表にまとめ，ヒストグラムを描け．どんな特徴がみられるか．ただし階級は，$-18 \sim -14$, $-14 \sim -10$,…, $10 \sim 14$（単位：%）とする．
   (2) 1990年代と2000年以降でクロス集計した度数分布表も作成せよ．

4. 表2-10（45ページ）の都道府県別交通事故死者数と平均気温について，
   (1) それぞれ適当な階級数・階級幅を定めて，度数分布表を作れ（相対度数，累積度数，累積相対度数も計算せよ）．
   (2) 交通事故死者数の度数分布表について，平均気温が15°C未満と15°C以上に分けてクロス集計を作成せよ．

5. 表3-9は，従業者規模別の事業所数を全産業，製造業，卸売・小売業，金融・保険業について示した度数分布表である（2006年）．
   (1) 各産業について，相対度数，累積度数，累積相対度数を計算し，特徴を述べよ．
   (2) 各産業について，大企業（300人以上），中小企業（10〜300人），零細企業（10人未満）の3つに分類しなおした度数分布表を作成し，(1)と同様の計算を行え．
   (3) 全産業について，ヒストグラムを描け．

表 3-8 消費者物価指数（総合）の上昇率

年度	1982	1983	1984	1985	1986	1987	1988	1989	1990	1991	1992	1993	1994
物価上昇率(%)	2.9	1.8	2.3	2.1	0.6	0.1	0.7	2.2	3.1	3.4	1.6	1.3	0.6

年度	1995	1996	1997	1998	1999	2000	2001	2002	2003	2004	2005	2006
物価上昇率(%)	−0.1	0.1	1.9	0.6	−0.3	−0.8	−0.7	−0.9	−0.3	0.0	−0.3	0.3

（出所）　総務省統計局「消費者物価指数」．

表 3-9 従業者規模別事業所数（平成18年）

従業者規模	事業所数 全産業	製造業	卸売・小売業	金融保険業	階級値（平均従業者数，単位：人） 全産業	製造業	卸売・小売業	金融保険業
1〜　4人	3,538,233	264,115	982,913	31,898	2	2	2	2
5〜　9人	1,123,518	115,827	321,220	16,393	7	7	6	7
10〜19人	653,682	76,504	182,774	18,479	13	14	13	14
20〜29人	229,352	30,892	54,576	7,867	24	24	24	24
30〜49人	169,489	26,128	32,686	5,209	38	38	38	37
50〜99人	103,483	19,198	19,527	2,640	68	69	68	67
100〜199人	39,651	8,977	6,144	866	136	137	133	135
200〜299人	10,802	2,608	1,378	244	241	243	241	241
300人以上	12,434	3,541	1,254	376	660	726	541	757

（注）　派遣・下請従業者のみの事業所は除く．
（出所）　総務省統計局「事業所企業統計調査」（平成18年速報集計）．

6．表3-10は，貯蓄現在高階級別世帯数の度数分布表である（図1-2のもとになっているデータである．ただし図1-2では階級をまとめている）．
　(1)　この表から，全世帯，勤労者世帯それぞれのヒストグラムを作成せよ．
　(2)　全世帯，勤労者世帯それぞれのローレンツ曲線を描き，ジニ係数を算出せよ．
7．表3-11は，1995年から2006年までの年間収入五分位階級別の1世帯当たりの実収入（勤労者世帯）のデータである．五分位階級別データとは，世帯を収入の大きい（小さい）順に並べたときに，5つの階級に入る世帯数が等しくなるように分けたデータである（表2-3は十分位階級別データであった）．1995年，2000年，2005年についてローレンツ曲線を描け．また，各年について，ジニ係数を計算せよ．それによって，所得格差にどのような傾向がみら

表 3-10　貯蓄現在高階級別世帯数（2006年）

貯蓄現在高階級 （万円）	全世帯 階級値	全世帯 世帯数	勤労者世帯 階級値	勤労者世帯 世帯数
以上　未満				
～ 100	30	1,000	33	1,186
100～ 200	143	577	144	721
200～ 300	242	540	242	649
300～ 400	344	504	345	589
400～ 500	444	466	443	586
500～ 600	541	490	543	569
600～ 700	642	432	642	497
700～ 800	742	420	741	440
800～ 900	841	363	842	417
900～1000	941	302	940	319
1000～1200	1,085	579	1,087	554
1200～1400	1,287	481	1,291	505
1400～1600	1,487	449	1,487	458
1600～1800	1,686	309	1,687	287
1800～2000	1,889	287	1,893	307
2000～2500	2,221	636	2,222	552
2500～3000	2,748	418	2,742	316
3000～4000	3,433	621	3,429	434
4000～	6,647	1,126	6,003	615

（出所）　総務省統計局「家計調査」（貯蓄・負債編）．

表 3-11　年間収入五分位階級別の実収入の推移
（2人以上の勤労者世帯）　　（単位　円）

	I	II	III	IV	V
1995	328,271	440,953	546,120	648,268	890,473
1996	328,993	441,598	542,976	670,778	912,961
1997	330,871	451,794	560,726	689,116	943,566
1998	325,898	449,999	555,547	673,681	939,457
1999	318,789	446,939	547,596	653,292	906,764
2000	314,639	429,195	524,994	646,765	889,179
2001	309,696	417,503	508,458	639,308	880,837
2002	293,061	399,398	498,503	633,203	867,219
2003	295,353	396,837	488,484	597,459	844,576
2004	295,464	397,374	497,169	616,471	843,663
2005	286,262	391,769	482,812	601,112	851,189
2006	286,149	394,253	478,066	598,212	869,593

（出所）　総務省統計局「家計調査」．

れるか，また，その原因は何かを考えよ．
8．ローレンツ曲線やジニ係数が所得格差の分析以外に適用できるのは，どのような場合かを考えよ．また表3-9の各産業について，ローレンツ曲線を描き，ジニ係数を算出せよ．

4章

データの代表値

　与えられたデータを度数分布表やヒストグラムにまとめ，データの分布状況を概観し理解することは，データ分析の出発点であり，本章以下で説明するいろいろな分析の基礎となる．しかし，度数分布表やヒストグラムは階級の取り方に依存するので，データの情報を簡単に要約するには，必ずしも便利ではない．特に，複数の異なった分布を客観的に比較しにくい．例えば，2つの異なるデータに基づくヒストグラムに対して，分布の中心的な値（位置）や散らばりの大きさの違いを判断することは容易ではないが，それらを数値で表せば比較しやすくなる．そこで本章では，データの分布の中心的な値（位置）を数値によって把握する方法を理解することにする．さらに5章と6章では，分布の散らばりなど，分布の他の特徴を把握する測度（尺度）について学ぶ．

【本章の内容】
(1) 平均値を定義したうえで，その性質をみる．また，総和記号 Σ の使い方について確認する．
(2) 平均値の短所を補う代表値として，メディアンについて説明する．さらに四分位数についても取り上げる．
(3) 同様に代表値として，モードについて説明する．
(4) 代表値である平均値・メディアン・モードの大きさの関係を分布の形と結びつける．
(5) よく利用されるその他の平均値として，幾何平均と移動平均を取り上げる．

1 平均値

一般にデータ $x_1, x_2, \cdots, x_n$ は，散らばり（バラツキ）を持っている．すなわちすべてのデータが同じ値を取るのではなく，様々な値を取り，いろいろなところに分布している．その分布の中心的な位置を示す値，あるいはデータを全体として代表する値を**代表値**という．私たちがよく知っている平均は，その典型的な代表値の1つである．しかし，代表値は平均だけでなく，メディアン，モード，幾何平均等いろいろなものがある．本節では，このうち平均値の持つ意味や特徴，計算法について学習する．

平均値（算術平均値）

私たちが最もよく用いる代表値である平均は，厳密には算術平均値と呼ばれるものであるが，以下では，**平均値**あるいは単に平均という．周知のように，データ $x_1, x_2, \cdots, x_n$ の平均値（$\bar{x}$ で表す，$\bar{x}$ はエックス・バーと読む）は，全てのデータの値の合計をデータの個数 n で割ったものであり，次式で与えられる．

$$(4.1) \quad \bar{x} = \frac{1}{n}(x_1 + x_2 + \cdots + x_n)$$

> **例題4.1** 次のデータはある企業に所属する8人全員の年間所得（単位：万円）である．この平均値を求め，その平均値がデータの代表値として適当であるか議論せよ．
>
> 　　330, 280, 230, 240, 390, 290, 340, 1580

［解説］　平均値は $\bar{x} = \frac{1}{8}(330+280+\cdots+1580) = 460$ 万円となる．しかし8人のうち7人の所得はこの平均値よりかなり低い．したがって，分析の狙い（知りたいこと）がこの企業の代表的な年間所得である場合，平均値460万円は適当とはいえない．例えばこの企業に入ったとしても，460万円という年間所得が得られる可能性はかなり低いだろう．この結果は，明らかに1つのデータ

(1580万円)が異常に大きな値を取っているためである．そこでそれを除いて7人の平均値を求めてみると，$\bar{x}'=300$万円となり，これは7個のデータのほぼ真ん中にあり，代表値と見ることができる．■

　この例のように平均値は少数の外れ値の影響を受けやすい．ここで**外れ値**とは，他の多くのデータからみて，少数の極端に大きな値や極端に小さな値のことであるが，客観的に決めることは難しい．この例のように明らかに外れ値であると考えられるデータが含まれている場合，それを除外して平均を求めることも必要である．しかし必ずしも明確に判断できない場合は，2つの平均値を求め，分析の狙いに対応して使い分けをすればよい．外れ値は，同質でない概念のデータが含まれている（例えば，例題の1580万円は社長の給料かもしれない）ときに起こりやすいが，単純な転記ミスあるいはデータの入力ミスであることもある．

2つのグループの平均値

　もう1つのこうした例として，3章の数学の得点の例（48ページ）の男女別の平均点を算出してみよう．男女別の平均点をそれぞれと $\bar{x}_男, \bar{x}_女$ すると，

$$\bar{x}_男 = \frac{1}{11}(43+20+18+38+32+33+91+9+12+26+41) = 33$$

$$\bar{x}_女 = \frac{1}{9}(53+25+65+29+37+36+43+33+57) = 42$$

となる．これをみると，男女間の平均点の差は大きい．

　男女全体の平均点 $\bar{x}$ は，もちろん20人の得点から算出できる（例題4.3）が，男女別の平均点からも求めることができる．ただし，男女それぞれの平均を足して2で割った値 $(33+42)/2=37.5$ ではなく，以下のように求められる．

$$(4.2) \quad \bar{x} = \frac{11 \times 33 + 9 \times 42}{11+9} = \frac{11}{20} \times 33 + \frac{9}{20} \times 42 = 37.05$$

この全体の平均値は，男女別の平均値に「男女それぞれの人数」を掛けて合計し，男女の合計である全体の人数で割った平均になっている．それは(4.2)の第2の等号の後の式のように，男女の各平均値をデータの個数の比率で重み（**ウェイト**）をつけて計算された平均で表現される．これを，**加重平均**という．

これに対して，(4.1)式のようにウェイトをつけずに（あるいは等しいウェイトをつけたといってもよい）計算された平均は，**単純平均**と呼ばれる．

全体の平均点をみると，女子の点数の多くはこの平均点より高いこと，また男子の点数の多くはこの平均点を下回っていることがわかる．このように同質でない2つのグループのデータが一緒になっている場合は，ヒストグラム（度数分布）の山も2つできることが多く，平均値の計算には注意が必要である．2つのグループが上の例のように識別できるときは，（可能であるならば）データを分けてそれぞれの平均値を算出したうえで，全体の平均値をみる方がよい．いずれにしても，はっきりとヒストグラムの山が2つ以上あるような場合，平均値はデータの代表値としての程度が小さくなるだろう．

平均値の定義と総和記号 Σ

平均値の定義として，(4.1)式の代わりに，総和記号（和記号）Σ（シグマ）を用いた公式を示そう．

平均値 ($\bar{x}$) の定義

(4.3) $\quad \bar{x} = \dfrac{1}{n}\sum_{i=1}^{n} x_i$

(4.1)式と(4.3)式は，まったく同じものである．(4.3)式の方が簡略に表現でき，以下で示す Σ の性質などを応用すると便利であるといった理由から，本書では(4.3)式の表現を用いる．

平均の公式に出てくる総和記号 Σ は，以下のように定義される．

総和記号 Σ の定義 $\quad \sum_{i=1}^{n} x_i = x_1 + x_2 + \cdots + x_n$

Σ は，合計（sum）の意味で，合計することを簡便に表現するために利用される．これは Σ の右横にある変数 x を指定した範囲で加えることを表し，その指定範囲は，Σ の下にある $i=1$ が合計の最初の変数（データ）の番号を，Σ の上にある n は合計の最後の変数の番号を表し，上の定義では，n 個のデ

一タの合計を示す．例えば，$\sum_{i=3}^{6}x_i=x_3+x_4+x_5+x_6$ である．なお，Σ に関しては，以下の重要な性質が成り立つ．

Σ の性質

(4.4) $\quad \sum_{i=1}^{n}ax_i=a\sum_{i=1}^{n}x_i \quad$（ただし，$a$ は定数）

(4.5) $\quad \sum_{i=1}^{n}(x_i+y_i)=\sum_{i=1}^{n}x_i+\sum_{i=1}^{n}y_i, \quad \sum_{i=1}^{n}(x_i-y_i)=\sum_{i=1}^{n}x_i-\sum_{i=1}^{n}y_i$

(4.6) $\quad \sum_{i=1}^{n}a=na$

[解説] 性質 (4.4) は，データをそれぞれ定数倍（a 倍）して合計した値 $\sum_{i=1}^{n}ax_i$ は，定数倍する前の合計 $\sum_{i=1}^{n}x_i$ を a 倍した値に等しいことを意味する．性質 (4.5) は，2 つの変数 x と y をそれぞれ足した値の合計 $\sum_{i=1}^{n}(x_i+y_i)$ は，x の合計 $\sum_{i=1}^{n}x_i$ と y の合計 $\sum_{i=1}^{n}y_i$ を加えた値に等しいことを示す（x と y の差の合計も同様）．例えば，数学と英語の点数の合計点をクラス全体で合計した値は，クラス全体の数学の合計と英語の合計を足した値と等しいといった場合を考えよ．性質 (4.6) は，一定値 a を n 回加えた値は，a を n 倍した値と等しいことを示す．これらの性質の証明は練習問題10をみよ．さらに (4.4), (4.5), (4.6) を合わせると

$$\sum_{i=1}^{n}(ax_i+by_i+c)=a\sum_{i=1}^{n}x_i+b\sum_{i=1}^{n}y_i+nc$$

となることを確認せよ．■

少し複雑になるが，Σ を二重にした二重和については，次の関係が成立する．

(4.7) $\quad \sum_{i=1}^{n}\sum_{j=1}^{m}x_iy_j=\sum_{i=1}^{n}\left(\sum_{j=1}^{m}x_iy_j\right)=\sum_{i=1}^{n}[x_i(y_1+y_2+\cdots+y_m)]$

$\qquad\qquad =x_1(y_1+y_2+\cdots+y_m)+x_2(y_1+y_2+\cdots+y_m)+\cdots$

$\qquad\qquad\quad +x_n(y_1+y_2+\cdots+y_m)$

$$= (x_1+x_2+\cdots+x_n)(y_1+y_2+\cdots+y_m) = \sum_{i=1}^{n} x_i \sum_{j=1}^{m} y_j$$

上式の $\sum_{i=1}^{n}\sum_{j=1}^{m} x_i y_j$ における 2 つ目の $\sum$ である $\sum_{j=1}^{m} x_i y_j$ については，x_i は $\sum_{j=1}^{m}$ の添え字 j と無関係なのでこの $\sum$ のなかでは定数とみることができ，$\sum$ の性質 (4.4) より，$\sum_{j=1}^{m} x_i y_j = x_i \sum_{j=1}^{m} y_j$ となると考えてもよい．

さらに，Excel の表を作成する場合のように，あるデータが行列の形をしている（縦と横に矩形（長方形）で配置されているデータの）場合，データを x_{ij} と表すことが多い．ここで，$i = 1, 2, \cdots, n$（行の数），$j = 1, 2, \cdots, m$（列の数）である．この場合，

$$\sum_{i=1}^{n}\sum_{j=1}^{m} x_{ij} = \sum_{i=1}^{n}\left(\sum_{j=1}^{m} x_{ij}\right) = \sum_{i=1}^{n}(x_{i1}+x_{i2}+\cdots+x_{im})$$
$$= (x_{11}+x_{12}+\cdots+x_{1m}) + (x_{21}+x_{22}+\cdots+x_{2m}) + \cdots$$
$$+ (x_{n1}+x_{n2}+\cdots+x_{nm})$$

である．もちろん，合計する順序を変えても同じ結果が得られ，$\sum_{i=1}^{n}\sum_{j=1}^{m} x_{ij} = \sum_{j=1}^{m}\sum_{i=1}^{n} x_{ij}$ となることがわかる．

例題4.2 例題4.1のデータを $x_1, x_2, \cdots, x_8$ とするとき，以下の値を求めよ．ただし，$y_1 = 10, y_2 = 20, y_3 = 30$ とする．

(1) $\sum_{i=1}^{3} x_i^2$ (2) $\sum_{i=1}^{3}(x_i - 250)^2$ (3) $\sum_{i=1}^{3}(x_i - y_i)$ (4) $\sum_{i=1}^{3} x_i y_i$

(5) $\sum_{i=1}^{8}\sum_{j=1}^{3} x_i y_j$

[解説]

(1) $\sum_{i=1}^{3} x_i^2 = x_1^2 + x_2^2 + x_3^2 = 330^2 + 280^2 + 230^2 = 240200$

(2) $\sum_{i=1}^{3}(x_i - 250)^2 = (x_1 - 250)^2 + (x_2 - 250)^2 + (x_3 - 1580)^2$
$$= (330-250)^2 + (280-250)^2 + (230-250)^2 = 7700$$

(3) $\sum_{i=1}^{3}(x_i-y_i)=\sum_{i=1}^{3}x_i-\sum_{i=1}^{3}y_i=840-60=780$

(4) $\sum_{i=1}^{3}x_iy_i=x_1y_1+x_2y_2+x_3y_3=330\times10+280\times20+230\times30=15800$

(5) $\sum_{i=1}^{8}\sum_{j=1}^{3}x_iy_j=\sum_{i=1}^{8}x_i\sum_{j=1}^{3}y_j=3680\times60=220800$

(2)に関して，$\left[\sum_{i=1}^{n}(x_i-250)\right]^2\neq\sum_{i=1}^{n}(x_i-250)^2$ であることに注意せよ．また，(4)と(5)の違いにも注意せよ．■

度数分布表からの平均値の計算

次に，度数分布表から平均値を求める方法を考えよう．想定する状況は，個別のデータ $x_1,x_2,\cdots,x_n$ ではなく，度数分布表として情報が与えられている場合である．3章の数学の得点の例で，48ページのような20個のデータではなく，表3-1の形でデータが示されている場合である．政府統計などでは，統計調査によって得られた一人ひとりの個人や個々の企業のデータを公表するのではなく，集計された表の形でのみデータが与えられるのが一般的であり，度数分布表の形で公表されることが多い．このような場合，階級や階級値（x_i^* とする）とその階級の度数 n_i が与えられており，これらの情報から次のように平均値を算出できる．

度数分布表からの平均値 $\bar{x}^*$ の計算

(4.8) $\bar{x}^*=\dfrac{n_1x_1^*+n_2x_2^*+\cdots+n_mx_m^*}{n_1+n_2+\cdots+n_m}=\dfrac{1}{n}\sum_{i=1}^{m}n_ix_i^*$

ただし，m は階級数，n_i は第 i 階級の度数，x_i^* は第 i 階級の階級値，また $n=\sum_{i=1}^{m}n_i$ は総度数（データの個数）である．

[解説] この式は，第 i 階級の階級値 x_i^* に対応するデータ数（度数）が n_i 個あるとみなして（あるいは，各階級に含まれるデータの平均値が階級値であるとみてもよい），各階級値 x_i^* に n_i を掛けて合計して，総度数で割っている．(4.8)式は，(4.2)式の加重平均と同じ形で，階級値を各階級の度数でウェイ

トづけした加重平均である．

また，ウェイトを $w_i = n_i/n$ とみなせば，$\sum_{i=1}^{m} w_i = 1$ となり，$\bar{x}^* = \sum_{i=1}^{m} w_i x_i^*$ と表現することもできる．この表現によれば，(4.3) 式の $\bar{x}$ は，$\bar{x} = \sum_{i=1}^{m} w_i x_i$ において $w_1 = \cdots = w_n = 1/n$ としたもので等ウェイトとなり，この場合は単純平均となる．■

> **例題4.3** 表3-1（50ページ）の度数分布表から，数学の得点の平均値を計算せよ．また，20人のデータから計算した平均値と比較せよ．

[解説] 階級値は，$5, 15, 25, \cdots$ である．したがって，(4.8) 式より，

$$\bar{x}^* = \frac{1}{20}(1 \times 5 + 2 \times 15 + 4 \times 25 + \cdots + 1 \times 95) = 37.5 \quad \text{（点）}$$

となる（表5-3も参照せよ）．20人のデータから計算した平均は $\bar{x} = (43 + 20 + \cdots + 57)/20 = 37.05$（もちろんこの値は，(4.2) 式で計算した値に等しい）となる．両者には違いはあるが，その違いはかなり小さく，(4.7) 式の近似の精度は悪くない．■

平均値の性質

(1) 平均値がわかれば，平均値にデータの個数を掛けることによって，合計が求められる．すなわち，

$$\sum_{i=1}^{n} x = n\bar{x}$$

である．この式は，平均値の定義 (4.3) 式の両辺に n を掛ければ得られる．

(2) 各データ x_i から平均値 $\bar{x}$ を引いた値，$x_i - \bar{x}$，を**平均からの偏差**，または単に**偏差**というが，この**平均からの偏差の合計は 0 になる**．

平均からの偏差は各データに対して計算される．これは各データが平均からどれだけ離れているのかを意味する．例題4.1のデータについて，表4-1の3列目に平均からの偏差が計算されている．例えば x_1 に対する平均からの偏差が -130 であるということは，1番目のデータが平均より130万円低いことを表す．表では，「平均からの偏差の合計が 0 となる」という性質は，第3列の合

表 4-1 平均値の性質

i	x_i	平均からの偏差 $x_i-\bar{x}$	平均からの偏差2乗 $(x_i-\bar{x})^2$	450からの偏差2乗 $(x_i-450)^2$	x_i+20	$5x_i$
1	330	−130	16,900	14,400	350	1,650
2	280	−180	32,400	28,900	300	1,400
3	230	−230	52,900	48,400	250	1,150
4	240	−220	48,400	44,100	260	1,200
5	390	−70	4,900	3,600	410	1,950
6	290	−170	28,900	25,600	310	1,450
7	340	−120	14,400	12,100	360	1,700
8	1,580	1,120	1,254,400	1,276,900	1,600	7,900
合計	3,680	0	1,453,200	1,454,000	3,840	18,400
平均	460		181,650		480	2,300

$\sum_{i=1}^{n}(x_i-\bar{x})$ \quad $\sum_{i=1}^{n}(x_i-\bar{x})^2$ \quad $\overline{x+20}$ \quad $\overline{5x}$

計が0であることから確認される．この性質は，平均値より小さいデータに対応するマイナスの偏差の合計と，平均値より大きいデータに対応するプラスの偏差の合計が，プラス・マイナスで相殺されることを意味する．このように，平均値というのは，偏差の合計が0になるように決められているという意味で，データの代表値（中心的な位置を示す値）であるということもできる．

(2)の性質は，$\sum$の性質や平均値の性質(1)を利用して，以下のように証明できる．

[証明] $\sum_{i=1}^{n}(x_i-\bar{x})=\sum_{i=1}^{n}x_i-\sum_{i=1}^{n}\bar{x}=n\bar{x}-n\bar{x}=0$. ∎

(3) aからの偏差2乗和$\sum_{i=1}^{n}(x_i-a)^2$は，$a=\bar{x}$のとき，またそのときに限り最小になる．

この性質は，ややわかりにくいかもしれない．具体的にみると，表4-1の第3列の平均からの偏差を2乗したもの（第4列）の合計は1,453,200と計算されているが，他の値からの偏差を2乗したものの合計は，この値より必ず大きくなることになる．表には450からの偏差の2乗の合計が1,454,000と計算されているが，これは1,453,200より大きい．平均値である460以外の値からの偏差を2乗して合計しても，1,453,200より小さくすることはできない，というの

がこの性質である．

　一般的に，ある値 a からの偏差は x_i-a で表され，各偏差を 2 乗して合計した値を a からの**偏差 2 乗和（偏差平方和）**という．ただし，平均からの偏差を単に偏差というように，偏差 2 乗和といった場合，平均からの偏差 2 乗和 $\sum_{i=1}^{n}(x_i-\bar{x})^2$ を指すことがほとんどである．性質(3)は，a からの偏差 2 乗和 $\sum_{i=1}^{n}(x_i-a)^2$ は，$a=\bar{x}$ 以外の値を a に用いると，偏差 2 乗和は必ず大きくなること，すなわち，$a=\bar{x}$ のとき最小になることを述べている．したがって，平均値 $\bar{x}$ は，a の最小 2 乗値とも呼ばれる（証明は章末の参考をみよ）．

　平均からの偏差 2 乗和は，カッコの 2 乗の部分を展開して計算すると

$$\sum_{i=1}^{n}(x_i-\bar{x})^2=\sum_{i=1}^{n}x_i^2-n\bar{x}^2$$

となる（5 章練習問題11）．この式は，次章で述べる分散の計算で利用されたりする．

　(4)　各データに一定値 c を加えたデータ $x_1+c, x_2+c, \cdots, x_n+c$ の平均値は，もとの平均値 $\bar{x}$ に c を加えたものである．すなわち，$\overline{x+c}=\bar{x}+c$ である．

　例えば，表4-1ですべてのデータに20を加えたデータ（表の 6 列目）の平均は，もとの平均に20を加えたものに等しくなっている．

　(5)　各データに一定値 a を掛けたデータ $ax_1, ax_2, \cdots, ax_n$ の平均値は，もとの平均値 $\bar{x}$ に一定値 a を掛けたものに等しい．すなわち $\overline{ax}=a\bar{x}$ である．

　例えば，表4-1ですべてのデータを 5 倍したデータ（表の 7 列目）の平均は，もとの平均を 5 倍したものに等しくなっている．

　(4)と(5)の性質から，$ax_i+c\,(i=1,2,\cdots,n)$ の平均値 $\overline{ax+c}$ は，$a\bar{x}+c$ となることがわかる（練習問題11参照）．

　(6)　平均値は，外れ値（少数の極端に大きい値や小さい値）に影響を受けやすい．これは例題4.1で説明したとおりである．

2 メディアン（中央値）

メディアンの定義と性質

データ全体の代表値として平均値は，必ずしも最良のものではない．実際，例題4.1でみたように，平均値は外れ値の影響を受けやすい．またヒストグラムの山が2つ以上ある場合や，所得や貯蓄残高の分布のように分布の山が偏っている場合（左右対称から大きくズレている場合），平均値の代表性は弱くなる（1章参照）．ただこれらの場合でも，偏差の合計はゼロになっている．本節では，外れ値の影響を受けにくく，山に歪みがあるような分布を持つデータに対しても代表性を持つメディアンを説明する．

データを大きさの順に並べたとき中央に位置する値を**メディアン**（**中央値**，median）といい，Mdという記号で表す．与えられたデータ $x_1, x_2, \cdots, x_n$ の値を大きさの順に並べ替えたものを**順序統計量**の値といい，$x_{(1)} \leq x_{(2)} \leq \cdots \leq x_{(n)}$ で表すものとする．例えば，例題4.1の所得のデータの順序統計量の値は次のようになる．

$$x_{(1)}=230, x_{(2)}=240, x_{(3)}=280, x_{(4)}=290, x_{(5)}=330, x_{(6)}=340,$$
$$x_{(7)}=390, x_{(8)}=1580$$

大きさの順に並べたとき中央に位置するメディアンは，データ数 n が奇数であれば一意的に $(n+1)/2$ 番目のデータとなる．例えば，5人の背の高さの真ん中の値は，背の低い方から順に並べたときの $(5+1)/2=3$ 番目の人の背の高さである．これは大きい方からみても同じ3番目の人の背の高さとなる．また，n が偶数のときにはちょうど中央に位置するデータが存在しないので，メディアンは $n/2$ 番目のデータと $n/2+1$ 番目のデータの平均値と約束する．例えば，6人の背の高さの真ん中の値は，$6/2=3$ 番目の人の背の高さと $6/2+1=4$ 番目の人の背の高さを足して2で割った値とみることができる．したがって，メディアンは次のように定義できる．

4章 データの代表値

> メディアン（Md）
>
> $$Md = \begin{cases} x_{((n+1)/2)} & : n\text{が奇数のとき} \\ \dfrac{x_{(n/2)} + x_{(n/2+1)}}{2} & : n\text{が偶数のとき} \end{cases}$$

　メディアンの重要な性質として，メディアンより小さいデータの個数とメディアンより大きいデータの個数は，n が奇数でも偶数でも等しくなる．このような意味で，メディアンはまさにデータの大小でみた順位が中央に位置している値を表す代表値である．例題4.1のデータのメディアンは，$n=8$ より4番目と5番目の値の平均値，すなわち$(290+330)/2 = 310$ 万円となる．この値は，外れ値である1580を除いた，すなわち外れ値の影響を除いた平均値300万円に近い．このようにメディアンが外れ値の影響を受けにくいのは，端の値がいくら大きくても，順序が変わらないかぎりメディアンは不変であるからである．例えば，この例で，390と1580を5000と10000で置き換えてもメディアンは変わらない．このような性質をメディアンは外れ値に**ロバスト**（**頑健**）であるといい，平均値にはない望ましい性質である．

　メディアンは，所得や資産の分布など，分布の歪みがある場合の代表値として多く利用されている．

度数分布表からのメディアンの計算

> **例題4.4**　表3-4（57ページ）の度数分布表から，年間収入のメディアンを求めよ．

［解説］　世帯数（データの個数）は10000であるから，厳密にはメディアンは，$10000/2 = 5000$ 番目のデータと5001番目のデータの平均である．しかし，このようにデータの個数が多い場合は，$n/2$ をメディアンとみなしてもさしつかえない．年間収入が5000番目の世帯は500〜550（万円）の階級に含まれていることが，表3-4の累積度数の欄から読み取ることができる．なぜならば，

450〜500（万円）の階級の累積度数が4334で，500〜550（万円）の階級の累積度数が5034であるから，500〜550（万円）の階級には，年間収入の小さい順に世帯を並べたときの4335番目から5034番目の世帯が含まれているからである．この例のような度数分布表からのメディアンの求め方には2通りの方法がある．

　第1は，メディアンが含まれている階級の階級値をメディアンとする方法である．この方法によれば，5000番目のデータが含まれている階級は500〜550（万円）であるから，その階級値より$Md=522$万円となる（この表のように階級値が特に与えられていなければ，階級の真ん中である525万円とすればよい）．

　しかし，5000番目というのは，この階級に4335番目から5034番目（全部で700世帯）が含まれていることを考えれば，階級のかなり後半の方に位置していることがわかる．そこで2番目の方法として，この位置によって，階級幅を比例配分する方法が考えられる．メディアンに対応する世帯（5000番目の世帯）は，この階級の700世帯のなかで相対的には，$(5000-4334)/700=0.9514\cdots$に位置する．つまり，この階級のなかで，下から約95%のところにメディアンは位置すると考えられる．したがって，階級幅50にこれを掛けて$50\times0.95=47.5$とし，階級の下限500にこれを加えればよい．すなわち，この方法からは，メディアンは約548万円となる．■

　このように度数分布表からメディアンを求める場合は，以下のいずれかの方法によって算出すればよい．

(1)　Md（メディアン）が含まれている階級の階級値

(2)　$Md = x_L^* + \dfrac{\dfrac{n}{2} - R_{-1}^*}{n^*}(x_U^* - x_L^*)$　（比例配分による方法）

　　　ただし，x_L^*：メディアンが含まれる階級の下限
　　　　　　x_U^*：メディアンが含まれる階級の上限（$x_U^* - x_L^*$：階級幅）
　　　　　　n^*：メディアンが含まれる階級の度数
　　　　　　R_{-1}^*：メディアンが含まれる階級の前の階級の累積度数

相対貧困率と四分位数

　このようにメディアンは，所得や資産のように歪みがあり，外れ値の影響を受けやすい場合の分布の代表値として利用されることが多い．その場合，所得や資産の偏りが分布の左スソの部分にどのように集中しているかの測度は，前章で学習したジニ係数のような不平等度の測度（尺度）と関係して，重要な測度となる．ジニ係数はその計算で高額な所得を得ているものとの相対比較で評価するものであるが，ここで述べる**相対貧困率**という指標は，分布の左スソの集中度に注目した指標で，メディアンの所得水準の2分の1以下の人が全人口の何割を占めるかという指標である．この場合，高額所得者の所得に影響を受けず，分布の下方への集中的偏りを全人口比率で表現する．所得の分布についていえば，日本全体の2005年の1世帯当たりの所得のメディアンは458万円である（平均所得金額は564万円，厚生労働省「国民生活基礎調査」）．つまり，458万円以下の家計が50%を占めることを示している．これに対して相対貧困率では，この例でいえば，229万円以下の世帯の全世帯数に対する割合である．貧困率を考察する場合，各世帯の構成人数（2000年では平均2.67人）も関係するが，OECDの報告によると，この点を考慮した1人当たり（等価）可処分所得（社会保険料や税金控除後の所得を世帯人員の平方根で割ったもの）に基づくと，2000年の日本の相対貧困率は15.3%で，OECD諸国のなかで米国（17.0%）などに次いでワースト5に位置している，と分析している（OECD[23]）．ちなみに，日本の2000年の世帯所得（社会保険料や税金控除前）のメディアンは500万円なので，この年の平均世帯人員（2.67）の平方根で割ると1人当たり所得は約306万円となる．そこでこの数値を直接的に適用すると，15.3%の世帯が約153万円以下で生活していることになる．

　メディアンは，データを小さい順に並べた順序統計量の値で，ちょうど順位が2分の1にあるデータ値（二分位数という）であったが，同様な視点から**四分位数**という概念が定義される．四分位数とは以下のようなものである．データを小さい順に並べた順序統計量の値で，順位が4分の1番目のデータの値を第1四分位数，順位が4分の2番目のデータの値を第2四分位数（これはメディアンに等しい），そして4分の3番目のデータの値を第3四分位数という．

つまり四分位数は，データを大きさの順に並べたとき4分の1ずつに分ける値で，第1四分位数の値は，その値より小さいデータは $n/4$ 個あり，第2四分位数より小さいデータは $2n/4$ 個，第3四分位数より小さい数は $3n/4$ 個あることになる．四分位数は所得分布の歪みをみるときなどで利用される．これについては，後にふれる．また，表2-3（25ページ）の十分位階級別データも，これと同様の概念に基づいている．このデータの階級を区分する値，すなわちデータを大きさの順に並べ各階級に含まれるデータの個数を10分の1ずつに分ける境界の値が十分位数である．

―― Excel で計算してみよう ――

四分位数は，QUARTILE 関数を利用して求めることができる．例えば，QUARTILE(A1：A10,1) とすれば，A1 から A10 のセルにあるデータの第1四分位数が求められる．関数の( )内の最後の数値である1を2や3に変えれば，第2四分位数，第3四分位数が求められる．つまり，2にすればメディアンが求められるが，メディアンには，単独で MEDIAN(データ範囲) という関数が用意されている．

3 モード（最頻値）

モードの定義と性質

与えられたデータに対する**モード**（**最頻値**, mode）とは，度数分布表における最大の度数を持つ階級の階級値のことであり，データの集中度が高い階級を代表値として表し，*Mo* という記号を用いる．モードは，階級幅が等しい場合には度数の最大で考えてよいが，等しくない場合はヒストグラムの柱の高さの調整と同様に，階級幅調整済度数（3章2節，例題3.1参照）が最大となる階級の階級値とする．いずれにせよモードは，度数分布表に基づいて定義されるため，階級幅の取り方に依存する．別の言い方をすれば，モードは度数分布表にまとめられている場合に意味を持ち，取りうる値の少ない離散的データや質的変数の場合を除くと，個々のデータからモードを計算できない場合が多い．例えば，例題4.1のデータでは，個々のデータからモードを求めると，すべて

表 4-2 世帯人員別世帯数の推移

(単位 世帯)

世帯人員	1970年	1980年	1990年	2000年
1人	6,137,443	7,105,246	9,389,660	12,911,318
2	4,183,902	6,001,075	8,370,087	11,743,432
3	5,321,911	6,475,220	7,350,639	8,810,437
4	6,884,785	9,070,100	8,787,908	7,924,827
5	3,907,031	3,981,763	3,805,147	3,167,227
6	2,285,353	2,032,848	1,903,065	1,448,960
7	982,787	843,249	814,631	594,352
8	386,814	235,880	198,932	144,907
9	134,855	55,354	38,309	27,856
10人以上	72,133	22,874	12,097	9,067
合計	30,297,014	35,823,609	40,670,475	46,782,383
1世帯当たり人員（平均）	3.41	3.22	2.99	2.67

(出所) 総務省統計局「国勢調査」．

度数が1なので，モードが定義できなくなってしまう．また，ヒストグラムの山が2つ以上ある場合には，モードの意味づけは難しくなってしまう場合も多い．

表3-1（50ページ）では，度数の最も大きい階級は30～40点であるので，モードは，その階級の階級値であり，$Mo=35$（点）である．また，表3-4（57ページ）では，度数÷階級幅（×50）の欄を見れば，350～400（万円）の階級の度数が最も大きいので，モードはその階級の階級値373万円である．モードは，人数（度数）としても最も多い階級を示し，そうした意味でのデータを代表する値である．

> **例題4.5** 表4-2は，総務省統計局「国勢調査」による世帯人員別世帯数の推移を示している．この表から各年のモードを求めよ．

[解説] モードは，度数（この表では世帯数）の最も大きい階級の階級値であるが，この表では世帯人員10人未満については，階級が区間で与えられていない．これは世帯人員が離散的で，ほとんどの世帯が10人未満だからである．モードは，度数の最も大きい世帯人員に対応するので，1970年と1980年が4人，

1990年と2000年が1人である．1980年までは，夫婦と子供2人という4人家族が代表的な家族構成であったが，1990年以降のモードは1人で，単身世帯が最も多くなっていることがわかる．

　表の一番下の行は，1世帯当たりの世帯人員，すなわち平均（これは（4.7）式の度数分布表からの平均値の公式で算出できる．10人以上の階級の階級値は，例えば11人とせよ）である．平均値の推移をみることによって，1世帯当たりの世帯人員の数（要するに家族の人数）が，核家族化，少子化，高齢化などを反映して，傾向的に減少していることがわかる．しかし，例えば不動産会社がマンションを建設する場合には，世帯人員の平均値をみてもあまり意味がない．なぜならば，例えば2000年の平均世帯人員は2.67人であるが，2.67人という世帯人員は実際には存在しない数字であり，2.67人用の間取りのマンションなどは考えても意味がない．そこで，モードである1人という代表値をみて，単身者向けの部屋が多いマンションを建設するなどと考える方が実際的である．■

4　平均値・メディアン・モードの関係

　これまで，データの代表値として，平均値，メディアン，モードという3つの測度をあげた．そこで，この3つの測度を比較し，その関係についてみてみよう．

分布の形と平均値・メディアン・モードの大きさ

> 例題4.6　表3-4（57ページ）の年間収入階級別世帯数の度数分布表と3章練習問題3の日経平均株価の変化率の度数分布表について，それぞれ平均・メディアン・モードの大小を比較し，分布の形についてコメントせよ．

［解説］　年間収入階級別のデータについては，例題4.4よりメディアンは522（比例配分によれば548）万円，モードは前節より373万円である．また平均値は，ローレンツ曲線の計算に用いた表3-7（65ページ）と度数分布表からの平均値の公式（4.8）式より，6396786/10000≒640万円となる．したがって

4章 データの代表値

図 4-1 平均値（$\bar{x}$）・モード（Mo）・メディアン（Md）の関係

(a) 右に歪んだ分布（右スソが長い分布）　(b) 左右対称の分布　(c) 左に歪んだ分布（左スソが長い分布）

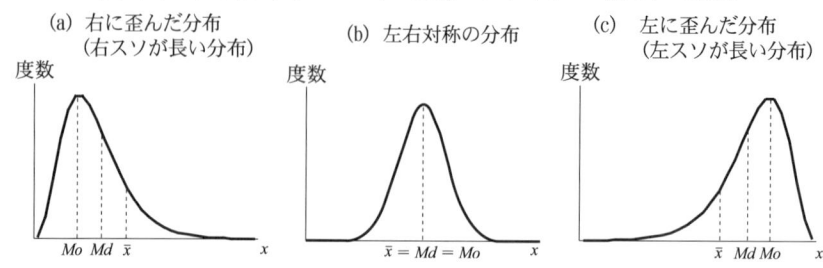

この収入分布の3つの代表値の関係は，

　　　モード＜メディアン＜平均

の順になっている．また，図3-5のヒストグラムから，この分布は対称ではなく，山が左に偏った**右スソの長い分布**（**右に歪んだ分布**という）になっていることがわかる．このような山が1つで右に歪んだ分布の場合，モード＜メディアン＜平均が成立する．逆にモード＜メディアン＜平均が成立する場合，分布の山が1つの場合には右に歪んだ分布となることが多い．特に，このように右スソが長い分布は，社会現象に多くみられる分布である（所得分布，貯蓄分布等，図4-1(a)参照）．また，このような分布の歪みを測る測度については第6章で議論する．

株価変化率（収益率，本章練習問題5）については，平均0.1％，メディアン0％（比例配分法によれば0.4％，データから直接算出すると0.7％），モードは0％であり，大雑把に言えば3つの代表値は，それほど大きく離れてはいない．このように3つの代表値が等しい場合は，分布はほぼ左右対称となることが多い（図4-1(b)）．ただし，厳密に言うと，メディアンが平均よりもやや大きくなっており，実際のヒストグラムをみれば，収入の例とは逆に分布の山がやや右に偏った**左スソが長い分布**，あるいは**左に歪んだ分布**になっている（図4-1(c)）．■

平均・メディアン・モードの大小関係と分布の歪みに関しては，分布の山が1つであることを前提にすると，以下のようにまとめることができる．

> - モード＜メディアン＜平均　⇔　右スソが長い分布（右に歪んだ分布）
>   …図4-1(a)
> - モード≒メディアン≒平均　⇔　左右対称の分布　　…図4-1(b)
> - モード＞メディアン＞平均　⇔　左スソが長い分布（左に歪んだ分布）
>   …図4-1(c)

　分布の歪みは，上で定義した四分位数の大きさからもみることができる．分布の山が1つの場合，第1四分位数の値が小さく，第2四分位数（メディアン）の値と第1四分位数の差がその値より大きく，第3四分位数と第2四分位数の差がその差よりはるかに大きいとき，分布の歪みは大きい（右スソが長い，右に歪んだ分布）．図に書いて考えてみよ．

5　その他の平均値

幾何平均

　(4.3)式で定義される平均値は，全てのデータを合計してデータの個数で割るというものであった．しかし，データが比率（変化率）で表されているデータの場合，幾何平均という代表値を用いる方がよい．**幾何平均**（geometric mean）とは，データをすべて掛け合わせて，データ数でルートを開いたものである．これに対応した呼称として(4.3)式のような通常の平均値，すなわちデータを足してデータの個数で割った平均は，**算術平均**（arithmetic mean）と呼ばれる．算術平均は，単に平均値あるいは平均と呼ばれることが多い．

　例として，貯金の残高が2年前には5万円，去年が6万円，今年が8万4000円であったとしよう．去年は2年前の1.2倍（20%増），今年は去年の1.4倍（40%増）である．では，この2年間の年間平均倍率（1＋成長率）はいくらだろうか．

　平均倍率をgとすると，$50000 \times g \times g = 84000$を満たすはずである．しかし，通常の平均，つまり$(1.2+1.4)/2=1.3$を使うと$50000 \times 1.3 \times 1.3 \neq 84000$であ

る．他方，幾何平均を用いると，$\sqrt{1.2\times 1.4}=1.296$ となり，$50000\times 1.296\times 1.296=84000$ となる（また，$\sqrt{84000/50000}=1.296$ となっていることに注意せよ）．

このように比率や倍率，成長率等の平均的な値の代表値としては，幾何平均を用いるべきである．一般的には，n 個のデータの幾何平均は，n 個のデータを掛け合わせて，n 乗根を取ることになり，次のように表される．

$$幾何平均 = \sqrt[n]{x_1 \times x_2 \times \cdots \times x_n}$$

このように計算された比率の幾何平均，つまり平均倍率を，複利の利率あるいは成長率という．預金の平均複利率（利回り），GDPの平均成長率や物価指数などで幾何平均が用いられている．また算術平均値との間には，算術平均≧幾何平均という関係がある（相加平均と相乗平均の関係）．

移動平均

図2-1（23ページ）のように時系列データの推移をみる場合には，その長期的な傾向，すなわち上昇傾向や下降傾向が，いつからいつまで続いたかなどを大雑把にみたい場合が多い．しかしながら時系列データは，必ずしもきれいな傾向的変動を示すわけではなく，様々な要因によって，不規則な変動を示すことが多い．そこで傾向的変動をより明確にみるために，不規則な変動を除去する必要がある．時系列データから不規則な変動を除去する方法として，最も簡便なのは，**移動平均**（moving average）を算出することである．

表4-3は，表2-1で与えられた日経平均の移動平均値を与えている．ここで，3カ月移動平均とは，もとのデータ（日経平均）の3カ月分のデータを平均した値であり，例えば，1997年1月から3月分のデータを平均した値を1997年2月の3カ月移動平均値とする．すなわち，

$$1997年2月の3カ月移動平均 = \frac{18330+18557+18003}{3} = 18296.7$$

となる．1月から3月の真ん中は2月なので，この値を1997年2月に位置させるのである．以下同様に，2月から4月のデータを平均した値を3月の位置へ，3月から5月の平均値を4月へ，……と3カ月分のデータを移動させながら平均していくのである．

5 その他の平均値

表 4-3　日経平均株価の移動平均

	日経平均	3カ月移動平均	5カ月移動平均
1997年1月	18,330		
1997年2月	18,557	18,296.7	
1997年3月	18,003	18,570.3	18,822.0
1997年4月	19,151	19,074.3	19,277.0
1997年5月	20,069	19,941.7	19,631.8
1997年6月	20,605	20,335.0	19,677.0
1997年7月	20,331	19,721.7	19,424.4
1997年8月	18,229	18,816.0	18,702.4
1997年9月	17,888	17,525.3	17,908.6
1997年10月	16,459	16,994.3	16,894.2
1997年11月	16,636	16,118.0	16,574.0
1997年12月	15,259	16,174.3	16,362.8
⋮	⋮	⋮	⋮
2006年6月	15,505	15,476.3	15,895.2
2006年7月	15,457	15,701.0	15,739.6
2006年8月	16,141	15,908.7	15,926.0
2006年9月	16,128	16,222.7	16,079.8
2006年10月	16,399	16,267.0	16,433.6
2006年11月	16,274	16,633.0	
2006年12月	17,226		

表2-1より作成.

　図4-2は，このように計算した3カ月移動平均の推移を，最初の2年分について，原データとともにグラフにしたものである．これをみると，移動平均をすることによって，原データの不規則な変動がならされて滑らかになっていることがわかる．このように移動平均は，時系列データを平滑化させ，傾向的な変動をみやすくさせる働きがある．

　表4-3には5カ月移動平均も算出されている．例えば，1997年3月の5カ月移動平均値は，1997年1月～5月の原データを平均したものであり，以下，5カ月分のデータを下に1カ月ずつ移動させながら平均している．例えば

$$1997年3月の5カ月移動平均 = \frac{18330+18557+18003+19151+20069}{5}$$

$$= 18822.0$$

となる．ここで，3カ月移動平均の場合は最初と最後の1カ月分が，5カ月移

96　4章　データの代表値

図 4-2　日経平均株価の移動平均のグラフ

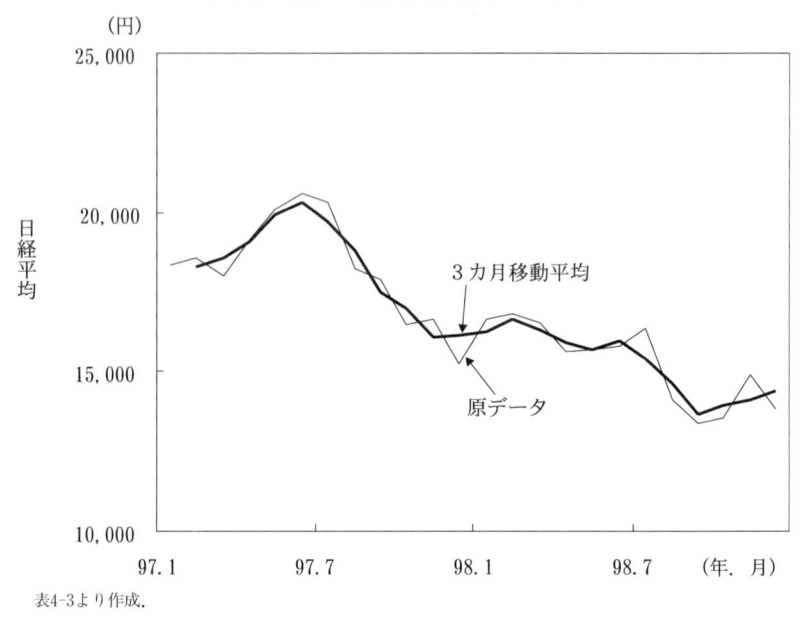

表4-3より作成.

動平均の場合は最初と最後の2カ月分が，計算できないことに注意せよ．

いま時系列データを $x_1, x_2, \cdots, x_t, \cdots, x_n$ で表す（移動平均は月次データだけでなく，四半期データや年データにも適用できる）．x_iではなく x_t と t を添え字に用いたのは，時間 $t(=\text{time})$ を示すためである（2章2節）．移動平均は，以下のように一般的に示すことができる．

$$3項移動平均値 = \frac{x_{t-1}+x_t+x_{t+1}}{3}$$

$$5項移動平均値 = \frac{x_{t-2}+x_{t-1}+x_t+x_{t+1}+x_{t+2}}{5}$$

…

m項移動平均値

$$= \frac{x_{t-(m-1)/2}+x_{t-(m-1)/2+1}+\cdots+x_{t-1}+x_t+x_{t+1}+\cdots+x_{t+(m-1)/2}+x_{t+(m-1)/2+1}}{m}$$

一般的に移動平均の項数が大きくなるほど，移動平均値の変動はより滑らか

になる．ただし，移動平均値は，対象期間の最初と最後のそれぞれ$(m-1)/2$項に対しては算出できない．また，上記の移動平均は，移動平均の項数（月数）を奇数としている．これは，奇数であれば，平均に用いた項数の真ん中に移動平均値を位置させることができるからである（ただし，月次データや四半期データで季節調整を行う場合には，12カ月あるいは4期の「中心化移動平均」と呼ばれる方法が用いられる．渡辺・神田［20］などを参照）．

参考　平均値の性質(3)の証明

$$\sum_{i=1}^{n}(x_i-a)^2 = \sum_{i=1}^{n}\{(x_i-\bar{x})+(\bar{x}-a)\}^2$$

$$= \sum_{i=1}^{n}(x_i-\bar{x})^2 + 2\sum_{i=1}^{n}(x_i-\bar{x})(\bar{x}-a) + \sum_{i=1}^{n}(\bar{x}-a)^2$$

$$= \sum_{i=1}^{n}(x_i-\bar{x})^2 + n(\bar{x}-a)^2 \geq \sum_{i=1}^{n}(x_i-\bar{x})^2$$

なぜなら平均値の性質(2)より，$\sum_{i=1}^{n}(x_i-\bar{x})(\bar{x}-a) = (\bar{x}-a)\sum_{i=1}^{n}(x_i-\bar{x}) = 0$である．

キーワード

平均値　外れ値　加重平均　$\sum$　（平均からの）偏差　偏差2乗和（偏差平方和）
メディアン　頑健　相対貧困率　四分位数　モード　右（左）に歪んだ分布
右（左）スソが長い分布　幾何平均と算術平均　移動平均

練習問題

1. $x_1=5, x_2=4, x_3=-1, x_4=8, y_1=6, y_2=-3, y_3=2, y_4=7$のとき，次の値を求めよ．

(1) $\sum_{i=1}^{4} x_i$ (2) $\sum_{i=1}^{4} y_i$ (3) $\sum_{i=2}^{4} x_i$ (4) $\sum_{i=1}^{4} (x_i + y_i)$ (5) $\sum_{i=1}^{4} 5x_i$

(6) $\sum_{i=1}^{4} x_i^2$ (7) $\sum_{i=1}^{4} (x_i - y_i)$ (8) $\sum_{i=1}^{4} (x_i - 4)$ (9) $\sum_{i=1}^{4} (x_i - 4)^2$

(10) $\sum_{i=1}^{4} 7$

2．$x_1=10, x_2=20, x_3=50, x_4=70, x_5=100, y_1=-10, y_2=0, y_3=20$ とするとき，以下の値を求めよ．ただし，$n=5, m=3$ とする．

(1) $\sum_{i=1}^{n} x_i$ (2) $\sum_{i=1}^{3} x_i$ (3) $\sum_{i=1}^{n} x_i^2$ (4) $\sum_{i=1}^{n} (x_i - 50)$ (5) $\sum_{i=1}^{n} (x_i - 50)^2$

(6) $\sum_{i=1}^{n} 5x_i$ (7) $\sum_{i=1}^{m} (x_i + y_i)$ (8) $\sum_{i=1}^{m} (x_i - y_i)$ (9) $\sum_{i=1}^{n} 4$ (10) $\sum_{i=1}^{m} x_i y_i$

(11) $\sum_{i=1}^{n} \sum_{j=1}^{m} x_i y_j$

3．総務省統計局「労働力調査」によると，2006年の完全失業率は，男が4.3％，女が3.9％であった．男女全体の完全失業率を求めよ．ただし，男の労働力人口は3898万人，女の労働力人口は2759万人とする（表2-7参照）．

4．表2-3の年間収入十分位階級別の項目別支出のデータを用いて，
  (1) 各項目の支出額等について，平均値を求めよ．
  (2) 各項目の支出額の消費支出全体に占める割合（構成比）を各階級ごとならびに(1)の平均値に対して求めよ．項目によって，どのような傾向の違いがみられるか．

5．3章練習問題3の日経平均株価と為替レートの変化率の度数分布表から，平均値・メディアン・モードを求め，分布の形の特徴について述べよ．また，もとのデータから平均値とメディアンを求めよ．

6．3章練習問題5の従業者規模別の事業所数（表3-9）の各業種について，従業者数の平均値・メディアン・モードを求めよ．どの代表値を用いることが適当か．また，業種ごとの特徴を述べよ．

7．3章練習問題6の貯蓄現在高階級別世帯数（表3-10）のデータについて，全世帯と勤労者世帯それぞれについて，平均値・メディアン・モードを求め

よ．

8．表2-5(a)の需要項目別GDPの各項目について，
   (1) 2001年から2007年までの対前年比（倍率）を計算せよ．
   (2) (1)で求めた7年間の対前年比の幾何平均を求めよ．この7年間の平均変化率は何％か．
   (3) 2000年と2007年のもとのデータだけを用いて平均変化率を求めよ．
9．2章練習問題2の為替レート（表2-6）について，3カ月移動平均値，7カ月移動平均値，25カ月移動平均値を求め，時系列グラフを描き，特徴を述べよ．
10．Σの性質（4.4）～（4.6）を証明せよ．
11．平均値の性質(4)，(5)およびax_i+cの平均は，$a\bar{x}+c$になることを証明せよ．
12*．平均値の性質(3)を偏差2乗和 $\sum_{i=1}^{n}(x_i-a)^2$ をaで微分して0とおくことによって証明せよ．最初にカッコの2乗の部分を展開しておくと計算が簡単になろう．

5章 散らばりの特性値

　前章で扱った平均値やメディアンといった代表値は，散らばりを持つデータに対して1つの値で全体の値を代表するものである．しかしその代表値の代表性（代表の度合い）は，データが代表値のまわりに集中している場合（散らばりが小さい場合）と，代表値から大きく離れたデータがある場合（散らばりが大きい場合）とでは異なる．また，平均値が同じであったとしても（あるいは分布状況を変えずに平均値が等しくなるようにデータを変換しても），データの分布状況が同じである保証はなく，広い範囲にデータが散らばっている場合と，平均のまわりにデータが集中している場合とでは，データの持つ情報が違ってくる．そこで本章では，散らばりの度合いをいかに測定するかを考えていく．

【本章の内容】
(1)　散らばりを考慮することの必要性を説明したうえで，データの分布の散らばりを測る測度として，分散と標準偏差について学習する．さらに，散らばりの持つ経済的な意味についても考える．

(2)　散らばりの指標としての標準偏差の持つ問題点を指摘したうえで，変動係数についてその意味や性質について解説する．

(3)　(1)(2)に加えて，その他の散らばりの指標として，レンジ（範囲），四分位範囲・四分位偏差などについても説明する．

1 分散と標準偏差

散らばりの情報の意味

(1) 散らばりと平均値の代表性

前章では，例題4.1でみたように，他と大きく離れた1つのデータ（外れ値）のために，データ全体としての平均値の代表性はきわめて弱くなることをみた．そこでは平均値自体が外れ値に引きずられて大きくなり，その結果外れ値以外のデータも平均値から離れてしまい，全てのデータが平均値から離れてしまっている．図5-1(a)は，例題4.1の8個のデータとその平均値 $\bar{x}$ である．外れ値の存在によりデータの散らばりが極端に大きくなり，その結果，平均値が各データから離れている様子がわかる．図5-1(b)には，外れ値1580を除いた7個のデータの平均値 $\bar{x}'$ が示されている．この図から，明らかに $\bar{x}$ より $\bar{x}'$ の方が平均値として代表性が高いと判断される．このように平均値の代表性は，散らばりの大きさによって左右されるので，平均値だけをみるのではなく，データの散らばりの状況を確認する必要がある．

(2) 散らばりが異なるデータの間の比較可能性

散らばりの重要性を別の観点からみるために，数値例をあげてみよう．表5-1は，ある5人の生徒の数学の第1回目と第2回目のテストの得点である．

この表において，1回目・2回目ともに平均点は73点である．ここで，5番目の生徒に注目してみよう．この生徒は，1回目・2回目ともに得点は85点であり，しかも，平均点が2回とも同じである．この2つのことから，この生徒は2回のテストで同じような成績であると判断してよいだろうか．

平均点からみれば，この生徒はいずれも12点高い（平均からの偏差はいずれも12点）ので，85点には同じような評価を与えることができるようにみえる．しかしながら，データ全体をみると，1回目は70点から85点という狭い範囲にデータが含まれているが，2回目は55点から95点までとデータの散らばりは大きい．さらに1回目の85点は順位からみると第1位であるが，2回目は第2位である．

こうした状況を模式的に示したのが，図5-2である．平均が同じでも，散ら

1 分散と標準偏差

図 5-1 データの散らばりと平均値の代表性

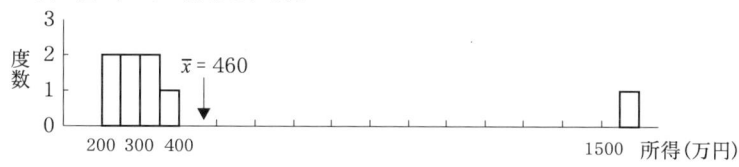

(a) 8個のデータの分布と平均値

$\bar{x} = 460$

(b) 外れ値を除いた7個のデータの分布と平均値

$\bar{x}' = 300$

例題4.1のデータより作成．

表 5-1 ある5人の2回の数学のテストの得点

i	1	2	3	4	5	平均
1回目	70	70	70	70	85	73
2回目	55	55	75	95	85	73

ばりが異なっていると，同じ85点という点数でも，持つ意味が異なる．85点以上の点数を取っている人の割合は，散らばりの小さい分布の方が少なく，85点の評価は散らばりの小さい分布の方でより高いことがわかる．

このように考えると，異なった分布が同じ平均値を持っていても，データの持つ意味は異なることがわかる．その違いをもたらす要因の1つが散らばりである．つまり，データを分析するうえでは，平均値（代表値）だけでなく，何らかの散らばりの測度（指標）もみる必要がある．

一般に，与えられたデータが，その代表値に対してどのような散らばりを持っているかを測る測度（尺度）として

(1) 分散，標準偏差，変動係数，平均偏差

等が用いられる．これらは，ある代表値を用いて，その値からデータがどの程度離れているのかをみる．他方，代表値と直接は関係しないでデータの散らば

図 5-2 平均が等しく,散らばりが異なった2つの分布

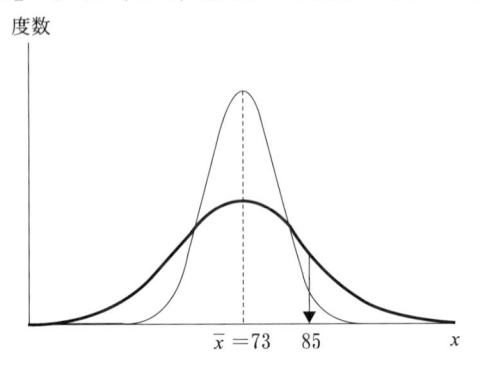

りを測る測度として

(2) レンジや四分位範囲・四分位偏差

等がある.これらのうち最もよく用いられる散らばりの尺度として,本節では,分散・標準偏差についてまず説明しよう.

分散と標準偏差の定義

データの代表値として平均値 $\bar{x}$ を取り,$\bar{x}$ に対するデータの散らばりの測度を考えよう.図5-2をみればわかるように,平均値から離れているデータが多いほどデータの散らばりは大きく,平均値からあまり離れていないデータが多ければ散らばりは小さい.そこで,散らばりの測度の1つとして,平均値を中心にみて,各データ x_i について平均値 $\bar{x}$ からの偏差 $x_i - \bar{x}$ で測り,n 個のデータの偏差を要約し,総合化した指標を作ることを考えよう.偏差が負の値である場合,平均値より小さい方への平均値からの距離を表す.それゆえ,平均値からの偏差を単純に平均するとその値は0となるので散らばりの指標とはならない.実際,偏差の合計は,$\sum_{i=1}^{n}(x_i - \bar{x}) = 0$ である(平均値の性質(2),82ページ).

そこでその偏差に基づく散らばりの指標として,単なる偏差ではなく,

(1) x_i と $\bar{x}$ の距離(偏差 $x_i - \bar{x}$ の絶対値):$|x_i - \bar{x}|$ を利用する

(2) x_i と $\bar{x}$ の距離の2乗:$(x_i - \bar{x})^2$ を利用する

等が考えられる.しかし,(1)の偏差の絶対値は,数学的に扱いにくいことも

あり（3節参照），(2)を利用する散らばりの指標としての**分散**（variance）が広く利用されている．

分散は，平均からの距離（偏差）の2乗の平均値である．データ1個当たりの平均的な距離（偏差）の2乗値を求めるため，その距離の2乗の合計値を n で割ったものであり，通常 s^2 で表す．すなわち，分散は n 個の偏差2乗値 $(x_1-\bar{x})^2, (x_2-\bar{x})^2, \cdots, (x_n-\bar{x})^2$ の平均値である．この偏差2乗の平均値では，$|x_i-\bar{x}|<1$ のとき，2乗するため実際の距離 $|x_i-\bar{x}|$ を縮小し，$|x_i-\bar{x}|>1$ のときはそれを拡大するので，平均値から離れた遠くの値があるとそれを強調する指標である．例えば，$|x_i-\bar{x}|=0.8$ のときは，分散への貢献を0.64と評価し，また $|x_i-\bar{x}|=10$ のときは，100と評価する．

平均からの偏差を2乗すれば，その単位は，もとの単位の2乗になる（例えば，データの単位が試験の点数であれば，偏差2乗の単位は点の2乗となる）．したがって，その平均である分散の単位も，もとの単位の2乗となる．そこでもとのデータの単位に戻すために，分散の正の平方根を取った値を**標準偏差**（standard deviation）といい，s で表す．以上のことを式として要約すると，次のようになる．

分散 s^2

(5.1) $\quad s^2 = \dfrac{1}{n}\left[(x_1-\bar{x})^2 + (x_2-\bar{x})^2 + \cdots + (x_n-\bar{x})^2\right]$

$\qquad\quad = \dfrac{1}{n}\sum_{i=1}^{n}(x_i-\bar{x})^2$

標準偏差 s

(5.2) $\quad s = \sqrt{s^2}$

分散 s^2 と標準偏差 s は，x の分散と標準偏差という意味で s_x^2, s_x と書くこともある．

当然のことであるが，分散，あるいは標準偏差が大きければ大きいほど，データの散らばりも大きくなる．

この分散の定義を別の視点から理解するため，$\dfrac{1}{n}\sum_{i=1}^{n}(x_i-a)^2$ は $a=\bar{x}$ のとき

最小となることを思い起こそう（平均値の性質(3)，83ページ）．したがって，分散 s^2 はその最小値となる．いいかえると，代表値としてある値 a を取り，n 個のデータの平均的な散らばりの測度として a からの距離の 2 乗の平均値 $\frac{1}{n}\sum_{i=1}^{n}(x_i-a)^2$（もしくはその平方根）を取ると，この散らばりの測度を最も小さくするのが平均値 $\bar{x}$ であり，その最小値が分散（もしくは標準偏差）となる．したがって，データの代表値として $\bar{x}$ を取ったときには，分散（もしくは標準偏差）が $\bar{x}$ からのデータの散らばりをみる自然な測度となる．

分散・標準偏差の計算

> **例題5.1** 表5-1の 1 回目と 2 回目のそれぞれの試験の結果について，分散と標準偏差を計算し，散らばりを比較せよ．

[解説]　1 回目の平均は $\bar{x}=73$ であるから，分散と標準偏差は (5.1) 式と (5.2) 式より

$$s^2 = \frac{1}{5}\left[(70-73)^2+(70-73)^2+(70-73)^2+(70-73)^2+(85-73)^2\right]$$

$$= \frac{180}{5} = 36$$

$$s = \sqrt{36} = 6$$

となる．標準偏差の単位はもとのデータの単位に等しいので，6 点である．また計算は，上のような式で計算してもよいが，表5-2のような表を作成するとわかりやすい（この表は，4 章の平均値の性質で提示した表4-1と同様である）．この表をみれば，分散が，平均からの偏差 2 乗の平均となっていることがよくわかるだろう．また，表5-2より，2 回目の分散は256（点^2），標準偏差は $\sqrt{256}=16$（点）となる．

　分散あるいは標準偏差を比べれば，2 回目の方が散らばりが大きくなっていることがわかり，標準偏差でみれば，2 回目の方が 2 倍以上の散らばりとなっている．■

表 5-2　分散の計算

(a) 1回目

i	x_i	$x_i-\bar{x}$	$(x_i-\bar{x})^2$
1	70	-3	9
2	70	-3	9
3	70	-3	9
4	70	-3	9
5	85	12	144
合計	365	0	180
平均	73	0	36

(b) 2回目

i	x_i	$x_i-\bar{x}$	$(x_i-\bar{x})^2$
1	55	-18	324
2	55	-18	324
3	75	2	4
4	95	22	484
5	85	12	144
合計	365	0	1,280
平均	73	0	256

表5-1より作成.

$$s^2=\frac{1}{n}\sum_{i=1}^{n}(x_i-\bar{x})^2$$

分散と標準偏差の性質

(1) 各データ $x_1, x_2, \cdots, x_n$ に一定値 c を加えたデータ $x_1+c, x_2+c, \cdots, x_n+c$ の分散, 標準偏差は, もとの分散, 標準偏差に等しい. すなわち $s^2_{x+c}=s^2_x$, $s_{x+c}=s_x$ である.

例えば, 表5-1の1回目の点数が全て20点上がったとしても, 分散・標準偏差は, 36と6のままである. これはデータの散らばりの測度としては自然な性質であろう.

(2) 各データに一定値 a を掛けたデータ $ax_1, ax_2, \cdots, ax_n$ の分散はもとの分散の a^2 倍, 標準偏差はもとの標準偏差の $|a|$ 倍となる. すなわち $s^2_{ax}=a^2s^2_x$, $s_{ax}=|a|s_x$ である.

例えば, 表5-1の1回目の点数が全て5倍になったら, 分散は $5^2=25$ 倍, 標準偏差は5倍になる. したがって分散は $36\times25=900$, 標準偏差は $6\times5=30$ となる.

(1), (2)より $ax_1+c, ax_2+c, \cdots, ax_n+c$ の分散および標準偏差は, $s^2_{ax+c}=a^2s^2_x$, $s_{ax+c}=|a|s_x$ となる (練習問題10).

(3) 多くの実際のデータでは, 平均値から標準偏差の3倍以上離れた値を取るデータは, あまりない. すなわち実際例では, ほとんどのデータが区間 $(\bar{x}-3s, \bar{x}+3s)$ のなかに入る.

図 5-3　$\bar{x} \pm ks$

約95%

$\bar{x}-3s$　$\bar{x}-2s$　$\bar{x}$　$\bar{x}+2s$　$\bar{x}+3s$

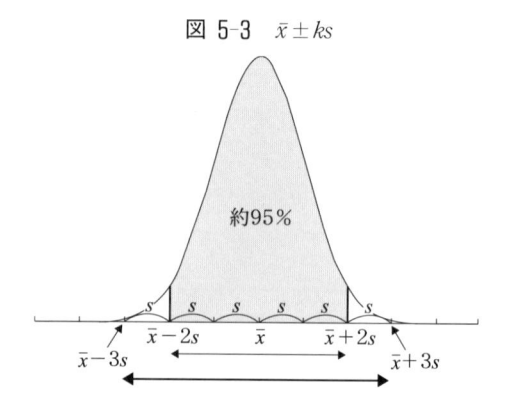

　特にデータを生成する母集団の分布が，正規分布（9章参照）で近似されるような場合では，データの個数 n がある程度大きい（20以上）のとき，約99％のデータがその区間に入ることが期待される．また，平均値から標準偏差の2倍以内の区間 $(\bar{x}-2s, \bar{x}+2s)$ には，約95％のデータが含まれることが期待される．標準偏差に掛けられている係数が小さいほど，その区間に含まれるデータの割合は小さくなる（図5-3参照）．

　例えば，上の1回目の得点の例では，
$$(\bar{x}-3s, \bar{x}+3s) = (73-3\times 6, 73+3\times 6) = (55, 91)$$
となり，この区間には，5個のデータのうち5個全て（100％）が含まれている．

　性質(3)は，こうした区間の外に出たデータを外れ値と判断して，生産された製品が不良品かどうかを判断するといった不良品の発生を防ぐための品質管理の問題などに利用される．

度数分布表からの分散の計算

　平均値の場合と同様に，度数分布表からの分散の計算法は次式で与えられる．

$$(5.3) \quad s^{*2} = \frac{1}{n}\left\{n_1(x_1^* - \bar{x}^*)^2 + n_2(x_2^* - \bar{x}^*)^2 + \cdots + n_m(x_m^* - \bar{x}^*)^2\right\}$$
$$= \frac{1}{n}\sum_{i=1}^{m} n_i(x_i^* - \bar{x}^*)^2$$

ただし，m は階級数，n_i は第 i 階級の度数，x_i^* は第 i 階級の階級値，$\bar{x}^*$ は度数分布から計算された (4.7) 式による平均値，また $n=\sum_{i=1}^{m} n_i$ は総度数（データの個数）である．

[解説] 上で述べたように，分散は平均からの偏差の 2 乗を合計してデータの個数で割ったものであるから，偏差 2 乗 $(x_i-\bar{x})^2$ の平均である．したがって，データが度数分布表で与えられている場合は，偏差 2 乗に対して度数分布表からの平均の式 (4.7) を利用すればよい．すなわち分散は，(4.7) 式において階級値 x_i^* を平均する代わりに，偏差 2 乗 $(x_i^*-\bar{x}^*)^2$ を平均すればよいので，それを度数でウェイトをつけて加重平均した式が，(5.3) である．■

3 章の数学の得点の例の度数分布表（表3-1）から，(5.3) 式に従って，分散を計算してみよう．表5-3にその計算方法の詳細が示されている．表の 4 列目で，度数分布表からの平均値が計算されている．5 列目には，平均値からの偏差が計算されているが，それらの合計は 0 にならないことに注意せよ（平均からの偏差に度数でウェイトづけして加重平均を求めれば 0 になる）．表から分散は378.75となることがわかり，標準偏差は $\sqrt{378.75}=19.46$（点）となる．また，20個のデータから直接計算すると，分散は344.55，標準偏差は18.56（点）となり，両者の違いはそれほど大きくなく，(5.3) 式で計算される分散と標準偏差の近似の程度は悪くないことがわかる．

リターンとリスク

平均値と標準偏差の指標は，経済学，特にファイナンス分野において重要な役割を果たす．

表5-4は，表2-6より算出した1998年と2002年の為替レートの月次の変化率であり，2 章で述べたように，これは収益率である．そして，為替レートの平均変化率は，1998年と2002年はそれぞれ－0.8％と同じである（算術平均を用いている）．変化率がマイナスということは円高を示し，毎月，月初めにドルを買って，1 カ月後に円にすると，1998年と2002年では平均的に0.8％損することを意味する．その意味で，変化率を平均したものは，平均的な収益率に対応し，通常，**リターン**と呼ばれる．

表 5-3 度数分布表からの分散の計算

階級	度数 n_i	階級値 x_i^*	度数×階級値 $n_i x_i^*$	偏差 $x_i^* - \bar{x}^*$	度数×偏差2乗 $n_i(x_i^* - \bar{x}^*)^2$
以上 ~ 未満					
0 ~ 10	1	5	5	−32.5	1,056.25
10 ~ 20	2	15	30	−22.5	1,012.5
20 ~ 30	4	25	100	−12.5	625
30 ~ 40	6	35	210	−2.5	37.5
40 ~ 50	3	45	135	7.5	168.75
50 ~ 60	2	55	110	17.5	612.5
60 ~ 70	1	65	65	27.5	756.25
70 ~ 80	0	75	0	37.5	0
80 ~ 90	0	85	0	47.5	0
90 ~ 100	1	95	95	57.5	3,306.25
合計	20		750		7,575
平均			$\bar{x}^* = 37.5$		$s^{*2} = 378.75$

表 5-4 為替レートの月次変化率（1998年と2002年） (%)

	1月	2月	3月	4月	5月	6月	7月	8月	9月	10月	11月	12月	平均	最小値	最大値
1998年	−2.0	−0.5	5.3	−1.1	5.1	0.9	2.7	−1.6	−4.1	−14.5	6.7	−7.0	−0.8	−14.5	6.7
2002年	1.1	0.7	−0.9	−3.6	−3.1	−3.8	0.5	−1.5	3.2	0.6	0.0	−2.5	−0.8	−3.8	3.2

表2-6より作成．

　この例では，1998年と2002年の平均収益率（リターン）$\bar{x}$ は同じであるが，各年の変動（散らばり）は必ずしも同じではない．表5-4をみると，1998年の変化率（収益率）は最低で10月の−14.5%（円高），最大で11月の6.7%（円安）であるのに対し，2002年では最低が6月の−3.8%，最大が9月の3.2%となっており，変化率の変動幅は1998年の方がかなり大きい．これは，毎月ドルを買って翌月売ることを考えると，1998年は，2002年に比べて儲かるときは大きいが，損をするときも大きいことになり，ギャンブル的な要素が大きくなる（平均的な儲け（損失）は同じである）．したがって，このような為替取引の意思決定では，平均収益率だけでなく，散らばり（変動）の程度に注目することが多く，その大きさを示す分散 s^2 や標準偏差 s が重要となる．つまり，散らばりが大きいと，儲かるときと損するときのギャップが大きく，投資において危険な要素が大きくなる．そこで，ファイナンス（金融）分析では，収益率の

標準偏差あるいは分散を**リスク**と呼び，為替や株式の投資の意思決定に重要な役割を果たしている．

株価や為替レートのリターン＝変化率の平均
株価や為替レートのリスク＝変化率の標準偏差

自由度調整済分散（不偏分散）*

各データ x_i の平均値 $\bar{x}$ からの偏差を $\tilde{x}_i = x_i - \bar{x}$ とおくと（$\tilde{x}$ は x ティルダと読む），分散は n 個の偏差 2 乗 $\tilde{x}_i^2$ の平均値 $\frac{1}{n}\sum_{i=1}^{n}\tilde{x}_i^2$ と表すことができる．しかし，n 個の偏差 $\tilde{x}_1, \tilde{x}_2, \cdots, \tilde{x}_n$ は必ず $\sum_{i=1}^{n}\tilde{x}_i = 0$ を満たす．したがって n 個の偏差のうち任意の $n-1$ 個を与えると，残りの 1 個は $\sum_{i=1}^{n}\tilde{x}_i = 0$ より自動的に決まってしまい，n 個の偏差のうち実際に自由に動けるものは $n-1$ 個である．このことから，n 個の偏差 $\tilde{x}_1, \tilde{x}_2, \cdots, \tilde{x}_n$ の**自由度**は $n-1$ であるという．

分散の定義においても，n 個の偏差 2 乗のうち実際に自由に動ける偏差は $n-1$ 個であるので，(5.1) のように偏差 2 乗和を n で割らずに，$n-1$ で割ったもう 1 つの分散の定義

$$(5.4) \quad v_x^2 = \frac{1}{n-1}\sum_{i=1}^{n}(x_i - \bar{x})^2$$

を利用することも多い．なお本書では，s_x^2 の記号，あるいは s_{xy}（これを共分散という．7 章，13 章参照）のように s を使ったときは，データの個数 n で割り，他方，v_x^2 や v_{xy} のように，v を使ったときは自由度で割るものとするが，v は必要なときだけ用いるものとする．ただし，10 章で述べるように (5.4) 式の v_x^2 は母集団の分散に対して不偏推定量という性質を持つので，(5.4) 式の分散は**不偏分散**と呼ばれ，統計学の教科書では分散の定義に (5.4) 式を採用するものが多いので注意されたい．他方 s_x^2 は正規分布のもとで最尤推定量（11 章参照）である．また，主観分布を利用したベイズという考え方のもとでは，分散を $\frac{1}{n+1}\sum_{i=1}^{n}(x_i - \bar{x})^2$ として定義できる．

n が小さいとき，(5.1) の s_x^2 と (5.4) の v_x^2 との差は比較的に大きくなるが，n がある程度大きいと（例えば $n \geq 20$），その差はほとんどない．両者に

は $s_x^2 = \dfrac{n-1}{n} v_x^2$ という関係があることからも明らかである（11章4節参照）．本書では，分散の定義として（5.1）の s_x^2 を用いるが，どちらの定義を用いてもよい．データの個数が小さい表5-1の第1回目について v_x^2 を求めると，$v_x^2 = 180/4 = 45$ となり，$s_x^2 = 36$ との差は比較的大きくなっている．

--- Excel で計算してみよう ---

Excel の関数では，(5.1) 式の分散は VARP(データ範囲)，(5.4) 式の自由度で割った分散は VAR(データ範囲) によって求められる．それぞれに対応した標準偏差を求める関数は，STDEVP と STDEV である．

2　変動係数

1節で述べた標準偏差の性質(2)の $s_{ax} = a s_x$（ただし $a > 0$ とする），すなわち n 個のデータを全て a 倍すると標準偏差も a 倍になるという性質は，与えられたデータ $x_1, x_2, \cdots, x_n$ の単位に依存して標準偏差の大きさが変わることを示している．例えば $x_1, x_2, \cdots, x_n$ が n 人の所得をドルで表示したデータである場合を考えよう．今，仮に1ドル＝120円とすると，これらを円で表示したデータは $120x_1, 120x_2, \cdots, 120x_n$ となるから，円で標準偏差を評価する（s_{ax}）と，ドルで評価した標準偏差 s_x の120倍となり（$a = 120$），同じデータでも円で評価した方が散らばりが大きくみえ，所得格差が大きいようにみえるだろう．これは，平均値の性質の(5)，$\overline{ax} = a\bar{x}$ より，円で評価した所得の平均値 $\overline{ax}$ はドルで評価した所得の平均値 $\bar{x}$ の120倍となるからである．このことは，平均値からの散らばりの度合いとしての標準偏差が，単に測定単位の変換によって平均値と比例して変わることを意味する．

そこで，データが常に正の値である場合，測定単位に依存しない散らばりの測度として，標準偏差 s を平均値 $\bar{x}$ で割った値を**変動係数**（coefficient of variation）といい，

$$(5.5) \quad CV = \frac{s}{\bar{x}}$$

で表す．変動係数は散らばりの基準化である．実際，$a>0$ のとき変動係数は，与えられたデータ $x_1, x_2, \cdots, x_n$ を $ax_1, ax_2, \cdots, ax_n$ に変換しても不変である．なぜならば，

$$s_{ax} = as_x, \quad \overline{ax} = a\bar{x} \quad なので，\quad \frac{s_{ax}}{\overline{ax}} = \frac{as_x}{a\bar{x}} = \frac{s_x}{\bar{x}}$$

だからである．変動係数は，その定義から平均値1単位当たりの散らばりの測度としてみることができる．

　また，変動係数 (5.5) を定義するより重要な理由は，異なる正の平均値を持つ2組以上のデータに対して，散らばりの比較可能性を確保するためである．

　例えば，ネズミの体重とゾウの体重の散らばりを考えてみよう．ネズミの体重の平均を200g（0.2kg）とし，ゾウの体重の平均を3500kgとしよう．このとき，ゾウの体重の散らばりの方が，圧倒的にネズミの体重の散らばりよりも大きくなることは容易に想像できる．なぜならば，ネズミとゾウでは体重そのもののレベルが違うからであり，それは平均体重に反映される．したがって，ネズミとゾウのそれぞれの体重の標準偏差をそのまま比較するのではなく，標準偏差をそれぞれの平均体重で割った変動係数で比較した方が体重の大きさに対する相対的な散らばりの違いをみることができる．

　別の例として，表2-3（25ページ）の年間収入十分位階級別の項目別支出の散らばりをみてみよう．表5-5には，4つの項目の平均・標準偏差が示されている．食料の標準偏差は13,634.4円，教育の標準偏差は9,821.8円となっており，食料の散らばりの方が大きいようにみえる．しかし，表2-3の数値や表5-5の平均の値から，食料への支出そのものの水準が，教育への支出よりも大きくなっており，散らばりも当然大きくなる．そこで，両者の水準の違いを平均で割ることによって調整した変動係数をみると，食料が0.20，教育が0.52と，教育の方がかなり大きくなっている．食料は必需品であるから，収入の高い階級と低い階級の支出の差の程度（散らばり）は，教育（あるいは教養娯楽などの選択的支出）と比べてそれほど大きくないが，それは標準偏差ではなく，変動係数をみることによって確かめられる．一般に経済データでは，平均値が大き

表 5-5 項目別支出の平均・標準偏差・変動係数（2006年）

	食料	光熱・水道	教育	教養娯楽
平均(円)	69,403.1	21,998.2	18,713.3	31,421.5
標準偏差(円)	13,634.4	2,794.2	9,821.8	11,599.7
変動係数	0.20	0.13	0.52	0.37

表2-3より作成．

くなると標準偏差も大きくなることが多く，このような場合に散らばりを比較するとき変動係数が用いられる．

株価や為替レートの変化率がデータである場合，平均値 $\bar{x}$ はリターン，標準偏差 s はリスクと呼ばれることを前節で述べた．この場合の変動係数 $s/\bar{x}$ は，リターン1％当たりのリスクの大きさを示し，収益率1％を得るためにかかるリスクの割合となる．しかし，平均が0の近くになったり負になったりするので，変動係数は適当でない．そこで，逆にリスク1単位当たりのリターンとして，$\bar{x}/s$ の形でリスクでなくリターンを比較することが多い．この場合も，小数表示や％表示など計測の単位に依存しない．

また，3章では所得格差を測る指標としてジニ係数を説明したが，変動係数も同様に所得分配の不平等度を測る尺度としてしばしば利用される．

3 その他の散らばりの特性値[*]

レンジ

データの代表値と直接は関係させずに散らばりの度合いを最も簡単にみる測度として，**レンジ**（範囲，range）がある．レンジは，与えられたデータ x_1, $x_2, \cdots, x_n$ から順序統計量 $x_{(1)} \leq x_{(2)} \leq \cdots \leq x_{(n)}$ （4章2節参照）を作ったとき，その最大値 $x_{(n)}$ と最小値 $x_{(1)}$ の差として定義される．すなわち，

$$\text{レンジ} = x_{(n)} - x_{(1)}$$

である．例えば4章例題4.1の所得データのレンジは1580万円－230万円＝1350万円となる．レンジはこのように計算も容易で，1日の株価の最高値と最安値，1日の最高気温と最低気温などから，その散らばりの程度を簡単に求めるのに

用いられる．しかしこの例のように，レンジは外れ値の影響を受けやすく，データの個数が増えるとレンジも大きくなりやすい．

四分位範囲・四分位偏差

前章で述べたように，メディアンは，データを小さい順に並べたときの順序統計量の値でちょうど順位が2分の1番目の数（二分位数）であり，同様な視点で定義された四分位数では，順序統計量の値で，順位が4分の1番目の数が第1四分位数，順位が4分の2番目の数が第2四分位数（＝メディアン），そして4分の3番目の数が第3四分位数であった．

散らばりの測度としての**四分位範囲**とは，第3四分位数から第1四分位数を引いたものであり，

$$\text{四分位範囲} = x_{(3n/4)} - x_{(n/4)}$$

と定義される．ここで$x_{(n/4)}, x_{(3n/4)}$はそれぞれ，順序統計量の値における$n/4$番目の値（第1四分位数），$3n/4$番目の値（第3四分位数）を示す．つまり四分位範囲は，データを大きさの順に並べたとき，下側25%，上側25%のデータを除いた真ん中の50%のデータが含まれる区間の長さを表す．さらに**四分位偏差**は四分位範囲の半分，すなわち，

$$\text{四分位偏差} = \frac{1}{2}[x_{(3n/4)} - x_{(n/4)}]$$

である．いずれも散らばりの大きさを表すが，レンジのように外れ値の影響を受けるという欠点はない．ただし，メディアン場合と同様に$n/4$が整数かどうかで，$x_{(n/4)}, x_{(3n/4)}$の求め方は異なってくるので注意が必要である．

平均偏差

各データx_iの平均値$\bar{x}$に対する散らばりとして，分散のように偏差の2乗ではなく，偏差の絶対値（平均からの距離）$|x_i - \bar{x}|$を取り，n個の距離の平均値

$$d = \frac{1}{n}\sum_{i=1}^{n}|x_i - \bar{x}|$$

を散らばりの測度として利用することも可能である．これを**平均（絶対）偏差**

という．しかしこの測度は，
(1) 数学的に扱いにくい，
(2) 分散や標準偏差に比べて，平均値からの遠い値に対して散らばりの評価が弱い，
(3) $\frac{1}{n}\sum_{i=1}^{n}|x_i - a|$ を最小にする a は，平均値 $\bar{x}$ でなくメディアンである（この証明は複雑である），

等のためにあまり用いられない．本書でも今後利用しない．

キーワード

分散　標準偏差　リターンとリスク　自由度　不偏分散　変動係数　レンジ　四分位数　四分位範囲・四分位偏差

練習問題

1. ある企業で男女別に年収を調べたところ，以下のようになったという（単位：万円）．

    男（5人）：600, 600, 600, 700, 800,　女（4人）：600, 600, 800, 800

    (1) 男女別に分散，標準偏差を計算し，両者を比較せよ．
    (2) 男の年収が50万円ずつ増加すると，分散・標準偏差はいくつになるか．
    (3) 女の年収が1.2倍になると，分散・標準偏差はいくつになるか．

2. A株とB株の最近5カ月間の株価変化率（%）は，以下のとおりであった．

A株の変化率(%)	−1	0	1	2	3
B株の変化率(%)	0	1	1	1	2

    A株とB株の平均，分散，標準偏差を計算し，リターン，リスクを比較せよ．

3. 表5-4の為替レートの月次変化率のデータについて，1998年と2002年の分

散，標準偏差をそれぞれ求めよ．
4．表2-3の年間収入十分位階級別の項目別支出金額のデータの各項目について，分散，標準偏差，変動係数を求めよ．
5．表2-1の日経平均株価と表2-6の為替レートについて，
   (1) それぞれの変化率の分散，標準偏差，変動係数を求めよ．また，レンジ，四分位範囲，四分位偏差も求めよ．
   (2) $\bar{x} \pm 3s$ の区間を作り，その外にあるデータの割合を求めよ．$\bar{x} \pm 2s$ ではどうか．
6．表3-9の従業者規模別事業所数の各業種について，分散・標準偏差・変動係数を計算し，業種ごとの違いを述べよ．
7．表3-10の貯蓄現在高のデータについて，全世帯と勤労者世帯それぞれについて，分散，標準偏差，変動係数を求めよ．
8．表3-11の年間収入五分位階級別の実収入のデータについて，各年の変動係数を求めよ．その推移に関して，ジニ係数の結果と比較せよ．
9．表5-6は自動車メーカー5社の株価と東証平均株価指数（TOPIX）の2004年12月から2006年12月の月次の株価のデータである（月末値）．
   (1) 変化率を計算したうえで，それぞれのリターン（平均値）とリスク（標準偏差）を求めよ．また，変動係数を用いてリスクを比較せよ．
   (2) リターンとリスクはどのような関係にあるか．横軸にリスク（標準偏差），縦軸にリターン（平均値）を取って，グラフにせよ．個別銘柄と株価指数の違いは何か．
10．分散の性質(1)，(2)，および $ax_i + c$ の分散・標準偏差が $s^2_{ax+c} = a^2 s^2_x$，$s_{ax+c} = |a| s_x$ となることを証明せよ．
11．偏差平方和に関する次の式を証明せよ．
   (1) $\sum_{i=1}^{n}(x_i - \bar{x})^2 = \sum_{i=1}^{n} x_i^2 - n\bar{x}^2$ (2) $\sum_{i=1}^{n}(x_i - \bar{x})^2 = \sum_{i=1}^{n}(x_i - \bar{x})x_i$

表 5-6 主要自動車メーカーの株価（単位：円）と東証株価指数（TOPIX）の推移
（2004年12月～2006年12月）

年月	日産自動車	ホンダ	マツダ	トヨタ自動車	富士重工	TOPIX
2004年12月	1,114	2,655	322	4,170	500	1,149.63
2005年 1月	1,095	2,715	347	4,030	489	1,146.14
2月	1,125	2,805	361	4,070	488	1,177.41
3月	1,099	2,685	366	3,990	524	1,182.18
4月	1,040	2,545	371	3,840	481	1,129.93
5月	1,067	2,670	410	3,860	455	1,144.33
6月	1,098	2,735	417	3,970	462	1,177.20
7月	1,168	2,890	449	4,250	483	1,204.98
8月	1,156	2,960	436	4,500	481	1,271.29
9月	1,296	3,210	498	5,200	513	1,412.28
10月	1,208	3,170	546	5,310	582	1,444.73
11月	1,233	3,360	522	5,790	640	1,536.21
12月	1,195	3,365	540	6,120	640	1,649.76
2006年 1月	1,320	3,330	543	6,080	613	1,710.77
2月	1,340	3,450	666	6,250	630	1,660.42
3月	1,398	3,645	715	6,430	692	1,728.16
4月	1,497	4,045	745	6,660	712	1,716.43
5月	1,350	3,660	673	5,930	665	1,579.94
6月	1,250	3,630	717	5,990	669	1,586.96
7月	1,236	3,780	746	6,060	705	1,572.01
8月	1,334	3,990	752	6,370	679	1,634.46
9月	1,323	3,970	716	6,420	672	1,610.73
10月	1,401	4,140	791	6,930	675	1,617.42
11月	1,412	4,100	794	7,020	601	1,603.03
12月	1,433	4,700	813	7,960	611	1,681.07

（出所）　Yahoo! JAPAN ファイナンス　http://quote.yahoo.co.jp/

6章

基準化変量と歪度，尖度

　4章と5章では，与えられたデータの特徴を表す指標として，代表値として平均値，また散らばりの測度として分散（標準偏差）を中心に考えてきた．この2つの指標は，データの分布状況の特徴を最も要約的にみるものであるが，ヒストグラムの形状はこの2つで決まるわけではない．例えば，4章4節でみたように，右に歪んだ分布や，対称な分布，左に歪んだ分布など，分布の歪みの度合いは，平均値や分散といった測度では把握できない．さらに，平均値から離れた遠くの値が出る分布（分布の遠くの端の方にも頻度を持つ分布）かどうかの違いも，分布の違いをみる特性として重要である．ヒストグラムの山が1つのときに，分布の歪みを表す測度を歪度といい，分布のスソの端の厚さや分布の尖り具合を見る測度を尖度という．これらの測度は，所得分布の形状や，株式や為替の収益率分布の形状を理解するときにしばしば利用される．また，これらはヒストグラムの形状に関わるものであるから，データを変換して平均を0，分散を1に統一して，測定単位に依存しない変量に基づいて測定する．この変量は，基準化変量と呼ばれ，本章1節で説明する．この基準化の考え方は，統計学全体で重要なものである．

【本章の内容】
(1) 基準化変量の算出法やその意味について学習し，その1つの応用である入学試験などで利用される偏差値についても言及する．
(2) 基準化変量に基づいて算出される分布の形状に関する測度として，歪度と尖度を学習する．

(3) 四分位数に基づく分布の歪みの測度（四分位歪度）と尖りの測度（集中度）を理解する．これらはメディアンを代表値とした場合の歪度と尖度に対応するものとして考えることができる．

1 基準化変量

基準化と基準化変量

前章では，表5-1や図5-2で提示した例などを通じて，平均値が同じであっても，散らばりが異なるとデータを直接比較することが難しいということを学んだ．もちろん，異なった分布では，平均値も異なるのが一般的である．そこで，まず，平均値からの偏差のデータを作れば，その平均を0にするように変換できる．すなわち，どのようなデータでも平均値からの偏差に変換すれば，偏差データの平均は常に0となる．この変換は，分布の形を変えずに平均値の位置を0に移動することに対応している．しかし，この状況でも分散が異なると，2つの分布（ヒストグラム）の形が同じであるかどうかをみることができない．例えば，ネズミとゾウの体重の平均値からの偏差の分布を考えてみよ．

そこで，偏差のデータをさらに変換して標準偏差1単位当たりの偏差を作る．この変換を**基準化**（standardization）変換と呼び，標準偏差1単位当たりの偏差を**基準化変量**という．以下でみるように，この基準化変量の平均は0，分散は1となるので，この変量を利用すると，ネズミとゾウの体重などの分布の形状を統一的にみることができ，比較可能になる．

まずは，基準化変量の定義を式で与えよう．

> 与えられたデータ $x_1, x_2, \cdots, x_n$ に対し，その平均値 $\bar{x}$ と標準偏差 s_x を用いて
>
> (6.1) $\quad z_i = \dfrac{x_i - \bar{x}}{s_x} \quad (i=1, 2, \cdots, n)$
>
> で定義される変量を**基準化変量**（あるいは基準化統計量，標準化変量）という．
> 基準化変量 z_i の平均値・分散・標準偏差は以下のとおりである．
>
> $\quad z_i$ の平均値は0（$\bar{z}=0$），分散は1（$s_z^2=1$），標準偏差は1（$s_z=1$）

[解説] 基準化変量 (6.1) は，平均からの偏差 $\tilde{x}_i = x_i - \bar{x}$ を用いると $z_i =$

$\tilde{x}_i/s_x$ と表せる．このように定義された基準化変量が，平均 $\bar{z}=0$，分散 $s_z^2=1$ の 2 つの条件を満たすことは，n 個の基準化変量 $z_1, z_2, \cdots, z_n$ のうち自由に動ける変量の数は $n-2$ 個であることを意味し，$z_1, z_2, \cdots, z_n$ の自由度は $n-2$ となる．基準化の意味は，平均を 0 にし，標準偏差（もしくは分散）を 1 にすることで，基準化変量の値や分布形状から，もとのデータの分布（ヒストグラム）形状やその特徴についての情報を抽出することである．これにより，異なった分布であっても，分布の形状の歪みや尖り具合などの違いを比較することが可能となる．■

基準化の意味*

基準化の意味を考えるために，まず各データ x_i を偏差 $\tilde{x}_i=x_i-\bar{x}$ と平均値 $\bar{x}$ の和

(6.2) $\quad x_i=(x_i-\bar{x})+\bar{x}=\tilde{x}_i+\bar{x} \quad (i=1,2,\cdots,n)$

に分解してみよう．基準化変量 z_i の分子は偏差 $\tilde{x}_i=x_i-\bar{x}$ であるので，すべてのデータを $\bar{x}$ だけ左へ平行移動したときの偏差 $\tilde{x}_i$ の情報のみを用いていることになる．そこでは $(\tilde{x}_1, \tilde{x}_2, \cdots, \tilde{x}_n)$ は，$\bar{x}$ の情報を持たず，ヒストグラムで述べると，ヒストグラムの形を変えずに，平均値の位置を 0 に平行移動したときの情報に対応する．したがって与えられたデータ x_i を偏差 $\tilde{x}_i$ の形で利用することは，平均値を 0 にすることを意味し，異なる平均値を持つ 2 組のデータの分布について比較可能性を与える（たとえば平均点の異なる 2 つの科目の得点の比較を考えてみよ）．

次に (6.1) 式の z_i の分母の役割を考えよう．z_i の分子の 2 乗 $\tilde{x}_i^2$ の平均値 $\frac{1}{n}\sum_{i=1}^n \tilde{x}_i^2$ は x_i の分散 s_x^2 に等しいから，基準化変量 z_i の 2 乗 $z_i^2=\tilde{x}_i^2/s_x^2$ の平均値 $\frac{1}{n}\sum_{i=1}^n z_i^2$ は z_i の分散で，$\left(\sum_{i=1}^n \tilde{x}_i^2/n\right)/s_x^2=s_x^2/s_x^2=1$ となる．$\tilde{x}_i$ の平均は 0 であるので，その分散 $s_{\tilde{x}}^2$ は x の分散 s_x^2 と同じである．それゆえ，$\tilde{x}_i$ の分散を 1 にするように標準偏差 s_x で割って調整したのが基準化変量 $z_i=\tilde{x}_i/s_x$ である．

他方，明らかなように基準化は単位を統一させるので，異なる単位のデータに対して比較可能性を与える．基準化変量は無名数（円，キログラムなどの単位がついていない数）である．また，4 章 2 節の変動係数のところで説明した

ように，分散や標準偏差は測定単位に依存する．例えば，1ドル120円のとき，円で表したデータ x'_i の標準偏差は，ドルで表したデータ x_i の標準偏差の120倍，分散は 120^2 倍であり，単位の違いのために異なってみえる．しかし，基準化変量を用いると，次の関係から，両者の分布状況は同一となる（z'_i は円表示のデータ $x'_i = 120x_i$ の基準化変量で，上の例では $a = 120$ と考えればよい）．

$$z'_i = \frac{x'_i - \bar{x}'}{s_{x'}} = \frac{ax_i - a\bar{x}}{as_x} = \frac{x_i - \bar{x}}{s_x} = z_i$$

このことは，基準化は単に単位の統一だけでなく，異なる分散を持つ複数のデータの分布状況に比較可能性を与える．

上のことを一般化してまとめておく．データ $x_1, x_2, \cdots, x_n$ に正の定数 a を掛け，定数 c を加えるという（1次）変換

$$ax_1 + c, ax_2 + c, \cdots, ax_n + c$$

をしても，基準化変量は不変な変量となることが確認される．実際，4章と5章でみたように平均値と標準偏差はそれぞれ $\overline{ax+c} = a\bar{x} + c$, $s_{ax+c} = as_x$ となるから，この変換のもとで計算したデータの基準化変量は

$$\frac{(ax_i + c) - \overline{ax+c}}{s_{ax+c}} = \frac{a(x_i - \bar{x})}{as_x} = \frac{\tilde{x}_i}{s_x} = z_i$$

となり，1次変換したデータの基準化変量は a, c に依存しないことがわかる．$z_i = \tilde{x}_i/s_x$ が a に依存しないことは，z_i がもとのデータの単位の取り方に無関係な値であることを意味する．さらに，偏差 $\tilde{x}_i$ の平均値は 0 であることから，この基準化変量の平均値は 0 となる．

このような基準化変量 $z_1, z_2, \cdots, z_n$ の分布状況をみるため，前章でみた分散・標準偏差の性質(3)を利用して，基準化変量について，平均±3×標準偏差の区間を作ってみると，$(\bar{z} - 3s_z, \bar{z} + 3s_z) = (0 - 3 \times 1, 0 + 3 \times 1) = (-3, 3)$ となる．すなわち，基準化変量のほとんど（99%以上）は，-3 から $+3$ の間に含まれることになる．同様に，$(\bar{z} - 2s_z, \bar{z} + 2s_z) = (-2, 2)$ となり，-2 から $+2$ の間にも多くの基準化変量が含まれることになる（章末の参考も参照せよ）．このことは，もとのデータを基準化してこのような区間に入るように調整することによって，データの分布状況やヒストグラムの形状の特徴を統一的に把握するための基礎が得られることを意味する．

1 基準化変量　123

> **例題6.1**　5章表5-1（103ページ）の1回目と2回目それぞれの試験の点数について，基準化変量を作成せよ．

[解説]　5章の例題5.1より，1回目のテストの平均値 $\bar{x}=73$，標準偏差 $s=6$ なので，5人の基準化変量は，

$$z_1=\frac{70-73}{6}=-0.5, \quad z_2=z_3=z_4=-0.5, \quad z_5=\frac{85-73}{6}=2$$

となる．この場合，85点以外の得点は，平均値 $\bar{x}$ の左側にあるため，基準化変量はすべて負であり，絶対値は1より小さい．また，この5つの基準化変量をもとに，平均値を計算してみると0，分散・標準偏差は1になることが確かめられる（表6-1(b)参照）．

2回目についても同様に，$\bar{x}=73$，$s=16$ より，

$$z_1=\frac{55-73}{16}=-1.125, \cdots, z_5=\frac{85-73}{16}=0.75$$

となる．もちろん，2回目の基準化変量についても，平均は0，分散・標準偏差は1である．したがって，平均と分散（標準偏差）が基準化されているので，1回目と2回目の基準化変量は比較可能である．例えば5番目の生徒は，得点 x_i は同じであるが，基準化変量を比較すると，1回目の方が大きくなっている．これは，5章1節で述べたように，平均だけでなく，標準偏差を考慮すると，1回目の85点の方が評価が高いことに対応している．また，いずれの基準化変量も3を超えているものはないことにも注意せよ．■

偏差値

受験指導などでよく用いられる偏差値とは，この基準化変量を応用したものである．

表6-1では，2回のテストの平均が同じ例であるが，一般的にはテストごとに，平均点と標準偏差（分散）は異なっている．異なった試験であるから，難易度が当然異なり，得点そのものでは比較できない．そこで，2つの試験結果を比較可能にするためには，通常は平均点だけをみて，平均点より何点高いか，

6章 基準化変量と歪度，尖度

表 6-1 基準化変量と偏差値

i	(a)得点x_i 1回目	2回目	(b)基準化変量z_i 1回目	2回目	(c)偏差値 1回目	2回目
1	70	55	−0.5	−1.125	45	38.75
2	70	55	−0.5	−1.125	45	38.75
3	70	75	−0.5	0.125	45	51.25
4	70	95	−0.5	1.375	45	63.75
5	85	85	2	0.75	70	57.5
合計	365	365	0	0	250	250
平均	73	73	0	0	50	50
分散	36	256	1	1	100	100
標準偏差	6	16	1	1	10	10

などの方法で考える．これは，平均からの偏差で考えることと同じで，偏差$\tilde{x}_i$の平均は0であるから，平均値をそろえて比較可能性を得ているのである．しかし，これまでも述べたように，散らばりが異なっていると比較可能性が失われるので，平均値だけでなく，散らばりも調整すべきである．そこで，基準化変量を用いれば平均値・標準偏差（散らばり）ともに調整することができ，異なった分布でも比較可能となる．

しかし，表6-1(b)のような基準化変量では，あまり得点という感じがしない．マイナスの値を取っているし，平均値0の周辺で小数点を持ったかなり小さい数字になっているからである．これは上で述べたように，基準化変量は−3から3の間にほとんど入ってしまうからである．

そこで，マイナスの値をなくすために平均を0ではなく50にし，小数点以下の数字で比較しなくてもすむように，もう少しデータを散らばらせるために標準偏差を1ではなく10に拡大して，得点らしくしたのが**偏差値**である．標準偏差を10にするために基準化変量を10倍し，さらに平均を50にするために50を加えることによって偏差値は算出される（一定値を加えても標準偏差は変わらないことを思い出そう）．すなわち，

(6.3)　　偏差値$= z_i \times 10 + 50 = \dfrac{x_i - \bar{x}}{s_x} \times 10 + 50$

である．偏差値の平均は50，標準偏差は10（分散は100）となるので，偏差値

表 6-2 基準化変量と偏差値の平均・分散・標準偏差

	もとのデータ x_i	基準化変量 z_i	偏差値
平均	$\bar{x}$	0	50
分散	s_x^2	1	100
標準偏差	s_x	1	10

を用いれば試験が異なっても，平均値と標準偏差は調整され，比較が可能となるため実用化されているのである．

表6-1(c)には，偏差値の値が示されている．5番目の生徒は，得点 x_i では85点で同じだが，偏差値でみると70から57.5へと2回目に下がったことになる（ただし，データの個数の少ない場合の比較には注意が必要であり，さらに次節でみるような分布の歪みの程度などが同じかどうかもみたうえで比較する必要がある）．また表より，5人の偏差値を平均すると50，分散を計算すると100になることを確かめることができる．

また，分散・標準偏差の性質(3)により，偏差値について平均±3×標準偏差の区間を作ってみると，50±3×10となり，偏差値は20から80の間にほとんど入ることになる．したがって，偏差値が80を超えたり，20を下回ったりすることはめったにない（理屈のうえでは，偏差値が100を超えたり，マイナスになることもある）．また，平均±2×標準偏差の区間は(30, 70)となるので，偏差値が70を超えれば，かなりよい成績であることがわかる．

もとのデータ，基準化変量，偏差値の平均・分散・標準偏差については，表6-2に要約されている．

2 歪度と尖度

基準化変量では，どのようなデータに対しても平均値が0，標準偏差が1となるように基準化されているため，基準化変量をヒストグラムにすれば，異なる平均値や異なる標準偏差を持つ複数組のデータについて，その形状から分布の形状の違いや特徴を判定できる．例えば，アメリカの所得分布と日本の所得

図 6-1 分布の歪みと歪度 b_1

(a) 右に歪んだ分布（右スソが長い分布）：($b_1>0$)　(b) 左右対称の分布：($b_1=0$)　(c) 左に歪んだ分布（左スソが長い分布）：($b_1<0$)

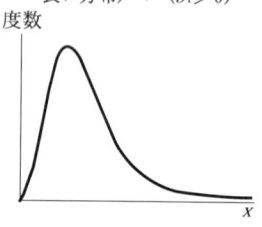

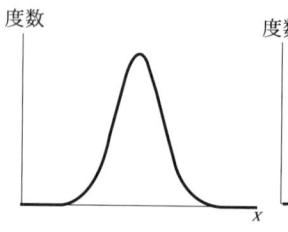

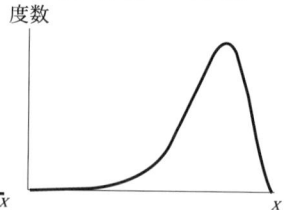

分布の形状の違いをみるとき，基準化変量に基づいたヒストグラムを比較することは有用である．本節では，基準化変量をもとに算出されるこのような測度として，歪度と尖度を説明する．

歪度

ヒストグラムに現れる分布の歪み，すなわち分布が左右対称であるかどうかを示す**歪度**（skewness, b_1 で表す）は，基準化変量を用いて次式で定義される．

歪度
(6.4) $\quad b_1 = \dfrac{1}{n}\sum_{i=1}^{n} z_i^3 = \dfrac{1}{n}\sum_{i=1}^{n}\left(\dfrac{x_i - \bar{x}}{s_x}\right)^3$

［**解説**］ 歪度は，無名数である基準化変量 z_i に基づいて算出されるため，やはり単位のない無名数である．また (6.4) 式より，b_1 は z_i^3 の平均値とみなすことができる．$b_1=0$ は，基準化変量の平均値 $\bar{z}=0$ の右側にある基準化変量の3乗の値 z_i^3（プラスになる）の和と左側にある z_i^3（マイナスの値をとる）の和がバランスすることを意味している．したがって，もし分布が対称ならば，歪度 b_1 は0となる．ただし，逆に b_1 が0であっても分布（ヒストグラム）は必ずしも対称になるとは限らない．しかし z_i の平均値 $\bar{z}$ が0であることは，0の右側にある z_i の和と左側にある z_i の和とがバランスする（プラスの z_i の和の絶対値とマイナスの z_i の和の絶対値が必ず等しい）ことを意味するので，それに加えて b_1 が0となる，すなわち0の右側にある z_i^3 の和と0の左側にある z_i^3 の和のバランスが取れている場合，分布が対称，あるいは対称に近い場

合が多い．■

　ヒストグラムの山が 1 つの場合，基準化変量の平均値 0 から大きく離れた z_i（絶対値が 1 を大きく超える z_i）の 3 乗値は拡大されるので，図6-1(a)のように分布が右に歪んでいる．すなわち右スソが長い分布の場合，b_1 は右スソにある少数のデータの影響を大きく受けて正の値を取る．他方，図6-1(c)のように分布が左に歪んでいる，すなわち左スソが長い分布の場合，b_1 は左スソにあるデータの影響を受けて負の値を取る．したがって，ヒストグラムの山が 1 つの場合，歪度 b_1 は分布の歪み，非対称性を測る尺度となる．以上のことは次のようにまとめることができる．

分布の山が 1 つの場合，歪度 b_1 による分布の歪みの判断の指針

　　　$b_1 > 0 \Rightarrow$ 右に歪んだ分布（右スソが長い分布，あるいは正の非対称）
　　　$b_1 = 0 \Rightarrow$ 左右対称
　　　$b_1 < 0 \Rightarrow$ 左に歪んだ分布（左スソが長い分布，あるいは負の非対称）

尖度

　ヒストグラムの山が 1 つの場合，その分布の尖り程度（すなわち平均のまわりへの集中度）を測る**尖度**（kurtosis，b_2 で表す）は，基準化変量を用いて次式で定義される．

　　(6.5)　　$b_2 = \dfrac{1}{n}\sum_{i=1}^{n} z_i^4 = \dfrac{1}{n}\sum_{i=1}^{n}\left(\dfrac{x_i - \bar{x}}{s_x}\right)^4$

[**解説**]　尖度は，歪度と同様に，無名数である．また，(6.5) 式より b_2 は z_i^4 の平均値である．$|z_i| < 1$ である z_i は 4 乗されるためもとの $|z_i|$ よりはるかに小さくなり，z_i^4 の平均値 b_2 のなかでの役割は小さい．他方，$|z_i|$ が 1 より離れるほど，z_i は 4 乗されるため z_i^4 はもとの $|z_i|$ に比べてはるかに大きくなる．したがって，$|z_i| > 1$ なるものが b_2 の値の主たる部分を占めることになり，分布の右スソ・左スソのいずれであっても，平均から大きく離れた値の割合が大きければ，尖度 b_2 は大きくなる．逆に平均に近いところにデータが集中して

いれば，尖度 b_2 は小さくなる．

そこで，データの個数 n に対して，z_i の分布状況が次表の2つであるとしよう．

階級	$|z_i|<1$	$1\leq|z_i|<2$	$2\leq|z_i|<3$	$3\leq|z_i|$
分布(1)の相対度数	70%	25%	4%	1%
分布(2)の相対度数	68.3%	27.2%	4.2%	0.3%

各階級の階級値（絶対値）を 0.5, 1.5, 2.4, 3 と考えると，階級値で評価した尖度 b_2 の値は，分布(1)のとき

$$b_2 = \frac{1}{n}(0.5^4 \times 0.7n + 1.5^4 \times 0.25n + 2.4^4 \times 0.04n + 3^4 \times 0.01n)$$

$$= 3.45$$

となる．通常，山が1つの分布の尖度の大きさを比較する場合，3を基準にする．なぜならば，9章で学習する標準正規分布と呼ばれる分布の尖度が3だからである．標準正規分布の場合のデータの分布状況の割合は分布(2)で与えられ，その尖度は $b_2 \fallingdotseq 3$ となっている（確かめよ）．そして，標準正規分布の場合，$|z_i| \geq 3$ となる割合は非常に小さく0.3%である．(1)の場合のように平均の周辺への集中度が標準正規分布とあまり変わらなくても，基準化変量で3を超えるデータの割合が少しでも大きくなると（分布(1)では，わずか1%），尖度は3より大きくなる．

このことから尖度は，尖りというよりも分布のスソの厚さ，あるいは平均よりも大きく離れた値の割合の多さ，さらには外れ値の存在を表す指標であるといえる．■

以上のことは，次のようにまとめることができる（図6-2参照）．

分布の山が1つの場合，尖度 b_2 による分布の尖りの判断の指針

$b_2 > 3 \Rightarrow$ 正規分布に比べて，分布のスソが厚い

$b_2 = 3 \Rightarrow$ 正規分布に近い（歪度 b_1 が0に近い場合）

$b_2 < 3 \Rightarrow$ 正規分布に比べて，分布のスソが薄く，平均のまわりに集中

2 歪度と尖度

図 6-2 分布の尖り（スソの厚さ）と尖度

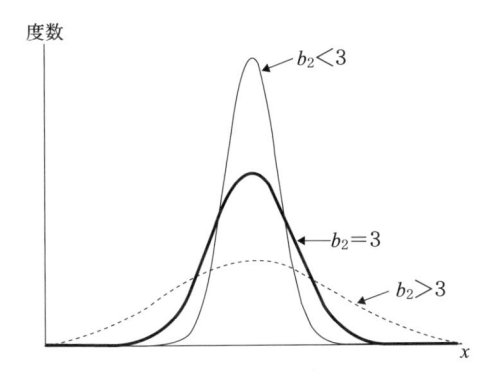

例題6.2 5章の表5-1（103ページ）の1回目と2回目それぞれの試験の点数について，歪度 b_1 と尖度 b_2 を計算せよ．

[解説] 表6.1で基準化変量はすでに求められている．したがって1回目についての尖度 b_1，歪度 b_2 は，(6.4)，(6.5) 式から，

$$b_1 = \frac{1}{5}\left[(-0.5)^3 + (-0.5)^3 + (-0.5)^3 + (-0.5)^3 + 2^3\right] = 1.5$$

$$b_2 = \frac{1}{5}\left[(-0.5)^4 + (-0.5)^4 + (-0.5)^4 + (-0.5)^4 + 2^4\right] = 3.25$$

となる．あまりデータの個数が大きくないときの歪度や尖度の解釈には注意が必要であるが，この例の歪度は正で大きく，右に歪んだ分布であることを示唆する．また尖度も3に比べて大きく，スソが標準正規分布より厚くなっている（歪度・尖度ともに，85点の存在が影響している）．

2回目については，同様に，$b_1=0.035$，$b_2=1.41$である（確かめよ）．歪度は0に近く，データは対称に近い．また尖度は3より小さく，正規分布に比べてスソが薄くなっていることがわかる．■

なお，歪度 b_1 と尖度 b_2 の定義は，(6.4)，(6.5) 式以外の定義もあること

に注意されたい．分散と同様に，データの個数ではなく，自由度で除す場合もある．また，尖度は3を基準にみると述べたが，(6.5)式から3を引いたものを尖度と定義し，0を基準として尖りやスソの厚さをみる場合もある．

Excel で計算してみよう

Excel では，歪度の関数は SKEW(データ範囲)，尖度の関数は KURT(データ範囲) である．ただし，それぞれの定義式は，(6.4), (6.5) とは若干異なっている．特に尖度は，(6.5) に修正項をつけたうえで，3 ではなく 0 を基準に判断することになっている（0 より大きければ，スソが正規分布より厚いなどと判断する）．詳細は，Excel の関数の HELP を参照されたい．

---

3 四分位歪度と集中度*

4章でデータの散らばりをみる測度として，順序統計量の値 $x_{(1)} \leq x_{(2)} \leq \cdots \leq x_{(n)}$ に基づくレンジや四分位範囲を学習し，四分位範囲が，四分位数を利用する指標であることをみた．そこで，分布の歪みをみるために四分位歪度を

$$h = \frac{x_{(3n/4)} - x_{(2n/4)}}{x_{(2n/4)} - x_{(n/4)}}$$

で定義する．分子は第3四分位数 $x_{(3n/4)}$ から第2四分位数 $x_{(2n/4)}$ （メディアン）を引いたもの，分母は第2四分位数 $x_{(2n/4)}$ から第1四分位数 $x_{(n/4)}$ を引いたもので，各々正である．分布の山が1つの場合，この四分位歪度の値が1より大きいとデータは右の方に散らばり（歪み）を持ち，上で述べた歪度が正の状況である．また1より小さいと歪度が負の状況になる．また分布が対称であれば，この値は1になる．この四分位歪度も，1節で述べた線形変換を施してもその値は変わらない．実際，h は基準化変量に基づく順序統計量の値によって

$$h = \frac{z_{(3n/4)} - z_{(2n/4)}}{z_{(2n/4)} - z_{(n/4)}}$$

と表現できる．また，h から1を引き，0を基準として歪みをみるように四分位歪度を定義する場合もある（その場合の h は，$[(x_{(3n/4)} - x_{(2n/4)}) - (x_{(2n/4)} - x_{(n/4)})]/(x_{(2n/4)} - x_{(n/4)})$ で定義する）．

3 四分位歪度と集中度

四分位歪度は計算が簡単で、所得分布や資産分布の歪みを容易に把握できる。例えば、所得分布でこの値が 2 であれば、上から数えて $n/4$ 番目（下から $3n/4$ 番目）の人の所得とメディアン（$n/2$ 番目）の人の所得の差は、メディアン（$n/2$ 番目）の人の所得と下から数えて $n/4$ 番目の人の所得の差の 2 倍となっていることを意味し、上の方に所得が広がっている（歪んでいる）ことを示す。したがって、この指標も不平等度を示す測度として利用可能である。さらに 4 章で議論した相対貧困率の指標を思い起こそう。その指標は、メディアンの半分以下の数値になるデータの個数の全体のデータの個数に対する比率を表すものであった。この比率が大きいとデータのかなりのものがメディアンの半分以下であることになり、下方への集中を表す歪みの指標と考えられる。

さらに分布の集中度として、分子に四分位範囲、分母にレンジを取った比率

$$k = \frac{x_{(3n/4)} - x_{(n/4)}}{x_{(n)} - x_{(1)}}$$

を考えよう。これは、メディアンを中心とした前後25％ずつのデータ（合計50％）が含まれる四分位範囲とデータ全体（100％）のレンジ（範囲）の比較にすぎない。この値が 1 に近いと、四分位範囲の外にある残りの50％のデータは四分位範囲の近くに集中していることを示し、この値が小さいと四分位範囲の外にある残りの50％のデータは、四分位範囲の外に離れて広がっていて、集中度が低い可能性を示唆する。ただし最小値もしくは最大値が外れ値である場合、この比率は 1 よりかなり小さくなってしまうので、そのときの解釈には注意が必要である。この比率も、データの線形（1 次）変換に関して不変となることが直接的に確認できる。したがって、2 つのデータの分布状況の違いを比較できる。

参考 基準化の効果

基準化は、基準化変量 z_i のデータを、絶対値 $|z_i|$ が 1 より大きな z_i と 1 より小さな z_i に分けたときに両者のバランスを取り、その結果 z_i の 2 乗和をデータの個数 n に等しくする。すなわち

$$z_1^2 + z_2^2 + \cdots + z_n^2 = n$$

である（z_i の分散は 1 なので，$\frac{1}{n}\sum_{i=1}^{n}z_i^2=1$ の両辺を n 倍すればよい）．したがって，$\sum_{i=1}^{n}z_i=0$ より，2 個の z_i を除いてすべて 0 であるという極端な場合を考えれば，$|z_i|$ が取りうる値の最大値はたかだか $\sqrt{n/2}$ である（例　$z_1=\sqrt{n/2}$, $z_2=-\sqrt{n/2}$, $z_3=\cdots=z_n=0$）．すなわち z_i のなかに 1 つでも大きな値があれば，それに見合うマイナスの値が必要となり，残りの多くの値は絶対値が 1 より小さくなることが必要となる．例えば z_n の絶対値が 4 であると，残りの $n-1$ 個の z_i は

$$z_1^2+z_x^2+\cdots+z_{n-1}^2=n-16$$

を満たさなければならず，$n-1$ 個のうち少なくとも15個は絶対値が 1 より小さくなければならない．それゆえ，$|z_i|\geq 4$ となるものはきわめて少ない．同様に $3\leq|z_i|<4$ の z_i が 1 つでもあると，残りの z_i のなかの少なくとも 8 個から14個のものは絶対値が 1 より小さい．したがって，z_i のなかの絶対値が 1 より小さいものは，絶対値が 1 より大きなものに比べて多くなる傾向にある．それゆえに，基準化はデータの散らばり状況を絶対値 1 のなかにある程度集中させる効果を持つ（基準化変量の 0 のまわりへの集中化効果）．特にデータのなかに 1 つでも絶対値が大きなものがあると，その効果は大きくなる（これが偏差値の 1 つの役割でもある）．

キーワード

基準化変量　基準化　偏差値　歪度　右（左）に歪んだ分布　右（左）スソが長い分布　尖度　正規分布　四分位歪度

練習問題

1. 5章練習問題 1 の男女別の賃金のデータについて，基準化変量と偏差値を求めよ．
2. 数学と英語の試験を 5 人が受験したところ，数学の点数は 50, 50, 50, 50, 51

で，英語の点数は50, 50, 50, 50, 100であった．数学と英語の偏差値を求めよ．また，偏差値の問題点を述べよ．

3．表2-3の年間収入十分位階級別の項目別支出額のデータについて，項目ごとに基準化変量と偏差値を求めよ．そして，項目の特徴を述べよ．

4．表2-10の都道府県別の交通事故死者数と平均気温のデータについて，基準化変量と偏差値を求めよ．また，歪度と尖度ならびに四分位歪度と四分位範囲÷レンジも求めよ．

5．度数分布表からの平均値・分散の定義 (4.7)，(5.3) を参考にして，度数分布表からの歪度・尖度の定義式を考えよ．

6．表2-1の日経平均株価と表2-6の為替レートについて，それぞれの変化率の歪度と尖度を求めよ．その結果をヒストグラムなどの結果と比較せよ．また，それぞれの変化率の度数分布表から，5を利用して歪度・尖度を求めよ．

7．表3-4の年間収入階級別世帯数のデータについて，5を利用して歪度を求め，分布がどちらに偏っているかをヒストグラムの結果と対応させよ．また，尖度も求めよ．

8．基準化変量の平均が0になり，分散（標準偏差）が1になることを，$z_i = (x_i - \bar{x})/s_x$ の平均 $\bar{z}$ や分散 s_z^2 を直接定義することによって証明せよ．また，偏差値の平均が50，標準偏差が10になることを証明せよ．

7章

確率と確率変数

1章で述べたように，データを分析する視点としては，
(1) データのなかの分析（記述統計）
(2) データの外への推論（推測統計）

の2つがある．2章から6章までは，(1)の視点から，データが与えられたときに，度数分布表を作成したり，いくつかの代表値や散らばりの測度などの指標を計算したりして，データの提供する情報を抽出したり，その特徴を把握したりする方法を学習してきた．

一方，(2)の立場からは，データを生成した母集団やその構造を推論することを狙うため，データとそれを発生（生成）させた母集団の関係を理解することが鍵となる．特に，(2)の視点では，「データは母集団の分布から確率的に実現した」とみる視点が重要となる．この視点に基づく分析法については後の章で詳しく学習する．本章では，その考え方の基礎として，各データに対してそれが実現する以前の変数としての確率変数とその分布（確率分布）について解説する．

【本章の内容】
(1) 離散的な場合について確率変数を定義し，データを生成させる母集団の確率分布を解説する．
(2) 確率分布に対する平均値や分散・標準偏差を，期待値という概念を通じて定義する．特に期待値に関して，その性質等を示す．
(3) 確率変数を2つの変数に拡張した場合，それらの関係を表現するいくつかの

確率の概念について考察する．
(4) 2つ（あるいはそれ以上）の確率変数の関数（和や差など）で表される確率変数に関する平均値や分散・標準偏差等を定義する．

1 確率変数と離散的確率分布

確率変数

これまでの章では，データ $x_1, x_2, \cdots, x_n$ は与えられたものとして度数分布表やデータの特性値（平均，分散，標準偏差など）を学習してきた．本章では，離散的データの場合について，確率の概念を基礎にしてこれらのデータの生成プロセスを考える．

2章では，各データの取りうる値が有限個もしくは可算個であるとき，そのデータを離散的データと呼んだ．したがって，離散的データ $x_1, x_2, \cdots, x_n$ の各々に対して，その取りうる値は事前に書き出すことができるので，

(7.1) $\quad a_1, a_2, a_3, \cdots, a_N \quad$ （$N=\infty$ の場合もある）

と表現できる．ここでの N は，データの取りうる値の個数を表し，データの個数ではないことに注意せよ．この章では，取りうる値はデータ x_i ごとに共通とする．それが異なる場合については後の章でふれる．なお9章で扱う連続的データの場合は，このように取りうる値を書き出すことができない．

(7.1) のデータの取りうる値とデータの関係を理解するために，次の最も簡単な例をみてみよう．

[**硬貨投げの例**] 2章の質的データの例としてあげた「硬貨投げ」で，硬貨の出る面を表す変数を x とし，表が出たら1，裏が出たら0と記録する．このとき，第 i 回目の試行結果のデータ x_i は，0または1のいずれかの値を取る．すなわち (7.1) で

$\quad a_1=0, \ a_2=1 \quad$ （それゆえ $N=2$）

の場合となる．この取りうる値は各回のデータに共通である．データの個数 n は，このような硬貨投げを何回行うかを表す．たとえば，$n=4$ として硬貨を4回投げたとき，裏表裏裏と出れば，データは 0, 1, 0, 0 となる．これらのデータは硬貨を投げた結果で，すでに実現した値として各回のデータは確定してい

1 確率変数と離散的確率分布　137

る．しかし，4回投げることを決めていても，投げる前にはその値は確定していないものの，経験や直感からわかるように，第 i 回目の試行結果を表すデータ x_i は，一定の確率のもとで 0 または 1 が実現したと理解できよう．そこで，硬貨を投げる前の変数を X_i で表すと，X_i は 0 または 1 のいずれをも一定の「確率」で取る可能性があることになる．以下では，このようにデータが実現する前の状況に立って，データの出方を表現する確率の概念と実現前の変数である確率変数とデータの関係を学習する．■

　これからの議論では，この硬貨投げの議論を一般化し，確率の概念と結びつける．まず i を固定して第 i 番目のデータ x_i を x と書いて，そのデータの出方を表す確率分布を考察する．データ x が実現している場合，x は，その取りうる値としての (7.1) のうちから必ずいずれか1つの値が確定している．他方，その第 i 番目のデータが実現する前の変数 X を考えてみよう（繰り返すが，i を固定しているので，i は省略している）．ここで X はまだ実現していないのであるから，X の取りうる値は (7.1) のいずれかの値であることがわかっていても，それは $a_1, a_2, \cdots, a_N$ のどの値をも取る可能性がある．

　後にみるように，データを発生させる母集団について推論を行う場合，統計学ではすでに実現している各データ x に対して，それが実現する前の変数 X を想定し，実際に実現したデータ x は，X が一定の確率でその値を実現した結果であるとみるのである．与えられたデータ x に対して，それを実現させたと想定する実現前の変数 X を**確率変数**（random variable）という．この確率を記号で表すと，X の取りうる値は (7.1) のいずれかであるから

$$(7.2) \quad p(k) = P(X = a_k) \quad (k = 1, 2, \cdots, N)$$

と表現できる．この場合，X は離散的な値しか取らないので，それを**離散的確率変数**と呼ぶ．ここで右辺の大文字の P は確率（probability）を表し，$P(X = a_k)$ は，「確率変数 X が a_k という値を取る確率」であることを表現する．また左辺の小文字の p は関数を表す記号で，確率 $P(X = a_k)$ は，番号 k を指定すればデータの値 a_k がわかるので k の関数とみることができ，簡略化のために左辺の $p(k)$ で表している．もちろん，a_k の関数として表現してもよい．さらに，関数の記号としては，よく利用される f を用いて $f(k)$ や，または a_k の関数として $f(a_k)$ などと表現してもよいが，本章を通して，$p(k)$ を用

いる．

確率分布

このように確率変数 X は，その取りうる値 a_k を一定の確率で取る事前的な変数である．硬貨投げの場合，その取りうる値 $a_1=0$, $a_2=1$ に対して，

$p(1)=P(X=a_1)=P(X=0)$ は裏が出る確率，

$p(2)=P(X=a_2)=P(X=1)$ は表が出る確率

となる．もちろん両者の確率が等しければ，確率の和が1であることから，$p(1)=1/2, p(2)=1/2$ である．

一般に，(7.2) の $p(k)$ が確率であるためには，次の2つの条件を満たすことが必要である．

確率の条件

(1)　$p(k) \geq 0$　　　（確率は非負）

(2)　$\sum_{k=1}^{N} p(k) = 1$　　（確率の和は1）

---

(1), (2)より $p(k) \leq 1$（各確率は1以下）が成立する．もし $p(j)=0$ ならば，$X=a_j$ となる確率は0であるから a_j は実現しないことになる．この場合，a_j は概念上取りうる値であるが，実際には起こらないことになる．

X のそれぞれの取りうる値 a_k に対してそれが起こる確率 $p(k)$ を，k の関数とみて**確率関数**といい，

$$\{(a_k, p(k)) : k=1, 2, \cdots, N\}$$

を X の**確率分布**という．確率分布は，各取りうる値 a_k に対して確率の値 $p(k)$ の組を列挙したものである．確率分布を図に書くときは，横軸に a_k を取り，縦軸に $p(k)$ を取った棒グラフを描く．この図により，確率の分布状況がわかる．なお，取りうる値がわかっているので，a_k を省略して $\{p(k): k=1, 2, \cdots, N\}$ を確率分布ということにする．硬貨投げの例では，表と裏が同じ確率が等しい場合，$p(1)=1/2, p(2)=1/2$ が確率分布である．

[**サイコロ投げの例**]　サイコロを1回投げたときのデータを x とし，それが実

1 確率変数と離散的確率分布　**139**

表 7-1　サイコロの確率分布（表3-2より作成）

a_k	1	2	3	4	5	6	$\sum_{k=1}^{6} p(k)$
$p(k)$	0.20	0.18	0.10	0.14	0.21	0.17	1

図 7-1　サイコロの確率分布

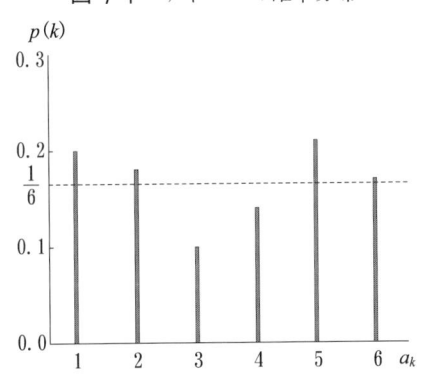

現する以前の確率変数を X とする．x の取りうる値は1から6のいずれかであるから，

$$a_1=1, a_2=2, \cdots, a_6=6$$

である．したがって，確率変数 X は，1〜6のいずれかの値を一定の確率で取ることになるから，その出現の仕方を表現すると

$$p(k)=P(X=k), \quad p(1)+p(2)+\cdots+p(6)=1$$
$$(p(k) \geq 0; k=1, \cdots, 6)$$

である．ここで (7.2) の右辺のように $P(X=a_k)$ と書いてもよいが，この例では a の添え字 k と a_k の値は等しいので，$P(X=a_k)$ の代わりに具体的に $P(X=k)$ と書いている．実際のサイコロ投げの結果（データ）が $x=5$ であっても，それが実現する以前には他の目の出る可能性があったが，$p(5)$ という確率で X は5の値を取ったとみるのである．1つの特定のサイコロに対して，k という目が出る確率 $p(k)$ は1/6であるわけではない．サイコロを何回も振って，各目の出る確率を推定したり，各目の出る確率が等確率であるかどうかを検定することができる．その方法については後の章で述べる．表3-2で与えら

れている相対度数をサイコロの各目が出る確率とみなしたときの確率分布は，表7-1ならびに図7-1に示されている（それぞれの確率は必ずしも1/6でない）．このように確率分布は図や表で示すことも多い．■

2 確率変数の平均と分散

確率変数 X の平均と期待値

　前節では，データの事前的な変数である確率変数の確率分布を定義した．4〜5章でデータの分布（度数分布）に対して平均値・分散等の指標を定義したが，確率分布に対しても同様の指標を考えてみよう．そのために期待値という概念を導入する．まず，次のような簡単な例から始めよう．

［宝くじの例］　発行枚数が100枚の宝くじで，7 枚は100円，2 枚は500円，1 枚は5000円が当たり，残りの90枚が外れ（当せん金 0 円）としよう．この宝くじを「1 枚買う」ときの当せん金を X で示すと，抽選が行われる以前の変数として X は確率変数であり，その取りうる値は

$$N=4 で，a_1=0, a_2=100, a_3=500, a_4=5000$$

となる．またその確率もわかっているから，確率分布は次表となる．

(7.3)

a_k	0	100	500	5000	合計
$p(k)$	$\dfrac{90}{100}$	$\dfrac{7}{100}$	$\dfrac{2}{100}$	$\dfrac{1}{100}$	1

　ここで，1 枚の抽選前のくじの当せん金を示す確率変数 X の**期待値**（まさに期待される値の意味）を考えよう．期待値は当該確率変数の平均値である．以下ではこの X の期待値（＝平均値）を $\mu=E(X)$（左辺はミューと読み，平均値を意味する）で表す．もしこのくじを発行枚数100枚全部（母集団全体）を買うとすると，抽選後の当せん金のデータは $x_1,\cdots,x_{100}$ で記述される．この100個のデータのうち，必ず90個は $a_1=0$，7 個は $a_2=100$，2 個は $a_3=500$，1 個は $a_4=5000$ を取る．したがって，100枚全部の当せん金の合計金額は $a_1\times 90+a_2\times 7+a_3\times 2+a_4\times 1=6700$ となる．この合計金額を発行枚数100で割ると，1 枚当たりの当せん金の事前的な意味での平均値 μ が求められる．つまり，

この合計金額の式の両辺を100で割って，aにそれぞれの値を代入すれば，

$$(7.4) \quad \mu = E(X) = 0 \times \frac{90}{100} + 100 \times \frac{7}{100} + 500 \times \frac{2}{100} + 5000 \times \frac{1}{100} = 67$$
$$= a_1 p(1) + a_2 p(2) + a_3 p(3) + a_4 p(4)$$

となる．この平均値は，発行枚数100枚（母集団全体）に対するものであるが，どのくじが当たりなのかはわからずランダムにくじを引くので，この値は1枚買ったときの当せん金である確率変数 X の事前的な「期待される値」（1枚当たりの当せん金としての平均値）となる．もし1枚100円で宝くじが販売されれば，（事前的に期待される値67円からみると），事前概念として平均的に33円損することになる．しかし事後的には，0, 100, 500, 5000のいずれかしか取らないので，損失が起こるとすれば金額は100円であり，33円は起こらない．この例の (7.4) は，a_k にそれが起こる確率 $p(k)$ を掛けて加えたものであるから，実現する以前に平均的に期待される値と解釈できる．■

一般に確率変数 X の期待値 $E(X)$ は次のように定義される．

離散的確率変数 X の期待値

$$(7.5) \quad E(X) = a_1 p(1) + a_2 p(2) + \cdots + a_N p(N) = \sum_{k=1}^{N} a_k p(k)$$

[解説] 記号 E は，期待 (expectation) を表す．「確率変数 X の期待値は，X の取りうる値 a_k にそれぞれが起こる確率 $p(k)$ を掛けて加えたもの」である．(7.4) ではその期待値を左辺の μ で表している．一般に，確率変数 X の平均値を $\mu \equiv E(X)$ とおいて，確率変数 X の平均値は μ である，という言い方をする．記号「$\equiv$」は，左辺を右辺で定義するという意味である．確率変数 X の期待値とその平均値は同じである．■

期待値の定義の意味するところをさらに理解しよう．

第1に，(7.5) 式は，4章で説明した度数分布表から計算される平均の式 (81ページ，(4.8) 式) に似ている．つまり，(7.5) 式の確率が (4.8) 式でいう各階級の度数を総度数で割ったもの，すなわち相対度数と対応している．しかし，大きな違いがある．それを宝くじの例に沿って言えば，そこでは事前概念として1枚の宝くじの当せん金額を表す確率変数 X の確率が，(7.3) の確

率構造によって与えられていて，宝くじの当せん金額の平均値は，1枚の宝くじからの事前の期待値である．他方，相対度数は，事後的なデータから計算されるもので，そこから計算される平均値は事後的なデータのなかの平均値である．

第2に，宝くじの例では，母集団全体（100枚全部が母集団に対応する）が有限であるので，1枚の当せん金の確率変数 X の平均は，発行枚数全体（母集団全体）を買ったときの1枚当たりの平均値 $\left(\bar{x}=\frac{1}{n}\sum_{i=1}^{n}x_i, n=100\right)$ と一致する．しかし，母集団が無限になるとこの議論は成立しない．無限母集団については後の章で詳しく学習するが，硬貨投げやサイコロ投げの例は，1章で説明したように無限母集団である．例えば，表が出たら1，裏が出たら0と記録する硬貨投げで，1回硬貨を投げた場合の表か裏を示す確率変数 X の平均値は，

$$0 \cdot p(1) + 1 \cdot p(2) = p(2)$$

である．平均値でもあるこの表の出る確率 $p(2)$ を知るために，有限個のデータを取って平均値を取っても，X の平均値 $\mu=p(2)$（母集団の平均値）を知ることができない．有限個の実現したデータに基づく平均値は，その推定値とみなすことはできる．これらの議論は，データの外への推論の典型的なもので，後の章で詳述する．

確率変数 X の分散

次に確率変数 X の分散を考えよう．5章において与えられたデータの分散は，データの平均からの距離（偏差の絶対値）の2乗を合計し，データ数で割ったもの，すなわち平均からの距離の2乗の平均である，と説明した．確率変数の場合は，事前的な確率変数 X とその期待値（平均値）μ との距離（偏差の絶対値）の2乗を平均したもの（期待値）として定義する．上記の宝くじの例で，再び発行枚数を全部買う場合，結果として実現する100個のデータ $x_1,\cdots,x_{100}$ のうち90個が a_1，7個が a_2，2個が a_3，1個が a_4 であるから，分散は $(a_k-\mu)^2$ の平均として

$$\frac{1}{n}\sum_{i=1}^{n}(x_i-\mu)^2 = \frac{1}{100}\{90(a_1-\mu)^2+7(a_2-\mu)^2+2(a_3-\mu)^2+(a_4-\mu)^2\}$$

となる．これは平均値 μ からの乖離（偏差）の2乗 $(a_k-\mu)^2$ の平均値である

から，これを1枚だけ買ったときに期待される X の散らばり（分散）とみることができる．

実際，宝くじの例の場合，確率変数 X の分散を $\mathrm{Var}(X)$ で表すと（Var は分散 variance からとっている），(7.5) の a_k の代わりに $(a_k-\mu)^2$ を用いて，

(7.6) $\quad \mathrm{Var}(X)$
$\qquad = (a_1-\mu)^2 p(1) + (a_2-\mu)^2 p(2) + (a_3-\mu)^2 p(3) + (a_4-\mu)^2 p(4)$
$\qquad = E[(X-\mu)^2]$

と表現できる．この式の最初の等号の右辺は，X の取りうる値 a_k から平均値 μ を引いて2乗し，a_k が起こる確率 $p(k)$ を掛けて加えたものを示している．第2の等号の右辺は，1枚の宝くじの当せん金の事前の変数 X に対して，その平均値 μ からの距離 $|X-\mu|$ の2乗 $(X-\mu)^2$ の期待値，すなわち距離の2乗の平均値であることを示す．

このように $\mathrm{Var}(X)$ は，X の平均値からの距離 $|X-\mu|$ の2乗 $(X-\mu)^2$ に対して，X の取りうる値 $a_k(k=1,2,3,4)$ を $(X-\mu)^2$ のなかの X に代入し，それが起こる確率を掛けて加えたものである．この定義の分散は，1つの確率変数 X が事前的にみて，その平均値 μ からどのくらい散らばるのかを，「平均値 μ からの距離の2乗の平均値」でみていることになる．確率変数 X の分散 $\mathrm{Var}(X)$ を σ^2 で表すとしよう（σ はギリシア文字でシグマと読む）．すなわち，$\sigma^2 \equiv \mathrm{Var}(X)$ である．分散の正の平方根 σ を X の標準偏差という．

上の宝くじの例で，(7.3) の値を (7.6) 式に代入すると分散は $\sigma^2 = 251211$ となる．標準偏差 σ は，$\sigma = \sqrt{251211} = 501.2$ となる．それゆえ，このくじを1枚買ったとき（事前的）に期待される値として平均値は67円であり，その平均値から平均的な散らばりの大きさを示す標準偏差は $\sigma = 501.2$ とかなり大きい．これは平均値から離れた値が出る可能性の高いことを示す．実際には，平均値の下方に対して起こりうる値は0円だけであるが，その確率は9/10と高い．他方，5000円の当せん金が起こる確率は1/100 であるが，$(5000-67)^2$ は大きく，これに $p(4)$ を掛けた部分が標準偏差を大きくしている．確率的に小さくても，平均値から遠い値が出る可能性があると標準偏差は大きくなる．

以上の例をもとに，確率変数 X の平均値・分散・標準偏差を次のように定義する．

> **確率変数 X の平均値・分散・標準偏差**
>
> 確率変数 X の取りうる値が $a_1, a_2, \cdots, a_N$ で,その確率分布が $p(k) = P(X = a_k)$ であるとき,X の**平均値** $\mu \equiv E(X)$ と**分散** $\sigma^2 \equiv \mathrm{Var}(X)$ は
>
> (7.7) $\quad \mu \equiv E(X) = \sum_{k=1}^{N} a_k p(k)$
>
> (7.8) $\quad \sigma^2 \equiv \mathrm{Var}(X) = \sum_{k=1}^{N} (a_k - \mu)^2 p(k) = E[(X-\mu)^2]$
>
> で定義される。また $\sigma = \sqrt{\sigma^2}$ を X の**標準偏差**という。

[解説] μ や σ^2, σ を X の平均値,分散,標準偏差という意味で $\mu_x, \sigma_x^2, \sigma_x$ などと書くことも多い。また,μ や σ^2 は,実現する前の変数 X の平均や分散であり,4章や5章で説明した実現したあとのデータ x の平均 $\bar{x}$ や分散 s^2 とは異なることに注意せよ。なお分散の式で第2番目の等号の表現 $\mathrm{Var}(X) = E[(X-\mu)^2]$ については後にさらに説明する。なおこの式の右辺のカッコ [ ] を省略し,$E(X-\mu)^2$ とすることが多く,以下でもそのように表現する。■

> **例題7.1** 表7.1で与えられるサイコロの目を表す確率変数 X の平均,分散,標準偏差を求めよ。

[解説] X の平均値と分散は,それぞれ (7.7), (7.8) 式より,

$$\mu = E(X) = 1 \times 0.2 + 2 \times 0.18 + \cdots + 6 \times 0.17 = 3.49$$
$$\sigma^2 = \mathrm{Var}(X) = (1-3.49)^2 \times 0.2 + (2-3.49)^2 \times 0.18 + \cdots$$
$$+ (6-3.49)^2 \times 0.17 = 3.2499$$

である。また,標準偏差は $\sigma = \sqrt{3.2499} = 1.8027$ となる(もし,各目の出る確率が1/6であるとすると,$\mu = 7/2, \sigma^2 = 35/12, \sigma = 1.71$ となることを確かめよ)。

期待値の性質

(7.5) 式で定義される期待値(平均値)には以下のような性質がある。

> **期待値の性質**
> $$E(bX+c) = bE(X) + c \quad (b, c \text{は確率変数でなく，一定値})$$

[解説] まずこの式の特別な場合として，
$$E(bX) = bE(X), \quad E(c) = c, \quad E(X+c) = E(X) + c$$
がいえることを確かめよ（練習問題10）．この期待値の性質は，データに関する平均値の性質や総和記号 Σ の性質（4章，79ページ）と対応しているので，当該個所を参照されたい．上の公式は，$bX+c$ の期待値が X の期待値の b 倍に c を加えたものであることを述べている．この性質は，(7.7) の X の代わりに $bX+c$，a_k の代わりに ba_k+c を代入することにより，

$$E(bX+c) = \sum_{k=1}^{N}(ba_k+c)p(k) = \sum_{k=1}^{N}[(ba_k p(k) + cp(k)]$$

$$= b\sum_{k=1}^{N} a_k p(k) + c\sum_{k=1}^{N} p(k) = bE(X) + c$$

と示すことができる．■

また，データのなかでの分析では，平均値からの偏差の合計（平均）は0という性質をみた（82ページの平均値の性質(2)）．同じことが確率分布を基礎にした確率変数の場合でも次のように成立する．

(7.9) $\quad E[X - E(X)] = 0$

この式は，$X - \mu$ のなかに X の取りうる各値 a_k を代入し，それに各確率を掛けて加えると0になることを示している．例えば表7-1の例では，以下のようにこの性質を確かめることができる．

$$E[X - E(X)] = (1-3.49) \times 0.2 + (2-3.49) \times 0.18 + \cdots$$
$$+ (6-3.49) \times 0.17 = 0$$

他方，(7.9) 式は，上の性質の公式で，$b=1, c=-E(X)$ を使うと右辺は $E(X) - E(X)$ となるので，0となる．$E(X) \equiv \mu$ は定数であることに注意せよ．

期待値の一般的な定義

確率変数 X とその確率分布 $p(k)$ が与えられているとき，X を一定の規則 g で $g(X)$ に変換することを考える．ここで g は関数の記号である．例えば，X を 2 乗するという規則であれば，$g(X)=X^2$ と表すことができる．$g(X)$ は X の取りうる値 $a_1, a_2, \cdots, a_N$ に対応して，$g(a_1), g(a_2), \cdots, g(a_N)$ の値を確率 $p(1), p(2), \cdots, p(N)$ で取るので確率変数である（すなわち，$g(X)$ も実現する前の変数である）．このとき $g(X)$ の期待値は，(7.5) 式と同様に，その取りうる値に対してそれが起こる確率を掛けて加えたものであるから次式を得る．

確率変数の関数 $g(X)$ の期待値

$$(7.10) \quad E[g(X)] = \sum_{k=1}^{N} g(a_k) p(k)$$

[**解説**] (7.10) 式は，$g(X)$ に X の取りうる値 $a_1, a_2, \cdots, a_N$ の各々を代入した値 $g(a_1), g(a_2), \cdots, g(a_N)$ にそれぞれが起こる確率 $p(1), p(2), \cdots, p(N)$ をかけて加えたものである．(7.7) の平均値は $g(X)=X$ の場合であり，(7.8) の分散は $g(X)=(X-\mu)^2$ の場合である．さらに $g(X)=X-E(X)$ とすれば (7.9) となる．

(7.10) を直接的に書くと，
$$E[g(X)] = g(a_1)p(1) + g(a_2)p_2 + \cdots + g(a_N)p(N)$$
となる．この式の $g(a_1), g(a_2), \cdots, g(a_N)$ のなかに同じ値があるかもしれないが，期待値の計算にその点は無関係である．さらに同じようにして，X の 2 つの関数 $g_1(X), g_2(X)$ に対して
$$E[g_1(X) + g_2(X)] = E[g_1(X)] + E[g_2(X)]$$
が成立することを確認せよ（練習問題10）．表7-2は X の取りうる値 $a_1, a_2, \cdots, a_N$ に対応して，$g(X)$ の取る値とその確率を表にしたものである．■

分散の場合を (7.10) 式からみてみよう．(7.10) の関数 g として $g(X)=(X-\mu)^2$ を取り，X の取りうる各値を代入すると，$(a_1-\mu)^2, (a_2-\mu)^2, \cdots,$

表 7-2 確率変数の関数の期待値

k	1	2	⋯	N	期待値
$p(k)$	$p(1)$	$p(2)$	⋯	$p(N)$	
X	a_1	a_2	⋯	a_N	$\sum_{k=1}^{N} a_k p(k)$
$g(X)$	$g(a_1)$	$g(a_2)$	⋯	$g(a_N)$	$\sum_{k=1}^{N} g(a_k) p(k)$

$(a_N-\mu)^2$ となる．それぞれが起こる確率は $p(1), p(2), \cdots, p(N)$ であるので，$g(X)=(X-\mu)^2$ の平均値（期待値）$E(X-\mu)^2$ は X の分散 (7.8) と等しい．すなわち

$$\sigma_x^2 \equiv \mathrm{Var}(X) = E(X-\mu)^2$$

であり，分散は平均からの距離の 2 乗の期待値である．

この式で，$(X-\mu)^2 = X^2 - 2X\mu + \mu^2$ と $\mu \equiv E(X)$ を利用すると

$$\mathrm{Var}(X) = E(X-\mu)^2 = E(X^2 - 2X\mu + \mu^2)$$
$$= E(X^2) - 2\mu E(X) + E(\mu^2) = E(X^2) - \mu^2$$

と表現される．この式で分散は非負であることに注意すると，$E(X^2) \geq \mu^2$ となり，X の 2 乗の期待値は，平均値の 2 乗より小さくないことがわかる．

ここで分散が 0 になる場合を考えよう．上式より，$\mathrm{Var}(X)=0$ となるのは $E(X^2)=\mu^2$ のときであるから，各 $(a_k-\mu)^2 p(k)$ はすべて 0 でなければならない．このことは，$p(k)>0$ となる全ての k に対して，$(a_k-\mu)^2=0$ すなわち $a_k=\mu$ でなければならない．またもし $p(k)=0$ ならば X が a_k を取る確率が 0 であるから，実際には a_k は取りえないことになり，このような値を取りうる値の全体を (7.1) から取り除くことができる．したがって分散が 0 ということは，正の確率で取りうる値はすべて共通の μ だけになることを意味し，結局 X の確率分布は確率 1 で μ を取る場合に限られる．

例題7.2 (7.3) の宝くじの例で，賞金 X の 2 乗の金額がもらえるときの期待値を求めよ．

［解説］ $g(X)=X^2$ とすると，$g(X)$ の期待値は次のとおりである．

$$E[g(X)]=0^2\times\frac{90}{100}+100^2\times\frac{7}{100}+500^2\times\frac{2}{100}+5000^2\times\frac{1}{100}=255700$$

ここで，$E[g(X)]=E(X^2)\neq[E(X)]^2$ であることに注意しよう．■

基準化確率変数

確率変数 X の平均値が μ，標準偏差が σ のとき，確率変数から平均値を引き，標準偏差で割るという変換を施した変数を Z とする．すなわち Z を，

$$Z=\frac{X-\mu}{\sigma}$$

で定義する．この Z を**基準化確率変数**という．これは，X の変換式 $g(X)=(X-\mu)/\sigma$ を Z とおいたものである．X の取りうる値が $a_1, a_2, \cdots, a_N$ のとき，Z の取りうる値は $(a_1-\mu)/\sigma, (a_2-\mu)/\sigma, \cdots, (a_N-\mu)/\sigma$ であり，それらの確率は $p(1), p(2), \cdots, p(N)$ である．すなわち，Z の取りうる値は X の取りうる値を基準化しているが，付与する確率は同じであることに注意したい．したがってこの変換は，分布の形状を変えずに取りうる値を変化させる変換であることがわかる．

実際，実現したデータに対する基準化（基準化変量，6章）の場合と同様に，この変換に基づく基準化確率変数 Z の平均値，分散はそれぞれ 0，1 である（練習問題11）．すなわち

$$\mu_Z=E(Z)=0,\quad \sigma_Z^2=\mathrm{Var}(Z)=E(Z-\mu_Z)^2=E(Z^2)=1$$

となる．基準化確率変数は，X の取りうる値を μ だけ左に平行移動（$a_1-\mu, a_2-\mu, \cdots, a_N-\mu$）して平均が 0 になるようにし，標準偏差で割ることで単位を基準化する．基準化確率変数では，平均値と標準偏差を統一して，異なる確率分布の比較可能性を確保する．

上記の宝くじの例では $\mu=67, \sigma=501.2$ であるから，Z の取りうる値を書き出すと，$(0-67)/501.2=-0.1337, (100-67)/501.2=0.06584, \cdots$ となる．

歪度・尖度

データに基づく歪度と同様に，X の確率分布の歪みを示す測度である歪度 β_1 を基準化確率変数 Z を用いて

$$\beta_1 = E(Z^3) = E\left(\frac{X-\mu}{\sigma}\right)^3$$

で定義する．この式は Z の 3 乗の期待値であり，上の期待値の議論から X を $g(X) = [(X-\mu)/\sigma]^3$ と変換したものの期待値である．なおこの定義は 6 章で説明した与えられたデータに基づく歪度に対応している．

また同様に，尖りを示す測度である尖度 β_2 を

$$\beta_2 = E(Z^4) = E\left(\frac{X-\mu}{\sigma}\right)^4$$

で定義する．歪度 β_1 や尖度 β_2 の値の解釈については，6 章で説明した与えられたデータに基づく歪度 b_1 や尖度 b_2 の場合と同様である．

3 同時確率・周辺確率・条件付確率

連続する 2 日間の為替レートにおいては，2 日目の為替レートの値 x は，1 日目の為替レートの値 y と関係している（影響を受けている）と考えられる．他方，サイコロを 2 回投げる場合，2 回目に出る目は 1 回目と無関係（独立）であろう．このように，2 つ以上のデータを考察の対象とする場合，両者の出現の関係を理解する必要がある．2 つ以上の確率変数がある場合，そして特にそれらが関係している場合，確率分布に関しては，1 変数の場合よりもやや複雑である．ただし，3 つ以上の確率変数の場合は 2 変数の場合の比較的簡単な拡張となる．本節では，2 つの確率変数の同時確率と同時確率分布の基礎的考え方とその応用法を学習し，そこから周辺確率，条件付確率という概念を導入する．

まず考えようとしている問題を理解するために，次の簡単な場合をみよう．

2 項確率モデル

硬貨を 1 回投げるような試行を 2 項試行という．2 項試行という用語は，結果が 2 つしかないためである．硬貨を 5 回投げたときのデータを考察しよう．これまでの説明と同様に，表（成功と解釈することが多い）が出たら 1，裏（失敗）が出たら 0 と記録して，その結果，データ 1, 0, 0, 1, 1 を得たとしよう．

このデータを $x_1, x_2, \cdots, x_5$ で示す．各データ x_i の取りうる値は，共通に $a_1=0$, $a_2=1$ の2つであるから，第 i 回目のデータ x_i の実現する前の変数としての確率変数を X_i で示すと，X_i は0または1をそれぞれ一定の確率で取る．前節までとは異なり，複数回にわたって硬貨を投げるので，i を固定して X ではなく，X_i と表していることに注意せよ．そこで表が出る確率を p，裏が出る確率を q とすると，(7.2)による表現は，

(7.11)　　$p(1)=P(X_i=0)=q$,　　$p(2)=P(X_i=1)=p$
　　　　　$p+q=1$, $p, q \geq 0$

となる．特定の硬貨の表の出る確率 p は，1/2である必要はない．この p のことを **2項確率** という．ここで注意する点は，各回の試行で表が出る確率は共通に同じ p であるから，(7.11)の確率分布は，$i=1, 2, \cdots, 5$ に対して共通という点である．(7.11)は，実際の各データ x_i の出現の仕方を表現した確率モデルであり，各 X_i に共通な確率分布であるから，各 $X_i (i=1, 2, \cdots, 5)$ に対して確率分布は同一である．そして，例えば，第4回目の試行結果 $x_4=1$ は，それが実現する以前には裏 ($X_i=0$) の出る可能性も確率 q であったのだが，実際の試行結果として確率 p で表 ($X_i=1$) が出た，とみるのである．

各 X_i の平均値と分散は(7.7), (7.8)式より，各 i で共通に

(7.12)　　$\mu = E(X_i) = \sum_{k=1}^{N} a_k p(k) = 0 \times q + 1 \times p = p$

$$\sigma^2 = \mathrm{Var}(X_i) = \sum_{k=1}^{N}(a_k - \mu)^2 p(k) = (0-p)^2 \times q + (1-p)^2 \times p = pq$$

となる．ただし，$N=2$ である．μ は1回投げたとき表が出る平均回数であり，分散 σ^2 は μ からの距離の2乗の平均である．なおこの分散は，平均 p 以下であることに注意せよ．

以上の議論は各回の試行でデータの出現の仕方とその場合の平均値と分散を表現したものであるが，例えば5回の試行結果のデータを観測している場合，次の確率を知る問題が興味ある．

(1) 5回の試行結果，例えば表裏裏表表 $(1,0,0,1,1)$ が出現する確率，すなわち $X_1=1$, $X_2=0$, $X_3=0$, $X_4=1$, $X_5=1$ が同時に成立する確率

　　　$P(X_1=1,\ X_2=0,\ X_3=0,\ X_4=1,\ X_5=1)$

の値を知ること．この確率は，5個の確率変数 $X_1, X_2, \cdots, X_5$ が同時に特定の値を取る確率であり，5個の確率変数の同時確率と呼ばれる（次節参照）．

(2) 5回の試行結果，この例では表が3回出た（実現した）のであるから，表の出る確率が p である硬貨を5回投げたとき，表が3回出る確率の値を知ること．すなわち，Y を5回の試行のうち表が出る回数を示す確率変数として

$$Y = X_1 + X_2 + X_3 + X_4 + X_5$$

と表した場合，Y が3を取る確率 $P(Y=3)$ の値を知ること，あるいはより一般的に $P(Y=k)$（ただし，$k=0, 1, \cdots, 5$）を求めることが問題となる．なお各 X_i はデータが実現する前の確率変数であるから，その和である Y もデータが実現する前の確率変数となることに注目せよ．

これらの興味ある問題は，これから具体的に解決していく．

同時確率と同時確率分布

［糸で結ばれた硬貨とサイコロの例］ サイコロの6の目と10円硬貨の表を糸で結んで投げる試行を考える．サイコロの目を確率変数 X で示し，硬貨の表裏を確率変数 Y で示す．明らかに

X の取りうる値は $a_1=1, a_2=2, \cdots, a_6=6$，

Y の取りうる値は $b_1=0$（裏），$b_2=1$（表）

である（$b_0=0, b_1=1$ としてもよい）．したがって2つの確率変数 (X, Y) の取りうる値は，(a_k, b_j)（ただし，$k=1, \cdots, 6; j=1, 2$）の12組である．(X, Y) が (a_k, b_j) を取る確率，すなわち $(X=a_k)$ と $(Y=b_j)$ が同時に成立する確率を**同時確率**（joint probability）といい，

(7.13) $\quad p_{xy}(k, j) = P(X=a_k, Y=b_j)$

と表す．この例における同時確率は表7-3に与えられている．

(7.13) の $p_{xy}(k, j)$ が確率であるためには，非負であり，かつその全ての取りうる値についての確率の和が1，すなわち

(7.14) $\quad p_{xy}(k, j) \geq 0 \quad$ かつ $\quad \sum_{j=1}^{2} \sum_{k=1}^{6} p_{xy}(k, j) = 1$

でなければならない．また (7.13) は k, j の関数とみることができ（確率関数），X と Y の全ての取りうる値についての確率関数

7章 確率と確率変数

表 7-3 糸で結んだサイコロと硬貨を投げたときの同時確率分布

Y \ X	1	2	3	4	5	6	合計
0	$\frac{8}{120}$	$\frac{9}{120}$	$\frac{10}{120}$	$\frac{10}{120}$	$\frac{11}{120}$	$\frac{12}{120}$	$\frac{1}{2}$
1	$\frac{12}{120}$	$\frac{11}{120}$	$\frac{10}{120}$	$\frac{10}{120}$	$\frac{9}{120}$	$\frac{8}{120}$	$\frac{1}{2}$
合計	$\frac{1}{6}$	$\frac{1}{6}$	$\frac{1}{6}$	$\frac{1}{6}$	$\frac{1}{6}$	$\frac{1}{6}$	1

図 7-2 サイコロと硬貨投げの同時確率分布・周辺確率分布

(a) X と Y の同時確率分布

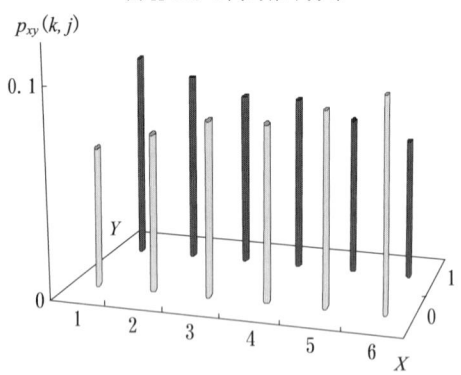

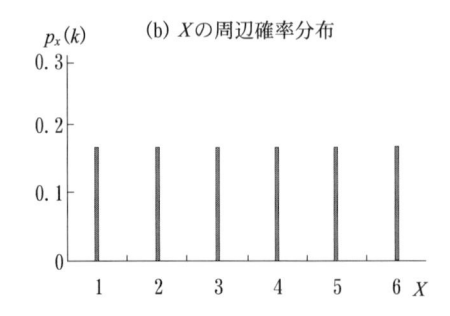

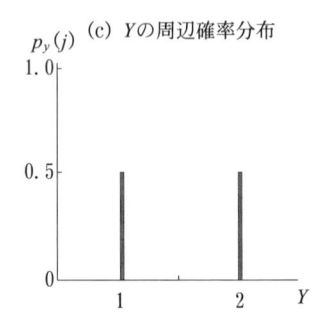

(b) X の周辺確率分布

(c) Y の周辺確率分布

3 同時確率・周辺確率・条件付確率

$$\{p_{xy}(k,j): k=1,2,\cdots,6; j=1,2\}$$

を X と Y の**同時確率分布**という．1変数の場合と同様に，2変数の場合の同時確率分布の表現には，k,j の全ての組合せに対する同時確率 $p_{xy}(k,j)$ について，表7-3のような表や，図7-2(a)のようなグラフがしばしば用いられる．なお，この例では，硬貨とサイコロは糸で結んであるため，例えばサイコロの目が6で硬貨が表となる確率は，糸で結んでない場合に予想される確率，つまり 1/6 と 1/2 を掛けた 1/12 とは異なっている．サイコロも硬貨も互いに自由に値を取ることができ，それぞれが等確率であれば，同時確率は各取りうる値の組 (k,j) に対して1/12であると想定でき，その場合の同時確率分布は

$$\{p_{xy}(k,j)=\frac{1}{12}: k=1,2,\cdots,6; j=1,2\}$$

と表現される．

表7-3から明らかに (7.14) は満たされる．また，$Y=0$（硬貨が裏）のとき，X が大きな値を取る確率の方が大きく，$Y=1$（硬貨が表）のときは，X が小さな値を取る確率の方が大きい．つまり，この例では Y の値の出方によって，X の値の出方は影響されるので，確率変数 X と Y は確率的に互いに依存している．このような場合，2つの確率変数は互いに従属的（独立ではない）という．この概念を以下ではさらに詳しく説明する．

周辺確率

このようにサイコロと硬貨が互いに関係して取りうる値 (k,j) に対して同時確率分布（表7-3）を考える場合でも，X のデータの出方である確率分布だけに興味がある場合，Y の値に関係なく X の確率分布を求めることができる．もちろんサイコロと硬貨は糸で結んだままである．X の取りうる値は，$a_1=1$, $a_2=2,\cdots,a_6=6$ のいずれかであるから，その確率を

(7.15) $\quad p_x(k)=P(X=a_k)$

とおく．1節では最初からサイコロだけを対象としていたので，その確率を $p(k)$ と表していたが，ここでは硬貨の出方 Y も一緒に考えているので，両者を区別するため $p_x(k)$ と表示している．X と Y の同時確率 (7.13) に対して，(7.15) の $p_x(k)$ を X の**周辺確率**（marginal probability）といい，その確率

関数 $\{p_x(k): k=1, 2, \cdots, 6\}$ を**周辺確率分布**という．同様に，$p_y(j)$ は確率変数 Y の周辺確率である．

ここでの問題は，同時確率 $p_{xy}(k, j)$ と周辺確率 $p_x(k)$ の関係を理解することである．例えば，サイコロの目が 5 であるという周辺確率 $p_x(5)$ を考えよう．X が $a_5=5$ を取るということは，Y の値に関係なく X が 5 を取ることであるから，Y の全ての取りうる値 $b_1=0$，$b_2=1$ と $a_5=5$ の組合せ $(5, 0)$，$(5, 1)$ を考えることになる．$(5, 0)$ と $(5, 1)$ は同時に起こりえないので，$X=a_5$ が起こる確率 $p_x(5)$ は，これらの 2 つが起こる確率の和となる．すなわち

$$p_x(5) = p_{xy}(5, 0) + p_{xy}(5, 1) = \frac{11}{120} + \frac{9}{120} = \frac{20}{120} = \frac{1}{6}$$

となる．より一般的に，$X=a_k$ が起こる確率は，

$$P(X=a_k) = P(X=a_k, Y=b_1) + P(X=a_k, Y=b_2),$$

同じことだが，

(7.16) $\quad p_x(k) = p_{xy}(k, 1) + p_{xy}(k, 2)$

と表すことができる．これが X の周辺確率である．表7-3から，その確率分布は $p_x(k) = 1/6$ ($k=1, 2, \cdots, 6$) であることがわかる．すなわちサイコロは硬貨と結ばれていても，サイコロだけについて考えると各目の出る確率は共通に等確率 1/6 となっている．この分布は図7-2(b)に示してある．同様に Y の周辺確率を $p_y(j) = P(Y=b_j)$ ($j=1, 2$) で示すと，X の値に関係なく $Y=b_j$ が成立する確率は，同時確率で j を一定にして X の取りうる値について加えたもの

$$p_y(j) = p_{xy}(1, j) + p_{xy}(2, j) + \cdots + p_{xy}(6, j) \quad (j=1, 2)$$

となる．表7-3から Y の周辺確率は，$p_y(0) = p_y(1) = 1/2$ である．この確率分布は，図7-2(c)に示されている．周辺確率の値は，表7-3の一番下の行と，一番右の列に示されており，同時確率分布の表の周辺に位置していることから周辺確率と呼ばれる．この例では，2変数の同時確率が全ての取りうる組 (k, j) に対して等確率の分布 $p_{xy}(k, j) = 1/12$ でなくても，周辺確率分布はそれぞれ等確率の分布になっている．

一般的な場合の同時確率，周辺確率

以上の糸で結ばれた硬貨とサイコロの例についての議論は，取りうる値がより一般的に可算個の場合も同様である．いま X, Y の取りうる値をそれぞれ N 個，M 個とし，

(7.17)　　X の取りうる値：$a_1, a_2, a_3, \cdots, a_N$
　　　　　Y の取りうる値：$b_1, b_2, b_3, \cdots, b_M$

と表そう（$N=\infty, M=\infty$ の場合も含める）．X と Y の同時確率

$$p_{xy}(k,j) = P(X=a_k, Y=b_j), \quad \text{ただし } k=1,2,\cdots,N, j=1,2,\cdots,M$$

に対して，X が a_k を取る周辺確率 $p_x(k) = P(X=a_k)$ は，k を固定して Y の取りうる値について同時確率を加えたものである．同様に，Y の周辺確率 $p_y(j) = P(Y=b_j)$ は，j を固定して X の取りうる値について同時確率を加えたものである．すなわち，以下のように定義できる．

周辺確率

(7.18)　　$p_x(k) = \sum_{j=1}^{M} p_{xy}(k,j), \quad p_y(j) = \sum_{k=1}^{N} p_{xy}(k,j).$

その表現から周辺確率は非負であり，その合計は 1 である．これは表7-3より確かめられるが，(7.18) の両辺の合計を取れば，

$$\sum_{k=1}^{N} p_x(k) = \sum_{k=1}^{N}\sum_{j=1}^{M} p_{xy}(k,j) = 1$$

となる．

条件付確率

次に条件付確率という考え方を理解するために，糸で結んだ硬貨とサイコロ硬貨の例で，実際に投げたあとに，例えば硬貨が裏であることだけがわかってサイコロの目はわかっていないとしよう．このとき，サイコロの目が5である確率はどうなるであろうか．この確率を求めるには，硬貨が裏であることがわかっているので，表7-3の上段だけに注目すればよく，表7-3の上段の確率を合計し，5が出る確率である11/120をその合計で割ればよい．上段の同時確率の

合計は，実は周辺確率であり，この場合1/2であるから，裏であることがわかっている場合に5が出る確率を $p_{x|y}(5|0)=P(X=5|Y=0)$ で表すと，

$$p_{x|y}(5|0)=P(X=5|Y=0)=\frac{11}{120}\Big/\frac{1}{2}=\frac{11}{60}$$

となることがわかる．このような確率を，Y を与えた場合の X の**条件付確率**（conditional probability）という．この場合，Y が裏であることを条件としたときの確率である．

この意味を考えてみよう．まず，裏が出る周辺確率が1/2であるから，裏が出たということを条件にした場合，裏が出る事象の確率のなかでサイコロの目が5である確率は，硬貨だけに注目してその裏が出る周辺確率のなかで，硬貨が裏とサイコロの目が5の組(0, 5)の出る同時確率が占める割合に対応する．すなわち周辺確率の関係から

$$\frac{1}{2}=p_y(0)=\sum_{k=1}^{6}p_{xy}(k,0)=\frac{8}{120}+\cdots+\frac{11}{120}+\frac{12}{120}$$

を得るが，この両辺を $p_y(0)=1/2$ で割った式

$$1=\sum_{k=1}^{6}p_{xy}(k,0)/p_y(0)=\left(\frac{8}{120}+\cdots+\frac{11}{120}+\frac{12}{120}\right)\Big/\frac{1}{2}$$

を考えると，これは確率の関係式になっている．この関係式で，サイコロの目が5の部分をみると

$$\frac{p_{xy}(5,0)}{p_y(0)}=\frac{11}{120}\Big/\frac{1}{2}$$

となり，これは周辺確率 $p_y(0)=1/2$ に対する同時確率 $p_{xy}(5,0)=11/120$ の相対比率である．

この考え方を一般的な場合に拡張すると次の定義となる．

Y が b_j を取ったときの X が a_k を取る条件付確率

(7.19) $\quad p_{x|y}(k|j)=\dfrac{p_{xy}(k,j)}{p_y(j)} \quad$ ($p_y(j)$ は $Y=b_j$ を取る周辺確率)

確率変数で明示的に書くと

$$P(X=a_k|Y=b_j) = \frac{P(X=a_k, Y=b_j)}{P(Y=b_j)}$$

ただし，$p_y(j) = P(Y=b_j) > 0$

[解説] この定義では，$p_y(j)=0$ の場合，条件付確率は定義されていない．しかし，$p_y(j)=0$ の場合，$Y=b_j$ の起こる確率は 0 であるので，条件付確率を考える意味がない．実際，$p_y(j)=0$ の場合，周辺確率と同時分布の関係 $p_y(j) = \sum_{k=1}^{N} p_{xy}(k,j)$ から，固定した j に対してすべての k について $p_{xy}(k,j)=0$ であるので，(7.19) の分子は 0 である．そこであえて定義すれば，$p_{x|y}(k|j)=0$ となる．さて，(7.19) の右辺の意味は，$Y=b_j$ が起こる周辺確率 $p_y(j)$ に対する，$(X=a_k, Y=b_j)$ が起こる同時確率 $p_{xy}(k,j)$ の相対比率である．すなわち周辺確率と同時確率の関係

$$p_y(j) = p_{xy}(1,j) + p_{xy}(2,j) + \cdots + p_{xy}(k,j) + \cdots + p_{xy}(N,j)$$

において，両辺を $p_y(j)$ （> 0）で割れば，

(7.20) $\quad 1 = \dfrac{p_{xy}(1,j)}{p_y(j)} + \dfrac{p_{xy}(2,j)}{p_y(j)} + \cdots + \dfrac{p_{xy}(k,j)}{p_y(j)} + \cdots + \dfrac{p_{xy}(N,j)}{p_y(j)}$

が得られる．ここで，(7.20) の右辺の各項である $p_{xy}(k,j)$ の $p_y(j)$ に対する割合 $p_{xy}(k,j)/p_y(j)$ が条件付確率 $p_{x|y}(k|j)$ であり，事象 $Y=b_j$ が起こる確率のなかでの事象 $X=a_k$ が起こる確率 $p_{xy}(k,j)$ の相対的な大きさを示している．(7.20) から条件付確率の合計は 1 となり，$p_{x|y}(k|j)$ は 1 節で示した確率の条件を満たす．■

本節の冒頭で述べた為替レートの場合，今日の値を知ったとき（$Y=b_j$），明日の値が $X=a_k$ である条件付確率は (7.19) に対応する．この条件付確率は条件となる事象の周辺確率で同時確率を除せばよい．

糸で結ばれた硬貨とサイコロの例では，サイコロの目 $X=a_k$ を条件に考えることもできる．表7-3から，例えばサイコロの目が5とわかっているときの硬貨の裏または表が出る条件付確率も同様に求められる．5の目が出たことを条件として表が出る確率は，

$$p_{y|x}(1|5) = P(Y=1|X=5) = \frac{P(X=5, Y=1)}{P(X=5)} = \frac{9}{120} \Big/ \frac{1}{6} = \frac{9}{20}$$

である．同様に $p_{y|x}(0|5) = 11/20$ となることを確かめよ．

同時確率と条件付確率と周辺確率の関係を示す (7.19) を利用した確率の推論法を展開しよう．(7.19) の両辺に $p_y(j)$ を掛けることによって，

(7.21) $p_{xy}(k,j) = p_{x|y}(k|j)\, p_y(j)$

または $P(X=a_k, Y=b_j) = P(X=a_k|Y=b_j)\, P(Y=b_j)$

を得る．この関係は $X=a_k$ と $Y=b_j$ が同時に起こる確率 $p_y(k,j) = P(X=a_k, Y=b_j)$ は，まず $Y=b_j$ が起こる確率 $p_y(j) = P(Y=b_j)$ と，$Y=b_j$ が起こったという条件のもとで $X=a_k$ が起こる条件付確率 $p_{x|y}(k|j) = P(X=a_k|Y=b_j)$ を掛け合わせたものであると解釈できる．この関係は次の例題のなかで用いられる．

例題7.3　壺のモデル（有限母集団）

壺のなかに赤玉3個，白玉7個が入っている．この壺から，玉を戻すことなく1個ずつ玉を2回取り出すものとする．1回目，2回目の玉の色を示す確率変数を X_1, X_2 で示す．$X_i=1$ は赤，$X_i=0$ は白とする．このとき

(1) $X_1=1$ であることを知って，$X_2=1$ である確率を求めよ．
(2) $X_1=1$, $X_2=1$ である確率を求めよ．
(3) X_1 の値がわからないとき，$X_2=1$ である確率を求めよ．
(4) $X_2=1$ であるとき，$X_1=1$ である確率を求めよ．

［解説］　(1) 条件付確率を直接的に考えればよい．1回目で赤が取られているので，2回目に玉を取り出すとき残っている赤玉は2個，白玉は7個であるから $P(X_2=1|X_1=1) = 2/9$ となる．

(2) (7.21) より，$P(X_1=1, X_2=1) = P(X_2=1|X_1=1)\, P(X_1=1)$

$$= \frac{2}{9} \times \frac{3}{10} = \frac{6}{90}.$$

(3) $X_2=1$ は，$(X_1=0, X_2=1)$ と $(X_1=1, X_2=1)$ の2つに分けることができ，両者は同時に起こらないから

$$P(X_2=1) = P(X_1=0, X_2=1) + P(X_1=1, X_2=1)$$
$$= P(X_1=0)P(X_2=1|X_1=0) + P(X_1=1)P(X_2=1|X_1=1)$$
$$= \frac{7}{10} \times \frac{3}{9} + \frac{3}{10} \times \frac{2}{9} = \frac{27}{90} = \frac{3}{10}$$

となる．この確率は1回目に赤が出る確率 $P(X_1=1)$ に等しい．

(4) これは $P(X_1=1|X_2=1)$ を求める問題である．(7.19)に上の(2), (3)を代入し，

$$P(X_1=1|X_2=1) = \frac{P(X_1=1, X_2=1)}{P(X_2=1)}$$

$$= \frac{6}{90} \div \frac{3}{10} = \frac{2}{9}$$

が得られる．この確率は，(1)の確率と等しい．■

ベイズの定理

次の**ベイズの定理**は，条件付確率の応用として重要な公式である．

$$(7.22) \quad p_{x|y}(k|j) = \frac{p_{y|x}(j|k)p_x(k)}{\sum_{k=1}^{N} p_{y|x}(j|k)p_x(k)}$$

[解説] この式の意味や応用法は後に述べる．ここではこの式の導出法を説明する．同時確率と条件付確率の関係を示した (7.21) 式

$$p_{xy}(k,j) = p_{x|y}(k|j)p_y(j)$$

で，X と Y を逆にすれば，

$$(7.23) \quad p_{xy}(k,j) = p_{y|x}(j|k)p_x(k)$$

が得られる．この2つの式は同じなので，$p_{x|y}(k|j)p_y(j) = p_{y|x}(j|k)p_x(k)$ となり，この両辺を $p_y(j)$ で割ると，

$$(7.24) \quad p_{x|y}(k|j) = \frac{p_{y|x}(j|k)p_x(k)}{p_y(j)}$$

という関係が得られる（この式をベイズの定理という場合もある）．

(7.24) の分母 $p_y(j)$ は，周辺確率の定義 (7.18) より $p_y(j) = \sum_{k=1}^{N} p_{xy}(k,j)$ で

あり，これに (7.23) を代入すると，

$$p_y(j) = \sum_{k=1}^{N} p_{xy}(k,j) = \sum_{k=1}^{N} p_{y|x}(j|k)\, p_x(k)$$

が得られる．したがって，この関係を (7.24) 式に代入すればベイズの定理 (7.22) が得られる．■

ベイズの定理は，様々な分野で応用されているが，例を用いてその意味を説明しよう．

[**交通事故と飲酒運転の例**] 死亡交通事故が発生したときに，それが飲酒運転によるものかどうかの確率を計算する問題を考えてみる．通常は，飲酒運転であったという条件のもとで死亡事故の起こる確率を考察するが，ベイズの定理は逆の推論を可能にする．すなわち，死亡事故が起こったという条件のもとでそれが飲酒運転である確率を求めることが可能となる．まず，X を飲酒運転であるかどうかを表す変数（$X=1$ は飲酒運転，$X=0$ は飲酒なし，したがって $a_1=0, a_2=1$）とし，Y を交通事故が起こったときに死亡事故であるかどうかを表す変数（$Y=1$ は死亡事故，$Y=0$ は死亡事故でない，したがって $b_1=0, b_2=1$）としよう．求める確率は，死亡事故がわかっている状況において，それが飲酒運転である確率である．それは，

$$p_{x|y}(1|1) = P(X=1|Y=1) = P(X=飲酒運転|Y=死亡事故)$$

と表現される．

ここで，警察庁『警察白書』等によれば，2006年の飲酒運転の検挙件数は約12万5000件であり，これは免許保有者数の約0.2%にあたる．したがって，飲酒運転の（無条件）確率を $p_x(1)=0.002$ とする（検挙件数は検問等で検挙された件数だけなので，実際にはもっと高いかもしれない）．ゆえに，$p_x(0)=0.998$ である．また，交通事故件数に占める飲酒による死亡事故と飲酒なし死亡事故の割合は，それぞれ5.26%と0.6%であることが公表されている（警察庁「交通事故の発生状況」）．つまり，$p_{y|x}(1|1)=0.0526, p_{y|x}(1|0)=0.006$ となる．したがって，これらの値を (7.22) のベイズの定理に代入すれば，求める確率は

$$p_{x|y}(1|1) = \frac{p_{y|x}(1|1)\,p_x(1)}{p_{y|x}(1|0)\,p_x(0) + p_{y|x}(1|1)\,p_x(1)}$$

$$= \frac{0.0526 \times 0.002}{0.006 \times 0.998 + 0.0526 \times 0.002} = 0.017$$

となる．この確率は，水準としてはそれほど大きくないが，もともとの飲酒運転の確率0.002よりもかなり高い．このことは死亡事故が発生した場合，運転者が飲酒運転であることを疑った方がよいことを意味する．■

この例からベイズの定理の持つ意味を整理しよう．まず，原因と考えられる事象（原因事象）が K 個（上の記法では $b_1, b_2, \cdots, b_K$）あり，結果と考えられる事象（結果事象）が J 個（上の記法では $a_1, a_2, \cdots, a_J$）あるとする．このとき，各原因事象 k が与えられたときに，各結果事象 j が出る条件付確率 P(結果事象 j|原因事象 k) と，原因事象の周辺確率 P(原因事象 k) が，すべての $j=1,2,\cdots,J$ と $k=1,2,\cdots,K$ について与えられている，もしくはデータから計算できるものとする．このときベイズの定理は，原因事象と結果事象を逆にして，特定な結果事象 j が起きたとき，それが原因事象 k に起因する条件付確率 P(原因事象 k|結果事象 j) を求める公式を与えるものである．この条件付確率を事後確率というのに対して，原因事象の周辺確率 P(原因事象 k) を事前確率という．上の例で言えば，死亡事故（結果事象）と飲酒運転（原因事象）の組に対して，原因事象の周辺確率 $p_x(k)$ と原因事象が与えられたときの結果事象が起こる条件付確率 $p_{y|x}(j|k)$ を組み込んで，その因果関係を逆にした条件確率 $p_{x|y}(k|j)$ を得ている．$p_x(k)$ を**事前確率**，$p_{x|y}(k|j)$ を**事後確率**という．あるいは別の見方をして，X が与えられたときの Y の条件付確率分布 $p_{y|x}(j|k)$ が与えられているとき，X の事前情報としての周辺確率 $p_x(k)$ を組み合わせて，Yデータが実現したという条件のもとで X が生じる事後確率分布を導出する方法を与えるものである．

例えば，ある病気A（例えば風邪）に関連する症状として，Bという症状（例えばくしゃみ）がみられた（診断された）場合を考えよう．事前に一般的にその病気にかかる確率 $P(X=A)$，Aという病気のもとで症状Bが発生する確率 $P(Y=B|X=A)$ などから，その症状がみられた場合の病気Aにかかっている確率 $P(X=A|Y=B)$ を計算することが可能となる（練習問題8）．

4　2つの確率変数の平均，分散，共分散

2変数の関数の期待値

　本節では，2つの確率変数 X，Y が与えられる場合，それらの平均，分散，共分散を，1変数の場合の拡張として考察する．前節と同様に X および Y の取りうる値をそれぞれ $a_1,\cdots,a_N$ および $b_1,\cdots,b_M$ とし，その同時確率分布を $p_{xy}(k,j)=P(X=a_k, Y=b_j)$ とする．また X および Y の周辺確率分布をそれぞれ $p_x(k), p_y(j)$ とする．$p_{xy}(k,j)$ と $p_x(k), p_y(j)$ の関係は，(7.18)で与えられる．まず，(7.18)を用いると X，Y の平均値 μ_x, μ_y（すなわち期待値）は

(7.25)
$$\mu_x = E(X) = \sum_{k=1}^{N} a_k p_x(k) = \sum_{j=1}^{M}\sum_{k=1}^{N} a_k p_{xy}(k,j)$$
$$\mu_y = E(Y) = \sum_{j=1}^{M} b_j p_y(j) = \sum_{j=1}^{M}\sum_{k=1}^{N} b_j p_{xy}(k,j)$$

と同時確率を用いて書くことができる．これらは明らかであろう．

　さらに1変数の場合と同様に，2変数の関数の期待値を一般的に考えることができる．

X と Y の関数 $g(X,Y)$ の期待値，$E[g(X,Y)]$ の定義

(7.26)　$E[g(X,Y)] = \sum_{j=1}^{M}\sum_{k=1}^{N} g(a_k, b_j) p_{xy}(k,j)$

[解説]　(7.26)の X と Y の関数 $g(X,Y)$ の期待値（平均値）の定義は，X と Y のそれぞれ取りうる値の組を関数のなかに代入した各値 $g(a_k, b_j)$（ただし，$k=1,\cdots,N; j=1,\cdots,M$）にそれぞれが起こる確率 $p_{xy}(k,j)$ を掛けて加えたものであることを述べている．この定義は1変数の期待値の定義の拡張になっている．例えば，2つの確率変数の合計を考えれば，$g(X,Y) = X+Y$ となる（以下の(7.28)参照）．また，$g(X,Y) = X$ とすれば，$g(a_k, b_j) = a_k$ となり，(7.26)に代入すれば以下の関係が得られる．

$$\begin{aligned}(7.27) \quad E[g(X,Y)] &= \sum_{j=1}^{M}\sum_{k=1}^{N} a_k p_{xy}(k,j) = \sum_{k=1}^{N}\sum_{j=1}^{M} a_k p_{xy}(k,j) \\ &= \sum_{k=1}^{N} a_k \sum_{j=1}^{M} p_{xy}(k,j) = \sum_{k=1}^{N} a_k p_x(k) = E(X)\end{aligned}$$

当然であるが,これは X の期待値そのものである. ∎

2つの確率変数の1次式の平均値・分散と共分散

2つの確率変数の関数として最も簡単な形は $g(X,Y)=X+Y$ であるが,以下でそれを一般化した形で展開する.

2つの確率変数の1次式の期待値

(7.28) $\quad E(aX+bY+c) = aE(X)+bE(Y)+c$

[解説] この式は2つの確率変数の1次式の期待値の公式である.特に,$a=1, b=1, c=0$ の場合,(7.28) は2つの確率変数の和の期待値 $E(X+Y)$ となり,それはそれぞれの期待値の和 $E(X)+E(Y)$ に等しいことになる.また (7.28) を平均値の形で書けば,$\mu_{ax+by+c} = a\mu_x + b\mu_y + c$ となる.(7.28) 式は,以下のように証明できる.

$$\begin{aligned}E(aX+bY+c) &= \sum_{j=1}^{M}\sum_{k=1}^{N}(aa_k+bb_j+c)p_{xy}(k,j) \\ &= \sum_{j=1}^{M}\sum_{k=1}^{N}\{aa_k p_{xy}(k,j)+bb_j p_{xy}(k,j)+c p_{xy}(k,j)\} \\ &= a\sum_{j=1}^{M}\sum_{k=1}^{N} a_k p_{xy}(k,j) + b\sum_{j=1}^{M}\sum_{k=1}^{N} b_j p_{xy}(k,j) + c\sum_{j=1}^{M}\sum_{k=1}^{N} p_{xy}(k,j) \\ &= a\sum_{i=1}^{N} a_k p_x(k) + b\sum_{j=1}^{M} b_j p_y(j) + c \\ &= aE(X)+bE(Y)+c. \quad \blacksquare\end{aligned}$$

次に2つの確率変数の1次式の分散を考えよう.この場合,2つの変数の関係が出てくるので,1変数の場合と異なる.

2つの確率変数の1次式の分散

(7.29) $\quad \mathrm{Var}(aX+bY+c) = a^2\mathrm{Var}(X) + b^2\mathrm{Var}(Y) + 2ab\mathrm{Cov}(X,Y)$

ただし，$\mathrm{Cov}(X, Y)$は，次式で定義されるXとYの**共分散**である．

(7.30)　$\mathrm{Cov}(X, Y) = E(X-\mu_x)(Y-\mu_y)$

[解説]　特に(7.29)は，$a=1, b=1, c=0$の場合，2つの確率変数の和の分散の公式になる．すなわち，

$$\mathrm{Var}(X+Y) = \mathrm{Var}(X) + \mathrm{Var}(Y) + 2\mathrm{Cov}(X, Y)$$

が成立する．(7.29)は以下のように証明できる．

$$\begin{aligned}\mathrm{Var}(aX+bY+c) &= E[(aX+bY+c) - \mu_{ax+by+c}]^2 \\ &= E[(aX+bY+c) - (a\mu_x+b\mu_y+c)]^2 \\ &= E[a(X-\mu_x) + b(Y-\mu_y)]^2 \\ &= E[a^2(X-\mu_x)^2 + b^2(Y-\mu_y)^2 + 2ab(X-\mu_x)(Y-\mu_y)] \\ &= a^2 E(X-\mu_x)^2 + b^2 E(Y-\mu_y)^2 + 2abE(X-\mu_x)(Y-\mu_y) \\ &= a^2 \mathrm{Var}(X) + b^2 \mathrm{Var}(Y) + 2ab\mathrm{Cov}(X, Y).\end{aligned}$$

特に，$a=1, b=1, c=0$のときの$X+Y$の分散は，Xの分散とYの分散の和に等しくなく，(7.30)で定義される共分散の2倍が加わっていることに注意せよ．なお，$E(X-\mu_x)(Y-\mu_y)$は$E[(X-\mu_x)(Y-\mu_y)]$と書くべきであるが，[ ]は省略する．また(7.26)より，共分散は次のとおりである．

$$\mathrm{Cov}(X, Y) = \sum_{j=1}^{M}\sum_{k=1}^{N}(a_k-\mu_x)(b_j-\mu_y)p_{xy}(k, j).　■$$

例題7.4　表7-3のサイコロの目と硬貨の裏表の同時確率分布に対して，X，Yの平均，分散，共分散を計算せよ．

[解説]　XとYの平均値や分散は周辺確率分布から次のように計算される（練習問題7）．

$$\mu_x = E(X) = \frac{7}{2},\quad \mu_y = E(Y) = \frac{1}{2}$$

$$\sigma_x^2 = E(X-\mu_x)^2 = \frac{35}{12},\quad \sigma_y^2 = E(Y-\mu_y)^2 = \frac{1}{4}$$

他方，共分散は同時確率分布$p_{xy}(k, j)$から以下のように計算する必要がある．

$$\mathrm{Cov}(X, Y) = E(X-\mu_x)(Y-\mu_y)$$

$$= \left(1-\frac{7}{2}\right)\left(0-\frac{1}{2}\right)p_{xy}(1,0) + \left(2-\frac{7}{2}\right)\left(0-\frac{1}{2}\right)p_{xy}(2,0) + \cdots$$

$$+ (6-\frac{7}{2})(0-\frac{1}{2})p_{xy}(6,0) + \left(1-\frac{7}{2}\right)\left(1-\frac{1}{2}\right)p_{xy}(1,1)$$

$$+ \left(2-\frac{7}{2}\right)\left(1-\frac{1}{2}\right)p_{xy}(2,1) + \cdots + \left(6-\frac{7}{2}\right)\left(1-\frac{1}{2}\right)p_{xy}(6,1) = -\frac{13}{120}$$

この例では共分散は負となっている．共分散が負の場合，2つの確率変数は負の相関を持つということを後の章で学習する．■

n 個の確率変数の同時確率分布

これまでは2つの確率変数について考えてきたが，実際には，より多くの変数の関係を考えることが多い．考察する確率変数の数を n としよう．ここで，n 個の確率変数の同時確率分布（これを n 次元同時確率分布という）を考える．その必要性は，次のとおりである．

一般にデータの外への推論を行う統計学の領域では，実現したデータ $x_1, x_2, \cdots, x_n$ に対して，それらを生起させた各データの事前的な確率変数 $X_1, X_2, \cdots, X_n$ があって，その n 次元同時確率分布に従って，他のいろいろな値を取る可能性もあったが，一定の確率で $x_1, x_2, \cdots, x_n$ のデータが実現した，とみる．したがって n 個のデータを扱うときは，n 個の確率変数とその同時確率分布を考える必要がある．その同時確率分布はデータを確率的に実現させる母集団の分布であり，これとデータの関係を把握して，その分布を特徴づける母集団の特性値（例えば平均値や分散）を推論する．例えば，データ $x_1, x_2, \cdots, x_n$ に対してその平均値 $\bar{x} = \frac{1}{n}(x_1 + x_2 + \cdots + x_n)$ は，そのデータが実現する前の確率変数で表現すると

$$\bar{X} = \frac{1}{n}(X_1 + X_2 + \cdots + X_n)$$

となる．ここで，$X_1, X_2, \cdots, X_n$ は，1つの同時確率分布を持つ n 個の確率変数であり，その関数としての $\bar{X}$ も確率変数となり，$\bar{X}$ も1つの確率分布を持つ．このようなデータを実現させる確率変数の関数の分布を標本分布という．これについては10章で詳論する．確率変数としての平均値 $\bar{X}$ の確率分布を考

えるとき，その分布の平均値や分散が $\bar{X}$ の精度をみるのに重要になる．そのため，もとの確率変数 $X_1, X_2, \cdots, X_n$ の同時確率分布の平均値，分散，共分散から，$\bar{X}$ の確率分布の平均値や分散を計算する必要がある．

一般的には
$$Z = c_1 X_1 + c_2 X_2 + \cdots + c_n X_n$$
という形の確率変数 Z の平均や分散を計算することになる．実際，$c_1 = c_2 = \cdots = c_n = 1/n$ のときは，Z は算術平均 $\bar{X}$ となる．Z の分散を計算するときには，各 2 つの組の確率変数 (X_k, Y_j) の共分散が必要となる．なお n 個の確率変数の同時確率分布の詳細については，付録 A1 をみよ．

キーワード

確率変数　離散的確率変数　確率関数　確率分布　期待値　確率変数の平均・分散・標準偏差　2項確率モデル　同時確率　周辺確率　条件付確率　ベイズの定理　共分散

練習問題

1. 2個のサイコロを投げたとき，出た目の和を X とする．X の確率分布を求めよ．ただし，それぞれのサイコロで目の出る確率はすべて等しい (1/6) とする．また，X の平均値と分散・標準偏差を求めよ．

2. あるコンビニエンスストアでは，雨が降ると客は1日150人，雨が降らなければ250人の客があるという．降水確率が30%のとき，客の数の期待値を求めよ．また，分散，標準偏差も求めよ．

3. どの目も出る確率が等しいサイコロ1個を4回投げたとき，少なくとも1回は3の目が出たら勝つ，というゲームを考えるとき，このゲームに勝つ確率を求めよ．また，このゲームに1000円を賭けて，勝ったら1950円（賭け金を含む）がもらえ，負けたら賭け金は返ってこないとする．このような賭けが得かどうか，期待値を求めて考えよ．また，分散も求めよ．

4．10本のうち当たりが4本入っているくじがある．このくじを2本引くときに，次のような条件を考える．

条件A　1本引いても，それをもとに戻さずもう1本を引く

条件B　1本引いたら，それをもとに戻してからもう1本引く

(1)　Xを当たりの本数($X=0,1,2$)とするとき，条件A・Bをつけたそれぞれの場合について，Xの確率分布を求めよ．

(2)　このくじは当たると1000円の賞金がもらえることになっている．条件AとBそれぞれについてXの期待値と分散・標準偏差を求め，2つの条件を比較せよ．

5．表7-3の糸で結ばれたサイコロと硬貨の例について，$Y=0$のときのXの条件付確率分布と求めよ．また$X=3$のときのYの条件付確率分布を求めよ．

6．自動車メーカーの株Aと電力会社の株Bがあって，それらの株価の変化率は，これから先の為替レート（対ドルの円レート）の円高・変化なし・円安の場合に対応して，表7-4のように変化をすることが予想されている．また，円高・変化なし・円安の確率はそれぞれ1/2, 1/3, 1/6であるとする．A株の予想変化率をX%，B株の予想変化率をY%とするとき，次の問いに答えよ．

(1)　XとYの同時確率分布，周辺確率分布を表にせよ．

(2)　$X=-10$に対するYの条件付確率分布，$Y=10$に対するXの条件付確率分布をそれぞれ求めよ．

(3)　XとYの期待値，分散，標準偏差をそれぞれ求めよ．その結果どのようなことがいえるか．

7．例題7.4のXとYについて，平均値，分散が，それぞれ

$$\mu_x = \frac{7}{2}, \quad \mu_y = \frac{1}{2}, \quad \sigma_x^2 = \frac{35}{12}, \quad \sigma_y^2 = \frac{1}{4}$$

となることを確かめよ．

8．ある病気Aであるかどうかを判定するのに，Bという検査が行われるとする．Bという検査が陽性であれば，病気Aにかかっている確率は90%であるという．しかし病気Aにかかっていなくても，この検査で5%は陽性

表 7-4 為替レートの状況とA株とB株の予想変化率

状況	確率	A株の予想変化率(%)	B株の予想変化率(%)
円高	1/2	−10	20
変化なし	1/3	5	10
円安	1/6	15	−5

になってしまう．また，病気Aにかかっている人の割合は，3％である．ある人が検査Bを受けたら陽性であったとき，この人が病気Aにかかっている確率を求めよ．

9. ある電気製品をA国とB国で生産している．A国で生産された機械の故障率が2％，B国のそれは5％である．また，A国のシェアは60％，B国のシェアは40％である．この電気製品が故障したとき，その製品がB国で生産された確率を求めよ．

10. 次の期待値の性質を証明せよ．ただし，$\mu = E(X)$とする．
    (1) $E(bX) = bE(X)$
    (2) $E(c) = c$
    (3) $E(X+c) = E(X)+c$
    (4) $E(X-\mu) = 0$
    (5) $\text{Var}(aX+c) = a^2\text{Var}(X)$
    (6) $E[g_1(X)+g_2(X)] = E[g_1(X)]+E[g_2(X)]$

11. 確率変数Xの平均値がμ，分散がσ^2のとき，基準化確率変数$(X-\mu)/\sigma$の平均が0，分散が1になることを証明せよ．

8章

離散的確率分布

　前章では，まず確率変数と確率，データの関係を理解し，離散的確率変数とその分布，さらにその確率分布の平均や分散などについて学習した．次にそれを2変数以上（多次元）に拡張し，同時確率・周辺確率・条件付確率，共分散など，与えられたデータの生成プロセスを母集団との関係でみる基礎的枠組みを学習した．

　本章では，最初に，確率変数の独立性について解説する．統計学では，与えられたデータ $x_1, x_2, \cdots, x_n$ に対して，そのデータを生成した確率分布を想定し，その分布から一定の確率でそれらのデータが実現したとみなす．その際各データは，前後のデータとは無関係に（独立に）実現したと考えることが多い（あるいは独立に発生させるような工夫をする）．本章ではこの独立性の概念を離散的確率変数の場合について学習する．独立性の概念は，母集団について推論する場合の基本となるので，ぜひ理解してもらいたい．さらにそれらの知識をもとに，いくつかの代表的な離散的確率変数の確率分布を紹介する．

【本章の内容】
(1) 独立性の概念を定義し，互いに独立で同一の分布に従う（iidという）ことの意味を考える．
(2) 前章で説明した確率変数の平均値，分散，共分散を，独立な場合について導出する．
(3) 代表的な離散的確率分布として，視聴率や政党支持率の推論の基礎的なモデルである2項分布についての説明を行う．

(4) 2項分布と関連したいくつかの離散的分布について紹介する．

1　確率変数の独立性

2つの確率変数の独立性

　前章の表7-3（152ページ）のサイコロと硬貨を糸で結びつけて投げる例では，サイコロの目とコインの裏表の出方には，一定の関係がみられた．実際，例えば硬貨の裏が出る場合に注目して表7-3の同時確率をみると，サイコロの大きい目の方が出る確率は大きい．他方，もし，両者を糸で結びつけずに別々に投げれば，サイコロの目と硬貨の裏表には一定の関係を見出すことができないであろう．別の言い方をすれば，硬貨の裏表の出方と，サイコロの目の出方は互いに何ら影響を与え合わないということになる．このような場合，両者は**独立である**（independent）という．

　まずこの独立性の概念を確率の概念のもとに定義する．これまでと同様に，2つの離散的確率変数 X と Y の取りうる値をそれぞれ $a_1, \cdots, a_N ; b_1, \cdots, b_M$（$N=\infty, M=\infty$ の場合でもよい）とする．このとき，確率変数 X と Y が独立であるということを次のように定義する．

独立性の定義

　確率変数 X と Y が独立であるとは，全ての (k, j) の組に対して

(8.1)　$P(X=a_k, Y=b_j) = P(X=a_k)P(Y=b_j)$ 　$(k=1, \cdots, N; j=1, \cdots, M)$

あるいは同じことであるが，

(8.2)　$p_{xy}(k, j) = p_x(k) p_y(j)$ 　$(k=1, \cdots, N; j=1, \cdots, M)$

が成立することである．

　ここで，$p_{xy}(k, j)$ は X と Y の同時確率分布，$p_x(k)$，$p_y(j)$ はそれぞれ X, Y の周辺確率分布である．

[**解説**]　(8.1)，(8.2) を直接的に読むと，X と Y が同時に a_k と b_j を取る同時確率は，Y の値に関係なく X が a_k を取る周辺確率 $p_x(k)$ と，X の値に関係なく Y が b_j を取る周辺確率 $p_y(j)$ の積である．つまり，X と Y が独立

1 確率変数の独立性　171

であるときは，X および Y の周辺確率分布 $p_x(k), p_y(j)$ を求めれば，X と Y の同時確率分布を求めることができる．他方，X と Y の同時確率分布が与えられていれば，X および Y の周辺確率分布は 7 章の（7.18）式によって求められる．したがって，その場合，X と Y が独立であるかどうかは，すべての k, j について（8.2）が成立しているかどうかをみればよい．■

　例として，糸で結ばれたサイコロと硬貨の表7-3の場合をみてみよう．X の周辺確率分布は $p_x(k) = 1/6$（$k = 1, 2, \cdots, 6$），Y の周辺確率分布は $p_y(j) = 1/2$（$j = 0, 1$）であるから，もし X と Y が独立であれば，すべての (k, j) の組に対して $p_{xy}(k, j) = p_x(k) p_y(j) = 1/12$ となっているはずである．しかし，例えば $p_{xy}(1, 0) = 8/120$ であるから，X と Y は独立でない．1組の (k, j) に対してでも，（8.2）の $p_{xy}(k, j) = p_x(k) p_y(j)$ が成立しなければ独立ではない．逆にいうと，この例ではすべての同時確率が $1/12$ であれば，独立であるといえる．

独立性と条件付確率

　次に，独立性と条件付確率の関係を考えよう．X と Y が独立である場合，7 章の条件付確率の定義（7.19）式に，X と Y の独立性の定義（8.2）式を代入すると，$p_y(j) > 0$ ならば

$$(8.3) \quad p_{x|y}(k|j) = \frac{p_{xy}(k, j)}{p_y(j)} = \frac{p_x(k) p_y(j)}{p_y(j)} = p_x(k)$$

となる．すなわち X と Y が独立であるとき，$Y = b_j$ を与えたときの条件付確率 $p_{x|y}(k|j)$ は，与えた条件によらず，X が a_k を取る周辺確率 $p_x(k)$ に等しい．逆に $p_y(j) > 0$ なるすべての (k, j) に対して（8.3）が成立するならば，X と Y に対して（8.2）が成立する．さらに $p_y(j) = 0$ のとき，周辺分布の定義によりすべての k に対して，$p_{xy}(k, j) = 0$ となるので（8.2）が成立する．したがって（8.3）は，X と Y の独立性と同値となる．

　つまりの X と Y が独立であれば，Y の値を与えても与えなくても，X の確率に何ら影響を与えないことになる．（8.3）を X と Y の独立性の定義とすることもある．もちろん，X と Y の役割を逆にして $p_{y|x}(j|k) = p_y(j)$ としてもよい．

3つ以上の確率変数の独立性

3つ以上の離散的確率変数の独立性の定義も (8.1) と同様である．前章の最後に述べたように，統計学では n 個の与えられたデータ $x_1, x_2, \cdots, x_n$ の各々に対して，それを実現させた確率変数 $X_1, X_2, \cdots, X_n$ を想定する．そして $X_1, X_2, \cdots, X_n$ は，その同時確率分布に従っていろいろな値を取りうるが，一定の確率でデータの値 $x_1, x_2, \cdots, x_n$ が実現した，とみる．このような場合の独立性は，次のように定義される．

> n 個の離散的確率変数 $X_1, X_2, \cdots, X_n$ が独立であるとは，同時確率分布に対して
>
> (8.4) $\quad P(X_1=x_1, X_2=x_2, \cdots, X_n=x_n) = P(X_1=x_1) P(X_2=x_2) \cdots P(X_n=x_n)$
>
> が，$X_1, X_2, \cdots, X_n$ の取りうる値である任意の $x_1, x_2, \cdots, x_n$ に対して成立することである．

[解説] (8.4) は，$(X_1, X_2, \cdots, X_n)$ が同時に $(x_1, x_2, \cdots, x_n)$ を取る同時確率は，各 X_i が x_i を取る周辺確率の積と等しい，と読む．簡単に言うと n 個の確率変数の独立性は，n 個の確率変数の同時分布が，それぞれの周辺分布の積に等しいことである．これは2変数の独立性の定義 (8.1) をそのまま多次元の場合に拡張した定義である．(8.4) でデータ x_i は，確率変数 X_i が取りうる値のうち任意なものを示している．例えば，X_i の取りうる値が $a_1, a_2, \cdots, a_N$ であるとすると，そのうちのいずれかの値が実現するはずで，a_{k_i} と書くとやや煩雑になるので，それを一般的に x_i で表すことにする．これについてはすぐ後で説明する．■

iid（互いに独立に同じ分布に従う）

各 X_i の取りうる値を共通に $a_1, a_2, \cdots, a_N$ とし，また X_i の周辺確率分布は同じである，すなわち

(8.5) $\quad p(k) = P(X_i = a_k) \quad (i=1, 2\cdots, n, \quad k=1, 2\cdots, N)$

であるとしよう．このとき $X_1, X_2, \cdots, X_n$ が独立ならば (8.4) より，

(8.6) $p(k_1, k_2, \cdots, k_n) = p(k_1) p(k_2) \cdots p(k_n)$

となる．この式の左辺は (8.4) の左辺の同時確率を表現したものである．また $k_1, k_2, \cdots, k_n$ の意味は，X_1 に対しては $a_1, a_2, \cdots, a_N$ の k_1 番目の a が実現する，X_2 に対しては $a_1, a_2, \cdots, a_N$ の k_2 番目の a が実現する…という意味である ($k_i = 1, 2, \cdots, N$)．前章のように，$p(k), p(j), \cdots$ などと何番目の a かを表すのに $k, j, \cdots$ という記号を用いてもよいが，ここでは X が n 個あるため，記号の節約という意味で，$k, j, \cdots$ の代わりに，$k_1, k_2, \cdots, k_n$ という記号を用いている．したがって，(8.6) 式の右辺の各周辺確率は，$p(k_1) = P(X_1 = a_{k_1}), \cdots, p(k_i) = P(X_i = a_{k_i}), \cdots$ である．

(8.6) の状況が統計的推論でよく利用される状況である．すなわち，データ $x_1, x_2, \cdots, x_n$ を実現させた確率変数 $X_1, X_2, \cdots, X_n$ が**互いに独立に同じ分布に従う** (iid, independently and identically distributed) 場合である．これは $X_1, X_2, \cdots, X_n$ がそれぞれ独立で，かつ共通の確率分布を持つ状況である．

1つのサイコロを n 回投げたときのデータ $x_1, x_2, \cdots, x_n$ は，まさにこの状況から実現した場合のデータである．独立なデータの場合，各 X_i の周辺確率分布が与えられれば同時確率分布が (8.6) によって得られる．

例題8.1 サイコロ2個を n 回投げ，第 i 回目に投げた2つのサイコロの目の和を Z_i とするとき，以下の問いに答えよ．ただし，各サイコロの目が出る確率を $1/6$ とする．
(1) Z_i の確率分布を式で表現せよ．
(2) 4回投げたとき，最初の2回の目の和が3で，残りの2回の目の和が8である確率を求めよ．

[解説] (1) 各 Z_i の取りうる値は，$a_1 = 2, a_2 = 3, \cdots, a_{10} = 11, a_{11} = 12$ であり，これらが起こる確率は，$p(1) = \frac{1}{36}, p(2) = \frac{2}{36}, \cdots, p(6) = \frac{6}{36}, p(7) = \frac{5}{36}, \cdots, p(11) = \frac{1}{36}$ である．例えば，$p(6)$ は2つの目の和の合計が7になる場合である．したがって，各 Z_i の確率分布は共通に次のように表現できる．

$$p(k) = P(Z_i = a_k) = \begin{cases} k/36 & (k=1, 2, \cdots, 6) \\ (12-k)/36 & (k=7, 8, \cdots, 11) \end{cases}$$

(2) $Z_1, Z_2, \cdots, Z_n$ は iid であるから，同時確率分布は

$$P(k_1, k_2, \cdots, k_n) = p(k_1) p(k_2) \cdots p(k_n)$$

となる．ここで k_j は，$1, 2, \cdots, 11$ のいずれかである．したがって求める確率は，

$$P(Z_1=3, Z_2=3, Z_3=8, Z_4=8) = p(2, 2, 7, 7) = p(2) p(2) p(7) p(7)$$

$$= \frac{2}{36} \times \frac{2}{36} \times \frac{5}{36} \times \frac{5}{36} = \frac{100}{1679616}. \blacksquare$$

2 独立な確率変数の平均値，分散，共分散

本節では，独立な確率変数の平均，分散，共分散等を解説する．以下では確率変数が離散的な場合を扱う．なおここでの結果は連続的な場合もそのまま成立する（次章）．

平均値

X, Y を 2 つの独立な確率変数とする．前章 (7.28) 式のところでみたように，$X+Y$ の期待値（平均値）は，X と Y が独立でなくても

$$E(X+Y) = E(X) + E(Y)$$

が成立していたので，独立な場合でももちろん成立する．

分散・共分散

平均値と違って，分散や共分散は，(7.29), (7.30) でみた一般の場合と独立の場合は以下のように異なっている．

X と Y が独立なとき，その共分散は 0 である．

(8.7)　$\mathrm{Cov}(X, Y) = E(X-\mu_x)(Y-\mu_y) = 0$

このとき $X+Y$ の分散は，それぞれの分散の和になる，すなわち

(8.8)　$\mathrm{Var}(X+Y) = \mathrm{Var}(X) + \mathrm{Var}(Y)$.

[解説]　X と Y の同時確率分布を $p_{xy}(k,j)$ とすると，X と Y が独立であるから，(8.2) より $p_{xy}(k,j) = p_x(k) p_y(j)$ となる．ここで $p_x(k) = P(X=a_k)$，$p_y(j) = P(Y=b_j)$ は X と Y の周辺確率分布である．したがって独立な場合の共分散は

$$E(X-\mu_x)(Y-\mu_y) = \sum_{j=1}^{M}\sum_{k=1}^{N}(a_k-\mu_x)(b_j-\mu_y)p_{xy}(k,j)$$

$$= \sum_{j=1}^{M}\sum_{k=1}^{N}(a_k-\mu_x)(b_j-\mu_y)p_x(k)p_y(j)\ (独立性の定義より)$$

$$= \left[\sum_{j=1}^{M}(b_j-\mu_y)p_y(j)\right]\left[\sum_{k=1}^{N}(a_k-\mu_x)p_x(k)\right]$$

$$= E(Y-\mu_y)\cdot E(X-\mu_x) = 0$$

となる．最後の等号は $(\mu_y-\mu_y)(\mu_x-\mu_x)=0$ であることに注意せよ．また，$X+Y$ の分散は，(7.29) 式の $\mathrm{Var}(X+Y) = \mathrm{Var}(X) + \mathrm{Var}(Y) + 2\mathrm{Cov}(X,Y)$ において，独立であれば共分散が 0 であることを用いれば，(8.8) が得られる．■

このように確率変数が独立であれば共分散は 0 になる．しかし，逆は成立しないことに注意すべきである．すなわち，2 つの確率変数の共分散が 0 であっても，それらは独立であるとは限らない（練習問題 2 参照）．14 章では 2 つの確率変数の相関の概念を定義する．そこでは，共分散が 0 であることと，X と Y に相関がない（無相関）ことは同等であることが示される．したがって，X と Y が独立なとき，X と Y は無相関である．しかし X と Y が無相関であっても，独立であるとは限らない．独立の概念は，無相関の概念よりも強い概念である．

独立な n 個の確率変数の平均値・分散

以上の議論を n 変数の場合に拡張する．データ $x_1, x_2, \cdots, x_n$ を実現させた確率変数 $X_1, X_2, \cdots, X_n$ が互いに独立であるとする．この場合 $X_1 + X_2 + \cdots +$

$X_n = \sum_{i=1}^{n} X_i$ の平均値は,独立でなくとも

(8.9)　　$E(X_1+X_2+\cdots+X_n) = E(X_1)+E(X_2)+\cdots+E(X_n)$

が成り立つ.

また互いに独立であれば X_i と $X_j (i \neq j)$ の共分散は 0 である,すなわち $\mathrm{Cov}(X_i, X_j) = 0$ であるので,次の公式を得る.

> $X_1, X_2, \cdots, X_n$ が互いに独立なときの $X_1+X_2+\cdots+X_n$ の分散
> (8.10)　　$\mathrm{Var}(X_1+X_2+\cdots+X_n) = \mathrm{Var}(X_1)+\mathrm{Var}(X_2)+\cdots+\mathrm{Var}(X_n)$

公式 (8.10) については付録 A1 (406 ページ) で議論されているが,2 つの確率変数 X,Y の場合と同様である.

以上は独立な場合であるが,さらに $X_i (i=1, 2, \cdots, n)$ が同一の共通な分布に従っている iid の状況で考えてみよう.X_i は同一の分布なので,X_i の共通の平均値を $E(X_i) = \mu$,分散を $\mathrm{Var}(X_i) = \sigma^2$ とすると,$X_1+X_2+\cdots+X_n$ の平均値,分散は,(8.9),(8.10) よりそれぞれ次式となる.

(8.11)　　$E(X_1+X_2+\cdots+X_n) = n\mu$

(8.12)　　$\mathrm{Var}(X_1+X_2+\cdots+X_n) = n\sigma^2$

3　2 項分布

2 項試行と 2 項確率

7 章 3 節で 2 項試行(ベルヌーイ試行ともいう)と 2 項確率について説明した.簡単に復習すると 2 項試行とは,硬貨を投げたとき表が出るかどうかといった 2 項事象(それを成功,失敗と呼ぶ)に代表されるように,試行の結果が二者択一的で,それが確率的に生じる試行である.2 項試行で成功するかどうかを表す確率変数を X として,その取りうる値を,成功する場合を 1,失敗する場合を 0 で表せば,成功する確率 $p(1) = P(X=1) = p$ を 2 項確率(成功確率ともいう)と呼んだ.失敗する確率は $q = 1-p$ であり,これは $p(0) = P(X=0)$ に等しい.こうした関係は (7.11) で示されており,この確率分布

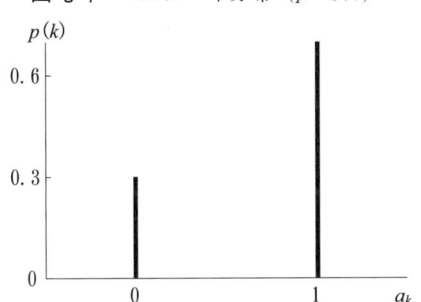

図 8-1 ベルヌーイ分布 ($p=0.7$)

は，ベルヌーイ分布とも呼ばれる（図8-1）．ここでは X の取りうる値が 0 か 1 なので，取りうる値を，$a_0=0, a_1=1$ と表現することにしよう．これまでと違い a は a_1 からでなく a_0 から始まっていることに注意せよ（$k=0,1$）．

2回の2項試行の確率分布

ベルヌーイ分布は，1回の2項試行を行う場合の確率分布であるが，それを2回の試行に拡張してみよう．

いま，1つの硬貨を2回投げる場合を考え，1回目の結果を表す確率変数を X，2回目のそれを Y で表す．いずれも，表が出た場合は 1，裏が出た場合は 0 という値を取る．したがって，X と Y は互いに独立で，その取りうる値は共通に $a_0=0, a_1=1$ である．表の出る確率を p とすると，この確率も共通に $p_x(1)=p_y(1)=p$ となる．もちろん裏が出る確率 $q=1-p$ も共通であり，$p_x(0)=p_y(0)=q$ である．したがって，X と Y は互いに独立に同じベルヌーイ分布に従う（iid）．ここで，1回目と2回目は互いに独立だから，同時確率 $p_{xy}(k,j)=P(X=a_k, Y=a_j)$ は，(8.2) より周辺確率の積 $p_x(k)p_y(j)$ となる．すなわち $p_{xy}(k,j)=p_x(k)p_y(j)$ である．

次に，この硬貨を2回投げたときに出る表の数を示す確率変数を $Z=X+Y$ で示そう．Z は 0，1，2 を取り，$Z=0$ は $X=0$ かつ $Y=0$，すなわち 1回目・2回目とも裏が出ることを示し，$Z=1$ は 1回目または2回目のいずれかが表で，もう一方は裏であること，$Z=2$ は 2回とも表が出ることを意味する．したがって Z の確率を

(8.13)　　$p_z(k) = P(Z = b_k) = P(Z = k)$　　$(k = 0, 1, 2; b_0 = 0, b_1 = 1, b_2 = 2)$

で示すと，Z の確率分布は

k	0	1	2
$p_z(k)$	$p_x(0) p_y(0)$	$p_x(0) p_y(1) + p_x(1) p_y(0)$	$p_x(1) p_y(1)$

となり，表中の確率を p, q を用いて表せば，確率分布は次の表で与えられる．

(8.14)

k	0	1	2
$p_z(k)$	q^2	$2pq$	p^2

(8.13) 式において，$b_k = k$ であるので，(8.14) の表の左上隅の k の代わりに，Z と書いても同じことである．

これまでの応用問題として次の例題をみてみよう．

例題8.2　表の出る確率が 1/2 の10円玉を 2 回投げ，表の出た回数だけ，表の出る確率が 1/2 の100円玉を投げる．10円玉投げで表の出る回数を Z，100円玉投げで表の出る回数を Y とするとき，以下の問いに答えよ．
  (1)　Z の確率分布を求めよ．
  (2)　100円玉の表が 2 回出る確率を求めよ．
  (3)　100円玉の表が 1 度も出ない確率を求めよ．
  (4)　Z と Y の同時確率分布を求めよ．
  (5)　Z と Y のそれぞれの期待値（表の出る平均回数）を求めよ．

[**解説**]　この問題は複雑である．なぜなら100円玉を投げる回数が，10円玉の表の出る回数に左右されるからである．つまり，Z と Y は独立ではない．

　(1)　確率変数 Z の確率分布は，(8.14) で $p = 1/2, q = 1 - 1/2 = 1/2$ とすればよい．よって

(8.15)　　$p_z(0) = \left(\dfrac{1}{2}\right)^2 = \dfrac{1}{4}$,　　$p_z(1) = 2 \cdot \dfrac{1}{2} \cdot \dfrac{1}{2} = \dfrac{1}{2}$,　　$p_z(2) = \left(\dfrac{1}{2}\right)^2 = \dfrac{1}{4}$.

(2) Y については，(8.14) を用いることができない．なぜならば，10円玉の表の回数が $Z=k(k=0,1,2)$ のとき，100円玉を k 回投げることになり，条件付確率を考えることになるからである．Y の取りうる値は，(ⅰ) $k=0$ のときは 0，(ⅱ) $k=1$ のときは 0 と 1，(ⅲ) $k=2$ のときは，0，1，2 である．

したがって，100円玉が 2 回表が出るためには，まず10円玉が 2 回とも表，すなわち $Z=2$ が起こって，そのあと $Y=2$ が起こることになる．すなわち $Y=2$ が起こることは，$Z=2$ と $Y=2$ の両方が起こる必要があるので，その確率は 7 章の (7.21) 式 (158ページ) を用いると

$$P(Y=2)=P(Z=2, Y=2)=P(Y=2|Z=2)P(Z=2)$$

となる．ここで $P(Z=2)=p_z(2)$ は (8.15) より 1/4 である．他方，条件付確率 $P(Y=2|Z=2)$ は，$Z=2$ が実現したとき，100円玉を 2 回投げて，2 回とも表が出る条件付確率であるから，(8.14) で $p=1/2$ とおくと $(1/2)^2=1/4$ となる．それゆえ

$$P(Y=2)=\left(\frac{1}{4}\right)\cdot\left(\frac{1}{4}\right)=\frac{1}{16}.$$

(3) 100円玉の表が一度も出ない場合 $Y=0$ は，次の 3 つの場合に分けられる．(ⅰ)10円玉の表が一度も出ない，すなわち $Z=0$，(ⅱ)10円玉の表が一度だけ出て，100円玉を一度投げたときに裏が出る，すなわち $Z=1$ かつ $Y=0$，(ⅲ)10円玉の表が二度出て，100円玉を 2 回投げたときに 2 回とも裏が出る，すなわち $Z=2$ かつ $Y=0$．これらは同時に起こりえないので，それぞれの確率を加えればよい．(ⅱ)と(ⅲ)の確率は(2)と同様に (7.21) 式を用いればよいので，$P(Y=0)$ は以下のように求められる．

$$P(Y=0)=\underbrace{P(Z=0)}_{(ⅰ)}+\underbrace{P(Z=1, Y=0)}_{(ⅱ)}+\underbrace{P(Z=2, Y=0)}_{(ⅲ)}$$

$$=P(Z=0)+P(Y=0|Z=1)P(Z=1)+P(Y=0|Z=2)P(Z=2)$$

$$=\frac{1}{4}+\frac{1}{2}\cdot\frac{1}{2}+\left(\frac{1}{2}\right)^2\left(\frac{1}{4}\right)=\frac{9}{16}$$

(4) $p_{zy}(k,j)=P(Z=k, Y=j)$ とおく．$p_{zy}(k,2)$ については(1)で($k=0,1$ の場合は起こりえない)，$p_{zy}(k,0)$ については(2)ですでに求めている．よっ

表 8-1　Z と Y の同時確率分布・周辺分布

Z ＼ Y	0	1	2	$p_y(j)$
0	1/4	0	0	1/4
1	1/4	1/4	0	1/2
2	1/16	1/8	1/16	1/4
$p_z(k)$	9/16	6/16	1/16	1

てあとは，$p_{zy}(k,1)$ を $k=1,2$ について，(7.21) を用いて求めればよい．つまり，

$$p_{zy}(1,1)=P(Z=1, Y=1)=P(Y=1|Z=1)P(Z=1)=(1/2)(1/2)$$
$$=1/4$$
$$p_{zy}(2,1)=P(Z=2, Y=1)=P(Y=1|Z=2)P(Z=2)$$
$$=(2\times 1/2\times 1/2)(1/4)=1/8$$

である．これらの同時確率は表8-1にまとめられている．

(5)　表8-1の同時確率を行または列で合計すれば Z と Y の周辺確率分布が得られる．したがって，7章 (7.25) 式より，それぞれの平均値は次のとおりである．

$$E(Z)=0\times\frac{1}{4}+1\times\frac{1}{2}+2\times\frac{1}{4}=1, \quad E(Y)=0\times\frac{9}{16}+1\times\frac{6}{16}+2\times\frac{1}{16}=\frac{1}{2}$$

∎

2項分布

(8.14) の確率分布は，成功確率が p である2項試行を2回行ったときの確率分布であった．さらに同様の2項試行を n 回行うとき，成功（硬貨投げであれば表）の回数を表す確率変数 Z の確率分布 $p_z(k)$ を**2項分布**（binomial distribution）と呼ぶ．ただし，n 回の2項試行は独立で同じ成功確率 p を持つとする．2項分布は非常に重要な分布であり，以下でその特徴や応用法について学習する．

2項分布 $B(n,p)$

　成功確率が p である2項試行を n 回行うとき，成功する回数を Z とする．こ

のとき k 回成功する確率（Z が k を取る確率）は

(8.16) $\quad p_Z(k) = P(Z=k) = {}_nC_k p^k q^{n-k} \quad$ ただし $q=1-p \quad (k=0,1,\cdots,n)$

で与えられる．この確率分布を2項分布といい，$B(n,p)$ で表す．

[解説] (8.16) 式の ${}_nC_k$ は，n 個の中から k 個を選ぶ組合せの数を表し，

$$_nC_k = \frac{n \times (n-1) \times (n-2) \times \cdots \times (n-k+1)}{k \times (k-1) \times (k-2) \times \cdots \times 3 \times 2 \times 1} \quad \text{または} \quad {}_nC_k = \frac{n!}{k!(n-k)!}$$

である．ここで，$n!$ は n の階乗といい，$n! = n \times (n-1) \times (n-2) \times \cdots \times 3 \times 2 \times 1$ である（ただし，$0!=1$ と定義する）．例えば，3回のうち2回成功する組合せは，$n=3, k=2$ として，${}_3C_2 = \frac{3 \times 2}{2 \times 1} = 3$ 通りある．これは，3回のうち2回成功するパターンが，成功-成功-失敗，成功-失敗-成功，失敗-成功-成功の3通りあることを示す．

また，(8.16) の確率の和が1であることは

$$\sum_{k=0}^{n} p_Z(k) = \sum_{k=0}^{n} {}_nC_k p^k q^{n-k} = (p+q)^n = 1$$

となることから証明される（2項定理）．

ここで $n=1,2,3$ の場合を考え，その後，一般化してみよう．

(i) 本節のはじめに説明したベルヌーイ分布は，2項分布で $n=1$ に対応している．

(ii) (8.14) や例題8.2の Z の周辺分布は，$n=2$ の2項分布である．例題8.2の Z の分布は $B(2,1/2)$ であり，(8.16) 式より各 k に対する確率は，

$p_Z(0) = P(Z=0) = {}_2C_0 (1/2)^0 (1/2)^2 = 1/4,$

$p_Z(1) = P(Z=1) = {}_2C_1 (1/2)^1 (1/2)^1 = 1/2,$

$p_Z(2) = P(Z=2) = {}_2C_2 (1/2)^2 (1/2)^0 = 1/4$

となり，例題の解答と一致している．

(iii) $n=3$ のとき，X_1, X_2, X_3 を各回の試行結果を表す確率変数（成功なら1，失敗なら0）とすると，$Z = X_1 + X_2 + X_3$ であり，Z の取りうる値は $k=0,1,2,3$ である．$Z=0$ は，3回とも失敗に対応するので，その確率は

$P(Z=0) = P(X_1=0, X_2=0, X_3=0) = P(X_1=0) P(X_2=0) P(X_3=0)$
$\quad\quad\quad\quad = q^3$

である．ここで，X_1, X_2, X_3 は独立であるので，同時確率は周辺確率の積であるという性質を利用している．$Z=3$ に対しても同様に，$P(Z=3)=p^3$ となる．$Z=1$ は，X_1, X_2, X_3 のいずれかが 1 を取り，他のものは 0 を取る場合である．3 個の確率変数のうち 1 を取る確率変数を 1 つだけ選択する組合せの数は ${}_3C_1=3$ 通りである．実際，100，010，001 がその組合せで，100 の起こる確率は

$$P(X_1=1, X_2=0, X_3=0) = P(X_1=1)P(X_2=0)P(X_3=0) = pq^2$$

で，それは 010，001 の場合の確率と等しい．これら 3 通りの組合せは同時に起こらないので，$p_Z(1)=P(Z=1)=3pq^2$ となる．同様に $p_Z(2)=P(Z=2)=3p^2q$ である．したがって，$n=3$ の場合の確率分布は，次表で与えられ，(8.16) で算出される確率と等しいことが確認できる．

k	0	1	2	3
$p_Z(k)$	q^3	$3pq^2$	$3p^2q$	p^3

（iv）以上の議論をさらに一般化して，n 回投げたときの表の出る回数 Z の確率分布を考える．Z は各回の試行の確率変数 X_i を用いて $Z=X_1+X_2+\cdots+X_n$ と書ける．まず $Z=0$ は，$X_1=0, X_2=0, \cdots, X_n=0$ と同じであるから，$p_Z(0)=P(X_1=0)P(X_2=0)\cdots P(X_n=0)=q^n$ となる．次に $Z=1$ は，$X_1, X_2, \cdots, X_n$ のいずれか 1 つが 1 を取り，残りのものが 0 となる事象である．その確率は，$100\cdots 0$ が起こる確率 pq^{n-1} に，n 個のなかから 1 つを選択する組合せの数 ${}_nC_1=n$ を掛けたものに等しい．すなわち $p_Z(1)={}_nC_1 pq^{n-1}$ となる．同様に $P(Z=2)$ は，最初に 2 回成功し残りの全て失敗する確率 p^2q^{n-2} に ${}_nC_2$ を掛けたもの，すなわち $p_Z(2)={}_nC_2 p^2 q^{n-2}$ となる．これを続けていくと，式 (8.16) が得られる．■

図 8-2 は，いくつかの p に対する 2 項分布 $B(n, p)$ のグラフである（n は 10 に固定）．図 8-1 のように棒を立てたグラフではなく，比較しやすいように棒の頂点を結んだグラフ（3 章の度数多角形に対応）が示されている．同じ n に対して，p が 0.5 に近づくにつれて，グラフが左右対称に近づいていくことがわかる．

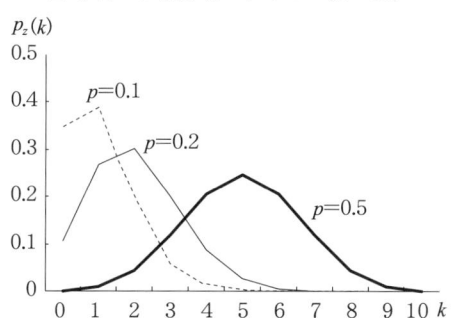

図 8-2　2項分布のグラフ（$n=10$）

2項分布の平均と分散

(7.12)式で求めたように，1回の2項試行に対する平均値は $E(X_i)=p$，分散は $\mathrm{Var}(X_i)=pq$ であった．そこで，n 回の2項試行における成功回数の分布である2項分布 $B(n,p)$ の平均値と分散を求めると次のようになる．

2項分布 $B(n,p)$ の平均値の分散

(8.17)　平均 $\mu=E(Z)=np$

(8.18)　分散 $\sigma^2=\mathrm{Var}(Z)=npq$

［解説］　$Z=X_1+X_2+\cdots+X_n$ で各 $X_1, X_2, \cdots, X_n$ は iid である．したがって，(8.11)式および $E(X_i)=p$ より，
$$E(Z)=E(X_1+X_2+\cdots+X_n)=E(X_1)+\cdots+E(X_n)=np$$
となる．また $X_1, X_2, \cdots, X_n$ は iid であるので (8.12)式が利用でき，各分散は $\mathrm{Var}(X_i)=pq$ なので，
$$\mathrm{Var}(Z)=\mathrm{Var}(X_1+X_2+\cdots+X_n)=\mathrm{Var}(X_1)+\cdots+\mathrm{Var}(X_n)=npq.$$
∎

例題8.3　男の子と女の子が生まれる確率は1/2ではなく，男の子の出生数の方が若干多いことが知られている．経験的にいって，その割合は女の子の出生数100人に対して男の子は106人である．このことを利用して，以下の問いに答

えよ.
(1) 子供を4人持つときに，男女2人ずつ生まれる確率を求めよ．
(2) 子供を4人持つとき，男の子が4人生まれる確率と女の子が4人生まれる確率を求めよ．
(3) 1年間の出生数を110万人として，男の子の出生数の平均値と分散・標準偏差を求めよ．

[解説] X_i を男の子が生まれたら1，女の子が生まれたら0を取る確率変数とし，$Z=X_1+X_2+\cdots+X_n$ を男の子の出生数とする．n は出産回数，すなわち男女の出生数の合計である．Z は2項分布 $B(n,p)$ に従い，その確率 p は

$$p=\frac{106}{106+100}=\frac{106}{206}=0.51456\cdots, \quad q=1-\frac{106}{206}=\frac{100}{206}.$$

(1) $n=4$ としたときの $Z=2$ に対する確率であるから，

$$P(Z=2)={}_4C_2\left(\frac{106}{206}\right)^2\left(\frac{100}{206}\right)^2=0.374.$$

(2) 同様に男の子が4人の確率は，$P(Z=4)={}_4C_4(106/206)^4(100/206)^0=0.070$，女の子が4人の確率は $P(Z=0)={}_4C_0(106/206)^0(100/206)^4=0.056$ となり，男4兄弟の方が，女4姉妹よりも，若干確率が高くなる．

(3) $B(1100000, 106/206)$ における平均・分散は，(8.17)，(8.18) より，

$$E(Z)=np=1100000\times\frac{106}{206}=566019 \text{（人）}$$

$$\mathrm{Var}(Z)=npq=1100000\times\frac{106}{206}\times\frac{100}{206}=274767$$

となり，標準偏差は $\sqrt{274767}=524$ である．したがって，平均して約56万6000人程度の男の子が生まれることになる．

4 その他の離散的確率分布

前節で述べた2項分布以外にも，多くの離散的確率分布があるが，本節ではその代表的ないくつかの分布を紹介しよう．

ポアソン分布

確率変数 X の取りうる値が $k=0,1,2,3,\cdots$ で,その確率分布が

(8.19) $\quad p(k)=P(X=k)=\dfrac{e^{-\lambda}\lambda^{k}}{k!} \quad (\lambda>0)$

で与えられるとき,X は**ポアソン分布**に従うという.ここで,e は自然対数の底で,$e=2.7182\cdots$ という定数である.この確率の和が 1 となることは

$$e^{\lambda}=1+\lambda+\dfrac{\lambda^{2}}{2!}+\dfrac{\lambda^{3}}{3!}+\cdots$$

となることによる.

2 項分布 (8.16) において,$np=\lambda$(ラムダと読む)とおき,λ を一定に保ちながら,n を限りなく大きくしていく($n\to\infty$,したがって $p\to 0$ でなければならない)とポアソン分布の確率関数 (8.19) 式が得られる(練習問題 7).

この 2 項分布とポアソン分布の関係からポアソン分布をみると,$np=\lambda$(一定)のもとで n が大きく p が小さいときに 2 項分布はポアソン分布で近似される.したがって,2 項分布の平均値は (8.17) より np であることから,ポアソン分布の平均値も λ となる.また (8.19) のポアソン分布は λ を与えればその形状が決まることに注意せよ.ポアソン分布の形状は,図8-3(a)に示されている.

ポアソン分布は,まれにしか起きないような出来事の起こる確率や回数を表すモデルとして用いられる.また,一定時間にある出来事が生じる確率や回数を説明する場合にも用いられる.例えば,本の 1 ページ当たりに k 個のミスがある確率を示すモデル,ある地域で 1 日当たり k 人が交通事故にあう確率モデル,ガソリンスタンドである特定の 1 時間に k 台の自動車がくる確率モデル等に利用できる.

例題8.4 ある工場で生産している製品の不良品の発生率は0.5%である.この製品を100個作ったとき,不良品が 2 個以上となる確率を求めよ.

[解説] $n=100, p=0.005$ より,$\lambda=np=100\times 0.005=0.5$ である.不良品が

186 8章　離散的確率分布

図 8-3　いろいろな離散的確率分布

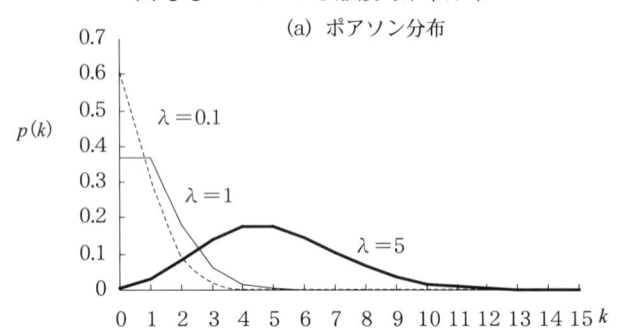

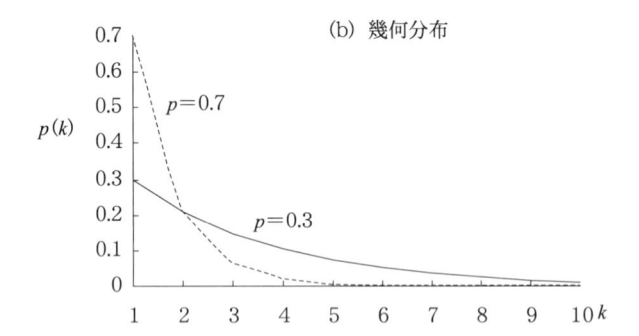

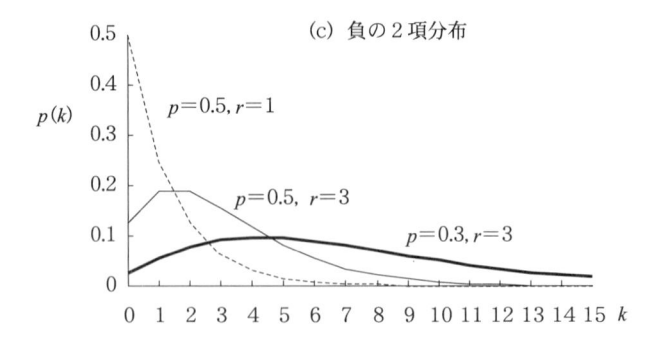

(a) ポアソン分布

(b) 幾何分布

(c) 負の2項分布

2個以上の確率は，不良品が0個または1個の確率を1から引けばよい．(8.19) の $P(X=k)=e^{-\lambda}\lambda^k/k!$ に，$k=0, k=1$ を代入すれば，

$$P(X=0)=\frac{e^{-0.5}0.5^0}{0!}=0.6065, \quad P(X=1)=\frac{e^{-0.5}0.5^1}{1!}=0.3033$$

となる．したがって，不良品が2個以上となる確率は，$1-(0.6065+0.3033)=0.0902$ と約9％程度である．■

幾何分布

2項分布は，成功確率が p の2項試行を n 回行ったときの，成功する回数の分布であった．ここでは視点を変えて，成功するまで試行を行い，成功するまでに要した試行の回数を確率変数 X で表そう．この場合，X の取りうる値は，$a_k=k=1,2,3,\cdots$ である．例えば，$X=1$ は1回目に成功すること，$X=2$ は1回目に失敗し2回目に成功すること，$X=3$ は1回目・2回目が失敗で3回目に成功すること…等を表す事象となる．より一般的に $X=k$ は，1回目から $k-1$ 回目までは連続して失敗し，k 回目に初めて成功する事象である．

したがって X の確率分布は，

(8.20) $\quad p(k)=P(X=k)=q^{k-1}p, \quad k=1,2,3,\cdots; p+q=1$

で表すことができる．各回の試行は独立だから，各回の確率を掛けあわせることができ，1回目から $k-1$ 回目まで連続して失敗する確率は q^{k-1} であり，それに k 回目に成功する確率 p を掛ければ，(8.20) が得られる．(8.20) で表される確率分布を**幾何分布**という．幾何分布の形状は，図8-3(b)に示されているが，k が増加するとともに，確率が急激に減少していく様子がわかる（幾何級数的に減少するという意味で，幾何分布と呼ばれている）．

例題8.5 表の出る確率が1/2の硬貨で，表が出たら勝ちという単純なゲームを考える．
 (1) 5回目まで勝てない確率を求めよ．
 (2) 5回目まで勝てなかったとき，6回目に勝てる確率を求めよ．

[解説]　(1)　X を幾何分布に従う確率変数とすると，5回目までに成功する

（表が出る）確率は，$P(X\leq5)$ であり（$P(X=5)$ ではないことに注意せよ），5回目まで勝てない確率は $1-P(X\leq5)$ である．この第2項は $P(X\leq5)=P(X=1)+P(X=2)+\cdots+P(X=5)$ であり，それぞれの確率は，(8.20) 式から計算できる．つまり，

$$P(X=1)=0.5^{1-1}0.5=0.5, \quad P(X=2)=0.5^{2-1}0.5=0.25, \cdots$$

となり，$P(X\leq5)=0.5+0.25+0.125+0.0625+0.03125=0.96875$ である．よって求める確率は $1-0.96875=0.03125$ となり，かなり小さく，5回目まで負け続ける可能性はかなり低い（もちろん，0.5^5 で計算してもよい）．

(2) (1)で求めた確率 $1-P(X\leq5)$ は，$P(X>5)$ と書くこともできる．したがって，5回目まで勝てなかったとき，6回目に勝てる確率は，条件付確率を用いて，$P(P=6|X>5)$ と書くことができる．ここで，$P(X=6, X>5)=P(X=6)$ である（∵ $X=6$ は $X>5$ を含む）ことに注意して，条件付確率の定義 (7.19) を用いれば，

$$P(P=6|X>5)=\frac{P(P=6|X>5)}{P(X>5)}=\frac{P(X=6)}{P(X>5)}=\frac{0.5^{6-1}0.5}{0.03125}=0.5$$

となる．ここで $P(X=6)$ は (8.20) より，$P(X>5)$ は(1)より求めている．

この結果は当たり前のことをいっているにすぎない．なぜならば，5回目まで勝てなかったからといって，6回目に表が出る確率は1/2で変わらないからである．しかし，ゲームや賭け事をする人の心理として，「これまで5回も表が出なかったのだから，そろそろ表が出てもいいころだ」などと考えやすく，その考えが誤りであることをこの問題は示唆している．■

負の2項分布*

幾何分布をより一般化して，r 回成功するまでに必要な2項試行の回数を X とする．もちろん，$r=1$ であれば幾何分布となる．r は固定された値であり，X の取りうる値 a_k は，$a_k=k$ ($k=r, r+1, r+2, \cdots$) である．k 回目で r 回目の成功が起きるということは，$k-1$ 回目までに $r-1$ 回の成功が起こり，かつ k 回目で成功することである．ここで，$k-1$ 回目までの失敗の回数は，$(k-1)-(r-1)=k-r$ 回である．したがって $k-1$ 回目までに $r-1$ 回の成功が起こる確率は，2項分布 (8.16) を利用すれば，${}_{k-1}C_{r-1}p^{r-1}q^{k-r}$ と

なる．そして，ちょうど第 k 回目で成功する確率は試行の独立性から p であり，したがって，$_{k-1}C_{r-1}p^{r-1}q^{k-r} \times p$ より，以下の式を得る．

(8.21) $\quad p(k) = P(X = a_k) = {}_{k-1}C_{r-1}p^r q^{k-r}$

この式で表される確率分布を，**負の 2 項分布**（または**パスカル分布**）という．

(8.21) の負の 2 項分布の導出では，確率変数 X は，r 回成功するまでに必要な 2 項試行の回数を示すものであった．別な視点として r 回成功するまでの失敗回数を表す確率変数を Y としてみよう．この場合，r 回成功するまでの試行回数 X との関係は $Y = X - r$ となる．この場合，Y の取りうる値は，$j = 0, 1, 2, \cdots$ となる．また，$j = k - r$ より $k = j + r$ なので，

$$p_y(j) = P(Y = j) = {}_{r+j-1}C_{r-1}p^r q^j, \quad j = 0, 1, 2, \cdots$$

となる．組合せの性質 ${}_nC_k = {}_nC_{n-k}$ を利用すれば，$(r+j-1) - (r-1) = j$ となるので，上式はより簡略に，

(8.22) $\quad p_y(j) = P(Y = j) = {}_{r+j-1}C_j p^r q^j, \quad j = 0, 1, 2, \cdots$

と書くことができる．負の 2 項分布の定義としては，(8.22) が用いられることが多い．この場合，当該確率変数は r 回成功するまでの失敗回数を表すことに注意せよ．この負の 2 項分布の形状は，図8-3(c) に示されている

キーワード

独立性　互いに独立に同じ分布に従う (iid)　ベルヌーイ分布　2 項分布　ポアソン分布　幾何分布　負の 2 項分布

練習問題

1. 7 章練習問題 6 の X（A 株の予想変化率）と Y（B 株の予想変化率）は，独立かどうか調べよ．
2. X と Y の同時確率が表8-2のように与えられている．
   (1) X と Y の周辺確率を求めよ．
   (2) X と Y の期待値，分散，標準偏差をそれぞれ求めよ．

表 8-2　X と Y の同時確率分布

X \ Y	0	1
0	0.05	0.15
1	0.6	0
2	0.05	0.15

　　(3)　X と Y の共分散を求めよ．X と Y は独立といえるか．
3．サイコロを3回投げたとき，5の目が1度だけ出る確率を求めよ（ただし5の目の出る確率は1/6とする）．また，5の目の出る回数を X とするとき，その確率関数を求めよ．さらに，その期待値を求めよ．
4．ある病院で，明日は10人の出産が予定されている．このとき7人が男の子である確率を求めよ．ただし，男の子の生まれる確率は0.51とし，双子以上は考えないとする．
　　また，10人の子供が生まれるとき，男の子は平均して何人生まれるか．
5．ある病気に対してある薬を投与すると60%の確率で治癒するという．この病気にかかっている10人の患者にこの薬を投与した場合，1人も治癒しない確率を求めよ．また，3人以上が治癒する確率を求めよ．
6．例題8.4で，不良品が2個以上出る確率を2項分布を利用して求め，ポアソン分布を利用した場合と比較せよ．
7*．2項分布で，np を一定に保ちながら，限りなく n を大きくしていくとその確率分布は，ポアソン分布（8.19）となることを証明せよ．
8．2006年の交通事故死者数が最も多かったのは愛知県で338人であった．1日当たりにすると $338 \div 365 = 0.9$（人）となる．これより，愛知県で1日の交通事故死者数が0人となる確率を，ポアソン分布を利用して答えよ．また，2人以下となる確率も求めよ．
9*．2項分布の平均が np，分散が npq になることをその確率関数を用いて証明せよ．
　　[ヒント]　2項分布の確率関数 $p(k) = {}_n C_k p^k q^{n-k}$ を，確率変数の平均，分散の定義式である (7.7), (7.8) に代入し，変形していく．

9章

連続的確率分布と正規分布

　7章と8章では，離散的データを生成する離散的確率分布とその代表的な分布として2項分布などについて説明した．本章では，離散的確率分布に関する内容を，連続的データを生成する連続的確率分布に拡張し，その代表的な分布として正規分布などについて学習する．2節で説明する正規分布は統計学で最も重要な分布であり，正規分布における確率の計算などは，後の章でも重要な役割を果たす．連続的確率分布が離散的確率分布と異なる点は，離散的確率変数への確率の対応のさせ方では，取りうる値としての特定の値（数値）に対して確率を付与するが，他方，連続的確率変数への確率の対応のさせ方では，様々な「区間」にその変数が落ちる（入る）確率を付与する，という点である．それは，連続的確率変数では，ある特定の値を取る確率は 0 であるからである．しかしながら，連続的確率分布に関しても，多くの考え方や内容は，前章までの離散的確率分布とほとんど同じであり，離散的確率分布について成立した多くの結果が，連続的確率分布でも成立する．ただし，連続的確率変数を離散的にみたり，積分の記号が出てきたり，若干，複雑にみえるかもしれない．しかし，離散的な場合の結果と照らし合わせ，さらには図で対応させながら，直感的に理解することが重要である．

【本章の内容】
(1) 離散的確率変数の確率関数に対応するものとして，連続的確率変数の確率分布を表現する確率密度関数について，連続的確率変数を離散的に考えたうえで定義する．また，その平均値や分散についても考える．

(2) 連続的確率分布の代表として正規分布を取り上げ，そこにおける確率を計算するための正規分布表の使い方，ならびにその応用を説明する．
(3) 正規分布以外の代表的な連続的確率分布についていくつか紹介する．
(4) 離散的な場合と同様に，2つの連続的確率変数の確率分布に関するいくつかの確率の概念について定義する．
(5) 連続的確率変数における独立性を定義し，独立な場合の平均値や分散について提示する．

1 確率密度関数

与えられたデータ $x_1, x_2, \cdots, x_n$ が，人の体重や電球の寿命時間等のような連続的なデータの場合，各 x_i は正の実数値を取っている．実際の観測値としては，$\sqrt{3500}$ のような無理数はないものの，概念的には無理数も取りうる値になると想定できる．例えば体重の測定値は，体重計の精度が高くなれば，小数点以下の桁数をいくらでも取ることが可能となるだろう．また，2章6節で述べたように，GDPや為替レート，金利等多くの経済変数も連続的データとして扱った方が便利なことが多い．さらに，株価収益率や経済成長率等の変数は，負の実数値も取る．本節では，このような連続的データを生成する確率分布を考察する．

連続的確率変数を離散的に考える

離散的データの場合と同様に，連続的データについても，与えられた各データ x_i に対してそれが実現する以前の確率変数を X_i とする．以下 i を固定して，単に X で表す．最初に X の取りうる値を 0 から ∞ の区間 $[0, \infty)$ のなかの点とする．X が特定の区間 $[A, B]$ のなかの点しか取らない場合は，その区間の外の点を取る確率を 0 とする．ただし，区間 $[A, B]$ は左端が A，右端が B の閉区間を表し，X がこの閉区間に落ちる（入る）ことを，$A \leq X \leq B$ で表す（閉区間とは，両端を含む区間を表す）．他方，区間 (A, B) は開区間を表し，X がこの区間に落ちることを $A < X < B$ で表す（開区間とは，両端を含まない区間を表す）．以下ではまず，X が取りうる値は非負として，半開区間

$[0, \infty)$ を考える（$[0, \infty)$ は，$0 \leq X < \infty$ を表す）．

前章までは，離散的確率変数 X が a_k を取る確率を，その取りうる値を明記し，さらに k の関数とみなして，$p(k) = P(X = a_k)$ と表現した．$p(k)$ の p は関数の記号であったので，これを f に代え，さらに取りうる値を明記して

$$f(a_k) = P(X = a_k)$$

と書くこともできる．一方，連続的確率変数 X の場合，その取りうる値を離散的な場合のように $a_k (k = 1, 2, 3, \cdots)$ と書くことはできないので，X の取りうる値を一般的に x で表す．ただし，$0 \leq x < \infty$ である．ここでの X は，第 i 番目のデータ $x_i (0 \leq x_i < \infty)$ の出方を表す確率変数 X_i で，添え字 i を省略したものとみればよい．連続的確率変数の場合でも，X の確率的な出方を示す関数を，$f(x)$ と書く．典型的な $f(x)$ を x の関数とみて図示したのが図9-1(a)である．

連続的データの場合，X の取りうる値は離散的ではないため，数え上げたり，すべてを書き出したりできない（非可算無限個であるという）．そのため，すべての取りうる値に確率を付与することができない．実際，$[0, \infty)$ の各点に確率 $f(x)$ を付与しようとすると，非負であるという条件 $f(x) \geq 0$ は問題ないものの，確率の和が 1 という条件 $\sum f(x) = 1$ は，和を取る x が $[0, \infty)$ の点として非加算個あるので，そのままの形で和を取ることができない．そこで，確率を表そうとする関数 $f(x)$ に対して確率の和が 1 となる条件を満たすように以下の手順で考える．

まず，x が取りうる区間 $[0, \infty)$ を h という幅を持った小さい区間で，

(9.1)　　$[0, h], (h, 2h], (2h, 3h], \cdots$

のように分割する（図9-1(b)の x 軸）．そして第 k 区間 $((k-1)h, kh]$ のなかの点を，区間の右端の点 kh で代表させる．すなわち，X が区間 $((k-1)h, kh]$ のなかの値を取るとき，X はこの区間のどこにあっても，kh という値を取るとみなす．ここで，X に代わる確率変数 $[X]$ を導入して $[X] = kh$ と書くことにする．つまり $[X] = kh$ と $(k-1)h < X \leq kh$ は同じことを表すものとする．

このようにすると新しい変数 $[X]$ の取りうる値は，離散的確率変数の場合と同様に

194 9章 連続的確率分布と正規分布

図 9-1 確率密度関数

(a) 確率密度関数と確率

$P(a \leq X \leq b) = \int_a^b f(x)dx$

(b) $f(x)$とx軸で囲まれる面積

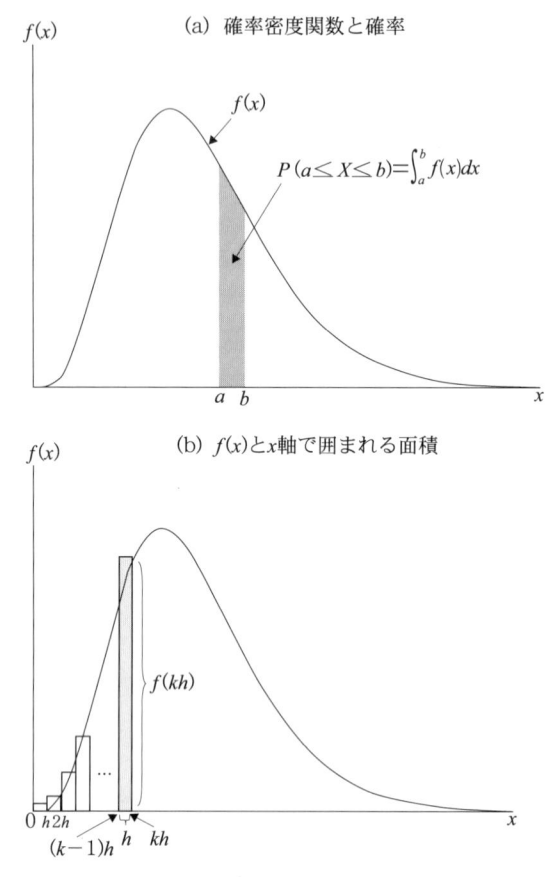

(9.2)　　$h, 2h, 3h, \cdots, kh, \cdots,$

と書き出すことができる．したがって，$[X]$は離散的確率変数で，その取りうる値は $a_k = kh$ (ただし，$k = 1, 2, \cdots$) となる．この $[X]$ を X の **離散化確率変数** という．離散的確率変数には，7章で説明したように確率を付与することができる．

そこで離散化確率変数 $[X]$ が kh を取る確率を，区間 $((k-1)h, kh]$ 上に立つ高さ $f(kh)$ の柱の面積 $h \times f(kh)$ で定義する．ここで h は柱の底辺の幅（長さ），$f(kh)$ は点 kh での $f(x)$ の値で，柱の高さである（図9-1(b)参照）．

すなわち h が小さいとき，$[X]$ が kh という値を取る確率を，区間 $((k-1)h, kh]$ の上に立つ柱の面積として

$$(9.3) \quad p(k) = P([X] = kh) = f(kh) h$$
$$\fallingdotseq P((k-1)h < X \leq kh)$$

と定義する．ここで $\fallingdotseq$ の記号は，X が区間 $((k-1)h, kh]$ のなかに入る確率が，h が小さいとき $f(kh)h$ で近似されることを示す．

この $p(k)$ に対する確率の和が 1 という条件は

$$(9.4) \quad \sum_{k=1}^{\infty} p(k) = 1 \quad \Leftrightarrow \quad \sum_{k=1}^{\infty} f(kh) h = 1$$

と表すことができる．これは，図9-1(b)の柱の面積をすべて加えたものが 1 である，という条件である．ここで，h を十分小さく取ると，柱の面積は，区間 $((k-1)h, kh]$ 上に立つ柱と曲線 $f(x)$ とで囲まれる面積にいくらでも近くなれるから，柱の面積の総和が 1 という (9.4) の条件は，曲線 $f(x)$ と x 軸で囲まれる面積全体が 1 になるという条件ということができる．

確率密度関数

X が各区間 $((k-1)h, kh]$ のなかに入る確率が，h が小さいとき $f(kh)h$ で近似される連続曲線 $f(x)$ のことを確率密度関数と呼ぶことにする．確率密度関数 $f(x)$ と x 軸で囲まれる面積を，0 から ∞ までの積分として $\int_0^{\infty} f(x) dx$ という記号で示す．積分の記号は，$\sum_{k=1}^{\infty} f(kh) h$ で h を小さくしたものにすぎない．すなわち，$f(x)$ を $f(kh)$，dx を h，$\int$ を $\sum$ とみる．積分 $\int_a^b f(x) dx$ は，総和記号 $\sum$ を連続化したものと考え，また，$f(x)$ と x 軸で囲まれた (a, b) 上の「面積」を表す記号であると理解すればよい（図9-1(a)参照）．したがって，$[0, \infty)$ 上の値を取る連続的確率変数 X に対する確率の条件は，非負関数 $f(x)$ を用いて，総面積が 1，すなわち

$$\int_0^{\infty} f(x) dx = 1, \quad f(x) \geq 0$$

と表すことができる．ここで改めて，**確率密度関数**（あるいは単に**密度関数**）とは，この条件を満たす関数 $f(x)$ であると定義する．離散的確率変数の場合は，$p(k)$ を確率関数と呼んだが，それは $p(k)$ 自体が確率を表すからである．

しかし連続的確率変数の場合は，$f(x)$ は確率とは異なるので，「(確率)密度」という言葉をあてているのである．

以上の議論は X の取りうる値が $(-\infty, \infty)$ の場合でも同様である．$(-\infty, \infty)$ を上と同様に $((k-1)h, kh]$ と分割するが，k を $k=0, \pm 1, \pm 2, \cdots,$ として，0を中心にして左右対称に分割を行っていけばよい．また，0以上の実数値しか取らない確率変数 X に対しても，$(-\infty, 0)$ に対して $f(x)=0$ とみれば，X が負の値を取る確率は 0（すなわち $(-\infty, 0)$ と $f(x)=0$ で囲まれる面積は 0）となるので，0以上の値しか取らない確率変数に対しても $f(x)$ は $(-\infty, \infty)$ 上で定義されているとみてよい．したがって，確率密度関数 $f(x)$ に対しても，7章1節で示した確率の条件（138ページ）をあてはめると次のようになる．

確率密度関数 $f(x)$ とは，次の条件(1)，(2)を満たすものをいう．
(1) $f(x) \geq 0$ （非負）
(2) $\int_{-\infty}^{\infty} f(x)\,dx = 1$ （$f(x)$ と x 軸で囲まれる面積が1）

確率密度関数 $f(x)$ を用いると，連続的確率変数 X が区間 $[a, b]$ に入る（しばしば，「落ちる」とも表現する）確率は，その区間上の柱と $f(x)$ で囲まれる面積に等しい．これを

(9.5) $\quad P(a \leq X \leq b) = \int_a^b f(x)\,dx$

と表現する（図9-1(a)参照）．この式は，連続的確率変数 X が区間 $[a, b]$ に入る確率は，その区間の取りうる値 x に対して，それが生じる微小確率である $f(x)\,dx$（$f(x)$ は高さ，dx は微小底辺）を積分で和を取ったものと理解される．連続的確率変数の場合，1点 c を取る確率 $P(X=c)$ は，面積が 0 であるため 0 である．したがって，$P(a \leq X \leq b) = P(a < X < b)$ である．つまり連続的確率変数では，ある1つの値を取る確率は 0 であり，あくまでもある一定の幅を持った区間に対して確率を考えるのである．

以下 (9.5) のように積分記号を用いて X が区間 $[a, b]$ に入る確率を表現

するが，上でも述べたように，積分は単に面積（＝確率）を表すとだけ理解すればよい．確率密度関数 $f(x)$ は，区間 $[a, b]$ 上の面積で対応する確率を与えるので，連続的確率変数 X の確率分布は $f(x)$ で与えられる．

連続的確率変数の平均値と分散

X の確率密度関数が $f(x)$ であるとき，X の期待値は，その取りうる値 x に，それが生じる確率 $f(x)\,dx$（$f(x)$ は高さ，dx は微小底辺）を掛けて，加える（＝積分する）という意味で，次のように定義される．

連続的確率変数 X の期待値

(9.6) $\quad E(X) = \displaystyle\int_{-\infty}^{\infty} x f(x)\,dx$

［解説］ X の取りうる値が $[0, \infty)$ の場合について説明しよう．離散化確率変数 $[X]$ を用いると，$[X]$ の取りうる値は (9.2) にあるように $h, 2h, \cdots, kh, \cdots$ である．これらの各値が起こる確率は，(9.3) の $p(k) = f(kh)\,h$ であるから，$[X]$ の期待値は，離散的確率変数の期待値 (7.7) より，その取りうる値にそれが起こる確率を掛けて加えたもの

$$E([X]) = \sum_{k=1}^{\infty}(kh)\,p(k) = \sum_{k=1}^{\infty}(kh)\,f(kh)\,h$$

である．ここで幅 h を小さくすると，上での説明と同様に，

$$kh \to x,\ \ f(kh) \to f(x),\ \ h \to dx,\ \ \sum \to \int$$

とみることができるので，上式は，

$$E(X) = \int_0^{\infty} x f(x)\,dx$$

となる．X の取りうる値が $(-\infty, \infty)$ の場合への拡張も，確率密度関数の説明と同様である．■

連続的確率変数の期待値を (9.6) 式で定義できたので，その平均値 μ と分散 σ^2 は，離散的確率変数の場合と同様に以下のように定義される．

> **連続的確率変数 X の平均値 μ と分散 σ^2**
>
> (9.7)　　$\mu \equiv E(X) = \displaystyle\int_{-\infty}^{\infty} x f(x)\, dx$
>
> (9.8)　　$\sigma^2 \equiv \text{Var}(X) = E(X-\mu)^2 = \displaystyle\int_{-\infty}^{\infty} (x-\mu)^2 f(x)\, dx$
>
> 標準偏差は，$\sigma = \sqrt{\sigma^2}$ で定義される．

さらに，基準化確率変数も離散的確率変数の場合と同様に

$$Z = \frac{X-\mu}{\sigma}$$

と定義する．このとき $E(Z)=0, \text{Var}(Z)=1$ である．また歪度 β_1，尖度 β_2 も次のように定義できる．

　　歪度：$\beta_1 = E(Z^3) = E[(X-\mu)^3/\sigma^3]$

　　尖度：$\beta_2 = E(Z^4) = E[(X-\mu)^4/\sigma^4]$

これらの意味は，離散的な場合と同じである．

なお，期待値のより一般的な定義として，連続的確率変数 X の関数 $g(X)$ の期待値を

(9.9)　　$E[g(X)] = \displaystyle\int_{-\infty}^{\infty} g(x) f(x)\, dx$

と定義することができる．例えば，(9.7) 式の平均は (9.9) 式で $g(X) = X$，(9.8) 式の分散は $g(X) = (X-\mu)^2$ とおけばよい．

2　正規分布

前節で述べたように，連続的確率変数の確率分布は，確率密度関数 $f(x)$ によって与えられる．$f(x)$ の与え方によって，様々な分布が得られる．その最も代表的な分布が，本節で取り上げる正規分布である．正規分布は，無数の小さな要因の影響を受けて確率的に発生するデータの（近似的な）確率分布として，いろいろな現象に応用され，統計学で最もよく用いられる重要な分布である．

正規分布

> 確率密度関数が次の式で与えられる確率分布を平均 μ, 分散 σ^2 の**正規分布** (normal distribution) といい, $X \sim N(\mu, \sigma^2)$ と書く.
>
> (9.10) $\quad f(x) = \dfrac{1}{\sqrt{2\pi}\sigma} \exp\left\{-\dfrac{(x-\mu)^2}{2\sigma^2}\right\} \quad (-\infty < x < \infty)$
>
> この確率分布の平均値は μ, 分散は σ^2 である. すなわち
>
> (9.11) $\quad E(X) = \mu, \ \mathrm{Var}(X) = \sigma^2.$

[解説] (9.10)式で π は円周率, $\exp(z) = e^z$ で, e^z は自然対数の底 $e = 2.7182\cdots$ (185ページ参照) の z 乗を示す. 平均値 μ の取りうる範囲は $-\infty < \mu < \infty$, 分散 σ^2 の取りうる範囲は $\sigma^2 > 0$ であり, 標準偏差は $\sigma = \sqrt{\sigma^2}$ である. $X \sim N(\mu, \sigma^2)$ の〜は,「ある分布に従う」ことを表す記号で, $X \sim N(\mu, \sigma^2)$ は「X は平均 μ, 分散 σ^2 の正規分布に従う」と読む. この分布の平均値が μ, 分散が σ^2 となることは, 前節の連続的確率変数の平均値と分散の公式 (9.7), (9.8) の $f(x)$ に (9.10) 式を代入して計算すれば, 証明できる (ただし, 証明は複雑で本書のレベルを超えるので省略). (9.10) 式では, μ と σ^2 を与えれば, 各 x に対して, $f(x)$ の値を計算できる. その意味で, 確率密度関数を $f(x|\mu, \sigma^2)$ と表現する場合もある. 正規分布の確率密度関数を正規密度関数といい, 確率変数 X が正規密度関数 (9.10) を持つとき, X を**正規確率変数**という. ■

正規密度関数 (9.10) 式を覚える必要はない. 重要な点は, 正規分布の形状を理解することである. 図9-2にあるように, 正規分布は平均値 μ を中心に左右対称のつり鐘状の形をしている. つまり, x が μ のまわりを取る確率は高い ($f(x)$ は μ で最大) が, x が μ から離れるに従って, $f(x)$ はだんだん小さくなっていく. また $f(x)$ は $(-\infty, \infty)$ の x について正であるので, 全ての実数が取りうる値である. そして, μ が大きくなると, 山の中心は右へシフトする. また標準偏差 σ が大きいとつり鐘の形は平たく広がり, 小さくなれば μ のまわりに集中してくる.

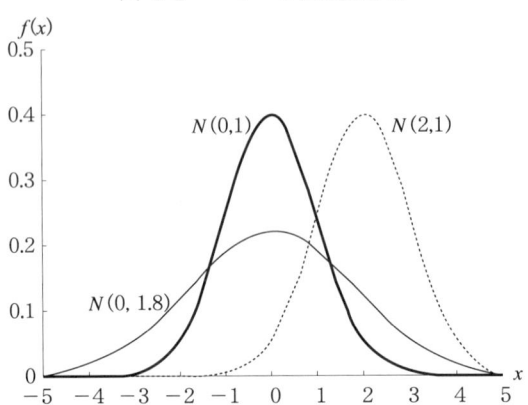

図 9-2　いろいろな正規分布

正規分布の性質

正規分布には，次のような性質がある．

(1)　$X \sim N(\mu, \sigma^2)$ のとき，その歪度 $\beta_1 = 0$，尖度 $\beta_1 = 3$ である．

(2)　$X \sim N(\mu, \sigma^2)$ のとき，$aX + b \sim N(a\mu + b, a^2\sigma^2)$ である．

(3)　$X_1, X_2, \cdots, X_n$ が互いに独立で，同一の正規分布に従う，すなわち $X_i \underset{iid}{\sim} N(\mu, \sigma^2)$ のとき，X_i の1次式 $Y = \sum_{i=1}^{n} a_i X_i$ は，正規分布 $N\left(\mu \sum_{i=1}^{n} a_i, \sigma^2 \sum_{i=1}^{n} a_i^2\right)$ に従う．

[解説]　(1)は，6章で説明した歪度と尖度の解釈に対応している．正規分布は左右対称であるので歪度は0となる．また分布の集中度（あるいは外れ値の存在）を示す尖度は，正規分布の場合が3である．6章では，それを基準にしたことを思い出そう．

(2)は，正規分布に従う確率変数 X を a 倍し，b を加えた新たな確率変数も，やはり正規分布に従い，その平均値は $a\mu + b$，分散は $a^2\sigma^2$ となることを示している．

(3)は，互いに独立に同一の正規分布に従う（すなわち iid である）n 個の正規確率変数 $X_1, X_2, \cdots, X_n$ の加重和（1次式）Y は，やはり正規確率変数になる，すなわち正規分布に従うことを示している．これは正規分布の再生性と呼ばれる性質である．なお，連続的確率変数の独立性については本章5節で

述べる．ここでは離散的な場合の独立性をイメージしておけば十分である．■

標準正規分布と正規分布表

正規確率変数 $X \sim N(\mu, \sigma^2)$ に対しても，X から平均値 μ を引き，標準偏差 σ で割って基準化確率変数

$$Z = \frac{X-\mu}{\sigma}$$

を作ると，Z の平均値は 0，分散は 1 になる（1節参照）．さらにこのとき Z の分布は，上の正規分布の性質(2)より正規分布，すなわち $Z \sim N(0,1)$ である．平均値 0，分散 1（したがって標準偏差も 1）を持つ正規分布 $N(0,1)$ を**標準正規分布**という．その確率密度関数は，(9.10) 式で $\mu = 0, \sigma^2 = 1$ とおけば，

(9.12) $\quad \phi(z) = \dfrac{1}{\sqrt{2\pi}} \exp\left(-\dfrac{1}{2} z^2\right)$

となる（形状は，図9-2の太線で与えられている）．ϕ（ファイと読む）は，通常の密度関数の記号 f の代わりに，特別に標準正規分布を表す密度関数に与える記号である．(9.12) 式では，z を与えれば，$\phi(z)$ の値を計算することができる．実際，-5 から $+5$ まで 0.01 刻みで z に数値を与えて (9.12) の $\phi(z)$ を計算してグラフにしたものが，図9-2の $N(0,1)$ である．

── Excel で計算してみよう ──

Excel では，NORMDIST という関数が用意されているので，(9.12) 式を直接計算しなくてもよい．この関数は NORMDIST(z, 平均, 標準偏差, 0) という形式で z に対する密度を計算するので，NORMDIST(z, 0, 1, 0) で (9.12) を計算できる．NORMDIST($-5, 0, 1, 0$) … NORMDIST($+5, 0, 1, 0$) などとしてグラフにすれば，図9-2が得られる．また，最後の 0 を 1 にすると次に述べる分布関数の値が得られる．

さらに，$\phi(z)$ を用いれば Z が区間 (a, b) に落ちる確率等，様々な確率を計算できる．この確率はよく利用されるので，数表が用意されている（434ページ）．数表に与えられているのは，Z が c より小さくなる確率，すなわち

図 9-3 標準正規確率

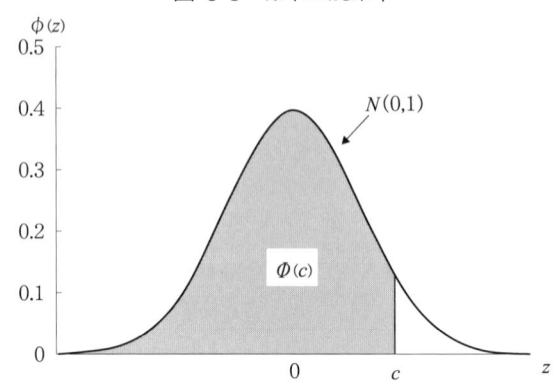

(9.13) $\Phi(c) = P(Z \leq c) = \int_{-\infty}^{c} \phi(z)\,dz$

である（Φ は ϕ の大文字）．$\Phi(c)$ は $\phi(c)$ の $-\infty$ から c までの面積（図9-3の影付部分）である．積分の記号は，1節でも述べたように，図の c から左側すべての面積を表すとだけ理解すればよい．c を大きくすれば $\Phi(c)$ は 1 に近づくし，$c_1 < c_2$ に対して $\Phi(c_1) < \Phi(c_2)$ が成立する．この $\Phi(c)$ をいろいろな c について与えている434ページの表は，**正規分布表**と呼ばれる．c は，0から3.59まで，0.01刻みで与えられている（表の一番左の列である表側は0.0から0.1刻みになっており，c の小数第 1 位までを与え，表の一番上の行である表頭は小数第 2 位を与えている）．例えば，表の1.00のところをみると0.8413であるので，$\Phi(1) = P(Z \leq 1) = 0.8413$ である．また $N(0,1)$ は平均値 0 を中心に左右対称なので，$c=0$ のときは，$\Phi(0) = 0.5$ である．$\Phi(c)$ はヒストグラムの累積相対度数に対応していて，**標準正規分布関数**という．

一般に**分布関数**は，確率を累積した関数で，一般の確率密度関数では

$$F(x) = P(X \leq x) = \int_{-\infty}^{x} f(u)\,du$$

で与えられる．

2 正規分布

> **── Excel で計算してみよう ──**
>
> Excel には，標準正規分布関数に対応する NORMSDIST という関数があり，NORMSDIST(z) で z を与えることによって算出される．例えば，NORMSDIST(0)=0.5 となる．正規分布表だと小数第2位までの z しか与えられないが，この関数を用いれば，どのような値でも計算することができるので便利である．

正規分布表による確率計算

> **例題9.1** 巻末の正規分布表を用いて次の確率を求めよ．
> (1) $P(Z \leq 2)$ (2) $P(Z>2)$ (3) $P(Z<-2)$
> (4) $P(-2 \leq Z \leq 2)$ (5) $P(|Z|>2)$ (6) $P(1 \leq Z \leq 2)$

[解説] (1) 正規分布表の2.00をみれば，$P(Z \leq 2)=0.9772$（図9-3で $c=2$ に対応する）．

(2) $P(Z>2)$ は，図9-4(a)に図示されている．全体の面積（確率）は1であるから，図より $P(Z>2)=1-P(Z \leq 2)=1-0.9772=0.0228$ となる．

(3) 正規分布は左右対称なので，$P(Z<-2)=P(Z>2)$ である（図9-4(b)の分布のスソの白抜き部分）．よって，(2)と同じで $P(Z<-2)=0.0228$．

(4) 図9-4(b)をみれば，$P(-2 \leq Z \leq 2)=1-2 \times P(Z>2)=1-2 \times 0.0228=0.9544$．

(5) $P(|Z|>2)=2 \times P(Z>2)=2 \times 0.0228=0.0456$．

(6) 図9-4(c)をみれば，$P(1 \leq Z \leq 2)=P(Z \leq 2)-P(Z<1)=0.9772-0.8413=0.1359$ となる．この確率は一般的な $P(a \leq Z \leq b)$ の形をしているが，正規分布の図を描いて，求める確率に対応する面積を考えれば，様々な確率を計算できる．

なお，(1)の $P(Z \leq 2)$ と区別するという意味で，(2)では $P(Z>2)$ としているが，$P(Z \geq 2)$ としても同じことである．なぜならば，連続的確率変数では1点を取る確率は0，すなわち $P(Z=2)=0$ だからである．■

図 9-4　いろいろな確率の計算

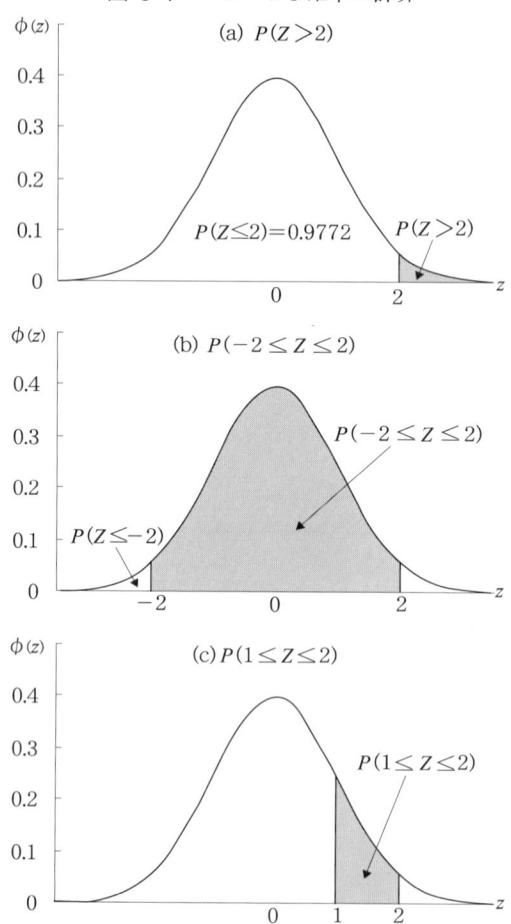

(a) $P(Z>2)$

$P(Z\leq 2)=0.9772$　$P(Z>2)$

(b) $P(-2\leq Z\leq 2)$

$P(Z\leq -2)$　$P(-2\leq Z\leq 2)$

(c) $P(1\leq Z\leq 2)$

$P(1\leq Z\leq 2)$

この例題や図9-4から，標準正規分布関数について以下の性質が確認できる．

標準正規分布関数 $\Phi(c)$ の性質

(9.14)　$P(a<Z\leq b)=\Phi(b)-\Phi(a)$

(9.15)　$\Phi(-a)+\Phi(a)=1$

(9.16)　$P(-c\leq Z\leq c)=2\Phi(c)-1$　（ただし，$c>0$）

[解説] (9.14)は図9-4(c)から，明らかに $P(a<Z\leq b)=P(Z\leq b)-P(Z\leq a)=\Phi(b)-\Phi(a)$ となる．(9.15)は，標準正規分布は0を中心として対称であることを利用して，$\Phi(-a)=P(Z\leq -a)=P(Z\geq a)=1-\Phi(a)$ より得られる．(9.16)は，(9.14)で $b=c, a=-c$ とおき，(9.15)の関係を用いると得られる．また図9-4(b)から，$P(-c\leq Z\leq c)=1-2\times\{1-P(Z\leq c)\}$ となることからもわかる．■

標準偏差と確率変数の含まれる割合

例題9.1の(4)では，$P(-2\leq Z\leq 2)=0.9544$ であった．Z は平均値0，標準偏差1の正規分布に従うので，これは，Z が平均値0を中心として標準偏差の ± 2 倍のなか，すなわち区間 $(-2, 2)$ のなかに落ちる確率が0.9544（95.44%）となることを意味する．例題9.1と同様に（あるいは (9.16) を用いて），$P(-1\leq Z\leq 1)=0.6826, P(-3\leq Z\leq 3)=0.9974$ となる（確かめよ）．このことは Z が標準偏差の ± 1 倍のなか，すなわち区間 $(-1, 1)$ のなかに落ちる確率が0.6826，標準偏差の ± 3 倍のなか，すなわち区間 $(-3, 3)$ に落ちる確率が0.9974であることを示している．これらは基準化された正規確率変数 Z に対して常にいえる．

これらの標準正規分布に関する確率の利用法をみてみよう．標準偏差の2倍の場合を例に取れば，X が正規分布 $N(\mu, \sigma^2)$ に従うとき，$Z=(X-\mu)/\sigma$ に対して，

$$0.9544 = P(-2\leq Z\leq 2) = P\left(-2\leq \frac{X-\mu}{\sigma}\leq 2\right)$$

が成立する．最後の式の（ ）内を X について解けば，一般の正規確率変数 X に関しても

$$P(\mu-2\sigma\leq X\leq \mu+2\sigma)=0.9544$$

が得られる．すなわち $X\sim N(\mu, \sigma^2)$ のとき，X が平均値 μ を中心として標準偏差 σ の ± 2 倍の区間 $(\mu-2\sigma, \mu+2\sigma)$ のなかに落ちる確率は，X を基準化した Z が $(-2, 2)$ のなかに落ちる確率0.9544と等しい．同様に，X が標準偏差の ± 1 倍の区間 $(\mu-\sigma, \mu+\sigma)$ に落ちる確率は0.6826，標準偏差の ± 3 倍の区間 $(\mu-3\sigma, \mu+3\sigma)$ に落ちる確率は0.9974に等しい．

つまり，標準正規分布以外の正規分布 $N(\mu, \sigma^2)$ に対しても，基準化確率変数を作ることによって，正規分布表の確率を用いて様々な確率計算ができることになる．

> **例題9.2** あるテストの得点は正規分布をしていて，平均点が60点，標準偏差が8点であったという．このテストで70点を取った人は上位何％のところにいるか．また54点の人はどうか．

[解説] 仮定により $X \sim N(60, 8^2)$ である．したがって，基準化するためには，$Z = (X-\mu)/\sigma = (X-60)/8$ を計算すればよい．この式の X に70を代入すると，$(70-60)/8 = 1.25$ となるので，70点は，標準正規分布でいうと1.25に対応する．したがって70点以上の人の割合は，標準正規分布で1.25以上の割合に等しい．よって，

$$P(X \geq 70) = P(Z \geq 1.25) = 1 - P(X \leq 1.25) = 1 - 0.8944 = 0.1056$$

となり（0.8944は正規分布表の1.25に対応する値），70点の人は上位10.56％にいることがわかる．同様に，54点の人については，

$$P(X \geq 54) = P(Z \geq (54-60)/8) = P(Z \geq -0.75) = 1 - P(X < -0.75)$$
$$= 1 - P(X > 0.75) = 1 - \{1 - P(X \leq 0.75)\}$$
$$= 1 - (1 - 0.7734) = 0.7734$$

となる（途中の式は複雑にみえるが，図9-4のような図を描けばわかりやすい）．したがって54点の人は上位77.34％，つまり下から22.66％のところに位置している．■

3 その他の連続的確率分布

正規分布は，最も代表的な連続的確率変数の確率分布であるが，それ以外にもいろいろな連続的確率分布がある．本節では，代表的なものをいくつか取り上げよう．

一様分布

> 確率密度関数が次の式で与えられる確率分布を**一様分布**という．
>
> $$(9.17) \quad f(x) = \begin{cases} \dfrac{1}{b-a} & (a < x < b) \\ 0 & (それ以外) \end{cases}$$

[解説]　(9.17) 式より，一様分布の確率分布（確率密度関数）は，図9-5のような形で示される．$f(x)$ は，a から b の間で，一様に同じ値 $1/(b-a)$ を取っている．$1/(b-a)$ は，確率の合計を 1 にするためである．なぜならば，$f(x)$ と x 軸で囲まれた図形は長方形で，その横の長さ（底辺）は $b-a$ なので，面積を 1 にするためには，縦の長さ（高さ），すなわち $a<x<b$ での $f(x)$ の高さを $1/(b-a)$ とすれば，底辺×高さ $= (b-a) \times \{1/(b-a)\} = 1$ となる．一様分布の平均値 μ，分散 σ^2 を求めると，

$$\mu = \frac{a+b}{2}, \quad \sigma^2 = \frac{(b-a)^2}{12}$$

である．これは (9.7)，(9.8) 式に (9.17) を代入すれば得られるが（練習問題9），図9-5から平均値が a と b のちょうど中間にあることは容易に想像できる．なお，区間 $[0,1]$ 上の一様分布の密度関数は $f(x)=1$，その平均は $1/2$，分散は $1/12$ となる．この一様分布は乱数との関係でよく利用される．■

一様分布は，10章で説明する乱数と密接な関係を持っている．一様分布では，$a<x<b$ で，同じ長さの区間の生じる確率が等しいため，一様分布から独立に発生させた数字は，等しい確率で発生したと考えられる．例えば，$a=0$，$b=1$ として，一様分布から確率的に（コンピュータで）数字を発生させて，$[0, 0.1)$ の区間の値が得られれば0，$[0.1, 0.2)$ の区間の値が得られれば1，…，$[0.9, 1.0]$ の区間の値が得られれば9，というように 0 から 9 の数値を与えれば，0 から 9 までの10個の数字が同じような確率で得られることになる．このように発生させた数字を乱数と呼ぶ（より正確には一様乱数という）．

図 9-5　一様分布

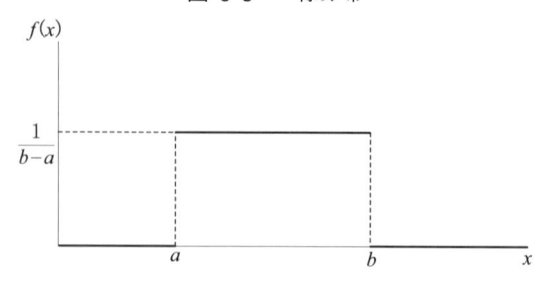

Excel で計算してみよう

0から1までの乱数を一様分布から発生させるためには，ExcelでRAND( )という関数を用いればよい．この関数は他の関数と違って，引数（関数名のあとに入力する数値）は必要ない．他の分布に従う乱数（例えば，正規分布に従う乱数である正規乱数など）も，この一様分布から発生させた一様乱数を利用することが多い．ただし，Excelでは「分析ツール」に「乱数」があり，そのなかで一様乱数以外にも正規乱数をはじめ，いくつかの分布に基づく乱数が用意されている．

指数分布

電球や動物の寿命時間を表すモデルとして，以下で定義される指数分布が，しばしば利用される．

確率密度関数が次の式で与えられる分布を**指数分布**という（ただし，$\lambda>0$）．

$$(9.18) \quad f(x)=\begin{cases} \lambda e^{-\lambda x} & (x \geq 0) \\ 0 & (x<0) \end{cases}$$

指数分布の平均 μ と分散 σ^2 は，$\mu=1/\lambda$, $\sigma^2=1/\lambda^2$ である．

[解説]　指数分布の確率密度関数は，図9-6のような形で示される．指数分布の密度関数は x が大きくなるに従って，$f(x)$ が減少していく特徴を持つ．指数分布の分布関数は

図 9-6 指数分布

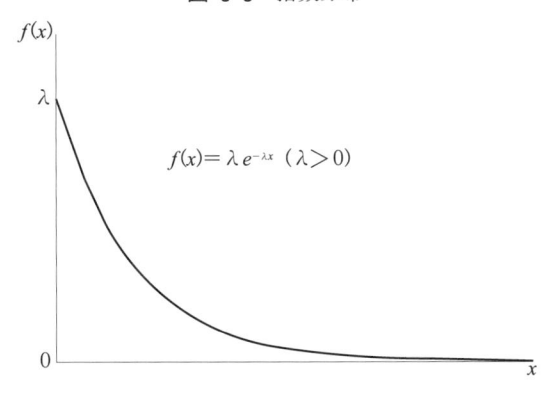

$$F(x) = P(X \leq x) = 1 - e^{-\lambda x} \quad (x \geq 0)$$

となる．実際，$F(\infty)=1, F(0)=0$ が確認される．例えば X を電球の寿命とし，それが指数分布に従うとすれば，この電球が x 時間以上の寿命を持つ確率は

$$P(X \geq x) = 1 - F(x) = e^{-\lambda x}$$

となる．λ が過去のデータから推定されると，この確率を評価できる．この場合，$\mu = 1/\lambda$ は平均寿命になる．■

ガンマ分布＊

ガンマ分布は，指数分布を一般化した確率分布であり，以下のように定義される．

確率密度関数が次の式で与えられる確率分布を**ガンマ分布**という．

$$(9.19) \quad f(x) = \begin{cases} \dfrac{\lambda^\alpha}{\Gamma(\alpha)} x^{\alpha-1} e^{-\lambda x} & (x \geq 0) \\ 0 & (x < 0) \end{cases}$$

ただし，$\Gamma(\alpha)$ はガンマ関数と呼ばれるもので，$\Gamma(\alpha) = \int_0^\infty x^{\alpha-1} e^{-x} dx$ である．α が正の整数であれば，$\Gamma(\alpha) = (\alpha-1)!$ である．

ガンマ分布の平均 μ と分散 σ^2 は，$\mu = \dfrac{\alpha}{\lambda}, \quad \sigma^2 = \dfrac{\alpha}{\lambda^2}$ である．

図 9-7 ガンマ分布

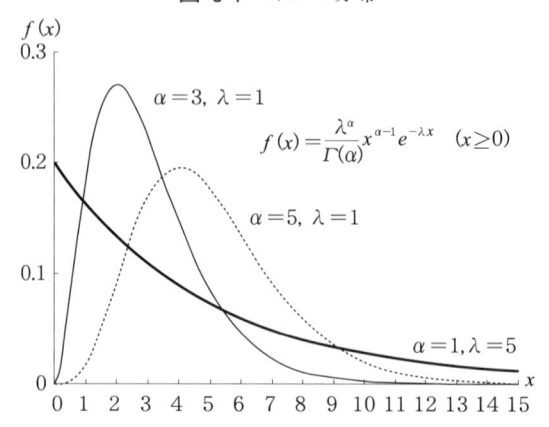

$$f(x) = \frac{\lambda^\alpha}{\Gamma(\alpha)} x^{\alpha-1} e^{-\lambda x} \quad (x \geq 0)$$

グラフ中: $\alpha=3, \lambda=1$; $\alpha=5, \lambda=1$; $\alpha=1, \lambda=5$

[解説] ガンマ分布の確率密度関数は，α, λ の値によって，図9-7のような形状を持つ．$\alpha=1$ のときは，ガンマ分布は指数分布に等しいことが (9.19) と (9.18) からわかる．また，$\alpha>1$ の場合は，ガンマ分布は右スソが長い分布 (右に歪んだ分布) になっている．

ガンマ分布は指数分布を含むため，指数分布の場合と同様に，寿命時間や待ち時間などを表す確率分布として利用される．例えば，航空機事故が1回起こるまでの日数の分布が指数分布であれば，それが α 回起こるまでの日数の分布はガンマ分布となる．■

――― Excel で計算してみよう ―――

Excel では，指数分布の密度関数は EXPODIST $(x, \lambda, 0)$ という関数で，ガンマ分布の密度関数は GAMMADIST $(x, \alpha, \lambda, 0)$ という関数で計算できる．それぞれの関数で，最後の0を1に変えれば分布関数が得られる．

4　2次元確率密度関数*

7章3節では，2つの離散的確率変数 X, Y に対してその取りうる値を $a_1, a_2, \cdots$; $b_1, b_2, \cdots$ として，$X=a_k$，$Y=b_j$ が同時に起こる同時確率を

(9.20)　$p_{xy}(k, j) = P(X=a_k, Y=b_j)$,

で定義した．ここで，$p_{xy}(k,j)$ は確率の次の条件を満たす（138ページ）

$$p_{xy}(k,j) \geq 0, \quad \sum_{j=1}^{\infty}\sum_{k=1}^{\infty} p_{xy}(k,j) = 1.$$

本節では，2つの連続的確率変数について，この同時確率分布を考える．1つの連続的確率変数の確率ついては，本章1節でそれを離散化し，離散的確率変数の拡張として説明したが，2つの連続的確率変数についても同様の方法をとる．

いま，2つの連続的確率変数を X，Y とする．1節で説明したように連続的確率変数の場合は，1点 a を取る確率 $P(X=a)=0$（面積は0）であるので同時確率を（9.20）の形で定義できない．そこで，同時確率を，X が区間 $(a,b]$ に落ち，かつ Y が区間 $(c,d]$ に同時に落ちる確率

(9.21)　$P(a<X\leq b, \ c<Y\leq d)$

と考える．一般に2つの確率変数の取る値は確率的に互いに影響しあうため，この同時確率は，X が Y の値に関係なく区間 $(a,b]$ に落ちる（周辺）確率 $P(a<X\leq b)$ と，Y が X の値に関係なく区間 $(c,d]$ に落ちる（周辺）確率 $P(c<Y\leq d)$ の積とならないことに注意しよう．そこで，1節で述べた確率密度関数の場合と同じように，任意の $a\leq b$，$c\leq d$ に対して，(9.21) の確率を確率密度関数を用いて表現することを考えよう．

X と Y の取りうる値をまず $[0,\infty)$，$[0,\infty)$ としよう．そして小さい幅 h_1，h_2 を用いて

　　X の取りうる区間の分割：

$$[0,h_1], (h_1, 2h_1], (2h_1, 3h_1], \cdots, ((k-1)h_1, kh_1], \cdots,$$

　　Y の取りうる区間の分割：

$$[0,h_2], (h_2, 2h_2], (2h_2, 3h_2], \cdots, ((j-1)h_2, jh_2], \cdots$$

をつくる．このとき1節と同様に離散化確率変数を $[X]$，$[Y]$ で表し，

(9.22)　$[X]=kh_1 \ \Leftrightarrow \ (k-1)h_1 < X \leq kh_1$

　　　　$[Y]=jh_2 \ \Leftrightarrow \ (j-1)h_2 < Y \leq jh_2$

とおく（⇔は，その右左が同じであることを表す）．(9.22) は，X が区間 $((k-1)h_1, kh_1]$ の間の値を取るときは，kh_1 という値で代表させるという意味である（Y も同様）．したがって，(9.2) と同様に

　　$[X]$ の取りうる値：$h_1, 2h_1, 3h_1, \cdots, kh_1, \cdots$

212 9章 連続的確率分布と正規分布

図 9-8 2次元確率密度関数

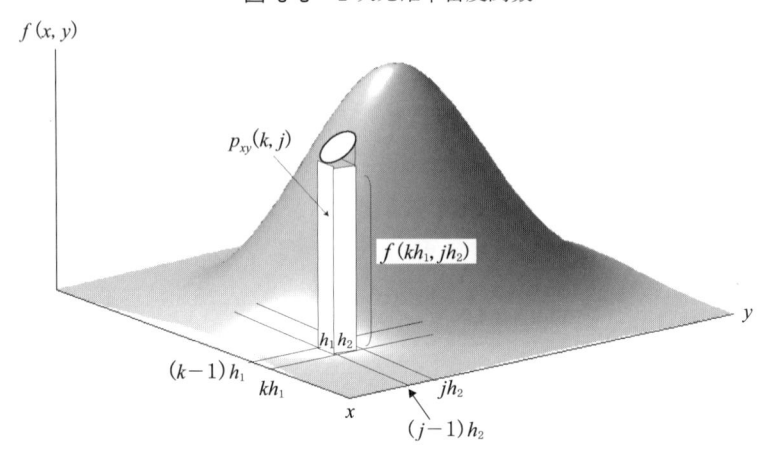

$[Y]$ の取りうる値：$h_2, 2h_2, 3h_2, \cdots, jh_2, \cdots$

となる．したがって $[X]$ が kh_1 を取り，かつ $[Y]$ が jh_2 を取る同時確率を(9.3) や (9.21) にならって

(9.23)　$p_{xy}(k,j) = P([X]=kh_1, [Y]=jh_2)$
$$\fallingdotseq P((k-1)h_1 < X \leq kh_1, (j-1)h_2 < Y \leq jh_2)$$

とおく．ただし，第2の等号の $\fallingdotseq$ は，h_1，h_2 が小さいとき下式の右辺の確率が上の式の確率で近似されることを示す．この(9.23)の同時確率は，X が区間 $((k-1)h_1, kh_1]$ に，Y が区間 $((j-1)h_2, jh_2]$ に同時に落ちる確率である．

h_1，h_2 が小さいとき，この左辺の確率が，非負連続関数 $f(x,y)$ を用いて，底面積 $h_1 \times h_2$ の上に立つ高さ $f(kh_1, jh_2)$ の柱の「体積」で近似されるとしよう．すなわち

$$p_{xy}(k,j) \fallingdotseq f(kh_1, jh_2) h_1 h_2$$

によって，同時確率 $p_{xy}(k,j)$ を表現する関数 $f(x,y)$ を考える．このとき，$h_1 h_2$ は柱の底面積，$f(kh_1, jh_2)$ が柱の高さである（図9-8）．

このとき確率の和が1という条件

$$1 = \sum_{j=1}^{\infty}\sum_{k=1}^{\infty} p_{xy}(k,j) \fallingdotseq \sum_{j=1}^{\infty}\sum_{k=1}^{\infty} f(kh_1, jh_2) h_1 h_2$$

は h_1, h_2 を微小にすると，(x,y) 平面と $f(x,y)$ で囲まれる体積全体が1であることを意味する．それは積分記号を用いて

$$P(0\leq X<\infty, 0\leq Y<\infty) = \int_0^\infty \int_0^\infty f(x,y)\,dxdy = 1$$

と書くことができる．左辺は X, Y がその取りうる値の区間 $[0, \infty), [0, \infty)$ のなかに入る全ての確率であるから，1でなければならないことは明らかであろう．上の議論は，1節と同様に，$(kh_1, jh_2) \to (x, y)$ のもとで $h_1, h_2 \to 0$ のとき，$f(kh_1, jh_2) \to f(x, y)$，$h_1 \to dx, h_2 \to dy$，$\sum \to \int$ と置き換えてみればよい．さらに，X, Y の取りうる値が $(-\infty, \infty), (-\infty, \infty)$ である場合も1変数の場合と同様である．したがって，2つの連続的確率変数の同時確率を与える確率密度関数は，以下のように定義できる．

2次元確率密度関数は次の条件を満たす関数 $f(x, y)$ である．
(1) $f(x, y) \geq 0$　　　　　　（確率の非負性）
(2) $\int_{-\infty}^\infty \int_{-\infty}^\infty f(x, y)\,dxdy = 1$　（確率の和が1）

2つの確率変数 X, Y の確率分布を2次元確率分布といい，それは2次元確率密度関数によって記述される．2次元確率密度関数 $f(x, y)$ を用いると，X が区間 $[a, b]$ に，Y が区間 $[c, d]$ に落ちる同時確率 (9.21) は，図9-8のように底面 $[a, b] \times [c, d]$ の上に立つ柱と関数 $f(x, y)$ で囲まれる体積として，

$$P(a < X \leq b, c < Y \leq d) = \int_c^d \int_a^b f(x, y)\,dxdy$$

と表現される．

さらに離散的確率変数と同様に，連続的確率変数に対しても周辺密度関数や周辺確率，条件付密度関数や条件付確率などを考えることができる．例えば，X および Y の周辺密度関数は，それぞれ

(9.24)　　$f_x(x) = \int_{-\infty}^\infty f(x, y)\,dy, \quad f_y(y) = \int_{-\infty}^\infty f(x, y)\,dx$

である．これは，離散的確率変数で X の周辺分布を求めたとき，同時確率をすべての Y について合計したことと対応している．また，X が区間 $[a, b]$ に，Y が区間 $[c, d]$ に落ちる周辺確率は，(9.24) を用いてそれぞれ

$$(9.25) \quad P(a<X\leq b)=\int_a^b f_X(x)\,dx, \quad P(c<Y\leq d)=\int_c^d f_Y(y)\,dy$$

となる．ただし本書では，このような積分を計算する必要がなく，ここでは2次元確率密度関数の持つ意味を理解すればよい．

5 連続的確率変数の独立性

8章1節では，離散的確率変数の独立性や，iid（互いに独立に同一の分布に従う）について説明した．iid という状況は，母集団についての情報を効率的に提供するという理想的状態であると考えられ，次章で詳しく述べる．本節では，連続的確率変数の独立性や iid について学習する．

連続的確率変数の独立性と iid

離散的確率変数の独立性は，2変数については (8.1)，(8.2) 式で，n 個の変数については (8.4) 式で定義された．いずれの場合も独立性とは，同時確率（同時確率分布）が，周辺確率（周辺確率分布）の積であると定義される．連続的確率変数の独立性についても，まったく同様に，次のように定義することができる．

---

n 個の連続的確率変数 $X_1, X_2, \cdots, X_n$ が互いに独立であるとは，任意の $a_i \leq b_i$ $(i=1, 2, \cdots, n)$ について，$a_1<X_1\leq b_1, a_2<X_2\leq b_2, \cdots, a_n<X_n\leq b_n$ が同時に起こる確率（同時確率）が，それぞれの周辺確率の積に等しいことを示す以下の式が成立することである．

$$(9.26) \quad \begin{aligned} &P(a_1<X_1\leq b_1, a_2<X_2\leq b_2, \cdots, a_n<X_n\leq b_n) \\ &= P(a_1<X_1\leq b_1) \times P(a_2<X_2\leq b_2) \times \cdots \times P(a_n<X_n\leq b_n) \end{aligned}$$

この条件は，同時密度関数が各周辺密度関数 $f_i(x_i)$ の積になることと同じである．すなわち，

$$f(x_1, x_2, \cdots, x_n) = f_1(x_1) f_2(x_2) \cdots f_n(x_n).$$

[解説]* 前節の2次元の場合では，独立性は，任意の $a \leq b, c \leq d$ に対して，

$$P(a<X\leq b, c<Y\leq d) = P(a<X\leq b)P(c<Y\leq d)$$

と定義される．これを確率密度関数を用いて書くと，

(9.27) $\quad \int_c^d \int_a^b f(x,y)\,dxdy = \int_a^b f_x(x)\,dx \int_c^d f_y(y)\,dy$

となる．つまり，独立であるとは，同時確率が，周辺確率の積であると定義される．2次元の周辺密度関数および周辺確率の定義は，(9.24)，(9.25) で与えられている．(9.27) が任意の $a\leq b, c\leq d$ に対して成立することは，密度関数の関係として $f(x,y) = f_x(x)f_y(y)$ が成立することと同じであることが知られている．

また，(9.26) で重要な点は，$a_i \leq b_i$ の取り方は任意である点である（つまりすべての場合で，(9.26) が成立する必要がある）．なお各 X_i の周辺密度関数は，同時密度関数をそれ以外の変数に関して積分して消去したものである：

$$f_i(x_i) = \int_{-\infty}^{\infty} \cdots \int_{-\infty}^{\infty} f(x_1, \cdots, x_{i-1}, x_i, x_{i+1}, \cdots, x_n)\,dx_1 \cdots dx_{i-1} dx_{i+1} \cdots dx_n$$

この式の右辺は x_i を除いたすべての変数について積分したものである．■

次に $X_1, X_2, \cdots, X_n$ が iid であるとしよう．iid であれば，各 X_i は共通な確率密度関数を持つので，それを $f(x)$ で表す．(9.27) 式の右辺では周辺確率密度関数を $f_x(x), f_y(y)$ と区別する必要があったが，iid の場合，これらは共通なので，関数記号から添え字を取り除いたと考えればよい．したがって，(9.26) 式の左辺の同時確率は，各 X_i に共通な密度関数 $f(x)$ を用いれば，右辺の周辺確率の積として次のように表現できる．

$P(a_1 < X_1 \leq b_1, a_2 < X_2 \leq b_2, \cdots, a_n < X_n \leq b_n)$
$\quad = P(a_1 < X_1 \leq b_1) \times P(a_2 < X_2 \leq b_2) \times \cdots \times P(a_n < X_n \leq b_n)$
$\quad = \int_{a_1}^{b_1} f(x_1)\,dx_1 \times \int_{a_2}^{b_2} f(x_2)\,dx_2 \times \cdots \times \int_{a_n}^{b_n} f(x_n)\,dx_n$

つまり，iid の場合，同時確率は，共通の確率密度関数から計算される周辺確率の積となる．密度関数の表現では，$f^{(n)}(x_1, x_2, \cdots, x_n) = f(x_1)f(x_2)\cdots f(x_n)$ となる．この左辺の $f^{(n)}$ は，共通の周辺密度関数 $f(x)$ と区別して，n 個の変数の同時確率密度関数を示す関数の記号であるとする（付録A2）．

独立性のもとでの平均値・分散・共分散

n 個の連続的確率変数 $X_1, X_2, \cdots, X_n$ が独立であるときの平均値，分散，共分散は，離散的確率変数の場合と同様に考えることができる．

> n 個の連続的確率変数 $X_1, X_2, \cdots, X_n$ が互いに独立なとき，以下のことが成り立つ．
> (1)　X_i と X_j の共分散は 0 である，すなわち，$\mathrm{Cov}(X_i, X_j) = 0$ 　$(i \neq j)$．
> (2)　$X_1 + X_2 + \cdots + X_n$ の期待値（平均値）は，
> (9.28)　$E(X_1 + X_2 + \cdots + X_n) = E(X_1) + E(X_2) + \cdots + E(X_n)$．
> (3)　$X_1 + X_2 + \cdots + X_n$ の分散は，
> (9.29)　$\mathrm{Var}(X_1 + X_2 + \cdots + X_n) = \mathrm{Var}(X_1) + \mathrm{Var}(X_2) + \cdots + \mathrm{Var}(X_n)$．

[**解説**]　証明は 8 章 2 節の離散的確率変数の場合と同様である．(1)については，(8.7) 式の証明を連続的確率変数に適用すればよい．ただし，離散的確率変数の場合と同様に，$\mathrm{Cov}(X_i, X_j) = 0$ が成立しても，X_i と X_j は独立であるとは限らない．(2)は $X_1, X_2, \cdots, X_n$ が独立でなくても成立する．また(3)に関しては，$X_1, X_2, \cdots, X_n$ の和の分散は，独立でない一般の場合に

(9.30)　$\mathrm{Var}(X_1 + X_2 + \cdots + X_n) = \mathrm{Var}(X_1) + \mathrm{Var}(X_2) + \cdots + \mathrm{Var}(X_n)$
$$+ \sum_{\substack{i=1 \\ i \neq j}}^{n} \sum_{j=1}^{n} \mathrm{Cov}(X_i, X_j)$$

となるから，独立であれば(1)より $\mathrm{Cov}(X_i, X_j) = 0$ なので，(9.29) の性質を得る．■

> **例題9.3**　輸出中心の企業 A と，輸入した原材料を加工し国内での販売を中心とする企業 B がある．企業 A，企業 B の株価変化率（収益率）をそれぞれ X，Y とすると，X, Y は「円安」，「円高」，「どちらでもない（中立）」のそれぞれの状況で，次表のような値を取ることがわかっている（表で与えられている以外の数値は取らないものとする）．また，為替レートの状況は，表に与えられている通りの確率で起こるものとする．

状況	確率	A株の収益率(%) X			B株の収益率(%) Y		
		最小値	最大値	階級値	最小値	最大値	階級値
円安	0.3	1	7	4	-3.5	-0.5	-2
中立	0.4	-1	1	0	-0.5	0.5	0
円高	0.3	-5	-1	-3	0.5	3.5	2

(1) X, Y の同時確率分布を作成し，X と Y が独立かどうか判断せよ．

(2) X と Y の平均値，分散，共分散を求めよ．ただし，最大値と最小値の真ん中の値を階級値（表に示されている）として用いて計算せよ．

(3) A株とB株をあわせて購入することを考える．このように複数の株（あるいは金融資産）の組合せをポートフォリオという．A株の比率を70％，B株の比率を30％とするポートフォリオの平均値と分散を求めよ．また，A株の比率が40％，B株の比率が60％の場合についても同様の計算を行え．

[解説] (1) 同時確率分布は，表9-1に与えられている．表に周辺確率も与えられているが，同時確率の合計とみてもよいし，上の表からも直接得られる．独立性についてみると，例えば，$P(-1 \leq X < 1, -0.5 \leq Y < 0.5) = 0.4$ であるが，
$$P(-1 \leq X < 1) = 0.4, \quad P(-0.5 \leq Y < 0.5) = 0.4$$
より，$P(-1 \leq X < 1, -0.5 \leq Y < 0.5) \neq P(-1 \leq X < 1) \times P(-0.5 \leq Y < 0.5)$ であり，(9.26) は成立していないので，X と Y は独立ではない．これは，円高だとA株は下落・B株は上昇，円安だとその逆という傾向があり，両株が関連しあっていることからもわかる．

(2) $\mu_x = E(X) = 0.3 \times 4 + 0.4 \times 0 + 0.3 \times (-3) = 0.3$,
$\sigma_x^2 = \text{Var}(X) = E(X-\mu)^2$
$= 0.3 \times (4-0.3)^2 + 0.4 \times (0-0.3)^2 + 0.3 \times (-3-0.3)^2 = 7.41$

同様に，$\mu_y = 0, \sigma_y^2 = 2.4$．A株はB株に比べて，平均値（リターン）も大きいが，分散（リスク）も大きくなっていることがわかる．共分散は以下のとおりである．

$\text{Cov}(X, Y) = E(X-\mu_x)(Y-\mu_y)$
$= 0.3 \times (4-0.3) \times (-2-0) + 0.4 \times (0-0.3) \times (0-0)$

218　9章　連続的確率分布と正規分布

表 9-1　X と Y の同時確率分布・周辺確率分布

X ＼ Y	%以上 %未満 〜 -3.5	-3.5〜-0.5	-0.5〜0.5	0.5〜3.5	3.5〜	$f_x(x)$
%以上 %未満 〜 -5	0	0	0	0	0	0
-5〜-1	0	0	0	0.3	0	0.3
-1〜 1	0	0	0.4	0	0	0.4
1〜 7	0	0.3	0	0	0	0.3
7〜	0	0	0	0	0	0
$f_y(y)$	0	0.3	0.4	0.3	0	1

$$+0.3\times(-3-0.3)\times(2-0)=-4.2$$

(3)　A株の購入比率を w，B株の購入比率を $1-w$ とすると，ポートフォリオの収益率は，$wX+(1-w)Y$ と表すことができる．(9.28)式は独立でなくても成立する（加重和でも同様）ので，その期待値は，

$$E[wX+(1-w)Y]=wE(X)+(1-w)E(Y)=w\mu_x+(1-w)\mu_y$$

となる．分散は，X と Y が独立でないので (9.30) 式より，

(9.31)　$\mathrm{Var}[wX+(1-w)Y]=w^2\mathrm{Var}(X)+(1-w)^2\mathrm{Var}(Y)$
$\qquad\qquad +2w(1-w)\mathrm{Cov}(X,Y)$

となる（練習問題11）．

A株の比率が70%（$w=0.7$）のとき，(2)の平均値，分散，共分散の結果を用いれば，

$$E[wX+(1-w)Y]=0.7\times0.3+0.3\times0=0.21$$
$$\mathrm{Var}[wX+(1-w)Y]=0.7^2\times7.41+0.3^2\times2.4+2\times0.7\times0.3\times(-4.2)$$
$$=2.0829$$

となる．ポートフォリオの収益率の平均値（リターン）はA株とB株の平均値の間にあるが，その分散（リスク）は，分散のより小さいB株の分散(2.4)よりも小さくなっていることに注意せよ．これは，分散して投資することによってリスクを小さくすることが可能であることを示している．

$w=0.4$ のときは，同様に，

$$E[wX+(1-w)Y]=0.12,\quad \mathrm{Var}[wX+(1-w)Y]=0.336$$

となる．$w=0.7$ のときより，リターンは小さくなるものの，かなりリスクが小さくなっている．w にいろいろな値を与え，リスクができるだけ小さくなるポートフォリオを探すことが可能である．■

なお，応用では，この探索を行うために，横軸にリスクとしてのポートフォリオの標準偏差，縦軸にポートフォリオのリターンを取り，w を動かしてグラフを作る．そしてそのグラフからリスク・リターンの自分にあった組合せを採用する（練習問題11）．

キーワード

連続的確率変数　確率密度関数　正規分布　正規確率変数　標準正規分布　正規分布表　分布関数　一様分布　指数分布　幾何分布　2次元確率密度関数

練習問題

1. ある駅でタクシーを待つと，20分以内に必ずタクシーはつかまるという．タクシーの待ち時間を表す確率密度関数 $f(x)$ は，待ちはじめたとき（0分）が最大で，x とともに直線的にしかも連続的に減少し，$x=20$ 分のときは0になるという．次の問いに答えよ．
   (1) $f(x)$ と x 軸で囲まれる面積が1という性質を用いて $f(0)$ を求めよ．
   (2) 確率密度関数 $f(x)$ をグラフにせよ．また，$f(x)$ を式で表せ．
   (3) 4分から6分の間にタクシーのつかまる確率はいくらか．
   (4) タクシーのつかまるまでの平均待ち時間（分）を求めよ．

2. 正規分布表を用いて，次の確率を求めよ．ただし，$Z \sim N(0,1)$ とする．
   (1) $P(Z \leq 1.96)$　(2) $P(Z > 1.96)$　(3) $P(Z \leq -1.96)$
   (4) $P(-1.96 \leq Z \leq 1.96)$　(5) $P(Z > |1.96|)$　(6) $P(1.5 \leq Z \leq 1.96)$
   (7) $P(Z > 1.65)$　(8) $P(-2.58 \leq Z \leq 2.58)$　(9) $P(-1 \leq Z \leq 2)$

3. $X \sim N(1,4)$ のとき，次の確率を求めよ．
   (1) $P(X \leq 1.2)$　(2) $P(X > 2)$　(3) $P(-1 \leq X \leq 1)$

4. あるテストを行ったところ、得点の分布は正規分布になり、平均点は60点、標準偏差は15点であった。このテストで得点が75点の生徒は、上位何パーセントに位置するか。また、48点の生徒はどうか。

5. テストの得点が正規分布をしているとき、偏差値60の生徒は上位何パーセントに位置するか。また、偏差値70、45の生徒はどうか。

6. 秒の単位で小数第2位まで測定できるアナログ式のストップウォッチがある。そして目をつぶって、このストップウォッチをスタートさせ、適当なところでストップさせ、止まったときの秒数を X とする（分以上は無視する）。このとき X を連続的確率変数とみて X の確率密度関数を求め、その確率分布を図示せよ。また、その平均と分散を求めよ。

7*. サイコロを n 回投げたときの5が出る回数を X とするとき、X の確率分布を $n=10, 20, 50, 100$ について求め、グラフにせよ。ただし5の出る確率は1/6とする。

　2項分布は、n をどんどん大きくしていくと、だんだん正規分布に近づくことがわかっている（**2項分布の正規近似**）。グラフの形から確かめよ。また、正規分布表を用いて、$n=100$ のときの $x=20$ となる確率を近似的に求め、2項分布で求めた場合と比較し、近似の場合の度合いを確かめよ。

　［ヒント］2項分布の平均・分散を求め、それを正規分布の平均・分散として用いる。

8*. 表2-1の日経平均株価の変化率の度数分布表について、もし、この分布が正規分布に従っていたら、理論的には、その相対度数はどのような値を取るのかを求めよ。その結果、この分布を正規分布とみなしてよいかどうかを考えよ。

　［ヒント］度数分布表の平均値・分散を正規分布の平均値・分散として用いる。

9*. 一様分布 (9.17) の平均 μ と分散 σ^2 が $\mu = \dfrac{a+b}{2}, \sigma^2 = \dfrac{(b-a)^2}{12}$ となることを証明せよ。

10. (9.28), (9.29) 式を証明せよ。

11. 2つの資産からなるポートフォリオの分散（リスク）が (9.31) 式となることを確かめよ。また、例題9.3で、横軸にポートフォリオの標準偏差、縦

軸にポートフォリオの平均値を取り，望ましいポートフォリオ，すなわち w を考えよ．

12. 表5-6で示されている日産自動車とホンダの株を一定の比率で購入する，すなわちこの2銘柄でポートフォリオを構築することを考える．

    (1) 表5-6のデータを母集団と考え，日産自動車とホンダの月次変化率の平均値，分散，標準偏差，共分散を求めよ（平均，分散，標準偏差については，5章練習問題9ですでに求めている）．

    (2) 日産自動車の株の購入比率を w，ホンダの株の購入比率を $1-w$ とするとき，このポートフォリオの平均値（リターン）と分散・標準偏差（リスク）を w を用いて表せ．

    (3) w の値を0から0.05刻みで1まで増加させるとき，ポートフォリオのリスクを横軸，平均値（リターン）を縦軸に取って，両者の関係をグラフにせよ．

    (4) リスクを最小にする w を求めよ．

10章

標本抽出と標本分布

　データのなかの分析を扱った2章から6章まででは，データ $x_1, x_2, \cdots, x_n$ はすでに与えられたものとして，そのデータを特徴づけるための様々な分析手法やその結果の持つ意味や解釈の仕方について説明してきた．一方，7章から9章まででは，データの外への推論，特にデータを発生させた母集団についての推論を行う基礎として，与えられたデータ $x_1, x_2, \cdots, x_n$ は，その背後にある確率変数 $X_1, X_2, \cdots, X_n$ によって一定の確率をもって実現したとみなし，それらを実現させた母集団確率分布との関係やいくつかの具体的なモデルについて説明してきた．とりわけ，同時確率・周辺確率・条件付確率の関係や，平均値・分散・共分散など母集団の指標，また各データが互いに独立に同じ分布に従う（iid）場合の推論の基礎について学習した．

　本章の目的は，データを発生させた未知の母集団の構造や特性値への推論法について，その考え方と基礎となる方法をさらに学習することである．推論のもとになるデータは，母集団についての一部の情報を提供するもので，標本（サンプル）と呼ばれる．推論を有効に行うためには，まずもってこの標本の採り方（標本抽出法という）が母集団についての情報を効果的に提供することを保証するものであることが求められる．そのためには，まずデータと母集団の対応関係をきちんと理解することが重要である．つまり，与えられたデータに対しては，データ（標本）が母集団からどのように抽出されたのか，もしくは生成されたのかを理解して分析することが必要である．そのために本章ではまず標本抽出法について説明する．そして次に母集団についての有効な推論法

を学習する．母集団についての推論法では，少しわかりにくいかもしれないが，統計量の標本分布という概念を利用する．これは，標本平均値や標本分散などの確率分布によって母集団と標本を結びつけるもので，推測統計学の基礎となる考え方である．読者にはぜひ理解してもらいたい．

【本章の内容】
(1) 母集団と標本の関係を理解したうえで，理想的なデータとしての iid データについて説明する．
(2) 母集団の情報を偏りなく代表させる標本抽出法として，無作為抽出法（ランダム・サンプリング）を説明し，それに基づいた代表的な標本抽出法を取り上げる．
(3) 標本平均 $\bar{X}$ の確率分布，すなわち標本分布という概念によって，母集団の平均と標本の平均がどのような関係にあるのかをみる．
(4) より一般的に母集団と標本の対応関係や標本分布に関して要約したうえで，標本比率に関して (3) と同様の標本分布を学習する．
(5) 重要な定理である中心極限定理によって，標本平均値の標本分布は正規分布で近似可能であることをみる．
(6) 次章以降で取り上げる平均値の推定や検定などで用いられる t 分布について説明する．

1 母集団と標本

本節では，母集団とデータの対応関係について説明する．基本的な考え方は，データは，母集団から抽出された標本であるという見方にある．このことを理解するのに，まず視聴率の例から始めよう．

視聴率調査

あるテレビ番組の視聴率とは，ある地域に住む人（分析目的から設定した母集団）のうち何％の人（世帯）がその番組をみていたのかを表す比率であることは，誰もが知っているだろう．例えば，関東地区でAという番組の視聴率が20％であれば，関東地区に住む20％の人（あるいは世帯）がその番組をみていたと「推定」されよう（テレビ番組は地方によって異なっているので，視聴

率も地区ごとに発表される).

　しかし,関東地区に住んでいる人で,自分の家が視聴率調査をされているという人は,少ないはずである.では,全ての人(世帯)を調査していないのに,なぜ番組Aの関東地区の視聴率が20%なのであろうか.

　この問いに答える前に,まず,視聴率調査がどのように行われているのかを簡単に説明しよう.視聴率調査は,「ビデオリサーチ」という会社が実施している(以下の説明は,この会社のウェブサイトの内容に基づいている).テレビ番組は地域ごとに異なっているので,調査は,関東地区,関西地区,名古屋地区など全国27の対象地区に分けて行われる.そして各地区ごとに,調査世帯がどの番組をみているのかが,オンラインによってわかる仕組みになっている.ここで調査対象となっている世帯数は,関東・関西・名古屋地区では600世帯,その他の地区では200世帯である(2008年4月現在).

　関東地区の場合について述べれば,調査対象の600世帯のなかで,ある特定の番組Aをみていた世帯の割合が視聴率として公表される.つまり,番組Aの視聴率が20%であるのは,あくまでも調査した世帯の20%(120世帯)がその番組をみていたという結果であって,関東地区に住む全ての世帯の20%がその番組をみていたという保証はない.ここで関東地区とは関東地方の一都六県と静岡県の熱海市・伊東市であり,この地区には約1700万世帯が住んでいる(2000年国勢調査).つまり,$600 \div 17{,}000{,}000 \times 100 = 0.0035\%$の世帯しか調査されていないのである.それでも,全体のわずか0.0035%の調査結果であるこの20%を,600世帯のデータ(標本)の視聴率としてではなく,関東地区(母集団)の視聴率といってもよいのだろうか.

　この問いには本章と次章を通じて答えていくが,まず問題を整理し,いくつかの用語を説明しておこう.図10-1は,視聴率調査を図式的に表している.関東地区の視聴率といった場合,全体の1700万世帯の視聴率が知りたいはずである.しかし,それらを全て調査するのは費用・労力・時間が膨大にかかり,現実的ではない.そこで,1700万世帯のなかから調査世帯である600世帯を選び,その世帯の視聴率を調査する.そして,調査世帯の視聴率の結果から,全体の1700万世帯の視聴率を何とか知ろうとするのである.

　この例でいえば,関東地区全体にあたる推論の対象としての集団を**母集団**

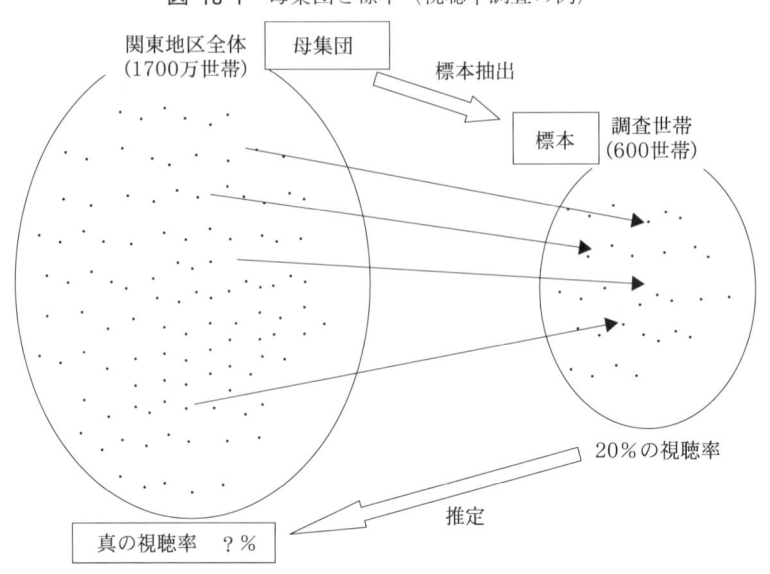

図 10-1 母集団と標本（視聴率調査の例）

関東地区全体（1700万世帯） 母集団
標本抽出
標本 調査世帯（600世帯）
20％の視聴率
推定
真の視聴率　？％

(population) といい，実際に調査することができ，その結果得られる600世帯のデータを**標本**（または**サンプル**，sample）という．また，母集団から標本を選ぶことを**標本抽出**（または**サンプリング**，sampling）という．そして，標本の結果から，本当に知りたい母集団の情報を導出することを（**統計的**）**推論**といい，視聴率調査のような場合，母集団の視聴率を標本から**推定**（estimation）するという．

このように母集団と標本の対応をみるとき，次の2つの大きな課題がある．

(1) 母集団からどの標本を，どのように選ぶのか．
(2) 知りたい母集団の情報を，どのように標本から推論するか．

(1)については，本章2節で説明する．(2)については，3節以降で，母集団と標本の対応関係を考察したうえで，11章，12章で具体的な方法を説明する．まず(1)を議論するために，有限母集団と無限母集団の違いを理解しておこう．

有限母集団と無限母集団

以下では，1章でも説明した有限母集団と無限母集団について復習しながら，

1 母集団と標本

それらと標本の関係をみていこう．例えば，上で説明した関東地区の視聴率調査の例や日本の世帯ごとの所得の調査などでは，母集団である関東地区の世帯数や日本の総世帯数は有限である．このような母集団を，**有限母集団**といい，その規模（大きさ）を N で表す．有限母集団の場合，金銭的コストや時間的コストなどを別にすると，母集団を全て調査（全数調査）すれば，知ろうとする母集団の比率や母集団の平均値，母集団分散などの母集団特性を知ることができるし，その母集団としての所得などの分布状況も，ヒストグラムや歪度，尖度等を用いて知ることができる．したがって有限母集団の場合，全数調査をすれば理論的には母集団分布を知ることができるし，後に述べるサイコロの場合と違って，その有限母集団の分布はデータを確率的に発生させるのではない，すなわち，そこでは「確率」の概念が直接的に関係しない．例えば，日本の世帯全体の所得の分布を考えてみよ．

しかし，N が大きい場合，有限母集団であっても実際には全数調査を実施することは不可能であることが多く，その場合標本抽出に基づいた調査が行われる（次節参照）．日本全体の世帯の所得分布でそのことを考えてみると，各データは母集団としての所得分布からの標本であり，各データ x_i に対応する確率変数 X_i の確率分布は，母集団の所得分布となる（$i=1,2,\cdots,n$）．実際，母集団の N 世帯からまったくランダムに 1 世帯を取り出すとき，その世帯の所得 X_i は，（事前的な意味で）母集団の所得分布を反映して，いろいろな値をその分布の割合（確率）に対応して取る可能性がある．すなわち，母集団の所得分布それ自体はデータを確率的に発生させる確率分布ではないけれども，データの取り方をランダムにすることで，各データに対応する確率変数 X_i は，母集団の所得分布の割合（確率）に従って一定の値を実現させる．そこではあたかも母集団の所得分布を「データ x_i を発生させる確率分布」とみなすことができるのである．

このような有限母集団の場合でも，n 個のデータに対応する n 個の確率変数 $X_1, X_2, \cdots, X_n$ の各々は，その周辺分布として同一の分布を母集団確率分布として持つと考えることができる．しかし，重複を許さない抽出（**非復元抽出**という）の場合，$X_1, X_2, \cdots, X_n$ は独立にはならない（なぜか考えよ）．ただし N が n に比べて大きいとき，$X_1, X_2, \cdots, X_n$ は近似的に互いに独立とみなすこ

とができる．政府統計などの場合，N が大きいのでこの近似的独立性は保証されているといえよう．一方，重複を許す抽出（**復元抽出**という）の場合は，独立性は確保される．その意味では，重複を許す抽出の方が理論的には好ましい．しかし，同じ人を 2 度調査することはしないのが一般的である．

他方，母集団の大きさ N が有限でない母集団は，**無限母集団**と呼ばれる．N が無限というのは想像しにくいかもしれないが，次のような例を考えればよい．

サイコロを n 回投げることを考えよう．このときに出る目のデータ $x_1, x_2, \cdots, x_n$ は，そのサイコロの持つ確率分布から確率的に生成される．各試行は独立であるから，そのデータを実現する確率変数 $X_1, X_2, \cdots, X_n$ は互いに独立に同じ離散的確率分布

$$p(k) = P(X_i = k) \quad (k = 1, 2, \cdots, 6)$$

に従う (iid, 図7-1参照)．サイコロ投げや硬貨投げのデータは，iid **データ** (iid である確率変数から実現したデータ) の代表的なものである．サイコロは無限回投げることが概念的には可能であるから，この場合の母集団は無限母集団であり，その母集団確率分布が $p(k)$ である．ただし無限母集団からの標本では，標本の大きさ n を大きくしても（n は有限であるので），「真」の確率分布 $p(k)$ を知ることができない．

同様に，電球を生産する工場（工程）は，実際に可能かどうかは別として，概念的には無限個の電球を生産しうる無限母集団とみることができる．そこで生産された n 個の電球の寿命時間のデータ $x_1, x_2, \cdots, x_n$ は，サイコロを n 回投げる場合と同様に，その工場（工程）の持つ電球の寿命の母集団分布である連続的確率密度関数 $f(x)$ から，互いに独立に生成された，とみることができる．すなわち，対応する確率変数 $X_1, X_2, \cdots, X_n$ は互いに独立に同一の $f(x)$ に従うとみて，$x_1, x_2, \cdots, x_n$ は iid データとみる．工程から次々に生産されてくる各電球の寿命は互いに独立的とも考えられる．

このように無限母集団の場合，標本抽出の方法と関係なくデータの生成プロセスは確率的であり，iid データとみることができる．またこの場合，復元抽出も非復元抽出も違いはなくなる．

データと母集団

　次に,母集団分布の平均値や分散などの母集団特性値を,標本の情報から推論するプロセスを説明しよう.まず標本の情報はデータとして得られる.視聴率調査の例であれば,抽出された600世帯が標本であり,その600世帯について,当該番組を見ていれば1,見ていなければ0という数値を与えた結果が,標本のデータ $x_1, x_2, \cdots, x_n$ である.

　データ(標本)から母集団について推論を行う場合,まず重要な点は,知りたい母集団やその構造を明確にし,分析対象(母集団特性)をはっきりさせ,それに対応したデータの取り方(標本抽出法)を実行することである.

　繰り返し述べるが,母集団との関係でデータをみる場合,抽出もしくは生成される n 個からなる1組のデータ $(x_1, x_2, \cdots, x_n)$ は,それが実現する以前には他の様々な実現値の可能性があるにもかかわらず,一定の確率でそのデータが実現したとみる.そのため,7章から9章を通して説明してきたように,実現した n 個のデータ $x_1, x_2, \cdots, x_n$ の背後に,それを発生させる確率変数 $X_1, X_2, \cdots, X_n$ を考え,データの発生(抽出)のプロセスをその確率分布(母集団分布)との関係から理解するのである.

　このように考えると,各データ x_i は分析対象としての共通の母集団の情報を提供することが必要となる.そのため各データ x_i を実現させる確率変数 X_i の母集団分布は,全てのデータ ($i=1, 2, \cdots, n$) に対して同一であることが要求される.例えば,もし x_1 と x_2 が,異なる硬貨(または異なる地区の視聴率母集団)から生成された場合,x_1 と x_2 は異なる母集団から生成されるのであるから,x_1 と x_2 を用いて母集団の表の出る確率(または母集団視聴率)を推定するのが難しくなる.一般に,n 個のデータを一緒に使い,例えば高校3年生の身長の平均値と分散等を計算するのは,それらのデータが分析対象としての母集団の情報を共通に与えているからであり,そのことは各データを実現させる確率変数 X_i の母集団分布が同一であることを意味する.それによって共通である母集団分布の比率や平均値や分散などの母集団特性値を効果的に推定できることになる.したがって,データ(標本)の取り方を考えるうえでは,各 X_i の母集団分布が同一になる工夫をするのである.加えて,各データの間

に母集団情報についての重複がなく効率的な推論をするため，n個のX_iがなるべく独立的になるような標本抽出法を狙う．すなわち，$X_1, X_2, \cdots, X_n$が互いに独立に同一の分布に従い（iid），n個のデータ$x_1, x_2, \cdots, x_n$はそこから生成されたデータ（iidデータ）であると仮定して分析を進めることになる．

> **例題10.1** 為替レートやGDPのデータの母集団は何か．

[解説] 視聴率や失業率のデータと違って，為替レートやGDPのデータ（試験の得点なども同様）は，具体的に標本調査を行い，母集団から抽出されているわけではない．例えば，ある日の為替レートの終値が1ドル120円であったとしても，それは120円で取引されたにすぎない．しかしながら，次のように考えることができる．すなわち，その日の為替レートの終値は，もしかしたら，118円，あるいは121円等々，いろいろな値を取る可能性があったのだが，その多くの可能性のなかから，たまたま標本として選ばれたのが120円だったとみるのである．つまり，図10-1の母集団に，$\cdots, 118, 119, 120, 121, \cdots$など多くの取りうる値があり，そのなかから標本として120が選ばれたと考えるのである．実際には，為替レートは連続的データであり，母集団として何らかの連続的確率分布を想定し，そこから120円というデータが発生したとみれば，やはり為替レートのデータも，母集団確率分布から抽出された標本という関係でみることができる．GDPについても同様である．

つまり，為替レートやGDP等のデータの背後には一定の（時間的に安定な）経済構造，すなわち母集団の確率分布があり，これらのデータは，その構造を通して毎期各1つずついろいろな要因の影響を受けて確率的に生成されるとみるのである．したがって，あるn期間のデータは，それらに共通な経済構造から確率的に生成されたと考える．経済構造は長期的には変化することになるので，これは概念的に同じ構造からデータを生成しうるとみているに過ぎない．しかし，そのn個の為替レートやGDPのデータは一般に独立でない．実際，1日前の為替レートと次の日の為替レートは，関係を持っていると考えられる．円高局面では，大きな流れとして円高の方に動くことも多い，ある経済変数において，その現在の値（確率変数またはその実現値としてのデータ）

とそれ自身の過去の値との関連は，14章5節（回帰分析の応用）で扱われる．

このような考え方，すなわち与えられたデータを標本とみて，その背後に母集団の構造を考えるというのは，統計学において，非常に重要な考え方である．実際，母集団視聴率の推定法や検定法などの統計的推論（データの外への推論）の基礎を与える．■

2　標本抽出法

この節では，有限母集団の有効な情報を得るために重要な標本抽出法を説明する．なお，この節の後半は最初は読み飛ばしてもよい．

全数調査と標本調査

われわれが知りたいのはあくまでも母集団の情報である．視聴率の例では，母集団は例えば関東地区に住む全ての世帯であるが，内閣支持率を調べたい場合は，日本全体の有権者が母集団である．大きな母集団を全て調査するのは，費用や時間がかかるためあまり行われない．ただし，重要な事項については，母集団全体を調べることもある．母集団全体を調査することを，**全数調査**または**センサス**（census）という．全数調査の代表として，日本の全人口を知るための「国勢調査」や，企業や事業所の数などを調べる「経済センサス」などがある（いずれも総務省統計局が実施）．

他方，母集団全体を調べるのではなく，そこから標本を抽出して行われる調査は，**標本調査**（sample survey）と呼ばれる．視聴率調査は，標本調査の代表的な例である．この他にも，失業率を調べる「労働力調査」，2章で説明した家計の支出や収入を調べる「家計調査」（いずれも総務省統計局が実施），内閣支持率などを調べる各種の世論調査など，ほとんどの調査は標本調査であるといってよい．したがって，以下の説明を適当な標本調査の例（例えば視聴率調査）を念頭に読み進めるとよい．

無作為抽出と有意抽出

何度も述べたことであるが，われわれの目的は母集団に関する情報を，標本

であるデータを用いて推論することにある．したがって，標本は，母集団の特性をうまく反映している必要がある．つまり，標本は母集団をできるかぎり代表するものであることが望ましい．硬貨投げの場合は一定の方法で投げていけばよいのだが，有限母集団の視聴率を調査する場合には，その代表性は標本の取り方に依存する．例えば，視聴率調査で，調査される世帯が高齢者のみの世帯ばかりであったら，若者向けの番組の視聴率は低く出てしまうだろう．インターネットを使って世論調査を行えば，若い人の意見が多く出されるだろう．また失業率の調査で，大都市だけから調査対象者を選べば，日本全体の失業率をうまく推計することはできない．このように，標本が母集団の特定の集団に偏ることは望ましいことではない．

では，どのように標本を選べば，偏りのない標本を抽出することができるのだろうか．この問いに対しては，特定の年齢や地域の人が選ばれやすいことがないように，平等にくじ引きで選べばよいというのが標本抽出の基本的な考え方である．くじ引きの原理で，等しい確率で標本を抽出する方法を，**ランダム・サンプリング**（random sampling; **無作為抽出法**）という．ランダム・サンプリングによる標本に関しては，母集団との対応関係が明確で，効率的に推論を行うことができる．つまり，iidデータを確保するために，ランダム・サンプリングが必要なのである．

ランダム・サンプリングに対して，恣意性・主観性のもとで標本を選ぶ方法は**有意抽出法**と呼ばれる．例えば，街頭インタビューなどで，答えてくれそうな人を選んで意見を聞いたり，知り合いの人たちに回答を頼んだりする方法は有意抽出法にあたる．回答をすれば賞品がもらえるようなモニター調査も同様である．さらに調査をする側の予備知識を活用し，母集団を代表できるような構成を持った標本を選び出すのも，主観的に標本が選ばれるという意味で有意抽出法の1つである．有意抽出法では，標本として得られたデータの情報と，母集団の情報が理論的に対応づけられないため，前節で述べたような効率的な推論ができない．

以下では，ランダム・サンプリングに基づいた具体的な標本抽出法を説明する．

単純無作為抽出法

いま，大きさ N の母集団から大きさ n の標本を抽出することを考えよう（以下では，個人を抽出することを念頭におくが，世帯，企業，モノなどでもよい）．このとき標本の組合せは，全部で ${}_N C_n$ 通りある（8章3節）．ただし，同じ人を二度は選ばないものとする（重複を許さない抽出，あるいは非復元抽出）．例えば，5人のなかから2人を選ぶのであれば，${}_5 C_2 = 10$ 通りの標本が考えられる．この ${}_N C_n$ 通りの標本が等しい確率で選ばれる標本抽出を，**単純無作為抽出法**（simple random sampling; SRS）あるいは，単に**無作為抽出法**と呼ぶ．

より具体的には，N 本のくじを作り，そのなかから n 本を引けばよい．ただし，実際には，母集団の各人に1番から N 番までの番号を振り，その番号のなかから n 個の**乱数**を発生させて，発生した数値に対応する番号に当たる人を標本として選ぶ．

乱数とは一様分布（9章3節）のところで説明したように，0から9までの数字が等しい確率で出てくる数字の列で，数字の配列（順序）にも特定の規則がない．表10-1は乱数の例で，Excel の関数を利用して発生させたものである（一様乱数）．

乱数の列では，隣どうしの数字から2桁，3桁，…の数を作っても等確率性は失われない．そこで，例えば80人のなかから5人を標本として抽出する場合，80人に01から80まで（00から79でもよい）の番号をつけ，乱数表の適当な場所から数字を2桁ずつ読み，5個の該当する2桁の数字を取り出し，その番号に対応する人を標本として抽出する．乱数表の適当な場所とは，例えば，サイコロを振って決めればよい．仮に，サイコロを二度振って，4と5が出たとすると，4行目の5個目の数字から2桁ずつ数字を読むといった具合である．表10-1を乱数として用いれば，例えば4行目の5列目からスタートし，2桁ずつ数字をみると，06,54,59,86,30,30,49,77,…という順序で数字が選ばれていく．母集団のリストに該当する番号のない81番目以降ならびに00はとばし，同じ番号が出てきたら，2個目以降は無視するものとすれば（同じ番号が2個得られた場合，2人分の標本とみなす方法もある），この場合，06,54,59,30,49番の

表 10-1 乱数の例

84	58	62	39	27	60	69	99	03	01
13	15	33	57	13	42	49	42	83	79
16	35	29	90	56	49	19	89	55	07
14	80	06	54	59	86	30	30	49	77
49	19	20	35	42	41	20	30	99	28
13	33	03	84	36	77	40	36	65	75
56	32	36	36	06	27	01	46	52	32
78	57	56	64	90	57	85	80	40	39
97	69	12	91	34	05	50	76	79	69
09	22	62	54	10	80	16	62	79	20

人が標本として抽出される．ここで2桁の数字を拾うのは，母集団の大きさ N が2桁の数字だからである．

単純無作為抽出法は，標本抽出法の基本であり，この方法によって得られた標本をもとにすれば，効率的に母集団の情報を推定することが可能となる．以下で述べるその他のランダム・サンプリングは，この単純無作為抽出法を基本にした方法である．

Excel で計算してみよう

Excel では，0 から1 の間の一様乱数を発生させる関数 RAND の他に，RANDBETWEEN(最小値, 最大値) という関数もある．抽出する乱数の最小値と最大値（上の例では最小値が1，最大値が80）を与え，それを必要なデータの個数だけ出力させればよい．

層別抽出法

単純無作為抽出法は，事前に要求される条件がない場合望ましい抽出法である．しかし，標本が代表すべき集団である母集団に，例えば年齢，地域などの構成に違いがあり，少数の標本では母集団の構成を必ずしも表現しえない場合がある．つまり，単純無作為抽出法は事前にどの標本も抽出される確率は同じであるが，結果として，偏った標本になる可能性もある．例えば，視聴率調査では，特定の年齢層に偏った世帯ばかりが選ばれるかもしれない．

図 10-2　層別抽出

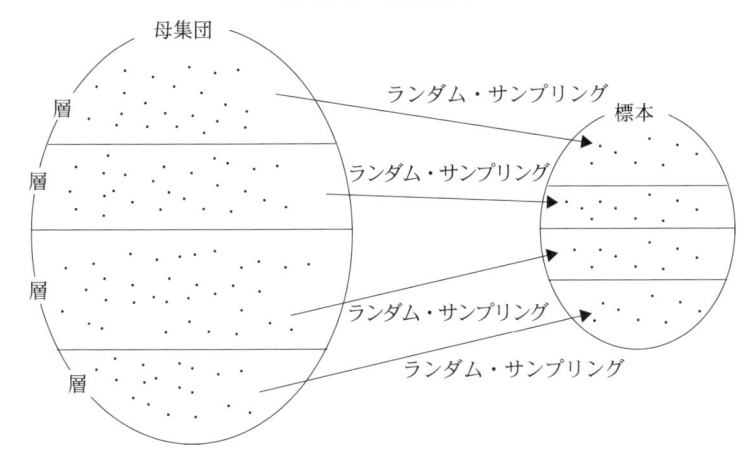

このような事後的な偏りがないようにするために，事前に母集団をいくつかの属性によってグループ分けしておくことを考える．ここで属性とは，年齢であったり，あるいは性別，地域など様々なものが考えられる．属性によって分けられたグループは「層」と呼ばれるが，各層ごとにランダム・サンプリングを行う方法を，**層別抽出法**（または**層化抽出法**，stratified sampling）という（図10-2参照）．

　各層における標本の大きさは，母集団における各層の大きさに比例して配分するのが一般的である．例えばある大学で，通学時間やその他の学生生活に関する実態を調査するのに，200人に対する標本調査を実施するとして，男女で層別することを考えよう．大学全体での男女の割合が7：3であれば，それに比例させて標本は，男子学生140人と女子学生60人とすればよい．もちろん140人の男子学生は，単純無作為抽出法のところで説明したように，男子学生全体に番号を振り，140個の乱数を発生させて該当する番号の学生を選べばよい（女子学生も同様）．また，学年も通学時間等に影響していると考えるのであれば，さらに学年で層別すればよい．この場合，1年から4年という4つの層×性別の層で，8つの層に分かれることになる．

　ここで問題は，何を層として用いるかである．層は，結果に重要な影響を与えるものでなければならない．層の数を多くしすぎれば，単純無作為抽出法か

らどんどん離れていき，標本と母集団の対応関係は複雑になってしまうし，事前に多くの情報を母集団全体に求めることになるからである．

よく用いられる層として，世帯や個人を対象とした調査では都市階級や地域など，企業を対象とした場合には地域や従業員規模や業種などがある．

多段抽出法

いま，日本の失業について調査することを考えよう．単純無作為抽出法や層別抽出法を用いる場合は，上で述べたように，母集団の全てのリストが必要になる．しかし，失業を調査するには，日本に住む15歳以上の人口が母集団になるから，そのリストは膨大なものになる．また，実際に標本に選ばれた人が，地域的に広く散らばることが予想され，調査員が訪問して調査することを考えると，費用や時間，労力が膨大になってしまう．

そこで，これらの欠点を克服するために，調査対象となる人を，乱数を用いて直接抽出するのではなく，地域をまず抽出する．よく行われるのが，全国の市町村に番号を振り，一定数を乱数によって無作為抽出し，選ばれた市町村から，個人なり世帯を抽出する方法である．こうすれば，必要な母集団のリストは抽出された市町村についてだけでよいし，調査もその市町村のなかだけという地理的に限定されたものになる（市町村を抽出した後で，それを調査区と呼ばれる小地域に分割し，無作為抽出で調査対象となる調査区を抽出する場合もある）．

このように，調査対象者を直接抽出するのではなく，第1ステップとして市町村，第2ステップとして調査対象，というように段階を踏んで標本を無作為抽出していく方法を**多段抽出法**という．多段抽出で市町村を抽出する際に，都市部だけとか，郡部だけにならないように，都市階級や地域などで層別してから抽出を行うことも多い．この場合は，層別多段抽出と呼ばれる．

系統抽出法

上の80人から5人を抽出する例では，80÷5＝16人に1人が選ばれることになる．そこで，1番から80番まで番号をつけた母集団のリストを，16人ずつのグループに分けることを考える．すなわち，1〜16番，17〜32番，…，65〜80

番の5つのグループである．そして，まず，最初の1〜16番のグループのなかから，乱数によって1人を抽出するものとする．仮に7番目の人が抽出されたとすると，次には，第2グループでも7番目の人，すなわち7＋16＝23番の人を選ぶ．以下，第3のグループの7番目の人，すなわち23＋16＝39番…というように標本を同数に分けた各グループから1人ずつ選んでいくという抽出方法を考える．この方法は，**系統抽出法**または**等間隔抽出法**と呼ばれる．この例では，16が標本の間隔になっている．

より一般的に，大きさ N の母集団から大きさ n の標本を抽出する場合，$m=N/n$ がこの間隔を与える（N/n が整数でなければ，近い整数でよい）．そして，最初のグループから1人を選ぶために，1から m のなかから乱数を1つ発生させ，それを K とする．標本として抽出される母集団のリストの番号は，$K, K+m, K+2m, \cdots, K+(n-1)m$ となる．

系統抽出法の特徴は，まず，発生させる乱数が1つですむことである．さらに，母集団のリストにおいて並んでいる順番に意味がある（例えば，住所の順に並んでいるなど）場合は，順番の近くの標本が選ばれることがなくなり，全体に散らばることになる．

このように系統抽出法は，簡便性もあるため用いられることも多い．1節で説明した視聴率調査でも系統抽出法が利用されている．

その他の標本抽出法

これまで述べてきた標本抽出法は代表的な抽出であり，実際によく利用されているが，重要な点は，どの方法もランダム・サンプリングを基本としていることである．単純無作為抽出法を若干改良することによって，推定の精度を高めたり，実際の調査の実施を効率的に進めたりすることが可能となっている．

これら以外にも，非常に多くの標本抽出法があるが，以下でいくつかを紹介しておく．

確率比例抽出法は，多段抽出法で市町村を選ぶときに，各市町村を等確率で抽出するのではなく，人口や世帯数によって，確率を比例配分し，人口や世帯数の多い市町村はその数に応じて選ばれやすくする方法である．例えば，2つの市から1つを選ぶときに，世帯数の割合が6:4であったとすると，0〜9ま

での乱数を発生させ，0から5であれば（確率60%）世帯数が多い市，6〜9であれば（確率40%）世帯数が少ない市を選べばよい．

また，電話を利用した調査方法で最近よく用いられる方法にRDD (random digit dialing) 法がある．電話帳を母集団リストとして用いると，最近は特に電話帳への掲載率が下がっているので問題がある．そこで，乱数によって電話番号をランダムに発生させ，発生した電話番号を標本とみなして自動的に電話をかけて調査を行うのがRDD法であり，世論調査などでよく用いられている．

この他にもいろいろな方法があるが，調査方法の説明と調査方法による母集団と標本の対応関係については，本節の説明でも利用した中村他 [18] などを参照されたい．

3 標本平均 $\bar{X}$ の標本分布

データを母集団から抽出された標本とみなし，標本であるデータの情報を用いて，母集団に関する情報を推論する方法を考えよう．推論の対象としては，母集団確率分布の平均値や分散などの母集団特性や母集団分布そのものなど多様であり，それぞれに対していろいろな推論方法が展開されている．例えば，母集団の視聴率であれば，調査した600世帯の標本結果から母集団である関東地区の視聴率（比率）を，また日本の家計の平均所得の場合，母集団の平均を標本から推論することになる．その具体的な方法に関しては，11章と12章で説明する．

本節ではその基礎として，母集団と標本の対応関係を，標本が確率変数の実現値であるという視点から．標本を実現させる確率変数の関数としての統計量の確率分布（標本分布）の概念を標本平均値の場合を通して理解することを目的とする．標本分布は統計的推論の方法の導出や推論の有効性の検証に重要な役割を果たす．

標本平均の標本分布の例

いま，母集団の大きさが $N=100$ で，そこから大きさ8の標本（$n=8$）を抽

出する場合を考える．また，母集団は簡単化して$1, 2, \cdots, 100$ と1から100の数字からなるものとする．ここで，母集団分布の平均値 μ を**母集団平均**または**母平均**，また母集団分布の分散 σ^2 を**母集団分散**または**母分散**とよぶ．一般には，母集団確率分布やその平均などは未知であるが，ここでは母集団と標本の関係を理論的に理解するために既知としておく．実際，この例では単純な計算により $\mu=50.5$，$\sigma^2=833.25$ となる．問題は，母平均 μ を，大きさ8の標本からいかに推定するかである．

この例で，単純無作為抽出法を利用すると，8個の標本を抽出することは，1から100の数字が等確率で出現するような乱数（一様乱数）を8個発生させることと同じことになる．そこで，発生させた8個の乱数を標本であるとみなそう．実際に Excel で乱数を発生させると，

$$60, 14, 35, 28, 14, 23, 81, 52$$

という8個の乱数が得られた（表10-2の最初の標本）．これが実現した標本と考えれば，この8個のデータによって母集団平均が推定されることになる．そこで，8個のデータの平均，すなわち**標本平均**によって母平均を推定するとすれば，この標本による μ の推定値は

$$\bar{x} = \frac{1}{8}(60+14+\cdots+52) = 38.375$$

となる．この値は母平均 $\mu=50.5$ よりも，かなり小さい．

しかしながら，上の8個のデータはたまたま得られた組合せであり，同じ方法で別の8個のデータを抽出すれば，別の推定値が得られる．そこで，乱数によって大きさ8の標本を得るということを何度か繰り返すことにする．表10-2は，これを200回繰り返した結果の一部である．例えば2番目の標本は，$(51, 5, 54, 84, 59, 79, 15, 82)$ であり，$\bar{x}=53.625$ と今度は母平均よりも大きな標本平均が実現している．ここで乱数によって200通りの標本が擬似的に発生させられているので，その200通りの標本に対応した200個の標本平均が得られている（この例のように乱数を発生させて，模擬的な状況を作り出す実験を**シミュレーション**という）．これらの標本平均をヒストグラムにしたのが，図10-3である．このように，母集団から繰り返し標本の取り方を考え，繰り返し標本に対して標本平均の作る分布を，**標本平均 $\bar{X}$ の標本分布**という．

表 10-2 標本平均の標本分布のシミュレーション

標本 No	x_1	x_2	x_3	x_4	x_5	x_6	x_7	x_8	標本平均 $\bar{x}$
1	60	14	35	28	14	23	81	52	38.375
2	51	5	54	84	59	79	15	82	53.625
3	46	58	29	84	10	33	87	13	45.000
4	22	35	89	42	99	31	6	85	51.125
5	41	44	27	25	60	92	64	70	52.875
6	15	38	3	13	89	15	11	33	27.125
⋮	⋮	⋮	⋮	⋮	⋮	⋮	⋮	⋮	⋮
⋮	⋮	⋮	⋮	⋮	⋮	⋮	⋮	⋮	⋮
199	49	95	97	100	10	35	21	61	58.500
200	58	38	59	26	47	46	34	52	45.000

図 10-3 標本平均のヒストグラム

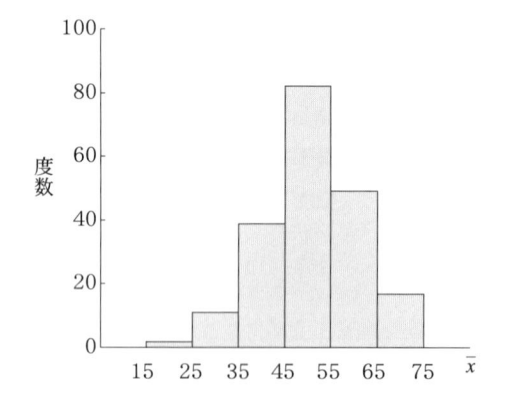

　ここで，表10-2の一番右の列の標本平均は，すでに抽出された標本が与えられたうえでの実現値としての $\bar{x}$ である．この標本分布を理解するために，各データ $x_1, x_2, \cdots, x_n$ を実現させる事前的な n 個の確率変数 $X_1, X_2, \cdots, X_n$ を利用する．各々の確率変数は，それが実現する前にはいろいろな値を対応する確率で実現させるのであるから，特定の標本 $x_1, x_2, \cdots, x_n$ はその1組の実現値であるにすぎず，表のように他のたくさんの標本の組合せを実現しうる．この視点からは，実現値 $\bar{x}$ についても，その1組の実現値に基づく平均値にすぎない．そこで確率変数 $X_1, X_2, \cdots, X_n$ に基づく平均値

$$\bar{X}=\frac{1}{n}(X_1+X_2+\cdots+X_n)$$

をつくり，$\bar{X}$ の確率分布，すなわち標本分布を考えることが，起こりうるいろいろな標本の組から計算される平均値の確率分布を考えることと同じになる．

標本平均 $\bar{X}$ の標本分布の平均

図10-3により，標本平均 $\bar{X}$ の標本分布のヒストグラムが，45-55の階級を中心としてほぼ左右対称となっていることがわかる．これは，もともとの母集団の分布（図10-4）が，一様分布の形をしていることとは，かなり違った形状である（5節参照）．また，中心が45-55の階級にあって左右対称な分布であるということは，この標本分布の平均がこの階級にあることを意味している．実際に，200個の標本平均の平均を計算してみると，50.463125となった．この値は，母平均である $\mu=50.5$ に非常に近い数字になっている．

一般の状況を考えよう．データ $x_1, x_2, \cdots, x_n$ がランダム・サンプリングによる iid（互いに独立に同一の分布に従う）標本とすると，それを実現させた確率変数 $X_1, X_2, \cdots, X_n$ は互いに独立で同一な分布に従う確率変数である．その共通な分布が母集団分布になる．

いまこの分布の母集団平均 μ を標本平均で推定する問題を考えよう．上の例でみたように，いろいろな標本の組が出現しうるという事前的な立場からこの推定問題を考えることは，確率変数でつくった標本平均 $\bar{X}$ の標本分布と母集団の平均値 μ との関係を考えることになる．それを以下で理論的に理解しよう．$X_1, X_2, \cdots, X_n$ については，iid であるか否かにかかわらず，9章の(9.28)式（216ページ）より，

$$E(X_1+X_2+\cdots+X_n)=E(X_1)+E(X_2)+\cdots+E(X_n)$$

が成立する．さらに $X_1, X_2, \cdots, X_n$ は同一の母集団分布に従うので，その期待値（平均）は共通に $E(X_1)=E(X_2)=\cdots=E(X_n)=\mu$ となる．したがって，

$$E(\bar{X})=\frac{1}{n}\{E(X_1)+E(X_2)+\cdots+E(X_n)\}=\mu$$

となり，標本平均 $\bar{X}$ の標本分布の平均は，母平均 μ に等しいことがわかる．

$E(\bar{X})=\mu$ という事実は，確率変数としての $\bar{X}$ はその標本分布に従ってい

図 10-4 標本分布の例の母集団分布

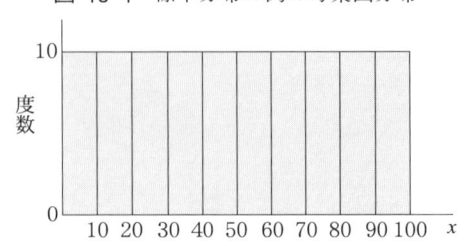

ろいろな値を確率的に取るが，その平均的な値は μ であることを意味している．したがって $\bar{X}$ によって母集団平均 μ の推定する場合，平均的にみると μ を「当てている」と考えられる．

しかし，それは実際に実現したデータ $x_1, x_2, \cdots, x_n$ に対しての平均値 $\bar{x}$ が μ を「当てている」ことを意味しているわけではない．実際，上の例の表10-2や図10-3をみれば，$\bar{X}$ の事後的な実現値 $\bar{x}$ は，母平均 μ よりも大きかったり，小さかったりしており，μ から遠く離れた値が実現している場合もある．つまり1つ1つの実現値 $\bar{x}$ でみれば，μ をうまく当てている保証はない．しかし $\bar{X}$ は，その平均が母平均 μ と等しいという，μ の推定量としての1つの望ましい性質を持っていることになる（この性質は，11章で不偏性として再述する）．このように標本を実現させる確率変数のもとに，標本平均など標本特性を表す変量（後にこれを統計量と呼ぶ）の標本分布を考えることは，母集団を推定するための理論的基礎を与える．

標本平均 $\bar{X}$ の標本分布の分散

次に，iid 標本に基づく標本平均 $\bar{X}$ の分散を考えてみよう．この分散は，上の例では200個の標本平均値の散らばりの大きさを，事前的な視点から評価することに対応する．上の例から次の事実を確認しておこう．

(1) 図10-4の母集団分布は1～100まで一様に散らばっているのに対して，図10-3の200個に基づく標本平均 $\bar{X}$ の標本分布の形状は，その平均を山として対称となっている．

(2) この標本分布の分散は母集団の分散よりも小さい．実際，200個の標本平均の分散を計算すると101.63となって，これは母分散 $\sigma^2 = 833.25$ よりはる

かに小さい．

このことが一般的な状況のもとで成立することを理論的に説明しよう．X_1, $X_2, \cdots, X_n$ が互いに独立な場合，その和の分散は，9章の（9.29）式（216ページ）より，個々の分散の和になり，さらに iid であれば個々の分散は共通なので $\mathrm{Var}(X_i) = \sigma^2$ と表せる．よって

$$\mathrm{Var}(\bar{X}) = \mathrm{Var}\left[\frac{1}{n}(X_1 + X_2 + \cdots + X_n)\right] = \frac{1}{n^2}\mathrm{Var}[(X_1 + X_2 + \cdots + X_n)]$$

$$= \frac{1}{n^2}\{\mathrm{Var}(X_1) + \mathrm{Var}(X_2) + \cdots + \mathrm{Var}(X_n)\}$$

$$= \frac{1}{n^2}(\sigma^2 + \sigma^2 + \cdots + \sigma^2) = \frac{1}{n^2}n\sigma^2 = \frac{\sigma^2}{n}$$

となる．標準偏差は $\sqrt{\mathrm{Var}(\bar{X})} = \sigma/\sqrt{n}$ である．

上の例の場合，表10-2から計算した分散101.63は，母分散を標本の大きさ $n=8$ で割った値（104.15625）に近い値である．

上式により標本平均 $\bar{X}$ の標本分布の分散が σ^2/n であるから，分母であるデータの個数 n が大きいほど，この分散が小さくなることがわかる．標本平均 $\bar{X}$ の標本分布の平均は母平均に等しいので，標本平均 $\bar{X}$ の標本分布の分散が小さければ，実現する標本平均が，母平均の近くに落ちる確率が高いことが保証される．つまり標本データの個数を多くするほど，実現した標本平均は母平均の近くに落ちる可能性が高いことになり，データの個数が多いほど，結果に信頼がおけるという直観を裏付けることになる．

標本平均 $\bar{X}$ の標本分布の特徴をまとめておこう．

母平均 μ，母分散 σ^2 を持つ母集団分布からの iid 標本による標本平均 $\bar{X}$ の標本分布の平均・分散・標準偏差：

(10.1)　平均　$E(\bar{X}) = \mu$

(10.2)　分散　$\mathrm{Var}(\bar{X}) = \dfrac{\sigma^2}{n}$

(10.3)　標準偏差　$\dfrac{\sigma}{\sqrt{n}}$

有限母集団からの標本平均 $\bar{X}$ の標本分布

上の説明では，標本は母集団からランダム・サンプリングで抽出されるものとして，互いに独立に同じ分布に従う，すなわちiidであるとしていた．この前提は無限母集団の場合は問題なく，母集団が有限であっても，重複を許す復元抽出の場合も成立する．したがって重複を許す抽出においては，(10.1)〜(10.3)は成立する．また，有限母集団で重複を許さない非復元抽出の場合でも，Nが十分に大きければ，各データは近似的に独立に抽出されたとみなすことができるので，(10.1)〜(10.3)が成立する．

しかし，Nが大きくない場合，$X_1, X_2, \cdots, X_n$ は独立でないので，標本平均 $\bar{X}$ の標本分布の分散は，次のように，(10.2)とは異なる．

大きさNの有限母集団（母平均μ，母分散σ^2）から大きさnの無作為標本の標本平均を$\bar{X}$とする．このとき$\bar{X}$の標本分布の平均と分散は

$$E(\bar{X}) = \mu, \quad \mathrm{Var}(\bar{X}) = \frac{N-n}{N-1} \cdot \frac{\sigma^2}{n}$$

となる．$(N-n)/(N-1)$を有限母集団修正係数という．

[解説] ここでは，標本平均 $\bar{X}$ の標本分布は，有限母集団と無限母集団では結果が異なるという事実を理解しておくだけでよい．$X_1, X_2, \cdots, X_n$ の和の期待値の場合，独立であってもなくても結果は変わらないので，平均は，(10.1)と同じである．しかし，分散の場合は，独立の場合と独立でない場合では結果が異なり，その違いは有限母集団修正係数で反映される．$(N-n)/(N-1)$は1より小さく，したがって有限母集団における標本平均 $\bar{X}$ の分散は，(10.2)の σ^2/n より小さくなり，Nが小さいときの両者の差は大きい．しかし実際的にはNが大きいとして，$(N-n)/(N-1)$を1とみる．そこでは近似的に $X_1, X_2, \cdots, X_n$ はiidとなる．■

4 統計量の標本分布と比率への応用

　前節では，標本平均 $\bar{X}$ の標本分布によって，母集団と標本の対応関係を理解し，標本平均によって母平均を推定するための理論的基礎をみた．本節では，まず前節の議論の構造をさらに詳しく理解するために，より一般的な視点から標本分布を説明する．そしてその応用として，標本比率の標本分布について説明する．視聴率や失業率に代表されるように，母集団の比率を推定する場合は非常に多く，標本比率の標本分布を考えることは，その推定の基礎を与えることになる．

標本分布の考え方

　一般に，標本平均や標本分散（標本平均と同様に，標本のデータから計算された分散で，(5.1) の分散のこと）は，与えられたデータの関数として

$$(10.4) \quad y = h(x_1, x_2, \cdots, x_n)$$

と表現される．記号 h は関数を表す記号である．標本平均 $\bar{x}$ の場合，$\bar{x}$ を

$$(10.5) \quad h(x_1, x_2, \cdots, x_n) = \frac{1}{n}(x_1 + x_2 + \cdots + x_n)$$

とみればよい．h という関数の記号は，$x_1, x_2, \cdots, x_n$ が与えられると $\bar{x}$ が決まるということを表す．標本分散 s^2 の場合も同様に，s^2 を

$$(10.6) \quad h(x_1, x_2, \cdots, x_n) = \frac{1}{n}\{(x_1 - \bar{x})^2 + (x_2 - \bar{x})^2 + \cdots + (x_n - \bar{x})^2\}$$

とおいたものである．

　これを別の角度からみると，データが実現する（与えられる）前には，標本平均や標本分散はいろいろな値を取る可能性があることになる．しかも，1組のデータ $x_1, x_2, \cdots, x_n$ は母集団分布の形状に依存して一定の確率のもとで実現するので，標本平均や標本分散も，前節で展開した事前的な確率変数の視点からみると，同様に一定の確率で実現し，一定の確率分布に従う．この確率分布が，標本分布である．

　これをもう少し詳しくみてみよう．与えられた1組のデータ $(x_1, x_2, \cdots, x_n)$

を実現させた確率変数を $X_1, X_2, \cdots, X_n$ で示す．実現した値 $x_1, x_2, \cdots, x_n$ を (10.4) 式の右辺のなかに代入するとある1つの y の値を得る．しかし，$X_1, X_2, \cdots, X_n$ は，他の値の組 $(x_1', x_2', \cdots, x_n')$ を取る可能性もあったので，それを (10.4) 式に代入すると，別の値 $y' = h(x_1', \cdots, x_n')$ を取ることになる．あるいは，さらに別な値 $(x_1'', x_2'', \cdots, x_n'')$ も起こりえたのであるから，$y'' = h(x_1'', \cdots, x_n'')$ の可能性もあった．つまり，実現する x の値の組に応じて，様々な y の値が実現するのである．表10-2の各行の標本平均が，$y, y', y'', \cdots$ に対応する．このように考えると，h のなかに確率変数 $(X_1, X_2, \cdots, X_n)$ を代入した

(10.7) $Y = h(X_1, X_2, \cdots, X_n)$

において，Y も確率変数となる．つまり，データが実現する前には，$(X_1, X_2, \cdots, X_n)$ の取りうる値に対応して，Y もいろいろな値 $y, y', y'', \cdots$ を一定の確率で取る可能性があることになる．そして $(X_1, X_2, \cdots, X_n)$ は一定の確率で $(x_1, x_2, \cdots, x_n)$ を取った結果，特定の値 $y = h(x_1, x_2, \cdots, x_n)$ が実現したとみるのである．

こうした視点に立つと，データを観察する前の確率変数として (10.7) の Y は，1つの確率分布を持つことになる．この Y の確率分布が**標本分布** (sampling distribution) である．

統計量とパラメータ，推定量と推定値

実現したデータの代わりに事前の確率変数を代入した (10.7) 式の Y を，$X_1, X_2, \cdots, X_n$ の**統計量** (statistic) という．統計量は確率変数であり，標本のデータからある特性値を計算するための規則を与える公式のようなものだと思えばよい．標本平均，標本分散，標本標準偏差，標本比率，標本メディアン，標本歪度，標本尖度，…等々に対して，$X_1, X_2, \cdots, X_n$ を代入すると対応した統計量が得られる．

これに対して，母集団の特性値は**パラメータ** (parameter，**母数**ともいう) という．母平均，母分散，母（集団）標準偏差，母（集団）比率…等々である．一般的にパラメータは未知の定数であり，その未知の値を，1組のデータ（標本の実現値）のもとに計算される統計量の実現値によって推定しようというのが，統計学の基本的な考え方である．

また標本平均（10.5）や標本分散（10.6）は，未知のパラメータである母平均 μ や母分散 σ^2 を推定するために用いられる．一般的に確率変数の関数としての統計量（10.7）が，ある特定の母集団パラメータを推定するための統計量である場合，Y をそのパラメータの**推定量**（estimator）という．推定量は，確率変数である．(10.4)，あるいはより具体的に（10.5）や（10.6）などは，確率変数である推定量に，実現したデータを代入して計算された値であり，推定量の実現値である．(10.4) が推定量の実現値であるときは，**推定値**（estimate）と呼ばれ，推定量と区別する．推定値は実現した値であるので確率変数ではない．

つまり，統計量（または推定量）の確率分布が標本分布であり，標本分布の平均や分散によって，母集団パラメータとの対応関係が把握できるかどうかが，推定量の良し悪しを判断する基礎となる．

標本比率の標本分布

上の議論を利用して，**標本比率**の標本分布を考えよう．比率は，これまでもみてきたように，数字で表せない質的変数を数量化する1つの方法でもある．視聴率，失業率，内閣支持率，コインで表が出る比率，サイコロのある目が出る比率，…と様々な場合に利用される．比率を考える場合，データを1,0で表したことを思い出そう．例えば視聴率の場合，ある番組をみていたら1，みていなかったら0をデータ x_i に与えるとすれば，標本の視聴率（標本比率 $\hat{p}$）は，x_i の平均値 $\hat{p}=\bar{x}=\frac{1}{n}\sum_{i=1}^{n}x_i$ と一致する．

したがって，標本比率の標本分布は，0と1の標本を実現させた確率変数 X_i に基づく標本平均 $\bar{X}$ の標本分布であり，1,0データに対して，(10.5) 式で与えられる関数を考えればよい．

そこで，前節で乱数を発生させた例について，比率を考えよう．いま，**母（集団）比率**を $p=0.3$ として，表10-2で発生させた（一様）乱数が30以下であれば1，30よりも大きければ0をデータに与えるとしよう（こうすれば，$p=0.3$ を想定することと同等になる）．表10-2を $p=0.3$ のもとで1,0データに変換した結果は，表10-3に示されており，そのヒストグラムは図10-5に与えられている．図10-5が，この例，すなわち母比率 $p=0.3$ から大きさ8の標本

表 10-3 標本比率の標本分布のシミュレーション

標本 No	x_1	x_2	x_3	x_4	x_5	x_6	x_7	x_8	標本比率$\hat{p}$
1	0	1	0	1	1	1	0	0	0.500
2	0	1	0	0	0	0	1	0	0.250
3	0	0	1	0	1	0	0	1	0.375
4	1	0	0	0	0	0	1	0	0.250
5	0	0	1	1	0	0	0	0	0.250
6	1	0	1	1	0	1	1	0	0.625
⋮	⋮	⋮	⋮	⋮	⋮	⋮	⋮	⋮	⋮
⋮	⋮	⋮	⋮	⋮	⋮	⋮	⋮	⋮	⋮
199	0	0	0	0	1	0	1	0	0.250
200	0	0	0	1	0	0	0	0	0.125

図 10-5 標本比率のヒストグラム

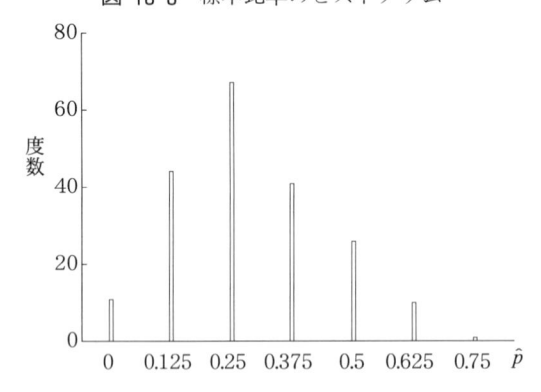

($n=8$) を抽出するときの標本比率の標本分布である．

標本比率の標本分布の平均と分散

図10-5で標本比率の標本分布を視覚化できたので，前節の標本平均の場合と同様に，その平均と分散を考えてみよう．何度もいうように比率の場合は，変数に1，0を与えた場合の平均値と同じであるから，確率変数の形で標本比率を書くと，X_i が1または0を取る変数として，

(10.8) $\quad \bar{X} = \dfrac{1}{n}\sum_{i=1}^{n} X_i$

ただし $P(X_i=1)=p, \quad P(X_i=0)=1-p=q$

となる．前節では，各 X_i に共通な母集団平均値は $E(X_i)=\mu$ であるとしたが，X_i が 1 または 0 を取る変数の場合は，(7.12) より $E(X_i)$ は p であり，分散 $\sigma^2=\mathrm{Var}(X_i)$ は pq である．したがって，標本比率の場合は，(10.1) 式の $E(\bar{X})=\mu$，(10.2) の $\mathrm{Var}(\bar{X})=\sigma^2/n$ の代わりに，$E(\bar{X})=p$，$\mathrm{Var}(\bar{X})=pq/n$ と書くことができる（$\sigma^2=pq$ は各 X_i に共通の分散）．したがって，前節の結果から次のように要約ができる．

標本比率の標本分布の平均・分散・標準偏差

(10.9)　　平均　$E(\bar{X})=p$

(10.10)　　分散　$\mathrm{Var}(\bar{X})=\dfrac{pq}{n}$

(10.11)　　標準偏差　$\sqrt{\dfrac{pq}{n}}$

ただし，$\bar{X}=\dfrac{1}{n}\sum_{i=1}^{n}X_i$ で，X_i は成功したら 1，そうでなければ 0 を取る確率変数であり，p は母集団比率，$q=1-p$ である．

［解説］ (10.9) 式は，データが実現する前の確率変数としての標本比率 $\bar{X}$ は標本分布に従っていろいろな値を取るが，その**標本分布の平均値 $E(\bar{X})$ が母集団比率 p** であることを示している．したがって標本比率 $\bar{X}$ は，その標本分布によりいろいろな値を実現するが，平均的にみると未知パラメータ p をうまく「当てている」ことになる．しかしこの性質は，実際の観測値 $\hat{p}$ が p の近くに落ちることを直接的に保証しない．

$\bar{X}$ がその平均値 p の近くの値を取る確率は，(10.10) の標本分布の分散の大きさに依存する．(10.10) で n を大きくすると分散は 0 に近づく．0 に近づくことは，$\bar{X}$ が p の近くの値を取る確率が 1 に近づくことになる．実際，分散が 0 である場合，$\bar{X}$ がその平均値 p を確率 1 で取ることから，このことが直観的にわかる（次章でこのことをチェビシェフの不等式と呼ばれる関係式を利用して説明する）．したがって，$\bar{X}$ がたまたま 1 つの実現値 $\hat{p}$（データから計算された比率）を取ったとしても，n が大きければその値が未知パラメータ p の近くの値である可能性が高いことになる．

これらは，標本平均の場合とまったく同じである．ただし，標本平均と標本比率の標本分布で異なっている点は，標本平均の場合では未知のパラメータは母集団の平均値 μ と分散 σ^2 の2つであるのに対して，標本比率の場合では未知のパラメータが母比率 p の1つだけになっていることである（分散が p のみから計算されることによる）．

また，各 X_i の取りうる値は0または1であるから，$Z=X_1+X_2+\cdots+X_n$ とおくと Z は成功する回数となり，Z の確率分布は2項分布 $B(n,p)$ である．したがって，$\bar{X}=Z/n$ の取りうる値 $(0, 1/n, 2/n, \cdots, (n-1)/n, 1)$ も Z と同じ2項分布に従うことになる．実際，図10-5は，$p=0.3$，$n=8$ の2項分布と同様である．Z の平均値と分散は，2項分布の平均（8.15），分散（8.16）の結果より，$E(Z)=np, \mathrm{Var}(Z)=npq$ で与えられる．これからも，$\bar{X}=Z/n$ の平均値，分散がそれぞれ（10.9），（10.10）となることを導くことができる．■

5 中心極限定理

3節の標本平均 $\bar{X}$ の標本分布の平均や分散を議論する場合，$X_1, X_2, \cdots, X_n$ が iid であるという以外は，特に母集団分布の形についての仮定は何もおいていない．それは，iid であるかぎり，母集団分布の形状が何であっても，母集団分布の平均値，分散をそれぞれ共通に $E(X_i)=\mu, \mathrm{Var}(X_i)=\sigma^2$ とすると，標本平均 $\bar{X}$ の標本分布の平均と分散はそれぞれ μ，σ^2/n となるからである．本節では，母集団の分布の形との関係で標本平均 $\bar{X}$ の標本分布の形について考察する．

母集団分布が正規分布の場合

最初に，母集団分布が正規分布であるという仮定をおくと，標本平均 $\bar{X}$ の標本分布はやはり正規分布になる，という次の命題を説明する．

(10.12) $X_1, X_2, \cdots, X_n$ が iid で，各 X_i が平均値 μ，分散 σ^2 を持つ正規分布 $N(\mu, \sigma^2)$ に従う場合（**正規母集団**という），標本平均 $\bar{X}$ の標本分布は平均

μ, 分散 σ^2/n の正規分布 $N(\mu, \sigma^2/n)$ に従う．

[解説] 3節の一般的な場合の結果から，$\bar{X}$ の平均と分散は平均 μ，分散 σ^2/n となる．次に，$\bar{X} = \frac{1}{n}X_1 + \frac{1}{n}X_2 + \cdots + \frac{1}{n}X_n$ より，9章2節の正規分布の性質(3)の結果（200ページ）を用いると，$a_i = \frac{1}{n}$ となり，$\bar{X}$ は正規分布に従う．したがって，もとの母集団分布が正規分布であれば，標本平均の標本分布もやはり正規分布になる．■

中心極限定理

(10.12) の命題は，$X_1, X_2, \cdots, X_n$ が iid で母集団分布が正規分布であることを仮定して，$\bar{X}$ が正規分布になることを主張するものである．しかし，母集団分布が正規分布でなくても，標本 $X_1, X_2, \cdots, X_n$ が iid である場合，標本の大きさ n がある程度大きいと $\bar{X}$ の標本分布は正規分布で近似できることを主張するのが中心極限定理である．例えば，所得分布の母集団分布は歪みがあり正規分布でないが，n が大きいとき，その分布から抽出された標本をもとに計算される $\bar{X}$ の確率分布は正規分布で近似されるのである．

> **中心極限定理の実際的表現**
>
> (10.13) $X_1, X_2, \cdots, X_n$ が iid で，各 X_i の平均値を μ，分散を σ^2 とする．このとき，標本平均 $\bar{X} = \frac{1}{n}\sum_{i=1}^{n} X_i$ の確率分布は，n が大きければ，平均 μ，分散 σ^2/n の正規分布 $N(\mu, \sigma^2/n)$ で近似される．

ここで重要な点は，(10.13) では，(10.12) の場合と違って，$X_1, X_2, \cdots, X_n$ の分布の形について何も前提をおいていないことと，n が大きいという条件が追加されていることである．n の大きさと近似の度合いの関係については，母集団分布が正規分布のような対称な形状をしているか，歪度が大きい分布であるかなどに依存して異なる．もともとの X_i の母集団分布が正規分布に近ければ n が小さくても近似の度合いはよいし，X_i の分布の歪みが大きい場合や，山が2つあったりするような場合，近似の度合いは悪い．しかし，実際的な見

図 10-6 標本平均の標本分布のシミュレーション

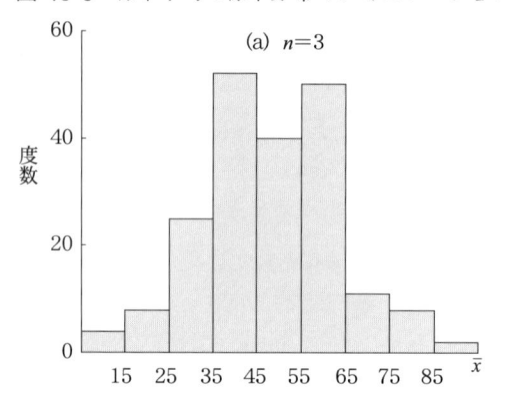

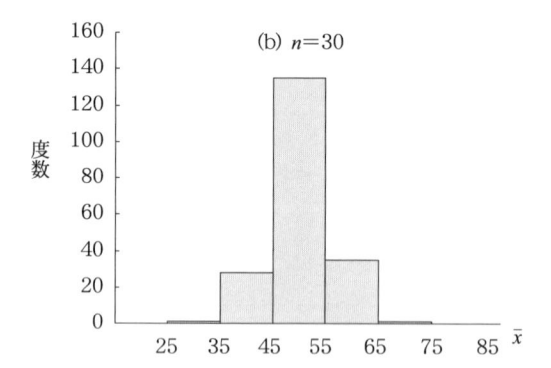

(a) $n=3$

(b) $n=30$

地からは，X_i の分布の山が 1 つで対称的な場合，n は 20〜30 程度でよい．なお上で「実際的表現」と書いたのは，この表現では，n が大きいと分散が 0 に近づくので，理論的には正確な表現でないからである．正確な表現はすぐ後に述べる．

　図10-3（240ページ）は，母集団分布が図10-4である正規分布ではない分布（一様分布）から抽出された標本に対する標本平均の標本分布である．この場合 $n=8$ とそれほど大きな標本ではないものの，母集団分布が左右対称であることもあり，図10-3をみると正規分布に近い形状をしていることがわかる．また，図10-6は，同じ母集団から発生させた $n=3$ と $n=30$ の場合の $\bar{X}$ の標本分布である（いずれも200個の標本を発生）．n が大きくなると正規分布に近く

なる様子，また分散が小さくなり母平均のまわりに集まってくる様子がわかる．

ここで (10.13) における標本平均 $\bar{X}$ を基準化しよう．$\bar{X}$ の平均は μ，標準偏差は $\sigma/\sqrt{n}$ であるから，$\bar{X}$ から μ を引いて，$\sigma/\sqrt{n}$ で割って基準化した確率変数を Z とすれば，Z の平均は 0，分散は 1 に基準化され，かつ近似的に正規分布に従う．したがって，上記の中心極限定理の命題は，正確には次のように書くことができる．

中心極限定理

(10.14) $X_1, X_2, \cdots, X_n$ が iid で，各 X_i の平均を μ，分散を σ^2 とする．標本平均を $\bar{X} = \dfrac{1}{n}\sum_{i=1}^{n} X_i$ とすると，$Z = \dfrac{\bar{X} - \mu}{\sigma/\sqrt{n}}$ の確率分布，あるいは同じことだが $Z = \dfrac{\sqrt{n}(\bar{X} - \mu)}{\sigma}$ の確率分布は，n が大きければ，標準正規分布 $N(0, 1)$ で近似される．

証明は本書のレベルを超えるので，例えば岩田 [5] などを参照されたい．要は，もとの母集団分布がどのような分布であれ，n が大きければ，標本平均を基準化した変量の標本分布は標準正規分布になるという定理である．

この定理のもう 1 つの重要な点は，データが離散的であってもよい点である．特に前節で述べた $X_1, X_2, \cdots, X_n$ が 2 項試行による 0-1 型の iid 確率変数の場合でもよい．そのとき $\bar{X}$ は標本比率に対応し，前節の (10.9)，(10.10) より

$$\mu = E(\bar{X}) = p, \quad \sigma^2/n = \mathrm{Var}(\bar{X}) = pq/n$$

であるので，基準化確率変数は

$$Z = \frac{\bar{X} - p}{\sqrt{pq/n}}, \quad \text{あるいは同じことだが} \quad Z = \frac{\sqrt{n}(\bar{X} - p)}{\sqrt{pq}}$$

となる．中心極限定理により，n が大きいときは，Z の確率分布は近似的に標準正規分布 $N(0, 1)$ に従うことになる．

また，2 項分布に従う変数 W に対して基準化した確率変数 $Z = (W - np)/\sqrt{npq}$ をつくると，Z の分布は n を大きくしていくと標準正規分布に近づくことも，中心極限定理から導くことができる．それは，W が 2 項試行による 0-1 型の iid 確率変数 $X_1, X_2, \cdots, X_n$ の和であり，$W = n\bar{X} = X_1 + X_2 + \cdots + X_n$

と表現されるからである．

中心極限定理の応用

中心極限定理は非常に重要な定理であり，推定や検定において重要な役割を果たす．次章以降でさらに議論するが，ここではその簡単な応用例をみよう．

(10.14) より，基準化変量の分布は近似的に $Z \sim N(0,1)$ であるので，9章2節で行ったような正規分布表を用いた確率計算が可能となる．例えば，例題9.1でみたように，$P(-2<Z<2)=0.9544$ であり，正規分布では，平均から2倍の標準偏差の区間のなかに95.44%が含まれる．この式の Z に $\frac{\bar{X}-\mu}{\sigma/\sqrt{n}}$ を代入し，これを $\bar{X}$ について解くと，

(10.15) $\quad P\left(\mu-2\frac{\sigma}{\sqrt{n}}<\bar{X}<\mu+2\frac{\sigma}{\sqrt{n}}\right)=0.9544$

が近似的に成立する．(10.15) は $\bar{X}$ が区間 $\left(\mu-\frac{2\sigma}{\sqrt{n}}, \mu+\frac{2\sigma}{\sqrt{n}}\right)$ に落ちる確率が0.9544となることを意味している．明らかに，n が大きいとその区間の幅

$$(\mu+2\sigma/\sqrt{n})-(\mu-2\sigma/\sqrt{n})=4\sigma/\sqrt{n}$$

は小さくなり，$\bar{X}$ は確率0.9544で μ の近くに落ちることになる．つまり，μ の推定量としての $\bar{X}$ の精度が高くなることがわかる．同様に $P(-3<Z<3)=0.9974$ より，$\bar{X}$ は確率0.9974で区間 $\left(\mu-\frac{3\sigma}{\sqrt{n}}, \mu+\frac{3\sigma}{\sqrt{n}}\right)$ のなかに落ちることになる．

通常，μ, σ は未知であるから，これらの区間を直接知ることができないが，次章ではこの考え方を応用して，母平均 μ を推定することを考える．

例題10.2 ある銘柄の株価の月次の変化率(%)の確率分布は，過去からの経験上，平均値が0.5%，標準偏差が2%であることがわかっている．この株の25カ月の変化率の平均を取ったとき，プラスになる確率を求めよ．ただし，各月の株価変化率は独立に同じ分布に従うとする．

［解説］株価の月次変化率を X_i とすると，母集団確率分布の平均は $\mu=0.5$，標準偏差は $\sigma=2$ とみることができる．25カ月 ($n=25$) の標本平均を $\bar{X}$ とすると，ここで求めたい確率は，$P(\bar{X}>0)$ である．また，基準化した $Z=$

$(\bar{X}-\mu)/(\sigma/\sqrt{n})$ の標本分布は，(10.14) の中心極限定理より標準正規分布に従う．よって，

$$P(\bar{X}>0) = P\left(\frac{\bar{X}-\mu}{\sigma/\sqrt{n}} > \frac{0-\mu}{\sigma/\sqrt{n}}\right) = P\left(Z > \frac{0-0.5}{2/\sqrt{25}}\right) = P(Z>-1.25)$$
$$= P(Z<1.25)$$

である．正規分布表より $P(Z<1.25)=0.8944$ となり，変化率の平均は約90％の確率でプラス，すなわち収益を上げるであろうことがわかる．さらに上の $P(\bar{X}>0)$ で 0 の代わりにいろいろな値を入れれば，様々なケースの確率が計算できる．■

6　t 分布

t 統計量と t 分布

前節の (10.12) では，母集団分布が正規分布である iid データの場合，標本平均 $\bar{X}$ は正規分布に従うと述べた．母集団分布が正規分布の場合，$\bar{X}$ も正規分布するからそれを基準化し，

$$(10.16) \quad Z = \frac{\bar{X}-\mu}{\sigma/\sqrt{n}}$$

とすれば，$Z \sim N(0,1)$ となる．これは，(10.12) に基づいており，母集団分布に正規分布を仮定しているので，中心極限定理とは違い，n が大きいという条件はつけていないことに注意しよう．したがって，この場合も (10.15) と同様に正規分布表から，$\bar{X}$ が μ のまわりの区間 $\left(\mu - c \times \frac{\sigma}{\sqrt{n}}, \mu + c \times \frac{\sigma}{\sqrt{n}}\right)$ に落ちる確率を評価できる（ただし (10.15) では $c=2$ としている）．しかし，この区間は未知パラメータ σ（母集団標準偏差）に依存するため，区間の幅 $2c \times \sigma/\sqrt{n}$ を求めることはできない．

そこで母集団標準偏差 σ を標本標準偏差で置き換えることを考えよう．標本分散の実現する前の統計量としての標本分散（データ x_i を確率変数 X_i で置き換えたもの）を

$$(10.17) \quad S^2 = \frac{1}{n}\sum_{i=1}^{n}(X_i - \bar{X})^2$$

とし，自由度調整済（標本）分散（5章，111ページ）を

$$(10.18) \quad V^2 = \frac{1}{n-1}\sum_{i=1}^{n}(X_i - \bar{X})^2$$

と書く．ここで S^2 と V^2 の間には，(10.17) と (10.18) より，

$$(10.19) \quad V^2 = \frac{n}{n-1}S^2, \quad \text{あるいは} \quad \frac{V^2}{n} = \frac{S^2}{n-1}$$

という関係があることがわかる．いま，(10.16) で σ を V または S で置き換え，Z に対応させて

$$(10.20) \quad T_m = \frac{\bar{X} - \mu}{V/\sqrt{n}} = \frac{\bar{X} - \mu}{S/\sqrt{n-1}}$$

とおく．ただし，$m = n-1$ とする（T に m をつけた理由はすぐ後で述べる．例えば，データの個数 n が10であれば，$m = 10 - 1 = 9$ なので T_9 と表現する）．V を用いて表現してあるのは，(10.20) を (10.16) の Z により近い形にするためで，S で表現すると，(10.19) の関係より，$\sqrt{n}$ を $\sqrt{n-1}$ で置き換えた形になる．いずれにせよ (10.19) のように S^2 と V^2 には明確な関係があるので，どちらを用いて表現しても構わない．ただし，以下では S^2 を用いて表現する．この T_m は，確率変数 $X_1, X_2, \cdots, X_n$ の関数として統計量（確率変数）であり，T_m を **t 統計量** と呼ぶ．(10.16) の Z と (10.20) の T_m の大きな違いは，分母に母集団標準偏差が入っているか，標本標準偏差が入っているかである．この違いから，T_m の確率分布（標本分布）は，Z とは異なり，もはや標準正規分布ではなく，以下の分布に従うことが知られている．

$X_1, X_2, \cdots, X_n$ が iid で，各 X_i が正規分布 $N(\mu, \sigma^2)$ に従うとき，

$$(10.21) \quad T_m = \frac{\bar{X} - \mu}{S/\sqrt{n-1}}$$

の確率分布（標本分布）を，**自由度 m の t 分布** という．ここで，$\bar{X}$ は標本平均，S は標本標準偏差，自由度 m は $m = n-1$ である．

[解説]* 自由度 m の t 分布の確率密度関数は

$$(10.22) \quad f(t) = c\left(1 + \frac{t^2}{m}\right)^{-\frac{m+1}{2}} \quad (-\infty < t < \infty)$$

で与えられる。c は $f(t)$ の積分（$f(t)$ と横軸で囲まれる面積）が 1 となるように定められる定数で，ガンマ関数を用いて，$c = \Gamma\left(\frac{m+1}{2}\right) \Big/ \sqrt{m\pi}\, \Gamma\left(\frac{m}{2}\right)$ で与えられる（ガンマ関数については，9 章 3 節参照）。特に $m=1$ の t 分布をコーシ（Cauchy）分布という。$m \geq 3$ のとき，t 分布の平均値と分散は次のとおりである。

$$(10.23) \quad E(T_m) = 0, \quad \mathrm{Var}(T_m) = \frac{m}{m-2} = 1 + \frac{2}{m-2}. \quad \blacksquare$$

ここで理解すべきことは，t 分布の形状である。正規分布の場合と同様に，確率密度関数（10.22）式を覚える必要はない。t 分布の形状は，標準正規分布とともに，図10-7に示されている。まず t 分布は，0 を中心として対称で，山が 1 つである。そして，t 分布は自由度 $m(=n-1)$ によって形状が変わるので，自由度 m を明示する意味で，確率変数を T_m と書くのである（T でも構わない）。自由度の意味は，5 章を参照されたい。図10-7からわかるように，自由度 m が小さいとき，t 分布は標準正規分布に比べて山の高さが少し低く，分布のスソがより厚い。このことは，標準正規分布に比べると，0 を中心として遠くの値が出る確率が大きいことを意味する。しかし n が大きくなる（すなわち自由度 m が大きくなる）につれて，標準正規分布に近づく。m が30を超えると，ほぼ標準正規分布と考えてよい。

なお，(10.21) の t 分布の定義では，母集団分布が正規分布であることを前提にしていることに注意しよう（正規母集団）。ここが中心極限定理の場合とは，異なっている点である。しかし，母集団分布が正規分布から多少ずれていても，(10.21) の t 統計量の分布は t 分布で近似できることがわかっており，その意味で，t 分布は母集団が正規分布であるという仮定に頑健であるという。

実際に，表10-2のシミュレーションで，それぞれの標本に対して S を計算したうえで，t 統計量 $T_m = \dfrac{\bar{X} - \mu}{S/\sqrt{n-1}}$ を求め，そのヒストグラムを描いたのが，図10-8である。母集団分布が正規分布ではないので，T_m は t 分布に従わないが，$\bar{X}$ の標本分布と比較してみよう。標準正規分布であれば，絶対値が 3 よ

図 10-7　t 分布と標準正規分布（点線）

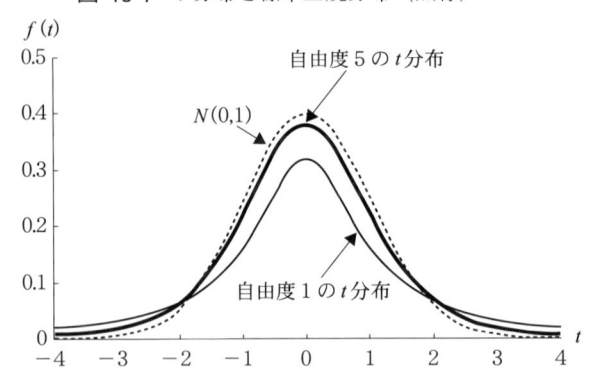

図 10-8　t 統計量の標本分布

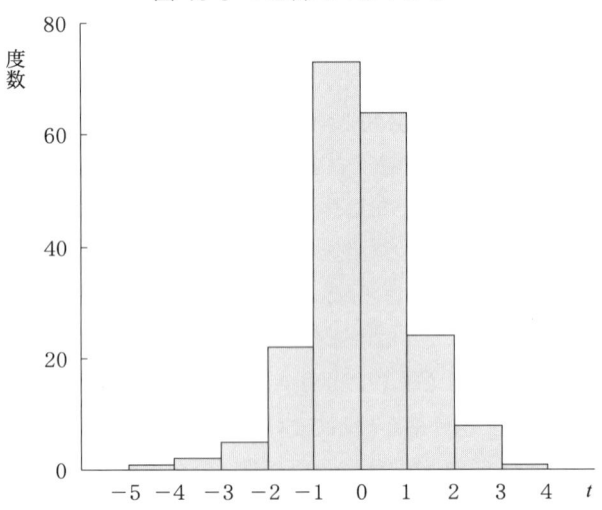

り大きい値が得られることはきわめてまれであるが，t 統計量の分布では，0 を中心にほぼ左右対称になっているものの，0 から離れた値（例えば絶対値が 3 より大きい値）が実現していることがわかる．図10-8を図10-7の t 分布の形状と対応させてみるとよい．

t 分布表

t 分布は，次章以下で説明するように，推定や検定によく用いられるので，

標準正規分布と同様に数表が用意されている．正規分布表は，標準正規分布に従う確率変数 $Z \sim N(0,1)$ が，ある値 c 以下の確率 $P(Z \leq c)$ を与えるものである．この $P(Z \leq c)$ を c の関数とみなして $\Phi(c)$ と表し，これを標準正規分布の分布関数と呼んだ．

t 分布でも同様に，自由度 m の t 分布に従う確率変数 T_m が c 以下となる確率 $P(T_m \leq c)$ を考える．この $P(T_m \leq c)$ を，自由度 m の t 分布の分布関数 $G_m(c)$ で表して

(10.24) $\quad G_m(c) = P(T_m \leq c)$

と書く．ここで G_m は，標準正規分布でいう記号 Φ に対応する．しかしながら，標準正規分布とは違い，t 分布は自由度によって形状が異なるので，正規分布表のような表を作成すると膨大なものになってしまう．そこで t 分布表では，よく用いられる確率の値を γ （ガンマ）として，自由度 m ごとに γ に対する c の値を与えている．本書の巻末の t 分布表（435 ページ）では，確率 γ として，$0.75, 0.9, 0.95, 0.975, 0.99, 0.995$ が与えられている．この確率 γ が正規分布表では与えられており，正規分布表の表側と表頭による数値が，t 分布表の表中に与えられていると考えればよい．

すなわち，γ を与えて $\gamma = G_m(c)$，あるいは同じことだが $\gamma = P(T_m \leq c)$ を満たす c を数表から求める形として，巻末の t 分布表は構成されている．t 分布は自由度 m によって異なるので，表の縦（表側）に自由度，横（表頭）に確率 γ（$0.75, 0.90, 0.95, 0.975, \cdots$）を与え，それに対応する c の値が表中に示されている．t 分布表で示されている確率 γ と c の値の関係は，図 10-9(a)に与えられている．要するに，表に与えられている数値以下の t 分布における確率が，表頭の確率である．

例題 10.3 T_{10} を自由度 10 の t 分布に従う確率変数とするとき，次の式を満たす c の値を t 分布表から求めよ．

(1) $P(T_{10} \leq c) = 0.95$　　(2) $P(-c \leq T_{10} \leq c) = 0.95$

(3) $P(-c \leq T_{10} \leq c) = 0.99$

[解説] (1) 435 ページの t 分布表で自由度 10 の行と $\gamma = 0.95$ の列が交差する

図 10-9 　t 分布と確率

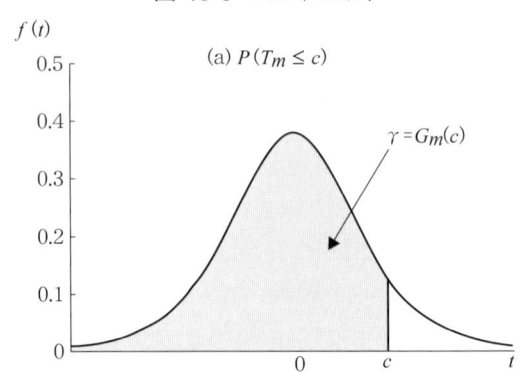

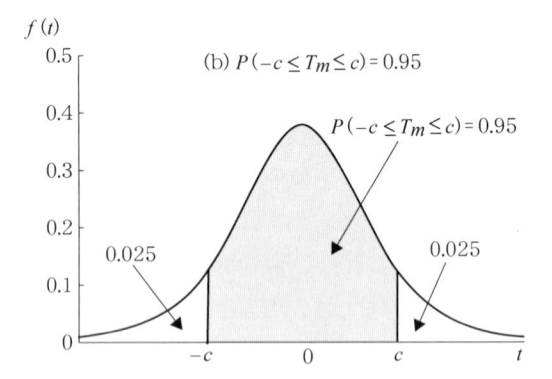

(a) $P(T_m \leq c)$

$\gamma = G_m(c)$

(b) $P(-c \leq T_m \leq c) = 0.95$

値をみれば，$c=1.812$ となることがわかる．つまり，$P(T_{10} \leq 1.812) = 0.95$ である．

(2) 　図10-9(b)をみれば，$P(-c \leq T_m \leq c) = 0.95$ を満たす c は，t 分布の対称性から $P(T_m \leq c) = 0.975$ を満たすものである．なぜならば，$-c$ と c で挟まれた区間の面積は0.95であるが，t 分布表は，図10-9(a)のように c の左側の全ての面積を表すからである．したがって，自由度10の行と，$\gamma = 0.975$ の交差する値から，$c = 2.228$ となる．

(3) 　(2)と同様に，$P(-c \leq T_m \leq c) = 0.99$ を満たす c は，$P(T_m \leq c) = 0.995$ を満たす．よって，自由度10の行と，$\gamma = 0.995$ の交差する値から，$c = 3.169$ ．■

より一般的に，t分布の対称性から，標準正規分布の場合と同様に
(10.25) $\quad P(-c \leq T_m \leq c) = 1 - 2 \times \{1 - G_m(c)\} = 2G_m(c) - 1$

である（図10-9と対応させて考えよ）．また $P(-c \leq T_m \leq c) = a$ となる c を求めるには，(10.25)で $2G_m(c) - 1 = a$ より，$G_m(c) = (1+a)/2$ なる c を求めればよい．例えば例題10.3の(2)では $a = 0.95$ であるから，$G_m(c) = (1+0.95)/2 = 0.975$ に対応する c をみればよい．もちろん図10-9のように図を描きながら，確率に対応する c の値をみていってもよい．

標準正規分布では，$P(-1.96 \leq Z \leq 1.96) = 0.95$，$P(-2.58 \leq Z \leq 2.58) = 0.99$ であった．例題10.3の(2)や(3)で求めた2.228，3.169は，同じ確率を標準正規分布で与える1.96，2.58より大きい．これは(10.23)より，t 分布の分散は $1 + 2/(m-2)$ で，標準正規分布の分散1より大きく，スソが厚いことを反映している（図10-7もみよ）．一方で，t 分布は自由度が大きくなって m が20を超えると標準正規分布の場合にかなり近くなり，$m \geq 30$ のときは T_m の分布は $N(0, 1)$ とみてよい．

Excelで計算してみよう

Excelでは，t 分布表の数値を与える関数として，`TINV` という関数が用意されている．この関数は，自由度 m と確率を与える `TINV(確率, 自由度)` という形式である．ただし，`TINV` では $P(T_m > c) = 2(1 - \gamma)$ となる c を与えるので，例えば $P(T_m \leq 2.228) = 0.975$ は，`TINV(0.05, 10) = 2.228` として求めることに注意せよ．つまり `TINV` では，図10-9(b)の白ヌキの部分の合計である上側と下側の両方の領域を確率として与える．

---

7 歪度統計量，尖度統計量の標本分布

$x_1, x_2, \cdots, x_n$ が正規母集団 $N(\mu, \sigma^2)$ から抽出されたiidデータの場合，次式で定義される歪度統計量 B_1 および尖度統計量 B_2

$$B_1 = \frac{1}{n}\sum_{i=1}^{n}\left(\frac{X_i - \bar{X}}{S}\right)^3, \quad B_2 = \frac{1}{n}\sum_{i=1}^{n}\left(\frac{X_i - \bar{X}}{S}\right)^4$$

の分布について次の結果が成立する．

n が大きいとき，
$Z_1 = \sqrt{n} B_1 / \sqrt{6}$ は近似的に $N(0,1)$ に従う
$Z_2 = \sqrt{n}(B_2 - 3)/\sqrt{24}$ は近似的に $N(0,1)$ に従う．

この結果は，データが正規分布に従っているかどうかを検定するために，しばしば利用される．

キーワード

母集団　標本（サンプル）　標本抽出　有限母集団　無限母集団　復元抽出　非復元抽出　iid データ　全数調査　標本調査　無作為抽出（ランダム・サンプリング）　有意抽出　単純無作為抽出法　乱数　層別抽出法　多段抽出法　系統抽出法　標本平均の標本分布　標本比率の標本分布　統計量　パラメータ　推定量　推定値　中心極限定理　統計量　t 分布

練習問題

1. ある会社には，社員が800人いる．800人のうちから，10人を選んで給料に関する標本調査を行うとする．
   (1) 表10-1の乱数表を用いて，10人を選べ．乱数表のどこから数字を選びはじめるのかも明示せよ．
   (2) 800人のうち，男子は480人，女子は320人である．給料に男女差があるとすれば，標本をどのように選べばよいか．
2. 総務省統計局「労働力調査」，厚生労働省「国民生活基礎調査」，国税庁「民間給与実態統計調査」など適当な統計調査を選び，その標本抽出法を調べよ．
3. 母集団が 0, 10, 40, 90 という 4 つの数字（$N=4$）からなるとき，次の問いに答えよ．

(1) この母集団の平均，分散，標準偏差を求めよ．

(2) この母集団から重複を許さない大きさ2（$n=2$）の標本を抽出することを考える．このとき，何通りの標本が考えられるか．全ての可能な標本を書き出し，それぞれの標本平均を求めよ．

(3) (2)の標本平均を度数分布にまとめよ（階級は，0-20, 20-40, 40-60, 60-80, 80-100）．

(4) (2)で求めた標本平均の標本分布の平均，分散，標準偏差を求めよ．

(5) 重複を許す大きさ2の標本を抽出することを考えると，何通りの標本が考えられるか．さらに(2)〜(4)と同様のことを行え．

4．母集団の大きさを$N=5$，標本の大きさを$n=2$とし，母比率を$p=0.4$とする．重複を許さない標本抽出の場合，前問と同様に，考えられるすべての標本を書き出して標本比率を計算し，標本比率の標本分布を作成せよ．そして，その平均，分散，標準偏差を計算せよ．また，重複を許す場合についても同様の計算をせよ．

5．0から1までの一様乱数を5個（$n=5$）発生させて標本平均を計算し，それを200回繰り返して，標本平均の標本分布を作成せよ．そして，その平均，分散を計算し，母集団分布（一様分布）の平均，分散との関係を確かめよ．さらに$n=30$として，同様の計算を行い，標本分布の形を$n=5$の場合と比較せよ．また，乱数に標準正規乱数を用いて，同様の計算を行い，さらにt統計量の標本分布も作成せよ．

6．例題10.2で，25カ月の変化率の平均が1.5%以上になる確率を求めよ．また，6カ月の変化率の平均がプラスになる確率を求めよ．

7．あるプロ野球選手のここ数年間の打率は0.28である．この打率をこの選手の真の実力とするとき，

(1) この選手が年間を通じて3割以上の打率を残す確率を求めよ．ただし，年間の打席数は500打席とする（四死球は考えないものとする．以下同様）．

(2) この選手のある時期の20打席の打率は0.15であった．この選手が20打席で0.15以下の打率である確率を求め，この時期がこの選手にとって不調な時期であるといえるかを判断せよ．

8. ある工場で作られている電球の寿命時間の平均は1000時間，標準偏差は2時間であることがわかっている．この電球を25個取り出してその寿命時間を調べるとき，平均が999時間以下になる確率を求めよ．

9. 次の値を満たす a を求めよ．ただし，T_{15} は自由度15の t 分布に従うとする．

 (1) $P(T_{15}<a)=0.95$

 (2) $P(-a<T_{15}<a)=0.95$

 (3) $P(T_{15}<a)=0.99$

 (4) $P(-a<T_{15}<a)=0.99$

10. 次の確率を求めよ．ただし，T_{20} は自由度20の t 分布に従うとする．

 (1) $P(T_{20}<1.725)$

 (2) $P(-1.725<T_{20}<1.725)$

 (3) $P(-2.086<T_{20}<2.086)$

11章 母集団のパラメータの推定

　データの外への推論では，データは母集団から抽出される標本であり，母集団パラメータ（母集団平均や母集団分散等の母集団特性値）の情報を提供するので，それを有効に利用して母集団パラメータについて推論することになる．前章では，その情報が効率的に提供されるような標本抽出法としてランダム・サンプリング（無作為抽出法）と効率的な推論の基礎としてのiid標本の持つ意味について学習した．さらに，標本の特性値（標本平均や標本比率）の標本分布という概念によって標本（データ）と母集団パラメータとの関係をみることができ，母集団パラメータを推論する方法の基礎を与えた．本章では，この基礎を利用して，母集団パラメータの具体的な推定法を解説する．

【本章の内容】
(1) 推定法として，点推定と区間推定の違いを説明したうえで，区間推定法としての信頼区間の考え方と実際の計算方法を学習する．
(2) 点推定を行ううえで，どのような推定量が望ましいのかを，いくつかの側面から考察する．
(3) 推定の精度（誤差）を測定する指標を考察したうえで，標本の大きさ（データの個数）を選択する方法を説明する．
(4) 分散についての点推定と区間推定を考察し，信頼区間を導出する際に必要な χ^2 分布について説明する．
(5) 一般的な推定法として，標本分布とは考え方を異にする最尤法の基本的な考え方を示す．

おう。
1 信頼区間

本節では，前章で説明した標本分布についての結果を利用して，未知の母平均 μ や母比率 p を区間で推論する区間推定法を学習する．

点推定と区間推定

前章でみたように，標本平均 $\bar{X}$ は統計量として確率変数であり，$\bar{X}$ の標本分布の平均は母平均 μ に等しく，このことが，$\bar{X}$ の実現値 $\bar{x}$ で母平均 μ を推定する1つの根拠になっている．しかし，1つの標本からの実現値 $\bar{x}$ を母平均 μ の推定値としても，それが母平均をうまく当てているという保証はない．それは $\bar{X}$ の標本分布の散らばり（分散）の大きさに依存して，平均値 μ からかけ離れた値も出る可能性を持つからである．

例えば，関東地区であるテレビ番組の視聴率 p（母比率）を知りたいとして，ランダム・サンプリングによって600世帯を抽出して調査した結果，その番組の視聴率が10%であったとしよう（標本比率は，1-0型変数の平均値であることに注意）．これは標本比率（上の $\bar{X}$ に対応）の1組の標本からの実現値 $\hat{p}$（上の $\bar{x}$ に対応）が10%であることを意味し，これによって，関東地区全体の視聴率 p は10%であると推定される．このように1つの値によって母集団パラメータを推定することを**点推定**という．しかし，上で述べたようにこの点推定値10%が母比率 p に等しいという保証はない．そこで重要な点は，点推定値が推定対象の母比率の近くの値であるかどうかである．

他方，**区間推定**では，推定対象の母集団パラメータ θ（シータと読む，上の母比率 p や母平均 μ などを一般的に表したもの）を区間で推定し，その区間に θ が含まれている可能性を数値で示す（後で説明するように，この区間を「信頼」区間，可能性を表す数値を「信頼」係数と呼ぶ）．区間推定法では推定対象の母集団パラメータ θ を区間で推定するが，まず求める区間の信頼性を表す確率を与え，その確率を q とする．次に，大きさ n の標本に対応する確率変数を $X_1, X_2, \cdots, X_n$ とする．以下では簡単化のために，$X_1, X_2, \cdots, X_n$ 全体を X で示す．そして X の関数として2つの統計量 $h_1(X)$，$h_2(X)$ を適切

1 信頼区間

に選択して（ただし，$h_1(X) \leq h_2(X)$ とする），区間 $[h_1(X), h_2(X)]$ を作り，その区間が θ を含む確率が q になるようにする．すなわち，

$$P(h_1(X) < \theta < h_2(X)) = q$$

となる区間を作る．この式の $h_1(X)$ や $h_2(X)$ は，標本 X の関数としての統計量で，確率的な変動をすることに注意せよ．この式で，X の代わりにその実現値 x（実現値であるデータ $x_1, x_2, \cdots, x_n$ 全体を x で表す）を代入し，統計量の実現値による区間推定値 $[h_1(x), h_2(x)]$ を作ると，もはや統計量の実現値は確率変数でないので，上の式は直接的には意味を失う．しかし後述するように，その場合 q を信頼度と読み替えて，この式に「θ が区間 $[h_1(x), h_2(x)]$ に入る信頼度が q である」という意味を与える．区間の作り方にはいろいろあるが，同じ確率 q に対して，区間の幅 $d(X) \equiv h_2(X) - h_1(X)$ が短いほど，θ を効果的に区間推定できることになる．したがって上式で与えた確率 q に対してその幅は短いほどよいが，それも確率変数としての標本 X に依存することになる．もちろん実現値 x に対しては $d(x) \equiv h_2(x) - h_1(x)$ で評価される．この区間が短ければ，母集団パラメータ θ に対して同じ信頼度でより精度が高い区間推定値を与えることになる．これからみる例では，データの個数が大きくなると，区間推定の精度が高まるようになっている．

区間推定では，このような精度の概念を推論法に組み込んでいるが，具体的な θ の点推定値が必要な場合，その値の与え方を述べていない．しかし，以下の平均値などの例では，区間推定値の中央の値 $\{h_1(x) + h_2(x)\}/2$ が θ の点推定値になる．

区間推定のシミュレーション

正規母集団の平均値の区間推定をするために，データが iid で母集団分布が正規分布 $N(\mu, \sigma^2)$ からの標本としよう．このとき，前章の (10.21) より標本平均 $\bar{X}$ と標本分散 S^2 を用いた t 統計量 $T_m = \sqrt{n-1}(\bar{X} - \mu)/S$ は，自由度 $m = n-1$ の t 分布に従う．いま，仮に11個のデータが得られたとしよう．自由度は $11 - 1 = 10$ なので，例題10.3の(2)より，$P(-2.228 \leq T_{10} \leq 2.228) = 0.95$ となる（巻末の t 分布表参照）．ここでこの式に t 統計量の定義式を代入すると，

$$P\left(-2.228 \leq \frac{\bar{X}-\mu}{S/\sqrt{n-1}} \leq 2.228\right) = 0.95$$

が得られる．この式の（ ）内の不等式を，μ について解くと，

(11.1) $\quad P\left(\bar{X} - 2.228\dfrac{S}{\sqrt{n-1}} \leq \mu \leq \bar{X} + 2.228\dfrac{S}{\sqrt{n-1}}\right) = 0.95$

となる．この式は，自由度10の場合，母平均 μ が，区間

$$\left(\bar{X} - 2.228\frac{S}{\sqrt{n-1}},\ \bar{X} + 2.228\frac{S}{\sqrt{n-1}}\right)$$

に入る確率が95%であると読める．この区間が，上記の $[h_1(X), h_2(X)]$ に対応する．この区間の左端，右端の式は，標本平均 $\bar{X}$ と標本標準偏差 S の関数として統計量（確率変数）である．つまり，標本の採り方によって様々な区間が一定の確率に基づいて実現される．しかし，この式に実際のデータ（実現値）による平均値と標準偏差 $(\bar{x}, s)$ を代入してできる区間

$$\left(\bar{x} - 2.228\frac{s}{\sqrt{n-1}},\ \bar{x} + 2.228\frac{s}{\sqrt{n-1}}\right)$$

は，確率変数に基づいた区間ではなく，確定的な数値（実現値）に基づいた区間である．この実現値に基づいたこの区間を信頼係数0.95の信頼区間と呼ぶ．この信頼区間の幅は，$d(x) = h_2(x) - h_1(x) = 2 \times 2.228 s/\sqrt{n-1}$ となり，データの個数が大きくなると 0 に近づく．

自由度を限定せずにより一般的に，自由度が m の t 分布に従う確率変数 T_m について，$P(-t_{0.975} \leq T_m \leq t_{0.975}) = 0.95$ としよう．$t_{0.975}$ は t 分布表の $\gamma = 0.975$ に対応する数値で，その値で T_m を挟めば，両側が0.025ずつ取り除かれて，真ん中の部分が0.95となる（図10-9参照）．したがって，(11.1) 式は，より一般的に，

(11.2) $\quad P\left(\bar{X} - t_{0.975}\dfrac{S}{\sqrt{n-1}} \leq \mu \leq \bar{X} + t_{0.975}\dfrac{S}{\sqrt{n-1}}\right) = 0.95$

と表現される．この式は確率変数としての $\bar{X}$ と S が，標本分布に従っていろいろな値を取るとき，区間

表 11-1 母平均の区間推定のシミュレーション

標本 No	x_1	x_2	x_3	x_4	x_5	x_6	x_7	x_8	標本平均 $\bar{x}$	標本標準偏差 s	95%信頼区間 下限	95%信頼区間 上限	母平均 $\mu=50.5$ を含むかどうか
1	60	14	35	28	14	23	81	52	38.375	22.40	18.4	58.4	○
2	51	5	54	84	59	79	15	82	53.625	27.98	28.6	78.6	○
3	46	58	29	84	10	33	87	13	45.000	27.62	20.3	69.7	○
4	22	35	89	42	99	31	6	85	51.125	32.61	22.0	80.3	○
5	41	44	27	25	60	92	64	70	52.875	21.40	33.7	72.0	○
6	15	38	3	13	89	15	11	33	27.125	25.78	4.1	50.2	×
⋮	⋮	⋮	⋮	⋮	⋮	⋮	⋮	⋮	⋮	⋮	⋮	⋮	⋮
⋮	⋮	⋮	⋮	⋮	⋮	⋮	⋮	⋮	⋮	⋮	⋮	⋮	⋮
199	49	95	97	100	10	35	21	61	58.500	33.44	28.6	88.4	○
200	58	38	59	26	47	46	34	52	45.000	10.90	35.3	54.7	○

(11.3) $\left(\bar{X}-t_{0.975}\dfrac{S}{\sqrt{n-1}},\ \bar{X}+t_{0.975}\dfrac{S}{\sqrt{n-1}}\right)$

のなかに母平均 μ が含まれる確率が95％であることを示す．

このことを10章の例（表10-2）で確かめてみよう（ただし10章でも述べたように，母集団の分布は正規分布ではないので注意せよ）．抽出された $n=8$ の200通りの標本について，それぞれ標本平均と標本分散（標準偏差）を計算し，(11.3) の区間を計算する．ただし，自由度は $m=8-1=7$ なので，t 分布表より，$t_{0.975}=2.365$ である．これらに基づいて計算された区間の下限と上限（区間の両端の値）が，表11-1に与えられている．(11.2) によればこうして作成された区間のうち，95％が母平均 μ を含むことが期待される．実際，これらの区間のうち母平均 $\mu=50.5$ を含んでいた標本は189個（94.5％）であった．

母平均 μ の信頼区間

表11-1において1つの標本を考えてみよう．実現したデータに基づいて算出された平均値と標準偏差 $(\bar{x}, s)$ は，$(\bar{X}, S)$ の取りうる値の1つにすぎず，実現した値はもはや確率変数ではない．したがって，(11.2) 式に $\bar{x}$, s を代入すると区間の両端に確率変数は含まれず，μ も一定であるので，その確率が0.95であるということに意味はない．そこでは，この事後的な区間に未知の母平均 μ が入っているか否かについて何もいえない．表11-1でみるように，あ

る区間が与えられれば、母平均 μ が入っているかいないかは確定しているからである。しかし、(11.2) 式に、あえて $(\bar{x}, s)$ を代入した場合を書いてみよう。

$$(11.4) \quad P^*\left(\bar{x} - t_{0.975}\frac{s}{\sqrt{n-1}} \leq \mu \leq \bar{x} + t_{0.975}\frac{s}{\sqrt{n-1}}\right) = 0.95$$

ここで (11.2) における確率を表す記号 $P(\cdot)$ を $P^*(\cdot)$ として書いたのは、確率変数を含まない (11.4) 式は、確率表現でないことを明記するためである。

この式に意味を与えるのが信頼区間の考え方である。たまたま（一定の確率で）実現した1組の値 $(\bar{x}, s)$ に対して、μ がその区間に含まれる信頼性を考えた場合、その信頼度は、（平均的にみて）0.95 であると考える。すなわち、1組のデータから $(\bar{x}, s)$ が実現したというのは、その値が相対的に実現しやすかったためであると考え、たまたまその1組の実現値によって算出された区間が μ を含んでいる可能性（確率ではない）に対する信頼性が 0.95 であると考えるのである。こう考えると、(11.4) における P^* に対する 0.95 は確率ではなく、分析者の信頼度ということができる。この 0.95 のことを**信頼係数**（confidence coefficient）と呼ぶ。そして、(11.4) で作成された区間を**信頼区間**（confidence interval）という。(11.2) の確率の式の意味は、大きさ n の標本を何回も採り、こうした区間を各標本ごとに繰り返し作ると、そのうちの 95% の区間が μ を含むということであるのに対して、(11.4) の式では、それを特定の1組の標本に基づいて作った区間に対して、μ がその特定の区間のなかに含まれる信頼性は 95% であると解釈するのである。0.95 を確率ではなく、信頼係数という用語で呼ぶ意味を理解しておこう。

これまでは信頼係数には 0.95（95%）を用いていたが、他の値を用いても構わない。ただし信頼性を表すのであるから、あまり小さい値は用いられず、0.95 以外には、0.99 がよく用いられる（0.9 が用いられる場合もある）。一般的に、信頼係数を $2\gamma - 1$ としよう。$2\gamma - 1$ と書くのは、$P(T_m \leq t_\gamma) = \gamma$ となる t_γ を選べば、(10.25) 式（261 ページ）より、$P(-t_\gamma \leq T_m \leq t_\gamma) = 2\gamma - 1$ となる結果を利用している（$\gamma = 0.975, 2\gamma - 1 = 0.95$ を確認せよ。また (10.25) 式の c が t_γ に対応している）。したがって、t_γ を (11.4) に代入すれば、信頼区間を一般的に次のように表すことができる。

1 信頼区間

> 標本が iid で母集団分布が正規分布 $N(\mu, \sigma^2)$ に従う場合の
> **母平均 μ の信頼係数 $2\gamma-1$ の信頼区間**
>
> (11.5) $\quad \left(\bar{x} - t_\gamma \dfrac{s}{\sqrt{n-1}},\ \bar{x} + t_\gamma \dfrac{s}{\sqrt{n-1}}\right)$
>
> ただし，t_γ は自由度 m の t 分布で $P(-t_\gamma \leq T_m \leq t_\gamma) = 2\gamma-1$ を満たす t 分布の $100\gamma\%$ 点である．なお，**母平均 μ の信頼係数95%の信頼区間**は，次のとおり．
>
> (11.6) $\quad \left(\bar{x} - t_{0.975} \dfrac{s}{\sqrt{n-1}},\ \bar{x} + t_{0.975} \dfrac{s}{\sqrt{n-1}}\right)$
>
> なお m が30以上であれば，$t_{0.975}$ の代わりに標準正規分布の97.5%点である1.96を利用してもよい．

[**解説**] (11.5) は「実現値 $(\bar{x}, s)$ を用いて算出した区間が，真の μ を含む信頼性が $2\gamma-1$ である」と読む．(11.6) で，信頼係数95%の信頼区間の $s/\sqrt{n-1}$ の係数が $t_{0.95}$ ではなく，$t_{0.975}$ となっている点に注意せよ．t 分布表の $\gamma=0.975$ に対する数値 $t_{0.975}$ は，その値以下である確率が0.975であり，t 分布の対称性から $P(-t_{0.975} \leq T_m \leq t_{0.975}) = 0.95$ となる（図11-1参照）．信頼係数99%の信頼区間では，t 分布表の $\gamma=0.995$ に対応する数値 $t_{0.995}$ を用いる．

また，t 分布で自由度 m を明示するために，$t_\gamma(m), t_{0.975}(m)$ といった表記をする場合もある．さらに，信頼係数を $\beta=2\gamma-1$ とおくと，$\gamma=\dfrac{1+\beta}{2}$ より，

$$P\left(-t_{\frac{1+\beta}{2}} \leq T_m \leq t_{\frac{1+\beta}{2}}\right) = \beta$$

と書くこともできる（例えば $\beta=0.95$ とすれば，$\dfrac{1+\beta}{2}=0.975$ となる）．なお，前章では，(10.24) のように，$G_m(t_\gamma) = P(T_m \leq t_\gamma)$ といった表記もしていた．

∎

図 11-1　t 分布における確率

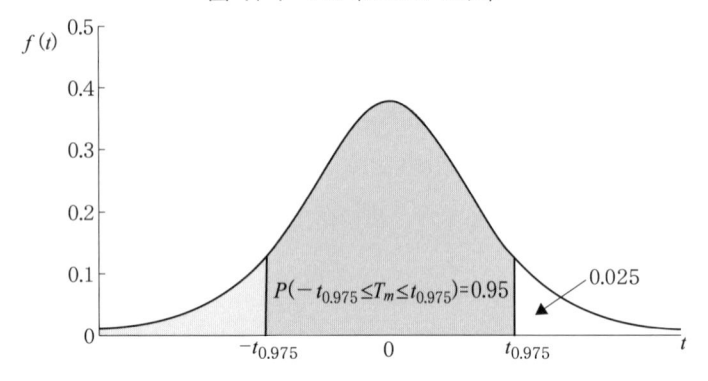

$P(-t_{0.975} \leq T_m \leq t_{0.975}) = 0.95$

0.025

$-t_{0.975}$　0　$t_{0.975}$

例題11.1　下の表は，表2-1から算出した日経平均の2005年と2006年の月次変化率（収益率，%）である．このとき次の問いに答えよ．ただし，各年の変化率はそれぞれ正規分布に従い，独立であるものとする．

(1) それぞれの年で，母平均の信頼係数95%の信頼区間を作成せよ．
(2) それぞれの年の母平均がプラスであるかどうか，(1)をもとに判断せよ．
(3) 2005年の母平均の方が，2006年よりも大きいかどうか，(1)をもとに判断せよ．

表 11-2　日経平均の月次変化率　(%)

	1月	2月	3月	4月	5月	6月	7月	8月	9月	10月	11月	12月
2005年	−0.9	3.1	−0.6	−5.7	2.4	2.7	2.7	4.3	9.3	0.2	9.3	8.3
2006年	3.3	−2.7	5.3	−0.9	−8.5	0.2	−0.3	4.4	−0.1	1.7	−0.8	5.8

表2-1より作成．

[解説]　(1)　以下で，2005年と2006年を区別するために，平均や分散等に年の添え字をつけて表す．標本平均，標本分散，標本標準偏差は，以下のとおりである．

$\bar{x}_{2005} = 2.9$, $s^2_{2005} = 18.4$, $s_{2005} = 4.3$, $\bar{x}_{2006} = 0.6$, $s^2_{2006} = 14.3$, $s_{2006} = 3.8$

また $n=12$ より，自由度は $m = 12 - 1 = 11$ となり，自由度11で $t_{0.975}$ を与え

る点 $t_{0.975}(11)$ は，t 分布表より 2.201 である．よって，信頼係数 95％ の信頼区間は，(11.6) より，それぞれの年について，

$$2005\text{年の信頼区間}: \left(2.9-2.201\frac{4.3}{\sqrt{12-1}},\ 2.9+2.201\frac{4.3}{\sqrt{12-1}}\right)$$
$$=(0.1, 5.8)$$

$$2006\text{年の信頼区間}: \left(0.6-2.201\frac{3.8}{\sqrt{12-1}},\ 0.6+2.201\frac{3.8}{\sqrt{12-1}}\right)$$
$$=(-1.9, 3.1)$$

となる．例えば，2005年については，95％の信頼度で，その年の真の平均（母平均）が 0.1％ から 5.8％ の区間に含まれている，などと解釈する．

(2) それぞれの年の信頼区間は，図11-2 に示されている．2005年の信頼区間は (0.1, 5.8) で，信頼区間の下限（左端の値）は 0 より大きくなっており，95％の信頼度でプラスであるといってよい．収益率の真の平均がプラスであるということは，リターンがプラスで，利益が出やすいと判断できるだろう．このような判断を下す理由として，信頼区間の下限が 0 より大きいといってもよいし，信頼区間に 0 が含まれていないというだけでも十分である．

他方，2006年については，信頼区間に 0 が含まれている．これは収益率の平均がマイナスになる可能性も示唆しており，プラスである（儲かる）とはいえないと判断できる．

(3) 2005年と2006年の標本平均をみれば，$\bar{x}_{2005}=2.9$, $\bar{x}_{2006}=0.6$ と明らかに 2005 年の方が高い．しかし，図11-2 をみると，2005年の信頼区間の下限 (0.1) よりも，2006年の信頼区間の上限 (3.1) の方が大きくなっており，両年の信頼区間は重なっている．したがって，2005年の母平均が 2006 年の母平均を上回っているとはいえない，というのが区間推定からの判断である．もし，両年の信頼区間に重複がなければ，両年の母平均に差があるといえよう（次章の例題12.4参照）．■

母比率 p の信頼区間

標本比率は 0-1 型変数の平均であるから，標本比率の信頼区間についてもまったく同様に考えることができる．硬貨投げのように，成功したら 1，そうで

図 11-2 例題11.1の2005年と2006年の母平均の信頼区間

```
        ←―2005年の信頼係数95%の信頼区間―→
  -1.9        0.1              3.1           5.8
├─┼─┼─┼─┼─┼─┼─┼─┼─┼─┼─┼─┼─┼─┼─┤
 -2    -1    0    1    2    3    4    5    6
        ←―2006年の信頼係数95%の信頼区間―→
```

なければ 0 を取る確率変数 X_i を考えたとき，標本比率は平均値 $\bar{X}=\frac{1}{n}\sum_{i=1}^{n}X_i$ であり，その実現値は $\hat{p}=\frac{1}{n}\sum_{i=1}^{n}x_i$ である．そして標本比率 $\bar{X}$ の標本分布の平均値と分散は，(10.9), (10.10) 式で示したとおり，

$$E(\bar{X})=p, \quad \mathrm{Var}(\bar{X})=pq/n \quad (q=1-p)$$

であった．なお，この分散の式の分子の pq は，各 X_i の分散 $\mathrm{Var}(X_i)=pq$ である．したがって，その推定値は，$\hat{p}\hat{q}$ となり（ただし，$\hat{q}=1-\hat{p}$），母標準偏差の推定値は $\sqrt{\hat{p}\hat{q}}$ となる．

ここで10章5節の中心極限定理を利用する．$X_1, X_2, \cdots, X_n$ が2項試行による0-1型の iid 確率変数の場合，$\bar{X}$ は標本比率に対応し，基準化確率変数

(11.7) $\quad Z=\dfrac{\bar{X}-p}{\sqrt{pq/n}}$

の確率分布は，n が大きいとき，近似的に標準正規分布 $N(0,1)$ に従うことをみた．そこでデータの個数 n が大きいと（例えば $n\geq 30$），次の結果がいえる．

データの個数 n が大きい場合の母比率 p の信頼係数 $2\gamma-1$ の（近似的）信頼区間

(11.8) $\quad \left(\hat{p}-z_\gamma\sqrt{\dfrac{\hat{p}\hat{q}}{n}},\ \hat{p}+z_\gamma\sqrt{\dfrac{\hat{p}\hat{q}}{n}}\right)$

ただし，z_γ は標準正規分布で $P(-z_\gamma\leq Z\leq z_\gamma)=2\gamma-1$ を満たす標準正規分布の $100\gamma\%$ 点である．なお，**母比率 p の信頼係数95%の信頼区間**は，次のとおりである．

(11.9) $\quad \left(\hat{p}-1.96\sqrt{\dfrac{\hat{p}\hat{q}}{n}},\ \hat{p}+1.96\sqrt{\dfrac{\hat{p}\hat{q}}{n}}\right)$

[解説] ここでは，(11.5) のように標本が iid で母集団分布が正規分布に従うという仮定は満たされず，データの個数 n が大きいと (11.7) の基準化確

率変数が近似的に正規分布に従うことが成立しているにすぎない．したがって，信頼区間 (11.2) はそのままでは利用できない．しかし，それに対応させるために，$\bar{X}$ は n が大きくなると p に近づく（大数の法則という）ので，(11.7) の分母の $\sqrt{pq}$ をその推定量 $\sqrt{\bar{X}(1-\bar{X})}$ で置き換える．この場合でも，

$$Z' = (\bar{X}-p)/\sqrt{\bar{X}(1-\bar{X})/n}$$

の確率分布は n が大きいと正規分布で近似（正規近似という）できることがわかっている．そこで，実現したデータでは $\bar{X}$ を $\hat{p}$ に，$\sqrt{\bar{X}(1-\bar{X})}$ を $\sqrt{\hat{p}\hat{q}}$ に置き換えればよい．この正規近似のもとでは，母比率の信頼係数95％の信頼区間は，正規母集団で n が大きい場合に対応して

$$\left(\hat{p} - z_{0.975}\sqrt{\frac{\hat{p}\hat{q}}{n}},\ \hat{p} + z_{0.975}\sqrt{\frac{\hat{p}\hat{q}}{n}}\right)$$

となる．ここで $z_{0.975}$ には，標準正規分布表から $P(-z_{0.975} \leq Z \leq z_{0.975}) = 0.95$ を満たす値を用いればよい．ただし，$z_{0.975}$ は $P(Z \leq z_{0.975}) = 0.975$，あるいは $\Phi(c) = 0.975$ を満たす値で1.96である．また，信頼係数99％の信頼区間では，$P(Z \leq z_\gamma) = 0.995$ なる $z_{0.995}$ を用いればよい．正規分布表より $P(Z \leq 2.58) \fallingdotseq 0.995$ なので，

$$\left(\hat{p} - 2.58\sqrt{\frac{\hat{p}\hat{q}}{n}},\ \hat{p} + 2.58\sqrt{\frac{\hat{p}\hat{q}}{n}}\right)$$

が，信頼係数99％の母比率の信頼区間となる．■

例題11.2 2007年9月に発足した福田内閣の支持率は，朝日新聞による内閣発足直後の世論調査（2007年9月25-26日）によれば，53％であった．また，有効回答者数は908人であったという．
(1) 内閣支持率の信頼係数95％の信頼区間を求めよ．
(2) (1)より，内閣支持率が50％を超えているかどうか議論せよ．
(3) 共同通信社による同時期の調査では，内閣支持率は57.8％であった（有効回答者数1025人）．これについて，(1),(2)と同様の問いに答えよ．

［解説］ (1) (11.9) 式に，$\hat{p}=0.53, \hat{q}=1-0.53=0.47, n=908$ を代入すると，

$$\left(0.53-1.96\sqrt{\frac{0.53(1-0.53)}{908}},\ 0.53+1.96\sqrt{\frac{0.53(1-0.53)}{908}}\right)$$
$$=(0.498, 0.562)$$

となる．内閣支持率の信頼係数95％の信頼区間は，49.8％から56.2％である．

(2) 例題11.1と同様に，(1)の信頼区間を数直線に示すとわかりやすい．(1)の信頼区間の下限が50％を下回っている，あるいは信頼区間に50％が含まれているので，信頼係数を95％とすれば，この結果から内閣支持率が50％を上回っていたとはいえない．

(3) 信頼係数95％の信頼区間は，(1)と同様に，$\hat{p}=0.578, \hat{q}=1-0.578=0.422, n=1025$ を (11.9) 式に代入すると，

$$\left(0.578-1.96\sqrt{\frac{0.578(1-0.578)}{1025}},\ 0.578+1.96\sqrt{\frac{0.578(1-0.578)}{1025}}\right)$$
$$=(0.548, 0.608)$$

となる．信頼区間の下限が50％を上回っている（信頼区間に50％が含まれていない）ので，信頼係数95％で，この調査からは内閣支持率が50％を超えていたといえる．■

母比率 p のより厳密な信頼区間*

上記の信頼区間は，データの個数 n が大きいとき (11.7) の Z の分布が正規分布で近似されることに基づいていた．これは，例えば信頼係数95％の信頼区間について，n が大きいとき

$$(11.10) \quad P\left(-1.96<\frac{\bar{X}-p}{\sqrt{p(1-p)/n}}<1.96\right)=0.95$$

という関係が成立することを意味する．カッコのなかを母比率 p について解けば，

$$(11.11) \quad P\left(\frac{n}{n+1.96^2}\left[\bar{X}+\frac{1.96^2}{2n}-1.96\sqrt{\frac{\bar{X}(1-\bar{X})}{n}+\frac{1.96^2}{4n^2}}\right]<p\right.$$
$$\left.<\frac{n}{n+1.96^2}\left[\bar{X}+\frac{1.96^2}{2n}+1.96\sqrt{\frac{\bar{X}(1-\bar{X})}{n}+\frac{1.96^2}{4n^2}}\right]\right)=0.95$$

となる．(11.11) 式の $\bar{X}$ に実現値 $\hat{p}$ を代入すれば，(11.9) とは異なった母

比率 p のもう1つの信頼区間が得られる（練習問題12）．(11.7) の Z の分布の方が，Z の分母にある $\sqrt{pq}$ をその推定量 $\sqrt{\bar{X}(1-\bar{X})}$ で置き換えた統計量 $Z'=(\bar{X}-p)/\sqrt{\bar{X}(1-\bar{X})/n}$ の分布よりも正規分布で近似される度合いが高いので，(11.11) の方が相対的に有効であるが，標本の大きさ n が大きければ Z' に基づいた信頼区間 (11.8) を利用して問題ない．

2　点推定量の特性

標本平均 $\bar{X}$ の持つ望ましい性質

　次に，基本的な点推定量の特性を考察しよう．以下では，$X_1, X_2, \cdots, X_n$ は iid とする．点推定量としては，例えばこれまでに，母平均 μ と母分散 σ^2 の推定量として，標本平均 $\bar{X}$ と標本分散 S^2（実現値 $\bar{x}$ と s^2 はその推定値）を取り上げた．本節では，このような直観的にわかりやすい推定量が，どのような意味で未知の母平均や母分散の推定量としてよい性質を持つのかを学習する．標本平均 $\bar{X}$ については，その標本分布の平均値 $E(\bar{X})$ は推定対象である未知の母平均 μ と一致すること，すなわち

$$E(\bar{X})=\mu$$

をすでにみた．この性質は，統計量としての推定量 $\bar{X}$ は，「平均的にうまく母平均を当てている」という意味で，推定量の望ましい特性の1つである．ただし，これ以外にも望ましい特性にはいくつかある．例えば $\bar{X}$ の標本分布の分散は，

$$\mathrm{Var}(\bar{X})=\frac{\sigma^2}{n}$$

と表されるが，この関係は，n が大きいと分散が小さくなる，すなわち，n が大きいと平均値のまわりに $\bar{X}$ が落ちる可能性の高いことを保証するという意味で望ましい特性である．ただしこれらの特性は，実現値としての $\bar{x}$ の性質を議論しているのではないことに注意しよう．

不偏性

　上の議論を一般化して，推定対象である母集団の未知パラメータ θ の推定問題を考察しよう．θ の推定量 $\hat{\theta}$ を

$$\hat{\theta} = h(X_1, X_2, \cdots, X_n)$$

と書こう．これは，前章（10.7）の統計量の定義式で，ある統計量 Y（例えば，標本平均 $\bar{X}$）が母集団パラメータ θ（例えば，母平均 μ）の推定量の場合，それを $\hat{\theta}$ で表すものである（推定量を表すために，Y を $\hat{\theta}$ という記号に変更する）．推定量 $\hat{\theta}$ は統計量であるから，$\hat{\theta}$ は $X_1, X_2, \cdots, X_n$ の関数として確率変数であり，$\hat{\theta}$ の確率分布は，標本分布である．ここで，$\hat{\theta}$ の標本分布の平均値 $E(\hat{\theta})$ を考えてみる．$\hat{\theta}$ は，その確率分布に従って，様々な値を取るのは当然であるが，それらを平均的にみたときの平均値 $E(\hat{\theta})$ が，推定したいパラメータ θ に等しいとき，$\hat{\theta}$ を θ の不偏推定量という．

推定量 $\hat{\theta}$ が
$$E(\hat{\theta}) = \theta \quad (\hat{\theta} \text{ の標本分布の平均値} = \theta)$$
を満たすとき，$\hat{\theta}$ を θ の**不偏推定量**といい，$\hat{\theta}$ は**不偏性**を持つという．

不偏推定量と不偏性を持たない推定量の標本分布は，図11-3(a)に示されている．図より不偏性は，推定量 $\hat{\theta}$ の性質として，1つの望ましい性質であることがわかる．

標本平均 $\bar{X}$ は，$E(\bar{X}) = \mu$ であるから母平均 μ の不偏推定量であり，同様に $X_i = 1, 0$ のいずれかの値を取る X_i の平均値である標本比率 $\bar{X}$ も，母比率 p の不偏推定量である．このように，母集団のパラメータとの対応を考慮して推定量を選択する場合，不偏性は，それぞれのパラメータに対して推定量が持つことの望ましい1つの性質である．

また，$X_1, X_2, \cdots, X_n$ を iid とすると，標本分散 $S^2 = \dfrac{1}{n}\sum_{i=1}^{n}(X_i - \bar{X})^2$ は母分散 σ^2 に対して不偏性を持たない．すなわち，$E(S^2) \neq \sigma^2$ である．しかし n が大きいと近似的に母分散 σ^2 に等しい．他方，本章4節でみるように，自由度調整済分散 $V^2 = \dfrac{1}{n-1}\sum_{i=1}^{n}(X_i - \bar{X})^2$ は，母分散の不偏推定量である．すなわち，$E(V^2) = \sigma^2$ が成立する．

推定量の分散と有効性

不偏性は，推定量 $\hat{\theta}$ がその標本分布に従っていろいろな値を取るとき，そ

図 11-3 推定量の特性

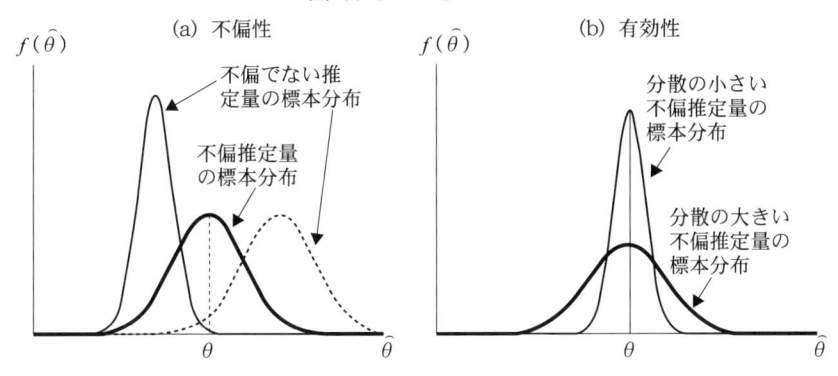

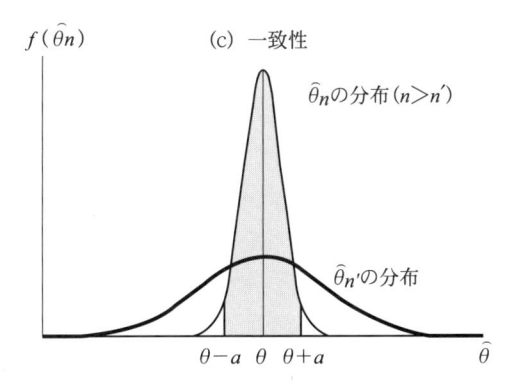

(a) 不偏性 — 不偏でない推定量の標本分布／不偏推定量の標本分布

(b) 有効性 — 分散の小さい不偏推定量の標本分布／分散の大きい不偏推定量の標本分布

(c) 一致性 — $\hat{\theta}_n$ の分布 $(n>n')$ ／$\hat{\theta}_{n'}$ の分布

の平均的な値が推定対象としての θ に一致しているという性質で，そのこと自体は $\hat{\theta}$ が θ の近くに落ちる確率が高いことを保証するものではない．したがって，実現したある 1 組の標本のデータ $(x_1, x_2, \cdots, x_n)$ に基づいて得られる $\hat{\theta}$ の推定値（実現値）を $\hat{\theta}^* = h(x_1, x_1, \cdots, x_n)$ とすると，$\hat{\theta}^*$ は θ の近くの値である可能性は不偏性から保証されない．

実現値 $\hat{\theta}^*$ が θ の近くに落ちている可能性を保証するのが，不偏推定量 $\hat{\theta}$ の分散 $\mathrm{Var}(\hat{\theta})$ の大きさである．この分散は，$\hat{\theta}$ の標本分布の分散であるから，それが小さければ $\hat{\theta}$ の標本分布はその平均値 θ のまわりに確率が集中することになり，$\hat{\theta}$ が θ から離れて遠い値を取る確率が小さいことになる（図 11-3(b) 参照）．したがって，不偏推定量 $\hat{\theta}$ の分散が小さいと，1 組のデータから

得られる $\hat{\theta}$ の実現値（推定値）$\hat{\theta}^*$ は，真の θ の近くに落ちている可能性が高い．

このようにみると，同じ不偏推定量であっても，その分散が小さい推定量の方が望ましいことになる．推定量の標本分布の分散が小さいというこの性質は，**有効性**（または**効率性**）と呼ばれる．別の言い方をすれば，この分散（あるいは標準偏差）の大きさが，推定量の精度，あるいは誤差を表すことになる．

実際，不偏推定量の場合，$E(\hat{\theta}) = \theta$ より，その分散 $\mathrm{Var}(\hat{\theta})$ は，

(11.12) $\quad \mathrm{Var}(\hat{\theta}) = E[\hat{\theta} - E(\hat{\theta})]^2 = E(\hat{\theta} - \theta)^2$

で表される．(11.12) からわかるように，$\mathrm{Var}(\hat{\theta})$ は，θ からの距離の2乗 $(\hat{\theta}-\theta)^2$ の期待値（平均値）であるから，$\mathrm{Var}(\hat{\theta})$ が小さいことは，$(\hat{\theta}-\theta)^2$ が大きな値を取る確率が小さいことを意味する．

例えば，特殊な例として，n 個の iid 標本のうち X_1 だけに基づく母平均の推定量 $(\hat{\theta}_1)$ と，X_1, X_2 の平均による推定量 $(\hat{\theta}_2)$ を考えよう（$n>2$）．すなわち，

$$\hat{\theta}_1 = h_1(X_1, X_2, \cdots, X_n) = X_1, \quad \hat{\theta}_2 = h_2(X_1, X_2, \cdots, X_n) = (X_1 + X_2)/2$$

とする．この場合，$\hat{\theta}_1$ も $\hat{\theta}_2$ も不偏推定量であるが（確かめよ），これらの分散は，

$$\mathrm{Var}(\hat{\theta}_1) = \mathrm{Var}(X_1) = \sigma^2, \quad \mathrm{Var}(\hat{\theta}_2) = \mathrm{Var}\left(\frac{X_1 + X_2}{2}\right) = \frac{\sigma^2}{2}$$

となる．n 個のデータを用いた標本平均 $\bar{X}$ の分散 σ^2/n は，明らかにこれらよりも小さく，$\bar{X}$ は $\hat{\theta}_1$ や $\hat{\theta}_2$ よりも有効な推定量であるといえる．

さらに，$\theta = \sigma^2$ とおき推定の対象として母分散を考え，$\hat{\theta}$ として，不偏推定量 $\hat{\theta} = V^2$（自由度調整済分散）をとると，(11.12) の $\mathrm{Var}(\hat{\theta})$ は V^2 の分散となる（4節参照）．

平均2乗誤差 MSE と最小分散性

不偏推定量だけでなく，一般の推定量 $\hat{\theta}$ の良し悪しを評価する基準として，真の値 θ と推定量の距離の2乗の平均値

$$\mathrm{MSE}(\hat{\theta}) = E(\hat{\theta} - \theta)^2$$

を (11.12) と同様に考えることができる．これを **MSE** (Mean Squared

Error，平均 2 乗誤差）という．$\hat{\theta}$ が θ の不偏推定量である場合，MSE は (11.12) のように $\hat{\theta}$ の分散 $\mathrm{Var}(\hat{\theta})$ と一致する（練習問題11参照）．

推定量 $\hat{\theta}$ は，この MSE をできるかぎり小さくするものが望ましいと考えられるが，一般には MSE を最小にする推定量は存在しない．しかし，推定量を不偏推定量の範囲に限定すると，$\mathrm{MSE}(\hat{\theta}) = \mathrm{Var}(\hat{\theta})$ を最小にする推定量が存在する場合があり，それは不偏推定量のなかで最も小さい分散を持つ推定量であることになる．この性質は**最小分散性**と呼ばれる．

> 任意の不偏推定量 $\hat{\theta}$ に対して
> (11.13)　　$\mathrm{Var}(\hat{\theta}) \geq \mathrm{Var}(\hat{\theta}_0)$
> を満たす不偏推定量 $\hat{\theta}_0$ を**最小分散不偏推定量**という．

不等式 (11.13) は，不偏推定量 $\hat{\theta}_0$ の分散が，他のどの不偏推定量 $\hat{\theta}$ の分散に比べても小さいことを述べている．

特に，母平均 μ の推定量としての標本平均 $\bar{X}$ については，最小分散性に関して，次のような性質が知られている．

(1)　$X_1, X_2, \cdots, X_n$ が iid で，正規分布 $N(\mu, \sigma^2)$ に従う場合，$\bar{X}$ は μ の最小分散不偏推定量である．

(2)　$X_1, X_2, \cdots, X_n$ が iid の場合，$\bar{X}$ は μ の線形不偏推定量のなかで最小の分散を持つ．

(1)は，正規分布のもとでは，すべての不偏推定量のクラスのなかで $\bar{X}$ が最小の分散を持つことを意味している．(2)は，母集団分布が正規分布をしていなくても，$X_1, X_2, \cdots, X_n$ の1次式で表現できる推定量（線形推定量という）かつ不偏推定量のクラスのなかで，$\bar{X}$ は最小の分散を持つことを意味している．これより $\bar{X}$ は，μ の最良線形不偏推定量（BLUE; Best Linear Unbiased Estimator，最小分散のことを最良と呼ぶ）であるという（ガウス・マルコフの定理）．これが，平均値がよく用いられる1つの根拠となっている．

さらに，$X_1, X_2, \cdots, X_n$ が iid で，正規分布 $N(\mu, \sigma^2)$ に従う場合，自由度調整済分散 $V^2 = \dfrac{1}{n-1} \sum_{i=1}^{n}(X_i - \bar{X})^2$ は母分散 σ^2 の最小分散不偏推定量であることが知られている．

一致性

次に，標本の大きさ n が大きくなると精度が確率的に高くなるという推定量の性質として，一致性を説明しよう．ここで，同じ推定量でも標本の大きさが違う場合を考え，それを明示して推定量を $\hat{\theta}_n$ と書く．このとき一致性とは，次のような性質である．

> 任意の正の数 a に対して，推定量 $\hat{\theta}_n$ が，$n\to\infty$ としたときに
> (11.14) $\quad P(|\hat{\theta}_n-\theta|<a)\to 1$
> を満たす場合，$\hat{\theta}_n$ を θ の**一致推定量**という．また，$n\to\infty$ としたときに，推定量 $\hat{\theta}_n$ の分散が $\mathrm{Var}(\hat{\theta}_n)\to 0$ であるならば，$\hat{\theta}_n$ は一致推定量である．

(11.14) 式は，n が大きくなると，どんなに小さな $a>0$ を取っても，$\hat{\theta}_n$ と θ の距離 $|\hat{\theta}_n-\theta|$ が a より小さくなる確率は，1に近づく，と読む．あるいは，$n\to\infty$ のとき $\hat{\theta}_n$ が小さな区間 $(\theta-a, \theta+a)$ のなかに落ちる確率が 1 に近づく，といってもよい．こうした推定量の性質を**一致性**と呼ぶ．この定義では，$\hat{\theta}_n$ が θ の不偏推定量であることを要求していないことに注意しよう．上の後半の部分の証明には，次の項のチェビシェフの不等式を使う．

推定量 $\hat{\theta}_n$ の標本分布は n とともに変わる．n が大きくなると $\hat{\theta}_n$ が区間 $(\theta-a, \theta+a)$ のなかに落ちる確率が 1 に近づくということは，n が大きくなるとその標本分布が $(\theta-a, \theta+a)$ のなかに集中してくることであり，$\hat{\theta}_n$ が θ のまわりの値を取る確率が大きくなっていくことである（図11-3(c)参照）．したがって一致推定量であれば，n が大きい場合，1組のデータから得られた $\hat{\theta}_n$ の実現値 $\hat{\theta}_n^*$ も θ の近くに落ちている可能性が高いことになる．

標本平均 $\bar{X}$ は母平均 μ の一致推定量である（標本比率も同様）．実際，$\bar{X}$ の分散は $\mathrm{Var}(\bar{X})=\sigma^2/n$（標本比率の分散は pq/n）より，$n\to\infty$ のときその分散は 0 に近づくので一致推定量である．もちろんそれは，各 n に対して不偏推定量でもある．他方，標本分散 S^2 は不偏推定量ではないが，一致推定量である．

このように，一致性は，標本の大きさ n が大きいと，推定量 $\hat{\theta}_n$ が推定対象

の母集団パラメータ θ の近くに落ちる確率が高くなるという性質であり，n が大きいと推定量の実現値としての推定値も θ の近くに落ちている可能性が高いことを保証する性質である．

チェビシェフの不等式[*]

標本平均の一致性は，次に示すチェビシェフの不等式と呼ばれる一般的な不等式からもみることができる．

1つの確率変数 U の平均値を a，分散を γ^2 とする．このとき，任意の正の数 λ に対して

(11.15) $\quad P(|U-a| \geq \lambda\gamma) \leq \dfrac{1}{\lambda^2}$

が成立する．これを**チェビシェフの不等式**という．

[解説] チェビシェフの不等式 (11.15) の見方は，U と平均値 a の差の絶対値が，標準偏差 γ にある正の数 λ を掛けた $\lambda\gamma$ より大きくなる確率が，$1/\lambda^2$ を超えないことを意味する（図11-4参照）．例えば，$\lambda=2$ とすれば，U が平均値から±2倍の標準偏差の外に出る確率は，$1/2^2=0.25$ を超えない，つまり，U が，$(a-2\gamma, a+2\gamma)$ に入る確率は0.75以上であることになる．この関係は，どのような分布に対しても成り立っているという点が重要である．確率変数が正規分布をしている場合は，U が $(a-2\gamma, a+2\gamma)$ に含まれる確率は，正規分布表より0.9544となり，0.75よりもかなり大きい．これは正規分布の場合，分布の山が1つで，山の中心は平均に対応し，平均の近くを取る確率が高くなっているからである．チェビシェフの不等式は，左右非対称であっても，山が2つ以上あっても常に成立する一般的な関係を表している（証明は，付録A3を参照）．

(11.15) で $\lambda\gamma=a$ とおけば，$\lambda=a/\gamma$ より，(11.15) は

(11.16) $\quad P(|U-a| \geq a) \leq \dfrac{\gamma^2}{a^2}$

と書くことができる．(11.16) をチェビシェフの不等式と呼ぶことも多い．■

標本平均 $\bar{X}$ の場合，平均値と分散はそれぞれ，$E(\bar{X})=\mu$，$\mathrm{Var}(\bar{X})=\sigma^2/n$

図 11-4 チェビシェフの不等式

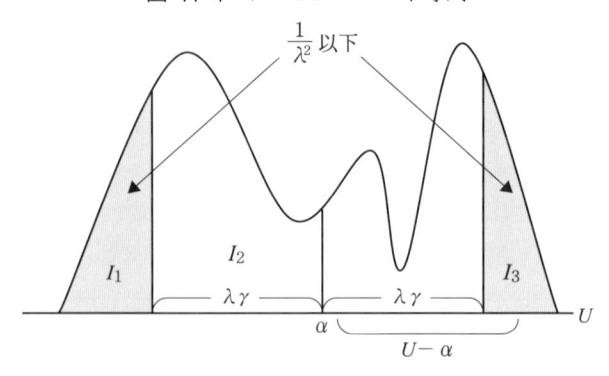

である．よって，(11.16) で，U を $\bar{X}$ とし，平均値と分散を μ と σ^2/n で書き表せば，

$$P(|\bar{X}-\mu|\geq a) \leq \frac{\sigma^2}{na^2}$$

を得る．a はどんなに小さくてもよいが固定されている．ここで $n\to\infty$ とすると $P(|\bar{X}-\mu|\geq a)\to 0$ を得る．したがって $\bar{X}$ が区間 $(\mu-a, \mu+a)$ の外に落ちる確率は 0 に近づく．すなわち $P(|\bar{X}-\mu|<a)\to 1$ となり，$\mathrm{Var}(\bar{X})=\sigma^2/n$ は一致性を保証する．

3 標本の大きさの決定

標準誤差

不偏推定量の場合，その標本分布の散らばり（分散あるいは標準偏差）が小さいほど，推定量の実現値が推定したい母集団パラメータの近くに落ちる確率は大きくなることを前節でみた．不偏推定量の場合，標本分布の分散は「平均2乗」誤差（MSE）となる．この意味で，標本分布の分散の平方根である標準偏差のことを特に，**標準誤差**（standard error）と呼ぶことが多い．この呼び方に従えば，標本平均 $\bar{X}$ の場合の標準誤差は $\sigma/\sqrt{n}$ であり，標本比率の場合は $\sqrt{pq/n}$ である．

標本平均の場合の標準誤差をみると，その大きさ（小ささ）が次の2つの要

素によって決まることがわかる．
 (1) 母集団標準偏差 σ：σ が小さいほど，標準誤差は小さい．
 (2) 標本の大きさ n：n が大きいほど，標準誤差は小さい．

ここで，(1)の σ は母集団の値であるので，分析者がそれを変えることはできない．しかしながら，(2)の標本の大きさ n は，標本として抽出するデータの個数であるから，分析者が決めることができることも多い．標本比率に関しても同様である．

ここで重要な点は，標本の大きさ n を 2 倍にしても，標準誤差は 2 分の 1（精度は 2 倍）にはならないことである．なぜならば，標準誤差の分母には $\sqrt{\ }$ がついているので，n を 2 倍の $2n$ にすると，標準誤差は

$$\sigma/\sqrt{2n} = (\sigma/\sqrt{n}) \times (1/\sqrt{2}) = (\sigma/\sqrt{n}) \times 0.707$$

となり，誤差は 2 分の 1 ではなく，0.7 倍（$\sqrt{2}$ 分の 1 倍）程度にしかならない．つまり n を 2 倍にしても，精度は $\sqrt{2}$ 倍にしかならないのである．別の言い方をすれば，標準誤差を半分（精度を 2 倍）にするためには，標本の大きさを 4 倍にしなければならない．標準誤差を 3 分の 1 にしたければ，標本の大きさは $3^2=9$ 倍にする必要がある．このことを，より一般的に以下でまとめておこう．

標本平均や標本比率によって母平均や母比率を推定する場合，標準誤差の大きさを k 分の 1（精度を k 倍）にするためには，標本の大きさを k^2 倍にしなければならない．また，標本の大きさを m 倍しても，標準誤差は m 分の 1 にならず，$\sqrt{m}$ 分の 1（精度は $\sqrt{m}$ 倍）になる．

比率の推定と標本の大きさ

以上のような推定量の標準誤差と標本の大きさの関係をもとに，比率の推定精度の問題を考えてみよう．これまでと同様に，真の値（母比率）を p，標本比率を表す確率変数を $\bar{X}$（その実現値が $\hat{p}$）とすると，(10.13) の中心極限定理より n が大きいとき，$\bar{X}$ の分布は $N(p, pq/n)$ で近似できる．それゆえ，$P(-1.96 \leq (\bar{X}-p)/\sqrt{pq/n} \leq 1.96)=0.95$ より，

$$(11.17) \quad P\left(|\bar{X}-p| \leq 1.96\sqrt{\frac{pq}{n}}\right)=0.95$$

が得られる．この式の $|\bar{X}-p|$ は，標本比率と母比率の差，すなわち誤差の大きさを表している．ここで (11.17) のカッコのなかの $1.96\sqrt{pq/n}$ を，誤差の上限（誤差限界）とみることができる．例えば，0.01（1％）までは誤差を許容するとすれば，

$$(11.18) \quad 1.96\sqrt{\frac{p(1-p)}{n}}<0.01$$

とおく（$q=1-p$ である）．ここで，p に適当な数値を与えれば，(11.18) 式を n について解くことができる．仮に $p=0.2$ とすれば，これを (11.18) 式に代入し，n について解くと，

$$1.96\sqrt{\frac{0.2(1-0.2)}{n}}<0.01 \text{ より，} n>6146.56$$

となる．つまり，6147以上の標本をとれば，95％の信頼度で誤差を1％より小さくすることが可能である．誤差の許容範囲を2％までとすれば，必要な標本の大きさは $n>1536.6$ となる（確かめよ）．以上をまとめると次のようになる．

比率に関する標本の大きさの決定

比率を推定する場合，信頼度を95％，誤差の許容範囲を ε としたときの標本の大きさ n は，不等式

$$(11.19) \quad 1.96\sqrt{\frac{p(1-p)}{n}}<\varepsilon \quad \text{すなわち} \quad n>\left(\frac{1.96}{\varepsilon}\right)^2 p(1-p)$$

を満たす n である．ただし p には適当な数値を与える．

[**解説**] (11.19) の第1式の左辺を信頼度95％の誤差限界と呼ぶことにする．この誤差限界を誤差の許容範囲 ε（イプシロンと読む）より小さく抑えようとしているのが第1式である．それを標本の大きさ n について解いたのが第2式である．第2式の ε には，誤差の許容範囲として0.01，0.02などを代入する．未知パラメータである母比率 p に対しては，何らかの事前情報があればそれを利用してもよい．まったく不明であれば，$p=0.5$ を与えればよい．こ

のとき第2式の右辺が最大となるので，要求する標本の大きさ n が最も大きくなり，すべての p に対して (11.19) が成立する安全なケースである．また，1.96を2.58にすれば，99%の信頼度となる．■

> **例題11.3** 視聴率調査で標本の大きさを600とする．
> (1) 真の視聴率を20%としたときの，誤差の大きさ（誤差限界）を求めよ．なお，信頼度は95%とする．
> (2) (1)で真の視聴率を10%としたときの誤差限界を求めよ．
> (3) (2)の場合，誤差限界の大きさを半分にするためには，標本の大きさをいくつにすればよいか．

[解説] (1) 誤差限界である $1.96\sqrt{pq/n}$ に $p=0.2, n=600$ を与えれば，$1.96\sqrt{0.2(1-0.2)/600}=0.032$ となり，誤差は3.2%程度となる．

(2) 同様に，$1.96\sqrt{0.1(1-0.1)/600}=0.024$ となり，$p=0.2$ の場合よりも小さい．

(3) $1.96\sqrt{0.1(1-0.1)/n}<0.012$ を解くと，$n>\left(\dfrac{1.96}{0.012}\right)^2 0.1(1-0.1)=2401$ となり，2400程度の標本をとればよいことがわかる．これは，誤差（上限）を半分にするためには，標本の大きさを4倍にする必要があるという性質すなわち $600\times 4=2400$ からもわかる．■

なお，上の例題の(1)と(2)では $p=0.2, 0.1$ の場合の誤差限界を計算した．$n=600, 200, 1000$ について，様々な p に対する誤差限界を計算した結果が，表11-3に与えられている．同じ p に対して標本の大きさ n が大きくなれば，当然誤差は小さくなる．また，p が0や1に近くなるほど，誤差は小さくなり，$p=0.5$ で最大になっていることがわかる．世論調査などでは $n=1000$ 程度であることが多いが，その際の誤差の大きさをこの表からある程度目安をつけることができる．例えば，内閣支持率が60%であれば，誤差は上下3%ぐらいと判断できる（内閣支持率が60%であるというのは，$\hat{p}=0.6$ という結果であり，$p=0.6$ ではないことに注意せよ）．

表 11-3 母比率と誤差の大きさ

p	誤差限界		
	$n=200$	$n=600$	$n=1000$
0.1	4.2	2.4	1.9
0.2	5.5	3.2	2.5
0.3	6.4	3.7	2.8
0.4	6.8	3.9	3.0
0.5	6.9	4.0	3.1
0.6	6.8	3.9	3.0
0.7	6.4	3.7	2.8
0.8	5.5	3.2	2.5
0.9	4.2	2.4	1.9

平均値の推定と標本の大きさ

以上の比率についての議論を，平均値についても適用してみよう．真の平均値（母平均）を μ，母分散を σ^2，標本平均を $\bar{X}$ とすると，中心極限定理 (10.13) により，n が大きいとき，$\bar{X}$ の分布は $N\left(\mu, \dfrac{\sigma^2}{n}\right)$ で近似できる．よって，$P\left(-1.96 \leq \dfrac{\bar{X}-\mu}{\sigma/\sqrt{n}} \leq 1.96\right)=0.95$ より，

$$P\left(|\bar{X}-\mu| \leq 1.96 \dfrac{\sigma}{\sqrt{n}}\right)=0.95$$

が得られる．したがって，信頼度を95%としたときの誤差限界は，$1.96\dfrac{\sigma}{\sqrt{n}}$ で表される．そこで，誤差の許容範囲と母標準偏差を与えれば，次のように，標本の大きさ n を決めることができる．

平均値に関する標本の大きさの決定

平均値を推定する場合，信頼度を95%，誤差の許容範囲を ε としたときの標本の大きさ n は，不等式

(11.20) $\quad 1.96\dfrac{\sigma}{\sqrt{n}} < \varepsilon$

において，σ に適当な数値を与えたうえで，n について解けば決定できる．

[解説] 議論は比率の場合とほぼ同じであるが，ε の決め方や，母集団の標準偏差 σ に適当な数値を与えるのは，比率の場合よりも，事前の情報が利用できないと難しい．また，(11.20) を解くと，$n > \left(\dfrac{1.96\sigma}{\varepsilon}\right)^2$ となり，これを公式として用いてもよい．■

4　母分散 σ^2 の推定

これまでは，母（集団）分散 σ^2 の推定問題についてはあまり議論してこなかった．それは，分散よりも，平均値や比率を知りたい場合が圧倒的に多いからある．本節では，母分散の推定について簡単に説明しよう．

標本分散の性質

以下では，$X_1, X_2, \cdots, X_n$ は iid で，各変数の分散を σ^2 とする．10章6節で学習したように，標本分散には，偏差平方和をデータの個数 n で割るか，自由度 $n-1$ で割るかによって，次の2通りの定義がある．

$$S^2 = \frac{1}{n}\sum_{i=1}^{n}(X_i - \bar{X})^2,$$

$$V^2 = \frac{1}{n-1}\sum_{i=1}^{n}(X_i - \bar{X})^2.$$

この2つの推定量において，S^2 は母分散 σ^2 の不偏推定量ではないが，自由度調整済標本分散 V^2 は σ^2 の不偏推定量である，すなわち，

(11.21)　$E(V^2) = \sigma^2$

である（本章2節）．この理由により，σ^2 の推定量として V^2 が用いられることが多い．しかし，その平方根としての標本標準偏差 V は σ の不偏推定量でない（不偏推定量の関数は不偏推定量とは限らない）ことに注意しよう．またすでに指摘したように，不偏性の他にも，V^2 には次のような性質がある．

1) $X_1, X_2, \cdots, X_n$ が iid で，正規分布 $N(\mu, \sigma^2)$ に従う場合，V^2 は σ^2 の最小分散不偏推定量である．この場合，その V^2 の分散は，

$$(11.22) \quad \mathrm{Var}(V^2) = \frac{2\sigma^4}{n-1}$$

で与えられる．したがってこの値は，全ての σ^2 の不偏推定量の分散の最小値である．

2) $X_1, X_2, \cdots, X_n$ が iid の場合，V^2 は σ^2 の一致推定量である．特にそれらが iid に加えて正規分布に従う場合，n が大きくなれば，(11.22) より，分散が 0 に近づくのでそれは明らかであろう．なお，正規分布でない場合の V^2 の分散は，$\mathrm{Var}(V^2) = \frac{1}{n}\left(\mu_4 - \frac{n-3}{n-1}\sigma^4\right)$ である（ただし $\mu_4 = E(X-\mu)^4$ で，平均まわりの 4 次の積率と呼ばれる）．この場合も μ_4 が有限であれば，n が大きくなると分散は 0 に近づく．

他方，これまで用いてきた標本分散 S^2 と自由度調整済標本分散 V^2 の関係は，

$$(11.23) \quad S^2 = \left(1 - \frac{1}{n}\right)V^2$$

であるから，S^2 は V^2 より小さいが，n が大きいとき V^2 と S^2 の差は小さい．また (11.21) と (11.23) より，正規母集団でなくとも

$$(11.24) \quad E(S^2) = \left(1 - \frac{1}{n}\right)E(V^2) = \left(1 - \frac{1}{n}\right)\sigma^2$$

が得られ，S^2 の標本分布の平均値 $E(S^2)$ は，n が大きいとき近似的に σ^2 に等しい．したがって S^2 と V^2 はほぼ同じものであると考えてよい．加えて，V^2 が一致推定量であるから S^2 も一致推定量である．

特に，$X_1, X_2, \cdots, X_n$ が iid で，正規分布 $N(\mu, \sigma^2)$ に従う場合，S^2 の分散は，(11.22) と (11.23) から

$$\mathrm{Var}(S^2) = \left(1 - \frac{1}{n}\right)^2 \mathrm{Var}(V^2) = \left(1 - \frac{1}{n}\right)^2 \frac{2\sigma^4}{n-1}$$

である．したがって，$n \to \infty$ のとき $\mathrm{Var}(S^2) \to 0$ となり，S^2 は σ^2 の一致推定量である．

標本分散 S^2 の標本分布と χ^2 分布

次に σ^2 の区間推定を考える場合には，平均値の場合と同様に，S^2 の標本分

布が必要となる．標本分散 S^2 は $X_1, X_2, \cdots, X_n$ の関数であるが，その標本分布は各 X_i に共通な母集団分布に大きく依存する．その母集団分布が正規分布の場合，次の結果となる．

$X_1, X_2, \cdots, X_n$ が iid で，正規分布 $N(\mu, \sigma^2)$ に従うとき，標本分散 S^2 を変換した統計量

$$(11.25) \quad U = \frac{nS^2}{\sigma^2} = \frac{\sum_{i=1}^{n}(X_i - \bar{X})^2}{\sigma^2}$$

は自由度 $m = n-1$ の χ^2 （カイ2乗）分布に従う．U の平均は $E(U) = m$，分散は $\mathrm{Var}(U) = 2m$ である．

[解説] ここでは正規母集団からの標本という仮定のもとで，統計量 U は χ^2 分布に従うことを述べている．χ^2 は，カイ2乗と読む．自由度 m の χ^2 分布の確率密度関数は

$$f(u) = \frac{1}{\Gamma(m/2)\, 2^{m/2}} u^{\frac{m}{2}-1} e^{-\frac{u}{2}}$$

で与えられ，これを $\chi^2(m)$ で表す．上の命題は，$U \sim \chi^2(m)$ と表現できる．ただし，$\Gamma(m/2)$ はガンマ関数（9章3節参照）である．正規分布や t 分布の場合と同様に，この密度関数の式を覚える必要はない．重要なことは，自由度 m の χ^2 分布の密度関数の形状を頭に入れておくことである（図11-5(a)）．

この図からわかるように，χ^2 分布は山が1つである（ただし $m > 2$ のとき）が，分布は右に歪んだ正の非対称である（歪度は正）．分布のスソは右に長く延び，分布の中心から遠くの値の出る確率は小さい．m が大きくなると，山が右に移り，より遠くの値が出る確率が大きくなる．このことは，平均や分散の値からもわかる．■

母分散 σ^2 の信頼区間

χ^2 分布に関しても標準正規分布や t 分布と同様に，巻末に χ^2 分布表が用意されている（436ページ）．χ^2 分布表では，χ^2 分布に従う変量 U が c 以下を取

292 11章　母集団のパラメータの推定

図 11-5　χ^2 分布

(a) 確率密度関数

(b) $P(a < U < b)$

自由度10の χ^2 分布

$P(a < U < b) = 0.95$

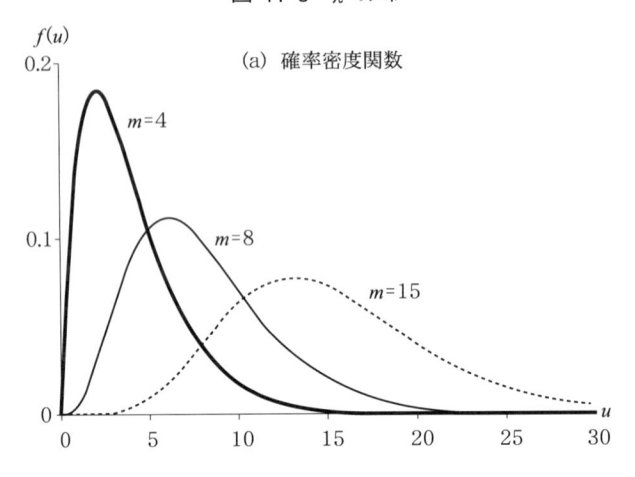

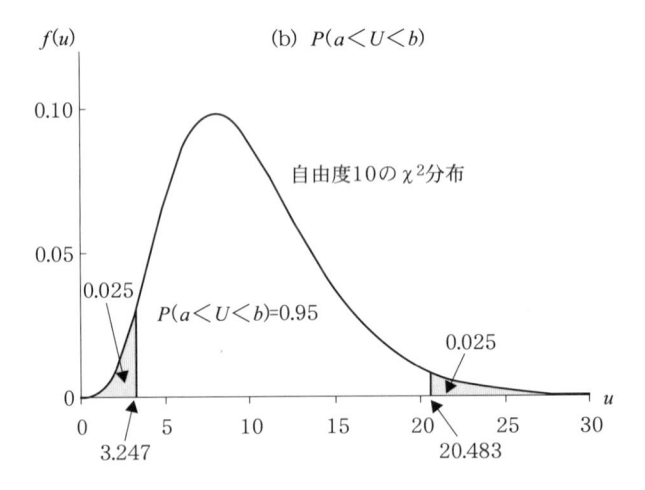

る確率 $P(U \leq c)$ が，$0.005, 0.01, \cdots, 0.995$ となる c を与えている．ただし，正規分布などと違って，χ^2 分布は左右対称でないので，信頼係数95％の信頼区間を作成するとき，$P(a < U < b) = 0.95$ を満たす a, b として個別に

$$P(a < U) = 0.025, \quad P(b < U) = 0.975$$

を満たす a, b を探す必要がある．例えば，自由度10の χ^2 分布，すなわち

$\chi^2(10)$ では，巻末の表（436ページ）より，$a=3.247, b=20.483$ である（図11-5(b)参照）．

Excel で計算してみよう

Excel では，χ^2 分布表の数値を与える関数として，CHIINV という関数が用意されており，自由度と確率を与える CHIINV(確率，自由度) という形式である．ただし，Excel では，$P(c>U)$ となる c を与えるので，CHIINV(0.975, 10)=3.247，CHIINV(0.025, 10)=20.483 となることに注意せよ．

信頼係数95％の信頼区間を導くため，まず（11.25）を用いて，

$$P(a<U<b)=P\left(a<\frac{nS^2}{\sigma^2}<b\right)=0.95$$

と表現し，これを σ^2 について解くと，

$$P\left(\frac{nS^2}{b}<\sigma^2<\frac{nS^2}{a}\right)=0.95$$

となる．この式の S^2 にその実現値 $s^2=\frac{1}{n}\sum_{i=1}^{n}(x_i-\bar{x})^2$ を代入した次の区間が信頼係数95％の信頼区間となる．

(11.26) $\quad \left(\dfrac{ns^2}{b}, \dfrac{ns^2}{a}\right)$

信頼係数95％の信頼区間であれば，a, b は，χ^2 分布表の0.025，0.975に対応する値となる．信頼係数99％の信頼区間の場合，0.005，0.995に対応する値を a, b とすればよい．

例題11.4 例題11.1（表11-2のデータ）の2005年と2006年の各年について，母分散の信頼係数95％の信頼区間を求めよ．

[解説] $s^2_{2005}=18.4, s^2_{2006}=14.3$ であり，$n=12$ より自由度は$12-1=11$である．χ^2 分布表より，$P(a<U<b)=0.95$ となる a, b を求めれば，$a=3.816, b=21.920$ となる．よって，2つの年の母集団分散の信頼区間は（11.26）より，以下のように求められる．

$$\left(\frac{ns_{2005}^2}{b}, \frac{ns_{2005}^2}{a}\right) = (10.1,\ 58.0),\ \left(\frac{ns_{2006}^2}{b}, \frac{ns_{2006}^2}{a}\right) = (7.8,\ 44.9)$$

これらの区間はデータの個数が少ないため，かなり広くなっている．母集団標準偏差の信頼区間は，各信頼限界（信頼区間の下限と上限のこと）の平方根を取って，(3.2, 7.6) と (2.8, 6.7) となる．各年の標準偏差の信頼区間は重なっている．また，信頼区間の幅は，2005年のほうがやや広くなっているが，これはもとの標本分散が大きいことによる．■

5　最尤法*

最尤法の考え方

　母集団パラメータの推定問題を考える場合，これまでは次のような手順をとってきた．まず初めに標本平均や標本分散等の標本特性を表す推定量（統計量）を選択する．次に，実現する前の確率変数としての推定量と推定対象の母集団パラメータとの関係を，推定量の標本分布をとおして把握し，そこから母集団パラメータの推定量としての良し悪し（有効性）を評価する．例えば，iidデータに基づいて母集団平均 μ の推定に関心がある場合，統計量としての標本平均 $\bar{X}$ を取り，その標本分布に関わる性質（不偏性や分散の大きさなど）を調べた．その結果，$\bar{X}$ が母平均 μ の推定量として最良線形不偏推定量であること，さらに，母集団が正規分布の場合，標本平均 $\bar{X}$ は母平均 μ の最良不偏推定量であること，などを知ることで，標本平均を推定量として選択することが良いことを知った．

　本節で学習する**最尤推定法**（**最尤法**）は，これとは異なった考え方に基づいている．まず，母集団確率分布が例えば正規分布であるなどとわかっている場合を対象にする．そして「実現したデータ」からその確率分布に含まれている未知パラメータ θ（複数個あってもよい）の推定値を直接的に導出する．ここで注意する点は，最尤法では「実現したデータから未知パラメータ θ を，標本分布は利用せずに直接的に推定する」という考え方に基づいている点である．その考え方は，母集団確率分布からみて，実現したデータが最も出やすくなるように（与えられたデータが出る確率を最大にするように），パラメータを推

定する方法なのである．

尤度と最尤推定値

　$x_1, x_2, \cdots, x_n$ を実現した離散的データとしよう．このデータを生成した母集団確率分布に含まれる未知パラメータを一般的に θ（例えば，成功確率 p など）で表し，$X_1, X_2, \cdots, X_n$ をデータ $x_1, x_2, \cdots, x_n$ に対応する確率変数とする．ここで $X_1, X_2, \cdots, X_n$ は必ずしも iid である必要はない．このとき確率変数 $X_1, X_2, \cdots, X_n$ が，実際に実現したデータの各値 $x_1, x_2, \cdots, x_n$ を取る同時確率 $P_\theta(X_1=x_1, X_2=x_2, \cdots, X_n=x_n)$ は，未知パラメータ θ に依存するものとみる．例えば，表が出る確率が θ（p の代わりに θ を用いる）である硬貨を3回投げたとき，表表裏と出る同時確率 $P(X_1=1, X_2=1, X_3=0)$ は $\theta \times \theta \times (1-\theta)$ で表され，θ の関数とみることができるのである．

　そこでその同時確率を

(11.27) 　$L(\theta|x) = P_\theta(X_1=x_1, X_2=x_2, \cdots, X_n=x_n)$

と書こう．$L(\theta|x)$ は，実現したデータ $x=(x_1, x_2, \cdots, x_n)$ が未知パラメータ θ を持つ母集団確率分布のもとで実現する確率であり，これは特定なデータの組 x が与えられたという条件のもとでのその実現確率である．この確率 $L(\theta|x)$ は，θ の値とともに変わるので，それを θ の関数とみる（尤度関数という）．この θ の関数としての確率を**尤度**(ゆうど)という．実際には，θ は母集団の固定された値（「真の値」）であるが，われわれにとって未知の値であるので，θ の推定値を求めるためにそれを動かしてみて，与えられたデータ x の実現確率である尤度関数 $L(\theta|x)$ を評価する．すなわち θ をいろいろな値に変えて，データを実現させた「ありそうな，あるいは確からしい θ の値」の評価関数として尤度関数を利用するのである．

　最尤法では，この尤度関数をもとに次のように θ の推定値を導出する．まず実際にデータとして $x=(x_1, x_2, \cdots, x_n)$ の値が実現したということは，「その値が実現しやすかった（確率が大きかった）から実現した」と考える．そこで，未知パラメータ θ の推定値を求めるために，そのデータの出現確率である尤度 $L(\theta|x)$ を θ について最大にする．このような推定法が最尤法である．θ のなかで $L(\theta|x)$ を最大にする値を $\hat{\theta}$ とすると，$\hat{\theta}$ は実現値であるデータ $x_1, x_2,$

$\cdots, x_n$ に依存するので，データの関数としてそれを
$$\hat{\theta} = g(x_1, x_2, \cdots, x_n)$$
と表現できる．この $\hat{\theta}$ を**最尤推定値**という．ここで，g は推定値を作る公式を与える関数記号である．また，このようにして得られた $\hat{\theta}$ を (11.27) のなかに代入した $L(\hat{\theta}|x)$ を**最大尤度**という．最大尤度は，尤度の最大値である．したがって全ての θ に対して次式が成立する．
$$L(\theta|x) \leq L(\hat{\theta}|x)$$

最尤推定値の例

成功の確率（例えば，硬貨投げで表が出る確率）が θ である 2 項試行を n 回行い，実現した離散的データ $x_1, x_2, \cdots, x_n$ から，θ を最尤法によって推定する例を考えよう．ただし，x_i は成功したら 1，失敗したら 0 を取る 0-1 型の iid データである．このとき成功した回数を z とすると $(z = \sum_{i=1}^{n} x_i)$，失敗した回数は $n-z$ で表される．したがって，同時確率である尤度 $L(\theta|x)$ は

(11.28) $\quad L(\theta|x) = P_\theta(X_1 = x_1, X_2 = x_2, \cdots, X_n = x_n)$
$$= \theta^{x_1}(1-\theta)^{1-x_1} \times \cdots \times \theta^{x_n}(1-\theta)^{1-x_n} = \theta^z(1-\theta)^{n-z}$$

となる．例えば，$n=5$ として，最初の 2 回は表，後の 3 回は裏が出たとすると，x は $(1,1,0,0,0)$ で，成功の回数である $z = \sum_{i=1}^{5} x_i = 2$ より，$(1,1,0,0,0)$ が実現する確率（尤度）は，$\theta^2(1-\theta)^3$ となる．

(11.28) の尤度を θ の関数として，その尤度を最大にする $\hat{\theta}$ が最尤推定値である．ただし，$L(\theta|x)$ を最大にすることは，$\log L(\theta|x)$ を最大にすることと同じであるので，$\log L(\theta|x)$ を最大にする $\hat{\theta}$ によって最尤推定値を求めることが多い．その方が容易に最大化できる場合が多いからである．$\log L(\theta|x)$ は，**対数尤度**と呼ばれる．(11.28) の対数尤度は，対数の性質によって，
$$\log L(\theta|x) = \log \theta^z(1-\theta)^{n-z} = z\log\theta + (n-z)\log(1-\theta)$$
となる．これを θ に関して最大化するには，θ で微分したもの，すなわち，
$$\frac{\partial \log L(\theta|x)}{\partial \theta} = \frac{z}{\theta} - \frac{n-z}{1-\theta}$$
を 0 とおいて，θ について解く．その結果，$\theta = z/n$ となり，θ の最尤推定値 $\hat{\theta}$ は

(11.29) $\quad \hat{\theta} = \dfrac{z}{n} = \dfrac{1}{n}\sum_{i=1}^{n} x_i$

となる．これは，これまで母集団比率 $p(=\theta)$ の推定値としてみてきた標本比率 $\hat{p}$ と一致する．上の記号を用いれば，$\hat{\theta} = g(x_1, x_2, \cdots, x_n) = (x_1 + x_2 + \cdots + x_n)/n$ となる．

例えば，サイコロを50回投げたとき1の目が10回出たとしよう．このとき1の目の出る確率の最尤推定値は，(11.29) 式より，$\hat{\theta} = 10/50$ である．この推定値は，データから母集団の確率 θ（1の目が出る確率）をみるものとしてきわめて自然である．

最尤法は，$x_1, x_2, \cdots, x_n$ が連続的データの場合もまったく同様に考えることができる．その場合，9章で行ったように連続データを離散化して確率を考えたうえで，尤度とすればよい（ただし，結果として尤度は確率密度関数の積になり，確率とは異なったものになる）．例えば，$x_1, x_2, \cdots, x_n$ が正規母集団 $N(\mu, \sigma^2)$ からの iid 標本とする．さらに推定対象の未知パラメータを $\theta = (\mu, \sigma^2)$，各 x_i に共通な正規密度関数を $f(x)$ とおく．このとき，各データ x_i が微小区間 $\left(x_i - \dfrac{h}{2}, x_i + \dfrac{h}{2}\right)$（幅は h）に落ちる確率は $f(x_i)h$（高さ×底辺）となる．そこで $x_1, x_2, \cdots, x_n$ が $\left(x_1 - \dfrac{h}{2}, x_1 + \dfrac{h}{2}\right) \times \left(x_2 - \dfrac{h}{2}, x_2 + \dfrac{h}{2}\right) \times \cdots \times \left(x_n - \dfrac{h}{2}, x_n + \dfrac{h}{2}\right)$ に落ちる確率は

$$L(\theta|x) = f(x_1)h \times f(x_2)h \times \cdots \times f(x_n)h$$

で近似できる．これを上と同じ考え方により最大化して θ の最尤推定値 $\hat{\theta}$ を求めると，$\hat{\theta} = (\hat{\mu}, \hat{\sigma}^2) = (\bar{x}, s^2)$ となることがわかっている．もちろん $\bar{x}, s^2$ は実現値としての標本平均値，標本分散であり，それらが最尤推定値となるのである．このことが，$\bar{x}, s^2$ を母平均や母分散の推定値として利用するもう1つの理由である．

最尤推定「値」は実現したデータ $x_1, x_2, \cdots, x_n$ の関数であり，上でみたように一定の公式 g によって $\hat{\theta} = g(x_1, x_2, \cdots, x_n)$ と表現される．これに $x_1, x_2, \cdots, x_n$ が実現する前の確率変数 $X_1, X_2, \cdots, X_n$ を代入してできる確率変数である最尤推定「量」T を，$T = g(X_1, X_2, \cdots, X_n)$ として，その標本分布を考えることもできる．そして，その分布をもとに最尤推定量の特性を考察することも可

能になり，実際，最尤推定量はいくつかの望ましい特性（一致性など）を有することがわかっている．しかしこの議論は，最尤法の基本的考え方の外の議論である．

キーワード

点推定　区間推定　信頼区間　信頼係数　不偏性・不偏推定量　有効性　平均2乗誤差（MSE）　最小分散不偏推定量　一致性・一致推定量　標準誤差　標本の大きさの決定　不偏分散　χ^2分布　最尤法　尤度　最尤推定値

練習問題

※以下では，データは基本的に正規母集団からのiid標本であるとする．

1. ある株の変化率の過去5カ月分のデータは，0,0,2,3,4（％）であった．
   (1) データの平均，分散，標準偏差を求めよ（ただし，計算は％のまま行う）．
   (2) 母平均の信頼係数95％の信頼区間を求め，この株を購入すべきかどうかを考えよ．また，信頼係数99％の信頼区間を求めよ．
2. ある国の経済成長率の目標は5年間の平均で4％を超えることであったという．実際に得られた5年間の経済成長率は，3,3,5,5,6（％）であった．経済成長率の真の平均の信頼係数95％の信頼区間を作成し，目標が達成されたかどうかを判断せよ．
3. 例題11.1と同様に，表2-1から算出した日経平均の月次変化率をデータとして，1998〜2004年の各年（1〜12月）について母平均の信頼係数95％の信頼区間を作成せよ．
4. ある地域の現在の失業率を調べるために，労働力人口40000人を調査したところそのうち4000人が失業していたという．その地域の真の失業率の信頼係数95％の信頼区間を求めよ．また，この地域の失業率の過去の最高値は9.6％であることがわかっている．現在の失業率が過去の最高値を越えたか

どうかを判断せよ．また，信頼係数99%の信頼区間を求めよ．
5．2006年のテレビ番組で最高の視聴率だったのは，サッカーW杯の日本対クロアチア戦で，52.7%であった（関東地区，ビデオ・リサーチ調べ）．標本を600世帯として，視聴率の信頼係数95%の信頼区間を求め，50%を超えたといえるかどうかを判断せよ．また，同年の紅白歌合戦の視聴率は30.6%であった．同様に，信頼係数95%の信頼区間を求めよ．
6．読売新聞社が2006年10月14，15日に実施した世論調査において，安倍内閣の発足直後の支持率は70.0%だった．
  (1) 標本の大きさを1768として，信頼係数95%の信頼区間をつくれ．
  (2) この70.0%という数字は，発足時としては歴代第3位である．第2位は細川内閣（1993年9月）の71.9%であった．細川内閣の支持率を所与として，細川内閣と安倍内閣の発足時の支持率の差が誤差の範囲内かどうかを考えよ．
7．失業率を調査することを考え，誤差を1%以下にするためには，何人について調査を行えばよいか．ただし，$p=0.04$として求めよ．また，誤差を0.1%以下にするためには，何人の標本が必要か．
8．何回かテストを受けて，その偏差値の平均を求めるとき，誤差を2以下にするためには，何回テストを受ける必要があるか．ただし，母集団の標準偏差が5の場合と3の場合，それぞれについて求めよ．
9．10章練習問題3の母集団から，重複を許して大きさ$n=3$の標本を抽出することを考える．このとき，全ての標本の組合せについて，標本平均，標本メディアン，標本分散（s^2），自由度調整済標本分散（v^2）を求めよ．そして，それらの平均を求め，不偏性を持っているかを確かめよ．
10．標準正規分布$N(0,1)$から正規乱数を10個発生させ（$n=10$），標本平均の信頼係数95%の信頼区間を作成する．それを100回繰り返したとき，真の平均0を含む信頼区間の割合を計算せよ．
11．$\text{MSE}(\hat{\theta})=[E(\hat{\theta})-\theta]^2+\text{Var}(\hat{\theta})$となることを示せ．この式には，どのような意味があるか．
12．(11.10)式を解き，母比率pのより厳密な信頼区間の公式(11.11)を導出せよ．また上の練習問題6(1)で，(11.11)をもとに信頼係数95%の信頼

区間を求め，どちらの信頼区間の幅が小さいか比較せよ．

13*. 正規母集団 $N(\mu, \sigma^2)$ からの iid 標本 $X_1, X_2, \cdots, X_n$ を考えた場合，尤度関数を導出したうえで，母平均の最尤推定値を求めよ（iid 標本に対して，母集団分布の確率密度関数を $f(x)$ とした場合，連続的データに対する尤度関数を $f(x_1) \times f(x_2) \times \cdots \times f(x_n)$ とする）．

12章

仮説検定

　前章で考察した推定法は，標本（データ）を有効に利用して母集団パラメータを推定する（情報を引き出す）方法である．本章で述べる仮説検定法も，標本と母集団を結びつけるもう1つの方法である．仮説検定法は，母集団パラメータに関して何らかの興味を持っている情報，例えば，株価収益率の平均がプラスかどうか，内閣支持率が50％を超えたかどうかなどを1つの仮説として設定し，その仮説と得られている標本のデータとが矛盾しているかどうかを検証するという枠組みに基づいている．前章で述べた区間推定と本章で述べる検定とは密接な関係があり，区間推定の基礎になった標本分布を仮説検定においても利用する．

　しかし，仮説検定の基本的な考え方は区間推定のそれとは異なり，主張したい仮説（対立仮説という）を設定したうえで，それを否定する仮説（帰無仮説という）を立てる．そしてデータが後者の仮説と矛盾している場合にのみ，主張したい仮説を採用するという意思決定の枠組みを持つ．本章は，このような枠組みを持つ仮説検定の基本的な考え方を理解するとともに，それを様々な場面へ応用することを目的とする．

【本章の内容】
(1) 仮説検定の基本的な考え方を区間推定との関係を示しながら，一般的に説明する．特に仮説検定に必要となるいくつかの概念を提示する．
(2) 母平均と母比率の片側検定について，その手順を示し，例示する．
(3) 母平均と母比率の両側検定について，その手順を示し，例示する．

(4) 2つの母集団のパラメータの関係として平均値の差を検定する．
(5) 母集団分布に仮定をおかない検定として，χ^2分布を利用する適合度検定や分割表の検定を説明する．
(6) その他の検定として，分散の検定や母集団分布の正規性の検定を取り上げる．

1 仮説検定の考え方

前章の例題11.1では，信頼区間を利用して，株価変化率の平均（母平均）がプラスであるかどうかについて，例題11.2では内閣支持率（母比率）が50%を超えているかどうかについて，1つの判断の仕方を与えた．

本節では，その判断の仕方を仮説検定法の視点から定式化する．そこでは，「母平均がプラスである」，「母比率が50%を超えている」といった「仮説 (hypothesis)」を主張するために，その逆の仮説（帰無仮説という）である「母平均が0（以下）である」，「母比率が50%（以下）である」という仮説を立て，データからみてその仮説を支持できないときに（棄却されるという），主張したい仮説（対立仮説という）を支持（採択）するという枠組みをとる．このように母集団のパラメータについて，主張したい仮説（対立仮説）に対してそれを否定する仮説（帰無仮説）を立て，データに基づいて，帰無仮説が棄却されるかどうかを判定する意思決定の手続きを，（統計的）**仮説検定**と呼ぶ．本節では，この仮説検定の基本的な考え方を解説する．

簡単な例

仮説検定の考え方を説明するのに，まず，次のような単純な例から始めよう．

例題12.1 10円玉を100回投げて，表が出る回数を記録し，表が出る確率を推定することを考える．
(1) 表が61回出たとき，表の出る確率の点推定値ならびに信頼係数95%の信頼区間を求めよ．
(2) 表の出る確率が0.5であるかどうか判断せよ．
(3) 別の10円玉を100回投げたところ，表が58回出た．(2)と同様の判断を行え．

1 仮説検定の考え方 **303**

[解説] こうした試行は，iid データを発生させることができるため，わかりやすい．

(1) 表が出る確率の点推定値は，$\hat{p}=61/100=0.61$ であり，信頼係数95%の信頼区間は，データの個数が多いので，正規分布による近似を用いた(11.9)式より，

$$\left(0.61-1.96\sqrt{\frac{0.61(1-0.61)}{100}},\quad 0.61+1.96\sqrt{\frac{0.61(1-0.61)}{100}}\right)$$
$$=(0.514, 0.706)$$

となる．表の出る確率は，95%の信頼度で0.514から0.706の間にある．

(2) 信頼区間の下限は0.5を超えている，あるいは，信頼区間には0.5が含まれていないので，表の出る確率は，95%の信頼度で，0.5であるとはいえない（0.5を超えている）．

(3) $\hat{p}=58/100=0.58$ より，

$$\left(0.58-1.96\sqrt{\frac{0.58(1-0.58)}{100}},\quad 0.58+1.96\sqrt{\frac{0.58(1-0.58)}{100}}\right)$$
$$=(0.483, 0.677)$$

となる．この信頼区間には0.5が含まれており，信頼度95%で表の出る確率が0.5であることを否定できない．■

このように区間推定の枠組みを利用して，母集団パラメータについての1つの判断の仕方を与えることができる．しかし前章で述べたように，信頼区間の場合，与えられた標本（データ）に関する信頼係数の考え方に基づくもので，確率概念が含まれていない．他方，これから述べる仮説検定の考え方はこれとは異なり，母集団パラメータについて主張したい仮説に関する意思決定の問題として問題を定式化し，意思決定において誤りを犯す確率を制御することを狙うものである．この仮説検定について，以下で順を追って説明していこう．

帰無仮説と対立仮説

仮説検定問題では，この例題の(2)，(3)の考え方を逆にして，母集団パラメータについて仮説を立て，その仮説の正否をデータ（標本）を利用して検定する．この例では，母比率について $p=0.5$ という帰無仮説を立て，その仮説が

データと矛盾しているかどうかを検定する.データによる標本比率(の実現値)が,0.5よりも大きく離れていれば,仮説$p=0.5$は成立しない(否定される)であろうし,0.5に近ければ,帰無仮説$p=0.5$は否定されないであろう.仮説$p=0.5$が否定された場合は,$p\neq 0.5$(または$p>0.5$,$p<0.5$など)という仮説を受け入れることになる.理論上ではデータにより帰無仮説を否定することを**棄却する**(reject)といい,(主張したい)対立仮説を受け入れることを**採択する**(accept)という.この言葉の用法には実際上では乱れがあるが,このように使用すべきである.帰無仮説が棄却できない場合,帰無仮説は否定できないため,さしあたってその仮説を「受容する」あるいは「否定しない」ことになるが,それを積極的に採択しているわけではないことに注意しよう.この例では,最初から帰無仮説として$p=0.5$を立て,それが棄却できないことをみようとしている.

このような考え方のもとに,棄却する対象として立てられる仮説を**帰無仮説**(null hypothesis)といい,その帰無仮説が棄却されたときに採択される仮説を**対立仮説**(alternative hypothesis)という.仮説検定法では,「帰無仮説は棄却するために立てる仮説」であるとすることが基本的な考え方である.帰無仮説はH_0またはH,対立仮説はH_1またはKなどで表すことが多い.以下では,H_0とH_1を用いる.

例題12.1の帰無仮説と対立仮説は,

(12.1) $H_0 : p=0.5$ vs $H_1 : p\neq 0.5$

となる.また,何らかの理由(事前の情報など)で,pが0.5よりも大きい場合しかないことがわかっている,あるいはpが0.5よりも大きいことを主張したい場合は,帰無仮説と対立仮説をそれぞれ

(12.2) $H_0 : p=0.5$ vs $H_1 : p>0.5$

と設定できる.この場合,帰無仮説H_0が棄却されれば,対立仮説H_1が採択され,pが0.5よりも大きいと判断することになる.(12.2)で$p>0.5$を主張したい場合,帰無仮説を$p\leq 0.5$とした方がよいと考えるかもしれないが,$p>0.5$を主張するためには,それに対して最も見分けにくい($p>0.5$に最も近い)仮説$p=0.5$を,棄却したい仮説すなわち帰無仮説として立てることで十分なのである.(12.1)で表現される仮説を検定する問題を**両側検定問題**,

(12.2) のそれを**片側検定問題**という．

仮説の判定方法

仮説検定問題が (12.1) もしくは (12.2) のように設定される段階では，データを観測していない．そして次の段階でデータを観測して，仮説 H_0 が棄却できるかどうかを検定する．

例題12.1で，帰無仮説 $H_0: p=0.5$ が棄却されるかどうかを考えよう．例題の (1) では，データを観測し，その結果，推定値 $\hat{p}=0.61$ が得られている．検定方式としては，帰無仮説が正しいと仮定して，この実現値としての推定値が帰無仮説 $p=0.5$ と矛盾している可能性が高いかどうかを判断する．そこで，推定値が実現する前の統計量（確率変数）としての標本比率について「帰無仮説が正しいと仮定したときの標本分布」を考える．その標本分布からみると，実現値 $\hat{p}$ の値は，可能な1つの値に過ぎず，標本分布はこれ以外にも様々な値を一定の確率で実現させる．問題はこの帰無仮説のもとでの標本分布からみた場合，実現値 $\hat{p}=0.61$ が確率的に出やすい値であったかどうかである．それが出にくい値の場合，仮説を棄却するという判定法を取るのである．

上の例でこのことを具体的にみるために，いま仮に帰無仮説 $H_0: p=0.5$ が正しいものとしよう．その仮定のもとで，標本比率 $\bar{X}$ の標本分布は，(10.13) より n が大きければ近似的に正規分布 $N(p, pq/n) = N(0.5, 0.0025)$ に従う（図12-1参照）．

ここで問題は，上でも述べたように，この帰無仮説のもとでの正規分布（標本分布）からみて，得られた $\hat{p}=0.61$ が確率的に出やすい値かどうかである．$\hat{p}=0.61$ の値は，この分布の平均値0.5からかなり離れており（図12-1），$\hat{p}=0.61$ が実現する確率は低いようにみえる．この状況で，次の2通りの解釈が考えられる．

(1) $H_0: p=0.5$ は正しいが，確率的にまれなことが起こった．
(2) $H_0: p=0.5$ が正しいのであれば，1組のデータだけで $\hat{p}$ がそのような0.5から離れた値を取る確率は小さいので，帰無仮説 $H_0: p=0.5$ が間違っている．

これらの解釈のうち，統計的仮説検定論では，(2) の立場を取る．そこでの考

図 12-1　帰無仮説 $p=0.5$ のもとでの標本比率の分布

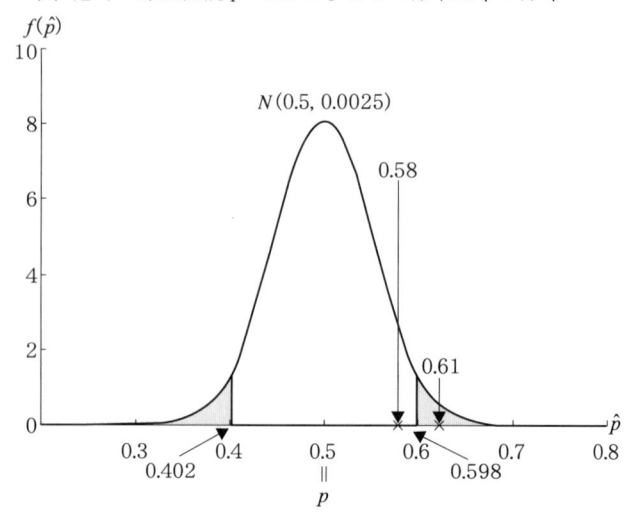

え方は，帰無仮説 $p=0.5$ が正しいとき，この帰無仮説のもとでの分布に従えば，標本比率の統計量は0.5付近の値を取る確率は大きいのであるから，$\hat{p}$ の値として確率的にまれなことが起こった場合，その帰無仮説は支持できないとして棄却するという考え方である．特にデータの個数が多いときにはその傾向が強いであろう．逆にいえば，もし，$\hat{p}$ が0.5付近の値であれば，帰無仮説は棄却されないことになる．

棄却域，受容域，有意水準

では $\hat{p}$ が0.5からどのくらい離れた値を取れば，帰無仮説 $p=0.5$ を棄却するのであろうか．この問題は，(1)とも関連する．たとえどんなに $\hat{p}$ が0.5から離れた値を取っても，(1)の可能性を完全には否定できない．そこで，通常は起こりえない事象（まれな事象）を「帰無仮説のもとでの標本分布のスソの部分の領域に落ちること」として，標本分布のスソの部分に，そこに落ちる確率が事前に設定した水準（5％や1％など）となる領域を設定する．この領域を**棄却域**という．分析者が事前に設定する棄却域の領域と等しくなる確率を**有意水準**という．有意水準は，その作り方から帰無仮説が正しいときに間違って棄却する確率である．実際，有意水準は検定統計量（次項参照）が標本分布に

おける棄却域に落ちる確率である．

上の例でいえば，棄却域は帰無仮説 $H_0：p=0.5$ より離れた標本分布の両端のスソの領域である（両側検定問題を考えている）．そしてその領域に $\hat{p}$ が実際に落ちた（入った）場合，帰無仮説の標本分布のもとではきわめて起こりにくいことが起こったと考え，それが起きたのは帰無仮説 $H_0：p=0.5$ が正しくないとしてそれを棄却する．この例で棄却域を導出するために，帰無仮説 $p=0.5$ のもとでの標本比率 $\bar{X}$ の分布において，有意水準を5％とすれば，

$$P(a \leq \bar{X} \leq b) = 0.95$$

となる a と b を求め，$\hat{p}$ が区間 $(-\infty, a)$ または (b, ∞) に落ちたとき（入っているとき）帰無仮説 $p=0.5$ を棄却する．この場合，棄却域は $(-\infty, a)$ と (b, ∞) を併せたものとなる．一方，$\hat{p}$ が区間 $[a, b]$ に落ちれば帰無仮説 $p=0.5$ は棄却できないことになる．この区間をしばしば帰無仮説の採択域ともいうが，棄却できない領域という意味で**「受容域」**というのが適切である．またこのような棄却域の区間の境界の値 a, b のことを**臨界値**もしくは**棄却点** (critical value) という．

ここで a, b の値を求めてみよう．中心極限定理と正規分布の性質から，

$$P\left(p - 1.96\sqrt{\frac{pq}{n}} \leq \bar{X} \leq p + 1.96\sqrt{\frac{pq}{n}}\right) = 0.95$$

なので，$p=0.5, q=0.5, n=100$ を代入して，$P(0.402 \leq \bar{X} \leq 0.598) = 0.95$ を得る．したがって，$\bar{X}$ の実現値である $\hat{p}$ が $\hat{p}=0.61$ の場合は，受容域 $(0.402, 0.598)$ の外にある，すなわち棄却域にあるので帰無仮説は棄却され，対立仮説 $p \neq 0.5$ を採択する．一方，例題12.1の(3)の $\hat{p}=0.58$ は受容域のなかにあり，帰無仮説 $p=0.5$ は棄却されないことになる．他方，(12.2)の片側検定問題では，$P(\bar{X} \leq b) = 0.95$ から求めた棄却域 (b, ∞) に $\hat{p}$ が入っていれば帰無仮説 H_0 を棄却し，$\hat{p} \leq b$ のとき H_0 を棄却しない（受容する）という判定方式を取る．

検定統計量

この例では，最初から統計量（標本比率）$\bar{X}$ の実現値 $\hat{p}$ の値に基づいて帰無仮説 H_0 を検定している．仮説検定で利用するこのような統計量を**検定統計**

量という．どのような検定統計量を用いるかは，検定対象である母集団パラメータと，母集団確率分布に依存する．もちろん，検定統計量の選択では，対立仮説 H_1 が正しいとき，なるべく正しい判断のできる可能性が高くなるようにする．

比率 p についての仮説検定の手順を復習しよう．まず対応する標本比率 $\bar{X}$ の標本分布は，n が大きいとき正規分布 $N(p, pq/n)$ に近似的に従うという命題を利用する．この命題での p は，未知の母集団比率（真の値）である．そこで仮説検定では $H_0: p=p_0$ がまず正しいとして，$\bar{X}$ の実現値である $\hat{p}$ が H_0 のもとでの（近似）正規分布 $N(p_0, p_0q_0/n)$ で棄却域に入っているかどうか（平均 p_0 からどのくらい離れているか）によって，帰無仮説を棄却するかどうか判定（意思決定）する．ここで p_0 は，分析者が主張したい対立仮説に対する帰無仮説に対応する値を一般的に表しており，上の例では0.5である．しかし，上の方式では，帰無仮説における p_0 の値ごとに棄却域を算出することなる．そこでこの煩雑さを避けて同一の分布のもとで検定を行うため，基準化統計量

$$(12.3) \quad W = \frac{\bar{X} - p_0}{\sqrt{p_0 q_0 / n}}$$

を定義する．W は，$H_0: p=p_0$ が正しければ，近似的に標準正規分布 $N(0,1)$ に従う．したがって，上のように $P(a \leq \bar{X} \leq b) = 0.95$ により a, b を導出して $\hat{p}$ と比較するよりも，(12.3) よりデータから W を計算して受容域 $(-1.96, 1.96)$ の外にあるかどうかを考えればよい．なぜならば，$W \sim N(0,1)$ であれば $P(-1.96 \leq W \leq 1.96) = 0.95$ だからである．つまり，$\bar{X}$ の実現値である $\hat{p}$ そのもので検定するよりは，(12.3) の W を検定統計量として用いた方が便利である．この基準化統計量を利用すると，(12.3) の W のなかの $\bar{X}$ に $\hat{p}$ を代入した値である W の実現値 w が，棄却域 $w > 1.96$ または $w < -1.96$ のなかに入ると帰無仮説は棄却される．もし $-1.96 \leq w \leq 1.96$ であれば，帰無仮説は棄却されない．

2種類の過誤

以上の仮説検定方式では，常に次の2つの誤りを犯す可能性がある．

(1) **第1種の誤り**：帰無仮説 H_0 が正しいにもかかわらず，それを間違って棄却する誤り．

(2) **第2種の誤り**：対立仮説 H_1 が正しいとき，それを間違って採択しない誤り．

これらの誤りと仮説検定での判定結果の関係は表12-1ならびに図12-2で示されている．図からわかるように，第1種の誤りを犯す確率は，H_0 が正しいとき，検定統計量 W が H_0 の棄却域に落ちてしまう確率である．また，第1種の誤りのことを，**第1種の過誤**ともいう．仮説検定では，第1種の誤りの起こる確率を事前に設定した有意水準に等しくしておいて，それを制御（コントロール）しておく．他方，第2種の誤り（**第2種の過誤**）の大きさは，H_1 が正しいとき，検定統計量 W が H_0 の棄却域のなかに落ちない（H_0 を棄却しない）確率となり，図の濃い影付きの部分の面積に等しい．なお，片側検定については，図12-3を参照せよ．

一般に仮説検定方式としては，まず第1種の誤りを犯す確率を一定水準（これが有意水準である）以下にコントロールしておいて，第2種の誤りを犯す確率がなるべく小さくなるように検定統計量 W と，その判定方式として W の棄却域（W がその領域に落ちたとき帰無仮説を棄却する領域）を選択する．

次節以降で個別的に述べる検定方式は，いずれもこのような考え方に基づいた優れた検定方式である．

仮説検定の手順のまとめ

以上の仮説検定の手順をまとめておこう．

(1) 検定対象の母集団パラメータについて，帰無仮説と対立仮説を設定する．

(2) 検定統計量 W を選択し，H_0 のもとでの W の標本分布を求める．

(3) 有意水準 α を与えて，W に対する棄却域を決める．

(4) データから計算した検定統計量の実現値 w（W の実現値）を求め，それが棄却域に入っていれば帰無仮説 H_0 を棄却し（H_1 を採択する），入っていなければ H_0 を棄却しない．

12章 仮説検定

表 12-1　2種類の誤り

事実＼判定	H_0を棄却する	H_0を棄却しない（H_0を受容）
H_0が正しい	第1種の誤り	正しい判定
H_1が正しい（H_0が正しくない）	正しい判定	第2種の誤り

図 12-2　検定統計量による仮説の検定（両側検定）

H_0が正しいときのWの分布　　H_1が正しいときのWの分布

第2種の過誤

第1種の過誤＝有意水準

H_0を棄却する($w<a$)：棄却域　　H_0を棄却しない：受容域（$a \leq w \leq b$）　　H_0を棄却する($w>b$)：棄却域

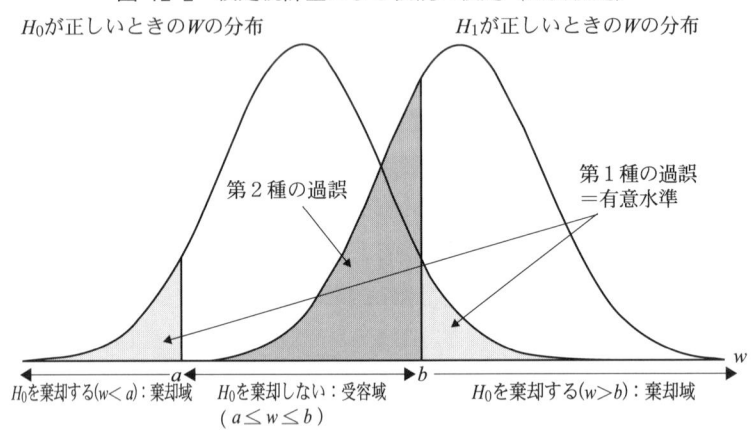

図 12-3　検定統計量による仮説の検定（片側検定）

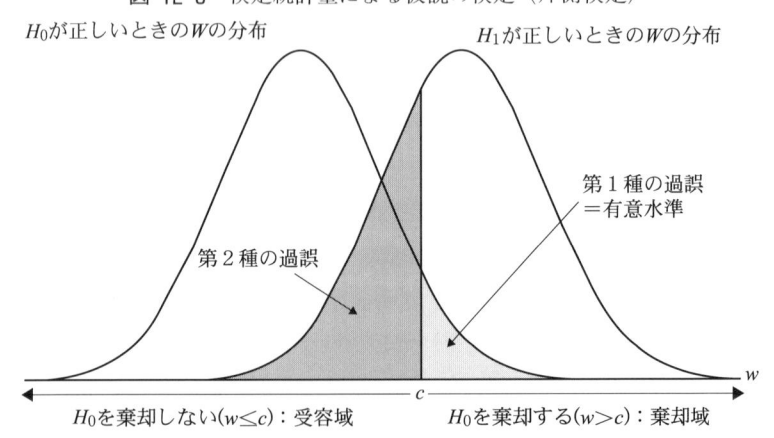

H_0が正しいときのWの分布　　H_1が正しいときのWの分布

第1種の過誤＝有意水準

第2種の過誤

H_0を棄却しない($w \leq c$)：受容域　　H_0を棄却する($w>c$)：棄却域

2 母平均 μ の片側検定

本節以降では,様々な具体的な検定方法について取り上げていく.本節では,まず,母平均に関する片側検定について説明する.

母平均 μ の片側検定の例

例題11.1(272ページ)の2005年の日経平均の月次変化率(表11-2)を例に,母平均の片側検定の問題を,前節の最後で述べた検定の手順と対応させながら考えてみよう.

(1) 仮説の設定

まず,帰無仮説と対立仮説は,次のように片側検定の形におく.

(12.4) $\quad H_0 : \mu = 0 \quad vs \quad H_1 : \mu > 0$

仮説検定の基本的考え方から,興味の対象(主張したい仮説)は,月次変化率の真の平均(リターン)がプラスであることなので,対立仮説を片側仮説 $H_1 : \mu > 0$ としている.母集団の平均値が,プラスであれば,平均的にみて儲かる可能性があることになるからである.

(2) 検定統計量の選定と標本分布

月次変化率が iid データであり,分布が正規分布 $N(\mu, \sigma^2)$ である母集団(正規母集団)からの標本であるとしよう.このとき任意に与えた有意水準 α に対して,第1種の誤りの確率を一定以下におさえ,第2種の誤りの確率を小さくする検定統計量は,次の t 分布に従う確率変数 T(統計量といわないのは未知の μ に依存するため)に基づくものであることがわかっている.すなわち,256ページの (10.21) で示したように

(12.5) $\quad T = \dfrac{\bar{X} - \mu}{S/\sqrt{n-1}}$

は,自由度 $m = n-1$ の t 分布に従う.ここで,帰無仮説 H_0 が正しいとすると,(12.5) の μ に 0 を代入した t 統計量

$$(12.6) \quad T_0 = \frac{\bar{X}-0}{S/\sqrt{n-1}} = \frac{\bar{X}}{S/\sqrt{n-1}}$$

が検定統計量となる。T_0 は，帰無仮説 $H_0: \mu=0$ が正しいとき自由度 m の t 分布に従うが，もし H_0 が正しくない場合，$\mu>0$ であるので，真の μ を持つ (12.5) の T が t 分布をし，T_0 の分布はもはや t 分布でないことに注意しよう。なお，この例では，帰無仮説が正しい場合，$n=12$ であるから，T_0 の分布は自由度が，$m=12-1=11$ の t 分布となる。

(3) 棄却域の決定

有意水準 α を 5% としよう。T_0 の分布は，H_0 のもとでは自由度 11 の t 分布に従うから，t 分布の分布関数を表す (10.24) 式の $G_{11}(c) = P(T \leq c)$ より，$1-0.05 = G_{11}(c)$ を満たす c を求める。図12-3でいうと，H_0 が正しいときの検定統計量 T_0 の分布は，自由度 11 の t 分布に従うから，その分布の右スソの面積（棄却域に入る確率）が有意水準である0.05と等しくなるように c を決める。つまり分布関数の値が $1-0.05=0.95$ に対応する c を t 分布表より読み取る。$G_{11}(c)=0.95$ を与える c は，巻末の t 分布表より $c=1.796$（棄却点・臨界値）である。したがって，この例での棄却域は，$T_0 > 1.796$ という区間になる。

なお，一般的に片側検定では，T_0 に対する棄却域として，$T_0 > c$ という区間（T_0 が (c, ∞) に入ると棄却）を用いる。そして，「$T_0 > c$ のとき H_0 を棄却する」という検定方式が，第2種の誤りの確率を小さくするものであることがわかっている。c は，第1種の誤りの確率（$=H_0$ が正しいときに間違って H_0 を棄却する確率 $= T_0$ が棄却域 $\{T_0 > c\}$ に落ちる確率）が有意水準 α に等しくなるように決める。

(4) 検定統計量の計算と判定

(12.6) 式で与えられる検定統計量の実現値 t_0（前節でいう w）を計算すると，$\bar{x}=2.9, s=4.3$（例題11.1参照）より，

$$t_0 = \frac{2.9}{4.3/\sqrt{12-1}} = 2.237$$

が得られる。この値は，(3)で求めた臨界値1.796より大きい，すなわち棄却域に含まれるので，帰無仮説 H_0 を棄却することになり，対立仮説 H_1 が採択さ

れる．つまり，母平均はプラスであると判定される．

ちなみに，例題11.1の2006年のデータについても同様の検定を行ってみると，(1)～(3)は同じ手順となり，$\bar{x}=0.6, s=3.8$（例題11.1参照）より，検定統計量の実現値は，

$$t_0 = \frac{0.6}{3.8/\sqrt{12-1}} = 0.524$$

である．これは棄却域に含まれないので，帰無仮説 H_0 は棄却されない．すなわち，母平均がプラスであるという証拠は得られなかったことになる．帰無仮説 H_0 が棄却されない場合，帰無仮説 H_0 が採択されると表現する場合もあるが，上でも述べたようにこれは厳密には正しくない．棄却されない場合は，あくまでも帰無仮説 H_0 を否定できなかったのであって，帰無仮説が正しいということを積極的に主張するものではない．

母平均 μ の片側検定の手順

上の例では，$\mu=0$ かどうかの検定であったが，より一般的に $\mu=\mu_0$ を検定する片側検定の手順をまとめておこう．ただし，μ_0 は分析者が与えるある一定の数値である．

母平均 μ の片側検定

データが iid データで，正規母集団 $N(\mu, \sigma^2)$ からの標本であるとする（または iid データで標本の大きさ n が大きいとする）．

(1) 帰無仮説・対立仮説を以下のように設定する．

(12.7) $H_0 : \mu = \mu_0$ vs $H_1 : \mu > \mu_0$

(2) 検定統計量は，

(12.8) $T_0 = \dfrac{\bar{X} - \mu_0}{S/\sqrt{n-1}}$

であり，T_0 は，帰無仮説 $H_0 : \mu = \mu_0$ が正しいとき自由度 $m = n-1$ の t 分布に従う．

(3) 有意水準を α（α として0.05や0.01を用いる）とすると，$G_m(c) = 1 - \alpha$ となる c を t 分布表より求める．棄却域は，$T_0 > c$ となる．

(4) データより，標本平均 $\bar{x}$，標本標準偏差 s（それぞれ，(12.8) の $\bar{X}, S$ の

実現値）を算出し，検定統計量の実現値

(12.9) $\quad t_0 = \dfrac{\bar{x} - \mu_0}{s/\sqrt{n-1}}$

を算出する．そして，t_0 と c の大小関係より，以下のような判定をする．

- $t_0 > c$ のとき帰無仮説を棄却し，対立仮説 $\mu > \mu_0$ を採択する．
- $t_0 \leq c$ のとき帰無仮説 $\mu = \mu_0$ は棄却されない．

[解説] 片側検定問題 (12.7) に対して有効な検定方式は，「$t_0 > c$ のとき H_0 を棄却し，$t_0 \leq c$ のとき H_0 を棄却しない」で与えられることがわかっている（有効という意味は，与えられた第1種の誤りのもとで，第2種の誤りの確率が最小になるということである）．対立仮説を $H_1 : \mu < \mu_0$ で置き換えた場合，同じ c に対して棄却域を $T_0 < -c$ とすればよい．すなわち，$t_0 < -c$ のとき $H_0 : \mu = \mu_0$ を棄却し，$t_0 \geq -c$ のときは H_0 を棄却しない．c を $t_{1-\alpha}(m)$ と書くことも多い．例えば，上の例では，$t_{0.95}(11) = 1.796$ となる．また，標本の大きさ n が大きいときは，中心極限定理によってこれと同様の結果が成立する．そこでは t 分布の分布関数 $G_m(c)$ の代わりに標準正規分布の分布関数 $\Phi(c)$ を用いる．■

例題12.2 ある国の経済成長率（実質 GDP の変化率）の目標は，5年間の平均で3.5%を超えることであったという．その5年間の実際の経済成長率は，

3, 4, 5, 5, 5　（%）

であったという．目標が達成されたかどうかを有意水準5%で検定せよ．

[解説] 5年間の真の平均（母平均）を μ とすると，帰無仮説，対立仮説は，

$\quad H_0 : \mu = 3.5 \quad vs \quad H_1 : \mu > 3.5$

となる（厳密には幾何平均を用いるべきであるが，ここでは算術平均で近似する）．

有意水準を $\alpha = 0.05$ とすると，自由度は $5 - 1 = 4$ であるから t 分布表より，$c = t_{0.95}(4) = 2.132$ を得る．したがって，棄却域は $T_0 > 2.132$ となる．

データから標本平均，標本分散，標本標準偏差を計算すると，

$$\bar{x}=4.4, \quad s^2=0.64, \quad s=\sqrt{0.64}=0.8$$

となる．したがって，t_0 を計算すると，

$$t_0 = \frac{4-3.5}{0.8/\sqrt{5-1}} = 2.25$$

が得られる．この値は棄却域 $T_0>2.132$ に含まれるので，H_0 は棄却され，対立仮説 H_1 が採択される，つまり目標である3.5％を超えるという経済成長率は，達成されたといえよう．ただし，データは正規母集団からの iid データであると仮定していることに注意せよ．■

母比率 p の片側検定

母比率の検定の問題は，前節で一部扱ったので簡単に述べる．まず母比率についての帰無仮説，片側対立仮説を，(12.7) に対応させて，

(12.10)　　$H_0: p=p_0 \quad vs \quad H_1: p>p_0$

とおく．次に検定統計量の標本分布を考えよう．標本比率 $\bar{X}$ は標本平均に対応し，確率変数

$$Z = \frac{\bar{X}-p}{\sqrt{pq/n}} \quad (\text{ただし，} q=1-p)$$

の分布は，n が大きいとき，標準正規分布 $N(0,1)$ に（近似的に）従う（10章5節，中心極限定理）．そこで，H_0 が正しければ，

(12.11)　　$Z_0 = \dfrac{\bar{X}-p_0}{\sqrt{p_0 q_0/n}} \quad (\text{ただし，} q_0=1-p_0)$

は $N(0,1)$ に従い，これを検定統計量とする．有意水準を5％とすれば，標準正規分布で $\Phi(c)=0.95$ となる臨界値 c の値は正規分布表より，1.645となる（正規分布表で，1.64に対応する確率が0.9454，1.65に対応する確率が0.9505なのでその間を取っている）．したがって，有意水準が5％であれば，棄却域は $Z_0>1.645$ となる．

より一般的に，有意水準を α としたときの臨界値 c は，標準正規分布の分布関数において，$\Phi(c)=1-\alpha$ を満たす値であり，この c を $z_{1-\alpha}$ などと表現する．例えば，$z_{0.95}=1.645$，$z_{0.99}=2.326$ である．したがって，n が大きいと

きデータから標本比率を計算し，(12.11) の実現値

$$(12.12) \quad z_0 = \frac{\hat{p} - p_0}{\sqrt{p_0 q_0 / n}}$$

を算出し，次のような判定を行う．すなわち，

- $z_0 > c$ のとき H_0 は棄却される．
- $z_0 \leq c$ のとき H_0 は棄却されない．

このような検定は，片側検定問題 (12.10) に対して，有効な検定方式である．

> **例題12.3** 例題11.2（275ページ）で，朝日新聞社の調査に基づいた場合，内閣支持率が50%を超えたかどうかを有意水準5%で検定せよ．また，(3)の共同通信社の場合はどうか．

[解説] 真の内閣支持率を p とすると，帰無仮説と対立仮説は，それぞれ $H_0: p=0.5$ vs $H_1: p>0.5$ となる．有意水準は5%なので，$c = z_{0.95} = 1.645$ より，$z_0 > 1.645$ が棄却域である．朝日新聞社の場合，$\hat{p}=0.53, n=908$ であるから，検定統計量の実現値は (12.11) 式より，

$$z_0 = \frac{0.53 - 0.5}{\sqrt{0.5 \times 0.5 / 908}} = 1.808$$

となる．この値は棄却域に含まれるので，$H_0: p=0.5$ は棄却され，内閣支持率が50%を超えたといえる（例題11.2の結果との違いがなぜ生じるかを考えよ）．他方，共同通信社の調査では，$\hat{p}=0.578, n=1025$ より，

$$z_0 = \frac{0.578 - 0.5}{\sqrt{0.5 \times 0.5 / 1025}} = 4.994$$

となり，棄却域に含まれる．したがって，この調査に基づいても，$H_0: p=0.5$ は棄却され，対立仮説が採択される．つまり，内閣支持率は50%を超えたと判断できる．■

3 母平均 μ の両側検定

本節では，対立仮説が片側ではなく，両側になっている場合を取り扱う．両

3 母平均 μ の両側検定

側検定でも，基本的な考え方はまったく同じで，同じ検定統計量が用いられる．異なるのは，棄却域である．

母平均 μ の両側検定

(1) 仮説の設定

   (12.13)　　$H_0 : \mu = \mu_0$　vs　$H_1 : \mu \neq \mu_0$

(2) 検定統計量の選定と標本分布

   データは，正規母集団 $N(\mu, \sigma^2)$ から抽出された iid データであるか，または iid データで標本の大きさ n が大きいとする．帰無仮説が正しい場合，正規母集団の場合では，

$$T_0 = \frac{\bar{X} - \mu_0}{S/\sqrt{n-1}}$$

は自由度 $m = n-1$ の t 分布に従う．または iid データで標本の大きさ n が大きい場合，標準正規分布で近似する．

(3) 棄却域の決定

   両側検定問題 (12.13) に対して有効な検定方式は，臨界値を c（c は正の値）とすると，

   　　$|T_0| > c$ のとき H_0 を棄却し，$|T_0| \leq c$ のとき H_0 を棄却しない

である．棄却域は，図12-2に示されている．ただし，H_1 が正しいときの分布は左側にもくる可能性がある．なぜならば，対立仮説が正しい場合，$\mu = \mu_0$ の両側のいずれかに真の μ があるので，帰無仮説 H_0 が正しいときの検定統計量の分布の両側に棄却域を設定するのが合理的であり，t 分布は 0 を中心として対称であるから，棄却域を対称に取るのである．

   したがって，棄却域は $T_0 > c$ または $T_0 < -c$ と両側に対称に存在する．有意水準 α に対して臨界値 c は，自由度 $m = n-1$ の t 分布の分布関数 $G_m(c)$ を用いて，t 分布表から $1 - G_m(c) = \alpha/2$ を満たす値である．例えば，有意水準を 5 %（$\alpha = 0.05$）とした場合，$\alpha/2 = 0.05/2 = 0.025$ より，区間 $(-c, c)$ の上に立つ t 分布の密度関数の面積が0.95となる点 c を臨界値とすればよい（区間推定で用いた $t_{0.975}$ に対応する）．c は，一般的に $t_{1-\alpha/2}(m)$ と書くことができる．$m \geq 30$ のとき $G_m(c) \fallingdotseq \Phi(c)$（標準正規分布関数）であるので，標準

正規分布の分布関数の$100\times(1-\alpha/2)$%点を臨界値として用いればよい．

(4) 検定統計量の計算と判定

データより，標本平均$\bar{x}$と標本標準偏差sを計算して，検定統計量の実現値$t_0=\dfrac{\bar{x}-\mu_0}{s/\sqrt{n-1}}$を算出する．臨界値は$c=t_{1-\alpha/2}(m)$である．そして，その値と臨界値の関係により，

- $t_0>c$ または $t_0<-c$ であれば，帰無仮説を棄却し，対立仮説を採択する
- $-c\leq t_0\leq c$ であれば帰無仮説を棄却しない（対立仮説を採択しない）

という判定を下す．

例題12.4 ある工場では内容量80グラムのヨーグルトを生産している．生産されたヨーグルトから無作為に5個を選んで重さを測定したところ，79, 80, 81, 81, 81（グラム）であった．ヨーグルトの重さの平均が80グラムであるかどうかを有意水準5％で検定せよ．ただし，ヨーグルトの重さは正規分布に従うものとする．

[解説] 帰無仮説と対立仮説は，$H_0:\mu=80$ vs $H_1:\mu\neq 80$ である．データから標本平均，標本分散，標本標準偏差を計算すると，

$$\bar{x}=80.4 \quad s^2=0.64, \quad s=\sqrt{0.64}=0.8$$

となる．帰無仮説のもとで検定統計量$T_0=\dfrac{\bar{X}-80}{S/\sqrt{n-1}}$は自由度$5-1=4$の$t$分布に従うので，棄却域は，$c=t_{0.975}(4)=2.776$ より，$|T_0|>2.776$ である．検定統計量の実現値は，$t_0=\dfrac{\bar{x}-80}{s/\sqrt{n-1}}=\dfrac{80.4-80}{0.8/\sqrt{5-1}}=1$ なので，この値は棄却域に含まれない．したがって，帰無仮説を棄却することはできず，ヨーグルトの平均が80グラムであるという帰無仮説は否定されない．このような場合，平均が80グラムであると結論づけることも多いが，厳密には正しくなく，80グラムであることは否定されないという言い方が正しい．■

母比率pの両側検定

母平均の検定の場合と同様に，母比率pの両側検定についても，その片側検定を若干修正するだけでよい．まず帰無仮説，対立仮説をそれぞれ，

(12.14) $H_0:p=p_0$ vs $H_1:p\neq p_0$

とする．帰無仮説が正しいもとで，検定統計量 (12.11) $Z_0 = (\bar{X} - p_0)/\sqrt{p_0 q_0 / n}$ は，標本の大きさ n が大きいとき，近似的に標準正規分布 $N(0, 1)$ に従う．それゆえ，検定方式は次のとおりである．

- $|z_0| > c$ のとき H_0 を棄却する．
- $|z_0| \leq c$ のとき H_0 を棄却しない

ただし，z_0 は，Z_0 の実現値で，$\bar{X}$ を標本から計算された比率 $\hat{p}$ で置き換えたもの，すなわち $z_0 = (\hat{p} - p_0)/\sqrt{p_0 q_0 / n}$ であり，臨界値 c は有意水準 α に対して $1 - \Phi(c) = \alpha/2$ を満たす値である．この c を $z_{1-\alpha/2}$ などと表現する．有意水準を5％としたときの c は，$z_{0.975} = 1.96$ である．

4 平均値の差の検定

これまでは，平均値や比率に関する仮説検定を取り上げてきた．しかし仮説検定は，それらだけに留まらず非常に応用範囲が広く，応用例で有用なものが多い．本節ではそのうち，平均値の差の検定について取り上げ，次節以降でもいくつかの仮説検定の方法を説明していく．しかしながら，どの仮説検定においても，基本的な考え方や手順はこれまで示したものと同様で，仮説の設定→検定統計量の選定とその分布→棄却域の決定→検定統計量の計算と判定，という手順で行われる．

母分散が等しい場合の平均値の差の検定

いろいろな応用問題では，2つの母集団の平均を比較することが重要な場合が多い．例えば，男女間で給与水準に格差があるかどうか，2つの株のリターン（平均変化率）はどちらが高いか，ある選挙で2人の候補者の得票率のどちらが高いか予想したい，等々である．

2つのグループの平均値の差の検定は，以下のように行う．

まず，第1グループのデータを $x_1, x_2, \cdots, x_n$ とし，それらは正規母集団 $N(\mu_1, \sigma^2)$ からの iid データであるとする．同様に，第2グループのデータ $y_1, y_2, \cdots, y_m$ も，正規母集団 $N(\mu_2, \sigma^2)$ からの iid データとする．ここで，両者の母集団の分散は，σ^2 で共通であるとしよう．さらに，データ $(x_1, x_2, \cdots, x_n)$ と

$(y_1, y_2, \cdots, y_m)$ の生起は独立である，すなわち，データを生成させた確率変数 $(X_1, X_2, \cdots, X_n)$，$(Y_1, Y_2, \cdots, Y_m)$ は互いに独立であるとする．ただし，n, m はそれぞれの標本の大きさである．

ここで考察するのは，2つの母集団の平均値 μ_1 と μ_2 が等しいかどうかを検定する問題である．そこでは，2つの平均 μ_1 と μ_2 が等しいという仮説を帰無仮説，等しくないという仮説を対立仮説とする．すなわち，

(12.15) $\quad H_0: \mu_1 = \mu_2 \quad vs \quad H_1: \mu_1 \neq \mu_2$

を検定する問題を考える．ここで，帰無仮説が棄却されれば，2つの平均値は異なると判断する．

この問題の検定統計量は，

(12.16) $\quad T = \sqrt{\dfrac{nm}{n+m}} \cdot \dfrac{\bar{X} - \bar{Y}}{V}$,

ただし $\quad V^2 = \dfrac{1}{n+m-2} \left[\sum_{i=1}^{n}(X_i - \bar{X})^2 + \sum_{j=1}^{m}(Y_j - \bar{Y})^2 \right]$,

$$\bar{X} = \frac{1}{n}\sum_{i=1}^{n} X_i, \quad \bar{Y} = \frac{1}{n}\sum_{j=1}^{m} Y_j$$

で与えられ，帰無仮説のもとで T は自由度 $n+m-2$ の t 分布をすることがわかっている．

したがって，データから計算される検定統計量の実現値を $t = \sqrt{\dfrac{nm}{n+m}} \cdot \dfrac{\bar{x} - \bar{y}}{v}$ とすると，(12.15)は両側検定であるから，$|t| > c$ のとき仮説を棄却する．ただし，α を有意水準とし，これまでと同様に $c = t_{1-\alpha/2}(n+m-2)$ であり，$t_{1-\alpha/2}(n+m-2)$ は自由度 $n+m-2$ の t 分布における $1 - G_{n+m-2}(c) = \alpha/2$ を満たす値である．

> **例題12.5** 例題11.1のデータ（表11-2，272ページ）で，日経平均株価の変化率の2005年の平均値と2006年の平均値が等しいかどうかを，有意水準5％で検定せよ．ただし，両年のデータは独立な2つの正規母集団からの iid データであり，母分散は共通であると仮定する．

[解説] 帰無仮説と対立仮説は，$H_0: \mu_{2005} = \mu_{2006} \quad vs \quad H_1: \mu_{2005} \neq \mu_{2006}$ であ

る．また，データより，標本平均は $\bar{x}_{2005}=2.9, \bar{x}_{2006}=0.6$，共通の分散 V^2・標準偏差 V の推定値は

$$v^2=17.85, \quad v=\sqrt{v^2}=\sqrt{17.85}=4.23$$

となる．自由度は，$12+12-2=22$ であるから，t 分布表よりこの場合の臨界値は，$t_{0.975}(22)=2.074$ となり，棄却域は $|T|>2.074$ である．さらに T の実現値 t の値は，

$$t=\sqrt{\frac{nm}{n+m}}\cdot\frac{\bar{x}-\bar{y}}{v}=\sqrt{\frac{12\times 12}{12+12}}\cdot\frac{2.9-0.6}{4.23}=1.338$$

となる．この値は棄却域に入っていないので，帰無仮説は棄却されない，すなわち，2005年と2006年の平均値が等しいことは否定されず，両者が異なるとはいえないことになる．両年の標本平均は，2.9%と0.6%とかなり異なっているにもかかわらず，等しいという仮説が棄却できないのは，データの個数がそれほど大きくないことや，両者の分散が等しいと仮定していることに原因があると思われる．

なおここでの検定統計量 T は，2つの独立な正規母集団からの標本平均の標本分布が，それぞれ正規分布 $\bar{X}\sim N(\mu_1, \sigma^2/n), \bar{Y}\sim N(\mu_2, \sigma^2/m)$ であるので，その差は，

$$\bar{X}-\bar{Y}\sim N(\mu_1-\mu_2, \eta^2), \quad \text{ただし}, \quad \eta^2\equiv\frac{\sigma^2}{n}+\frac{\sigma^2}{m}$$

になる．これを基準化した統計量 $Z=[(\bar{X}-\bar{Y})-(\mu_1-\mu_2)]/\eta$ が標準正規分布 $N(0,1)$ に従うことから，上記の検定は導出されることになる．■

母分散が等しくない場合の平均値の差の検定

上で説明した検定は，母分散が等しいという強い仮定をおいていたが，現実的には母分散が等しいという仮定をはずした方がよいだろう．しかし，母分散が等しくない場合には，検定統計量（12.16）は t 分布に従わないので，上で述べた検定方式を利用できない．しかしながら，標本の大きさ n, m が十分大きいとき，分散が等しくなくても，さらには母集団の分布が正規分布でなくても，（12.15）の帰無仮説のもとで

(12.17)　　$Z = \dfrac{\bar{X} - \bar{Y}}{\sqrt{S_x^2/n + S_y^2/m}}$

　　　　ただし $S_x^2 = \dfrac{1}{n} \sum_{i=1}^{n} (X_i - \bar{X})^2, \quad S_y^2 = \dfrac{1}{m} \sum_{j=1}^{m} (Y_j - \bar{Y})^2$

の分布が，標準正規分布 $N(0, 1)$ で近似されることがわかっている．したがって，データから計算される Z の実現値，すなわち

$$z = \dfrac{\bar{x} - \bar{y}}{\sqrt{s_x^2/n + s_y^2/m}}$$

が，$|z| > c = z_{1-\alpha/2}$ のとき帰無仮説を棄却する．ただし，c は $1 - \Phi(c) = \alpha/2$ を満たす値である（α は有意水準）．例えば，有意水準を5％とすれば，$c = z_{0.975} = 1.96$ である．

　例題12.5では，n，m が十分大きいとはいえないが，(12.17) の実現値を計算すると，$s_{2005}^2 = 18.4, s_{2006}^2 = 14.3$ より，$z = \dfrac{2.9 - 0.6}{\sqrt{18.4/12 + 14.3/12}} = 1.398$ となる．有意水準を5％とすれば，棄却域は $|z| > 1.96$ となり，z は棄却域に含まれず，帰無仮説は棄却されない．すなわち，分散が同じであると仮定した場合と同様に，両年の平均値が異なるという証拠は得られなかったことになる．

母比率の差の検定

　平均値と比率は同様に扱うことができるので，比率の差の検定についても，平均値の差の検定と同様に行うことが可能である．第1グループの母比率を p_1，第2グループの母比率を p_2 とすれば，母比率の差の検定の帰無仮説，対立仮説はそれぞれ，

(12.18)　　$H_0 : p_1 = p_2 \quad vs \quad H_1 : p_1 \neq p_2$

と設定することができる．検定統計量は，上記の母分散が等しくない場合の平均値の差の検定における (12.17) を援用し，

$$Z = \dfrac{\bar{X} - \bar{Y}}{\sqrt{\bar{X}(1-\bar{X})/n + \bar{Y}(1-\bar{Y})/m}}$$

が，標本の大きさ n，m がともに大きいとき近似的に標準正規分布に従うことを利用する．1-0型変数の標本分散は，$\bar{X}(1 - \bar{X})$ であることに注意せよ（比率が p の場合の分散は pq）．

$Z \sim N(0,1)$ より,分散が等しくない場合の平均値の差の検定と同様に,データから計算される Z の実現値,すなわち

$$z = \frac{\hat{p}_1 - \hat{p}_2}{\sqrt{\hat{p}_1(1-\hat{p}_1)/n + \hat{p}_2(1-\hat{p}_2)/m}}$$

が,$|z| > c = z_{1-\alpha/2}$ のとき帰無仮説を棄却する.ただし,c は $1 - \Phi(c) = \alpha/2$ を満たす値で,有意水準を α としている.有意水準を5%とすれば,$c = 1.96$ である.

> **例題12.6** 例題11.2(275ページ)の朝日新聞と共同通信社の内閣支持率のデータについて,両者の母比率が等しいかどうかを,有意水準5%で検定せよ.

[解説] 朝日新聞が調査対象とする真の内閣支持率(母比率)を p_1,共同通信社が調査対象とする真の内閣支持率を p_2 とすれば,帰無仮説・対立仮説は,(12.18)とまったく同じである.例題11.2より,$\hat{p}_1 = 0.53$, $n = 908$, $\hat{p}_2 = 0.578$, $m = 1025$ であるので,

$$z = \frac{0.53 - 0.578}{\sqrt{0.53(1-0.53)/908 + 0.578(1-0.578)/1025}} = -2.12$$

を得る.有意水準は5%なので,臨界値は $1 - \Phi(c) = 0.025$ より $c = 1.96$ となり,棄却域は,$|z| > 1.96$ である.検定統計量の実現値は -2.12 で棄却域に含まれるので,帰無仮説は棄却される.すなわち,朝日新聞と共同通信社の内閣支持率には有意な差があるといえる.この差が,どこから生じたのかは興味深い.有権者からランダムに抽出された標本に同じ質問をすれば,差がないと結論づけられるはずである.そうでないのは,質問の内容や順序,標本抽出の方法などが,両社で同じでなかったことを反映しているものと考えられる.■

5 適合度検定と分割表の検定

本節では,これまでの検定とは異なって,母集団分布に正規分布などの特定の仮定をおかない検定の例として,11章で説明した χ^2 分布を利用する分割表等に関する検定について説明する.

適合度検定

表3-2（51ページ）は，サイコロを100回振ったときの1から6までの目が出る度数を示している．もし，サイコロに歪みがないならば，どの目が出る確率も等しい，あるいは度数はすべて等しくなるはずである．ここで，「全ての目が出る確率が等しい」を帰無仮説として，その仮説がデータと整合的であるかどうかの検定を考えよう．

各目が出る真の確率を $p_i (i=1,2,\cdots,6)$ とすれば，帰無仮説・対立仮説はそれぞれ，

$$H_0: p_1=p_2=\cdots=p_6=\frac{1}{6} \quad vs \quad H_1: H_0 \text{ではない}$$

とおくことができる．対立仮説 H_1 は別の言い方をすると，「少なくとも1つの p_i が1/6ではない」となる．もし帰無仮説が正しければ，サイコロを100回振ったときに，それぞれの目が出る回数は，$100 \times 1/6 = 100/6$ であることが期待される．この値を**期待度数**という．表12-2には，表3-2で観測された度数 f_i と期待度数 e_i が示されている．

帰無仮説が正しければ，観測度数 f_i と期待度数 e_i の差は小さくなるはずである．f_i はサイコロを投げる前には確率変数であるので，標本ごとに異なる．そこで両者の差を表す指標として，次の指標を検定統計量 u とする．

$$(12.19) \quad u = \sum_{i=1}^{k} \frac{(f_i - e_i)^2}{e_i}$$

なおサイコロの例では，$k=6$ である．そして，この u は，データ数が大きいとき，帰無仮説のもとで，自由度 $k-1$ の χ^2 分布で近似されることが証明されている．χ^2 分布については，11章4節を参照せよ．図12-4には，χ^2 分布の形状が示されているが，帰無仮説が正しければ，f_i と e_i の差は小さくなり，検定統計量 u の値は0に近くなるので，有意水準を α とすれば，棄却域は $u > c$ となる．ただし c は，自由度 $k-1$ の χ^2 分布の $100(1-\alpha)$ ％点であり，$\chi^2_{1-\alpha}(k-1)$ などと表される（有意水準を5％とすれば，95％点）．観測された u の値が $u > c$ であれば，帰無仮説は棄却され，サイコロの例では，サイコロに歪みがあり，各目の出る確率は等しく1/6ではないことになる．また，$u \leq c$

5 適合度検定と分割表の検定　325

表 12-2　サイコロの目の観測度数と期待度数

サイコロの目	1	2	3	4	5	6	合計
度数 f_i	20	18	10	14	21	17	100
期待度数 e_i	100/6	100/6	100/6	100/6	100/6	100/6	100

表3-2より作成.

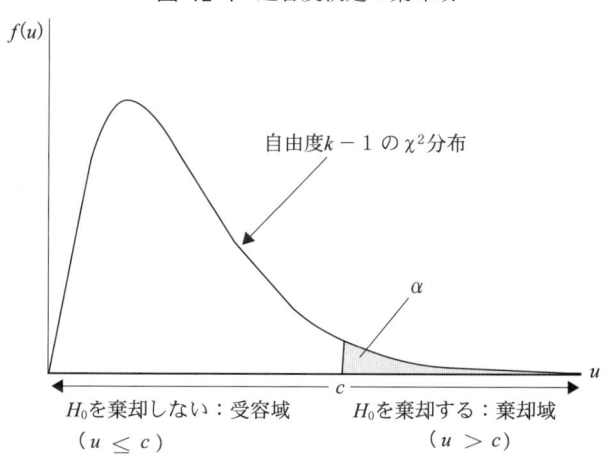

図 12-4　適合度検定の棄却域

[図: 自由度 $k-1$ の χ^2 分布、棄却域 α、H_0 を棄却しない：受容域 ($u \leq c$)、H_0 を棄却する：棄却域 ($u > c$)]

であれば，帰無仮説は棄却されず，各目の出る確率が等しいという仮説は否定できず，観測値はサイコロに歪みがないという帰無仮説に無矛盾的であると判定される．ここでは，確率変数としての検定統計量とその実現値は，簡略化のためにいずれも u で表し，両者を区別していないことに注意せよ．

表12-2の場合，(12.19) を計算すると

$$u = \frac{(20-100/6)^2}{100/6} + \frac{(18-100/6)^2}{100/6} + \cdots + \frac{(17-100/6)^2}{100/6} = 5$$

となる．自由度は 5 であるから，有意水準を 5％としたときの臨界値は巻末の表より $c = \chi^2_{0.95}(5) = 11.07$ である．したがって，$u \leq c$ であるから，サイコロの目の出る確率は等しいという帰無仮説は棄却されず，サイコロに歪みがあるとはいえない．このような検定は**適合度検定**と呼ばれる．

表 12-3 男女別得点の分割表

(a) 観測度数

	低	高	計
男	10	1	11
女	6	3	9
計	16	4	20

(b) 独立であったときの比率

	低	高	計
男	0.44	0.11	0.55
女	0.36	0.09	0.45
計	0.8	0.2	1

(c) 期待度数

	低	高
男	8.8	2.2
女	7.2	1.8

独立性の検定

上で述べた適合度検定は,度数分布表(単純集計)をもとに検定が行われる.それを拡張して,クロス集計表に関しても,同様の検定を行うことが可能である.

3章の得点の例題で,男女別にクロス集計した表3-5(60ページ)では10点刻みの階級で集計を行ったが,ここでは,男女別に点数の高低に差があるかどうかを検定することを考える.そこで,性別という属性には男と女の2つの分類項目,得点能力という属性には50点以上の高得点グループと50点未満の低得点グループの2つの分類項目を,2×2の表として集計したのが表12-3(a)である.適合度検定の場合と同様に観測度数を f で表すが,分割表の場合,行と列が存在するので,一般的に f_{ij} ($i=1,2,\cdots,k$, $j=1,2,\cdots,m$) で表される.ただし,k は行の数,m は列の数である.表12-3(a)では $k=2, m=2$ であり,$f_{11}=10, f_{12}=1, \cdots$ となっている.このような表は**分割表**と呼ばれる.

ここで問題は男女間で得点の高低に差があるかどうかであるから,帰無仮説と対立仮説を,それぞれ

$$H_0: 男女と得点の高低は独立である \quad vs \quad H_1: H_0 ではない$$

と設定しよう.そこで帰無仮説が正しい,すなわちもし性別と得点の高低が独立であると仮定すると,度数がどうなるのかを計算してみよう.男女間で得点に差がない(独立)とすると,得点の低いグループの割合は,男女を合計した得点の低いグループの度数(=16)の割合になるので,16/20=0.8になるはずである.同様に,得点の高いグループは4/20=0.2となる.また,男女の割合は,11/20=0.55と,9/20=0.45である.これらの値は,7章で説明した周辺確率と同様であり,表12-3(b)の一番下の行と一番右の列に示されている.

5 適合度検定と分割表の検定

したがって，性別と得点の高低が独立であるという帰無仮説のもとでは，例えば男で得点が低いことが起こる事象の同時確率はそれぞれの周辺確率の積となるので，男で得点の低い人の割合は $0.8 \times 0.55 = 0.44$，同様に女で得点の高いことが起こる事象の確率は $0.2 \times 0.45 = 0.09$ などとなる．その他の場合も同様で，独立性が成立する場合の同時確率の値は，表12-3(b)の表中に示されている．したがって，もし独立であった場合の度数，すなわち期待度数 e_{ij} は，合計の20人にこれらの割合を掛けることによって算出され，その結果は表12-3(c)に示されている．

期待度数が求められれば，適合度検定の場合と同様に，観測度数と期待度数の差を(12.19)と同様に算出すればよいが，分割表では行と列があるので，

$$u = \sum_{i=1}^{k} \sum_{j=1}^{m} \frac{(f_{ij} - e_{ij})^2}{e_{ij}}$$

によって検定統計量を求める．つまり，分割表の全ての要素について，観測度数と期待度数の差を表す $(f_{ij} - e_{ij})^2 / e_{ij}$ を計算して合計すればよい．この u は，帰無仮説が正しければ，データ数が大きいとき近似的に自由度 $(k-1)(m-1)$ の χ^2 分布に従うことがわかっている．したがって，適合度検定と同様に棄却域を定めることができる．

表12-3の例で u を計算すると，

$$u = \frac{(10-8.8)^2}{8.8} + \frac{(1-2.2)^2}{2.2} + \frac{(6-7.2)^2}{7.2} + \frac{(3-1.8)^2}{1.8} = 1.818$$

となる．自由度は $(2-1) \times (2-1) = 1$ なので，有意水準を5％とすれば，臨界値 $c = \chi^2_{0.95}(1) = 3.841$ となり，$u \leq c$ である．したがって，帰無仮説は棄却されず，性別と得点の高低は関係がない（独立である）という仮説は否定されないという結論が得られる．

このような検定は，**独立性の検定**（あるいは**分割表の検定**）と呼ばれ，以下でその手順がまとめられている．

独立性の検定

データが k 個の分類項目を持つ属性Aと m 個の分類項目を持つ属性Bという2つの属性によって分割表に集計されている場合，帰無仮説・対立仮説を

H_0：AとBは独立である　vs　H_1：H_0ではない（AとBは独立ではない）

とする．帰無仮説のもとで，

$$(12.20) \quad u = \sum_{i=1}^{k} \sum_{j=1}^{m} \frac{(f_{ij} - e_{ij})^2}{e_{ij}}$$

は，近似的に自由度 $(k-1)(m-1)$ の χ^2 分布に従う．ただし，属性Aは k 個，属性Bは m 個の分類項目に分割され，f_{ij} は分割表の観測度数，e_{ij} は期待度数であり，期待度数は，

$$(12.21) \quad e_{ij} = \frac{f_{i\cdot} f_{\cdot j}}{n}$$

で算出される．ただし，$f_{i\cdot}$ は第 i 行の合計としての周辺度数 $f_{i\cdot} = \sum_{j=1}^{m} f_{ij}$，$f_{\cdot j}$ は第 j 行の合計としての周辺度数 $f_{\cdot j} = \sum_{i=1}^{k} f_{ij}$，$n$ は標本全体の度数 $n = \sum_{i=1}^{k} \sum_{j=1}^{m} f_{ij}$ である．

有意水準を α，c を自由度 $(k-1)(m-1)$ の χ^2 分布の $100(1-\alpha)$ ％点である $\chi^2_{1-\alpha}(k-1)(m-1)$ とすると，以下の判定方式が有効なものである．

・$u > c$ のとき帰無仮説は棄却され，AとBは独立でないと判定する．
・$u \leq c$ であれば帰無仮説は棄却されない．

［解説］（12.20）で，$m=1$ とすれば，適合度検定と同じになる．（12.21）の期待度数の計算は，以下のように考えればよい．まず表12-3(b)の周辺確率を求めるとき，各行に対する確率（一番右側の列）は $f_{i\cdot}/n$，各列に対する確率（一番下の行）は $f_{\cdot j}/n$ となる．ちなみに，$f_{1\cdot} = 11, f_{2\cdot} = 9, f_{\cdot 1} = 16, f_{\cdot 2} = 4$ である．独立性の帰無仮説のもとでは，縦と横の属性が同時に起こる確率は，それぞれの周辺確率の積であるから，この両者の周辺確率を掛けた値（表12-3(b)の表中）に総度数 n を掛けたものが期待度数である．すなわち，（12.21）の

$$e_{ij} = n \times \frac{f_{i\cdot}}{n} \times \frac{f_{\cdot j}}{n} = \frac{f_{i\cdot} f_{\cdot j}}{n}$$

を得る．棄却域については，図12-4を参照せよ．■

6　その他の検定[*]

分散の検定

$x_1, x_2, \cdots, x_n$ を正規母集団 $N(\mu, \sigma^2)$ からの iid データであるとする．このとき母分散に関する仮説検定問題

$$H_0 : \sigma^2 = \sigma_0^2 \quad vs \quad H_1 : \sigma^2 \neq \sigma_0^2$$

を考えよう．11章4節（289ページ）で述べたように，S^2 を標本分散とするとき，$U = nS^2/\sigma^2$ は自由度 $n-1$ の χ^2 分布をするので，H_0 が正しいとき，$U_0 = nS^2/\sigma_0^2$ は，自由度 $m = n-1$ の χ^2 分布に従う．よって，データから計算される U_0 の実現値 $u_0 = ns^2/\sigma_0^2$ が，

$$u_0 < a \quad \text{または} \quad u_0 > b$$

のとき仮説 H_0 を棄却する．ここで，a, b は，有意水準を α とすると，自由度 m の χ^2 分布において，$P(a<U<b) = 1-\alpha$ を満たすものである．χ^2 分布は対称でないので，前節の記号を用いれば，a, b を χ^2 分布の $100 \times \alpha/2$ %点，$100(1-\alpha/2)$ %点として，それぞれ $a = \chi^2_{\alpha/2}(m)$, $b = \chi^2_{1-\alpha/2}(m)$ となる．片側検定問題

$$H_0 : \sigma^2 = \sigma_0^2 \quad vs \quad H_1 : \sigma^2 > \sigma_0^2$$

の場合，$u_0 > c$ のとき仮説を棄却する．ただし，c は χ^2 分布の $100(1-\alpha)$ %点，すなわち $c = \chi^2_{1-\alpha}(m)$ である．

正規性の検定

与えられた iid データ $x_1, x_2, \cdots, x_n$ を発生させた母集団確率分布が，正規分布 $N(\mu, \sigma^2)$ かどうかを検定する方法として，10章7節で述べた

$$\text{歪度統計量 } B_1 = \frac{\sum_{i=1}^{n}(X_i - \bar{X})^3/n}{S^3}, \quad \text{尖度統計量 } B_2 = \frac{\sum_{i=1}^{n}(X_i - \bar{X})^4/n}{S^4}$$

の標本分布を利用できる．すなわち，$X_1, X_2, \cdots, X_n$ が iid で，その分布を $N(\mu, \sigma^2)$ とすると，n が大きければ，

$$Z_1 = \sqrt{n} B_1/\sqrt{6} \sim N(0,1), \quad Z_2 = \sqrt{n}(B_2 - 3)/\sqrt{24} \sim N(0,1)$$

が近似的に成り立つので，正規分布についての仮説検定の問題を以下のように

考えることができる．

帰無仮説と対立仮説を

H_0：母集団分布は正規分布 $N(\mu, \sigma^2)$ vs

H_1：母集団分布は正規分布ではない

とする．有意水準を α として，データから計算される z_1 が $|z_1|>z_{1-\alpha/2}$ のとき帰無仮説を棄却し（母集団歪度 β_1 が 0 でないと判断），また，データから計算される z_2 が $|z_2|>z_{1-\alpha/2}$ のとき帰無仮説を棄却する（母集団尖度 β_2 が 3 でないと判断）．ここで臨界値 $z_{1-\alpha/2}$ は，標準正規分布の分布関数 Φ について，$1-\Phi(z_{1-\alpha/2})=\alpha/2$ を満たす値であり，$\alpha=0.05$ とすれば，$z_{0.975}=1.96$ である．

この検定方式は，歪度と尖度を別々に検定するものであるが，両者を結合した正規性の検定として，ジャーク・ベラ（Jarque-Bera）検定がある．これは，検定統計量

$$(12.22) \quad JB=\frac{n}{6}\left[B_1^2+\frac{(B_2-3)^2}{4}\right]$$

が，正規分布の帰無仮説のもとで自由度 2 の χ^2 分布に従うことを利用する．有意水準を α とし，χ^2 分布の $100(1-\alpha)\%$ 点を $c=\chi^2_{1-\alpha}(2)$ とすると，$jb>c$ であれば帰無仮説を棄却し，$jb\leq c$ であれば帰無仮説は棄却されず，正規分布であると判定される（正確にいうと，母集団分布が正規分布であるという帰無仮説は否定されない）．ただし jb は，JB の実現値で，(12.22) の歪度 B_1，尖度 B_2 に，6 章で示したデータから計算した歪度・尖度の実現値 b_1, b_2 を代入した値である．

キーワード

仮説検定　帰無仮説　対立仮説　検定統計量　棄却と採択　棄却域　受容域　棄却点（臨界値）　有意水準　第 1 種の誤りと第 2 種の誤り　片側検定　両側検定　平均値の差の検定　適合度検定　独立性の検定　正規性の検定

練習問題

1. ある裁判で，被告が有罪か無罪かが問題となっている．帰無仮説 H_0 を「被告は無罪である」とする．
   (1) 対立仮説を設定せよ．
   (2) この場合の第1種の誤りと第2種の誤りを説明せよ．
   (3) 第1種の誤りと第2種の誤りの確率を同時に小さくすることができないことを確かめよ．
   (4) 「疑わしきは罰せず」という原則に基づけば，どちらの誤りをまず小さくすることを考えるべきか．

※以下2～6では，データは基本的に正規母集団からのiid標本であるとする．

2. ある株の最近の4カ月の変化率は1, 1, 2, 2（単位：％）であった．この株の変化率の平均がプラスかどうかを有意水準5％で検定せよ．

3. ある自動車販売会社が新車を購入した顧客26人に，何年で新車に買い替えたのかを調査したところ，平均は3.5年，標準偏差は2年であった．真の平均が3年であるかどうかを，有意水準5％で検定せよ．

4. 11章練習問題2で，目標が達成されたかどうかを有意水準5％で検定せよ．

5. 表2-5の国内総支出について，変化率（経済成長率）の平均（算術平均）が1％より大きいかどうかを有意水準5％で検定せよ．

6. 5章練習問題9の個別銘柄と平均株価指数（表5-6）の2年間の収益率の平均について，
   (1) $\mu=0$ であるかどうかを片側検定と両側検定によって検定せよ．ただし，有意水準を5％とする．
   (2) 日産自動車とホンダの変化率の平均に差があるかどうかを，有意水準を5％として検定せよ．ホンダとトヨタ自動車についても同様に検定せよ．
   (3) 各株価の収益率が正規分布に従っているかどうかを，ジャーク・ベラ（Jarque-Bera）検定を利用して検定せよ．

7. 11章練習問題5の日本対クロアチアの視聴率が50％を超えたかどうか，紅白歌合戦の視聴率が30％を超えたかどうかを有意水準5％で検定せよ．

表 12-4 生活に対する満足度に関するアンケート調査（2007年）

(a) 都市規模別

都市規模	満足	不満	どちらともいえない
大都市	880	486	12
中・小都市	2,502	1,452	44
町村	433	253	5

(b) 性別

男女	満足	不満	どちらともいえない
男性	1,680	1,133	26
女性	2,138	1,059	32

（出所）内閣府「国民生活に関する世論調査（平成19年7月）」より作成.

8. 11章練習問題6の安倍内閣の支持率について，3分の2以上の有権者が支持しているかどうかを有意水準5％で検定せよ．また，この安倍内閣の支持率と例題11.2(3)の共同通信社による福田内閣の支持率の結果に差があるかどうかを有意水準5％で検定せよ．

9. 表2-10の都道府県別交通事故死者数と平均気温について，以下の問いに答えよ．
   (1) 東北地方（青森，岩手，宮城，秋田，山形，福島）と関東地方（茨城，栃木，群馬，千葉，埼玉，東京，神奈川）の平均気温の平均に差があるかどうかを有意水準5％で検定せよ．
   (2) 交通事故死者数と平均気温について，それぞれメディアンを算出し，メディアンより大きい都道府県と小さい都道府県に分類し，2×2のクロス集計表を作成する（すなわち，交通事故死者数の多い・少ないと平均気温の高い・低いでクロス集計する）．このクロス集計表から，交通事故死者数と平均気温が独立かどうかを検定せよ．

10. 表12-4は，内閣府によって実施された「国民生活に関する世論調査」における現在の生活に対する満足度の調査結果である．それぞれの表について独立性の検定を行い，都市規模や性別によって生活に対する満足度に違いがあるかどうかを考えよ．

11. 表2-1と表2-6の日経平均株価と為替レートについて，月次変化率を計算し，それぞれの変化率の分布が正規分布に従っているかどうかを検定せよ．

13章

回帰分析の基礎

　前章までに説明してきた統計的な方法は，主に1変量に関するものであった．例えば，株価変化率ならその変数だけについて，その平均値や分散についての推定・検定の方法の理論と応用を学習してきた．しかし私たちの生活のなかでは，2つ以上の変数についての関係に興味があったり，経済現象のように，最初から多くの変数が互いに影響しあって各々のデータが実現している現象も多い．特に経済学では，景気が良くなれば株価は上がる，勤続年数が長くなれば給与水準も上がる，価格が低下すれば需要量が増加する，などといった因果的視点に基づく関係に焦点をあてることが多い．本章と次章では，このような因果関係の分析法として重要な回帰分析を扱う．

　回帰分析では，株価，給与水準，需要量といった自分が興味を持ち説明したい変数 y（被説明変数という）に対して，その変動を引き起こしたと考えられる原因となる変数 x（説明変数という．2つ以上あってもよい）を取って，y の変動を x の変動で説明するという分析の枠組みを持つ．回帰分析は，多くの実証領域できわめて有効であり，経済を数量的に分析する場合に最もよく用いられる方法であるので，計算方法だけでなく，なぜそうした計算を行うのか，さらに計算結果の持つ意味についても，復習を重ねて理解してもらいたい．

　本章では，まず，与えられたデータに対する分析としての回帰分析のみを扱う．これは2章から6章で学習したデータのなかの分析法に対応する．次章では，母集団分布からの確率的な標本に基づくデータの外への推論として，確率的モデルとしての回帰分析の考え方と応用を扱う．この母集団との関係につい

13章 回帰分析の基礎

ての考え方は，1変量では7章から9章までの確率モデルを基礎にした，10章から12章までの統計的推論の議論に対応する．

【本章の内容】
(1) 2変数の関係のとらえ方として，最も基本となる散布図と関係の強さを数量的に表す相関係数について説明する．
(2) 最小2乗法による回帰直線の導出方法を示し，その意味や性質を考察する．
(3) 変数 x の説明力を測定する指標である決定係数を導出する．
(4) 原因となる変数が2つ以上ある場合の分析方法である重回帰分析を説明する．

1 散布図と相関係数

散布図

2つの変数 x, y の関係を分析するための回帰分析の考え方とその基礎を理解するため，まず最も基本的な方法として，2つの変数の関係をグラフによって視覚的に把握することからみていこう．

表13-1は，2006年の1月から12月までの日経平均株価の月次変化率 (x) とトヨタ自動車の株価の月次変化率 (y) のデータである．このように2つの変数の場合，データは $(x_1, y_1), (x_2, y_2), \cdots, (x_n, y_n)$ と対の形になっている．n はデータの個数であり，この例では $n=12$ である．図13-1(a)は，両データの時系列グラフである．この図をみると，2本の折れ線がある程度同じ形で推移していることから，全ての月ではないものの，大部分の月で日経平均株価の変化率 x が上昇（下落）すると，トヨタ自動車の株価変化率 y も上昇（下落）するという関係が読み取れる．そこで図13-1(b)は，横軸に x を，縦軸に y を取って，対応する点 (x_i, y_i) をプロットしたものである．この図をみると12カ月の (x_i, y_i) は，全体として直線的な（1次式的な）傾向，すなわち左下から右上に点が並び，x が上昇すると y も上昇していたことがより明確にわかる．このようにみると，図13-1(a)のようなグラフで2つの変数が同じパターンで変動することは，図13-1(b)のように図示した場合，2つの変数の間に右上がりの直線的な関係があることと同じである（逆のパターンで変動する場合は右下がりとなる）．図13-1(b)のようなグラフを**散布図**または**相関図**という．

1 散布図と相関係数 335

表 13-1 日経平均とトヨタ自動車の株価の変化率（2006年，月末値） (%)

	1月	2月	3月	4月	5月	6月	7月	8月	9月	10月	11月	12月
日経平均x_i	3.3	−2.7	5.3	−0.9	−8.5	0.2	−0.3	4.4	−0.1	1.7	−0.8	5.8
トヨタy_i	−0.7	2.8	2.9	3.6	−11.0	1.0	1.2	5.1	0.8	7.9	1.3	13.4

表2-1，表5-6より作成．

図 13-1 日経平均とトヨタ自動車の株価変化率のグラフ（2006年）

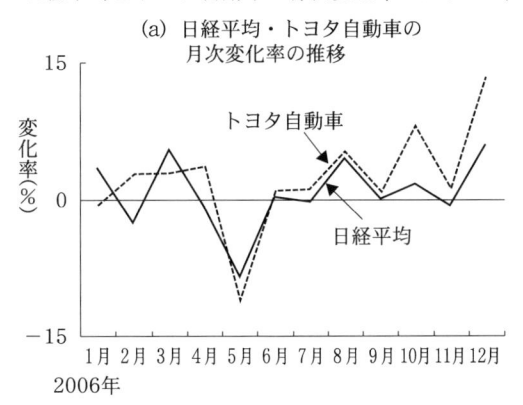

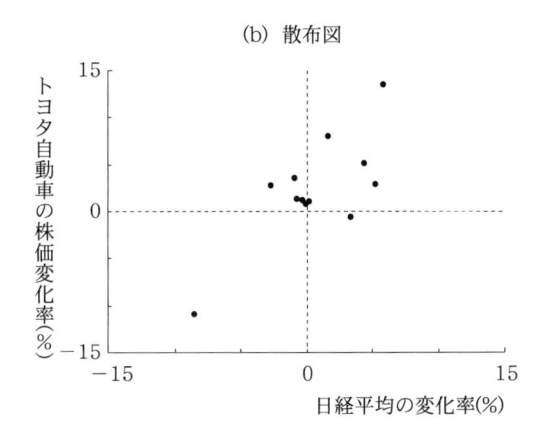

(a) 日経平均・トヨタ自動車の月次変化率の推移

(b) 散布図

散布図と相関

　2つの変数について散布図を描けば，ひと目で両者の関係を直観的に理解することができる．図13-2は，典型的な散布図のパターンを示したものである．図13-2(a)は，図13-1(b)と同様に，散布図上の点が右上がりになっており，xが増加するとyも増加する．このような直線的な関係がある場合，2つの変数の間に**正の相関がある**という．一方図13-2(b)は，散布図上の点が右下がりになっており，xが増加するとyは減少している．この場合，**負の相関がある**という．また，図13-2(c)は，正の相関や負の相関の場合のように，プロットされた点に特定の傾向はみられず，少なくともグラフからはxとyの間に明確な関係が存在しないと判断される．このような場合は，直線的な（同じことだが1次式的な）相関関係はないと判断され，**無相関**であるという．なお，統計学で「相関」という言葉を使うときには1次式的（直線的）な関係の強さをいい，例えば2次式など非線形的（非直線的）な関係をいうのではない．

　また，同じ正の相関でも，図13-2(a)と図13-2(d)では意味が異なる．図13-2(d)では，2つの変数にはほぼ直線的な関係があるから，xが与えられると，yの値はほぼ決まっている．しかし，図13-2(a)では，同じxが与えられても，yは縦軸に沿った変動の幅が大きく，いろいろな値を取っている．図13-2(d)は，1次式の関係が強いという意味で強い正の相関であるという．相関が強ければ，散布図上の点はある1本の直線の周辺に集まることになる．もちろん，負の相関では，右下がりの直線の周辺に集まることになる．

共分散

　散布図をみれば，相関関係（1次式関係）の強さ・弱さを，ある程度見当づけることはできる．しかし，図13-1(b)の散布図をみたとしても，正の相関があることは明らかであるものの，どの程度相関が強いのかを客観的に判断することは難しい．そこで，n個のデータ $(x_1, y_1), (x_2, y_2), \cdots, (x_n, y_n)$ に対して，xの変動とyの変動の間の直線的な（線形）関係の強さを数量的に測るのが次項で述べる相関係数である．そこでまず，相関係数と重要な関連を持つ共分散について説明しよう．

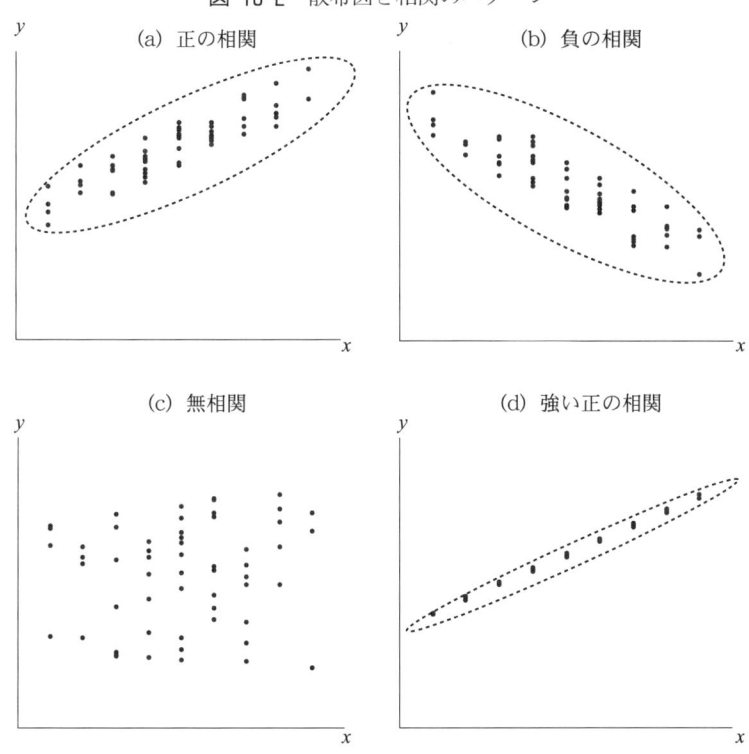

図 13-2　散布図と相関のパターン

(a) 正の相関

(b) 負の相関

(c) 無相関

(d) 強い正の相関

　図13-3には，x, y が正の相関を持つ場合の散布図が模式的に描かれている．ここで図中にあるように，散布図を x, y のそれぞれの平均値 $\bar{x}, \bar{y}$ によって，4つの部分（ローマ数字のⅠ～Ⅳ）に分割してみる．Ⅰ～Ⅳの部分は，各点 x_i, y_i の取る値が平均値 $\bar{x}, \bar{y}$ よりも大きいか小さいか，すなわち平均からの偏差 $x_i - \bar{x}, y_i - \bar{y}$ がプラスかマイナスかによって分類できる．部分ごとの偏差の符号は，表13-2にまとめられている．

　図13-3から明らかなように，正の相関の場合は，散布図のⅠとⅢに点が多く集まる．逆に負の相関の場合は，ⅡとⅣに点が多く集まり，無相関の場合は，Ⅰ～Ⅳにばらばらに点が散らばることになる．また正の相関が強いほど，点は1本の直線の近くに集まるから，ⅠとⅢに点がより集中し，ⅡとⅣにはあまり点がプロットされないであろう（強い負の相関の場合はⅡとⅣに集中）．そこ

図 13-3 散布図の分割

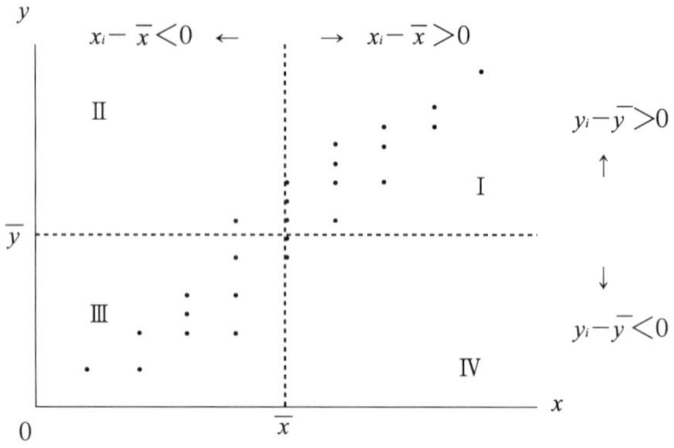

（図：x軸，y軸の散布図．$\bar{x}$，$\bar{y}$ で区切られた4つの領域 I, II, III, IV．左側 $x_i - \bar{x} < 0$，右側 $x_i - \bar{x} > 0$，上側 $y_i - \bar{y} > 0$，下側 $y_i - \bar{y} < 0$．）

表 13-2 分割された散布図と平均からの偏差の符号

	$x_i - \bar{x}$	$y_i - \bar{y}$	$(x_i - \bar{x})(y_i - \bar{y})$
I	+	+	+
II	−	+	−
III	−	−	+
IV	+	−	−

で，表13-2をみると，x の平均からの偏差と y の平均からの偏差を掛けた値 $(x_i - \bar{x})(y_i - \bar{y})$ が，IとIII（IIとIV）ではいずれもプラス（マイナス）になるので，$(x_i - \bar{x})(y_i - \bar{y})$ について以下のことがいえる．

1) 正の相関が強い場合，IとIIIに点が集まるほど，$(x_i - \bar{x})(y_i - \bar{y})$ の合計である $\sum_{i=1}^{n}(x_i - \bar{x})(y_i - \bar{y})$ はプラスで大きな値を取る．
2) 負の相関が強い場合，IIとIVに点が集中するほど，$\sum_{i=1}^{n}(x_i - \bar{x})(y_i - \bar{y})$ はマイナスで大きな値を取る．
3) 無相関である（1次式的な関係がない）場合，$\sum_{i=1}^{n}(x_i - \bar{x})(y_i - \bar{y})$ は 0 に近い値を取る．

いずれにせよ，$\sum_{i=1}^{n}(x_i - \bar{x})(y_i - \bar{y})$ が x, y の相関（1次関係）の強さを表す1つの指標であることがわかる．ただし，5章で述べた分散の場合と同様に，データの個数の影響を取り除くために，これを n で割ったデータ1個当たりの

指標，すなわち，

$$(13.1) \quad s_{xy} = \frac{1}{n}\sum_{i=1}^{n}(x_i-\bar{x})(y_i-\bar{y})$$

によって，相関の強さを測ることができる．(13.1) で定義される s_{xy} を**共分散**という．

確率変数 X, Y に対する共分散については 7 章 4 節ですでに説明したが，(13.1) はデータに対する共分散である．確率変数の共分散では，2 つの確率変数が独立であれば，共分散は 0 であった．その点からも，共分散が 2 つの変数の関係の強さを表すことが理解できるだろう．いずれにせよ上の議論から，共分散と相関関係は，次のようにまとめることができる．

- 共分散 s_{xy} がプラスであれば，正の相関
- 共分散 s_{xy} がマイナスであれば，負の相関
- 共分散 s_{xy} が 0 に近ければ，無相関に近い

例題13.1 表13-1の日経平均株価とトヨタ自動車の株価の変化率のデータの共分散を計算し，両者がどのような関係にあるのかを述べよ．

[解説] 共分散の計算には，表13-3のような表を作成すればよい．5 章の分散の場合と同様に，x, y の平均からの偏差（およびその 2 乗）を計算したうえで，両者の偏差の積 $(x_i-\bar{x})(y_i-\bar{y})$ を作成し，それらを合計してデータの個数で割れば，(13.1) の共分散 s_{xy} が求められる．それは，$(x_i-\bar{x})(y_i-\bar{y})$ の平均に対応する．表より，$s_{xy}=15.88$ となり，正の相関であることがわかる．この結果は散布図（図13-1(b)）と整合的である．■

相関係数

上の例題では共分散の値 $s_{xy}=15.88$ が得られたが，この数値の絶対的な大きさによって，正の相関が強いか弱いかを判断することは難しい．特に共分散は，x データと y データの単位に依存する．例えば，表13-3で変化率を％で

表 13-3 共分散の計算

	x_i	y_i	$x_i-\bar{x}$	$(x_i-\bar{x})^2$	$y_i-\bar{y}$	$(y_i-\bar{y})^2$	$(x_i-\bar{x})(y_i-\bar{y})$
1月	3.3	-0.7	2.68	7.20	-3.06	9.35	-8.21
2月	-2.7	2.8	-3.32	11.00	0.44	0.20	-1.46
3月	5.3	2.9	4.68	21.93	0.54	0.29	2.54
4月	-0.9	3.6	-1.52	2.30	1.24	1.54	-1.88
5月	-8.5	-11.0	-9.12	83.11	-13.36	178.45	121.78
6月	0.2	1.0	-0.42	0.17	-1.36	1.85	0.57
7月	-0.3	1.2	-0.92	0.84	-1.16	1.34	1.06
8月	4.4	5.1	3.78	14.31	2.74	7.52	10.37
9月	-0.1	0.8	-0.72	0.51	-1.56	2.43	1.12
10月	1.7	7.9	1.08	1.17	5.54	30.71	6.00
11月	-0.8	1.3	-1.42	2.01	-1.06	1.12	1.50
12月	5.8	13.4	5.18	26.87	11.04	121.92	57.23
合計	7.4	28.3	0.00	171.44	0.00	356.71	190.62
平均	0.62	2.36	0.00	14.29	0.00	29.73	15.88

表13-1より作成.

はなく,小数で表したとしよう(すなわち,データが100分の1になる).％で表示しようが,小数で表示しようが相関関係は変わらないはずであるが,小数で表示した場合の共分散は,10000分の1になってしまい,0.001588となる(なぜか考えよ).しかし単位を変えたときの共分散が小さくなったからといって,直線関係の強さとしての相関が弱くなったことにはならないはずである.

そこで偏差 $(x_i-\bar{x})$ と $(y_i-\bar{y})$ を基準化して,共分散に対して測定単位に依存しないようにする必要がある.そのために,$(x_i-\bar{x})$ と $(y_i-\bar{y})$ をそれぞれの標準偏差 s_x, s_y で割った基準化変量

$$u_i=(x_i-\bar{x})/s_x, \quad v_i=(y_i-\bar{y})/s_y$$

を利用する.この基準化変量 (u_i, v_i) の散布図は,もとの散布図の単位を変えただけであり,相関関係や散布図の形状は同じである.実際,基準化変量の分散はそれぞれ1,つまり $s_u^2=1, s_v^2=1$(標準偏差の表現では $s_u=1, s_v=1$)となるように基準化されている(6章).そこで u_i, v_i の共分散 s_{uv} を求めると,$\bar{u}=\bar{v}=0$ より,

$$s_{uv} = \frac{1}{n}\sum_{i=1}^{n}(u_i - \bar{u})(v_i - \bar{v}) = \frac{1}{n}\sum_{i=1}^{n}u_i v_i = \frac{1}{n}\sum_{i=1}^{n}\frac{x_i - \bar{x}}{s_x} \cdot \frac{y_i - \bar{y}}{s_y}$$

$$= \frac{1}{s_x s_y} \cdot \frac{1}{n}\sum_{i=1}^{n}(x_i - \bar{x})(y_i - \bar{y}) = \frac{s_{xy}}{s_x s_y} = r_{xy}$$

となる．この u と v の共分散 s_{uv} は単位に依存しない相関を表す．これを x と y の相関を表すという意味で上式のように r_{xy} と表し，$r_{xy} = s_{xy}/s_x s_y$ を**相関係数**と呼ぶ．相関係数 r_{xy} は，必ず－1から＋1の間にあるので，相関の強さと正の相関か負の相関かを表現する（この証明は3節）．実際，標準偏差は必ずプラスなので，相関係数 r_{xy} の符号は共分散 s_{xy} の符号と等しい．

相関係数 r_{xy} は，2つの変数 x と y の n 個のデータ $(x_1, y_1), (x_2, y_2), \cdots, (x_n, y_n)$ の間の1次式関係の強さを表す指標で，次の式で定義される．

(13.2)　$r_{xy} = \dfrac{s_{xy}}{s_x s_y}$　$(-1 \leq r_{xy} \leq 1)$

ただし，s_{xy} は (13.1) の共分散，s_x, s_y はそれぞれ x, y の標準偏差である．
- r_{xy} が＋1に近いほど，正の相関が強く，$r_{xy} = 1$ のとき完全な正の相関があるという
- r_{xy} が－1に近いほど，負の相関が強く，$r_{xy} = -1$ のとき完全な負の相関があるという
- r_{xy} が0に近いほど，無相関に近く，$r_{xy} = 0$ のとき無相関であるという

相関係数は，$-1 \leq r_{xy} \leq 1$ であることは後に説明する．また $r_{xy} = \dfrac{s_{xy}}{s_x s_y} = \dfrac{1}{n}\sum_{i=1}^{n}u_i v_i$ より，相関係数は x と y の基準化変量の共分散でもある．さらに基準化変量 u_i, v_i の相関係数は，$s_u = 1, s_v = 1$ であるから，$r_{uv} = s_{uv}/s_u s_v = s_{uv}$ となり，その共分散と等しく，したがって x と y の相関係数にも一致する．また，相関係数は以下のようにも表現できる（なぜか考えよ）．

$$r_{xy} = \frac{\sum_{i=1}^{n}(x_i - \bar{x})(y_i - \bar{y})}{\sqrt{\sum_{i=1}^{n}(x_i - \bar{x})^2}\sqrt{\sum_{i=1}^{n}(y_i - \bar{y})^2}}$$

例題13.1の場合の相関係数を計算してみよう．表13-3より，$s_x = \sqrt{14.29} =$

3.78，$s_y=\sqrt{29.73}=5.45$ なので，相関係数は，

$$r_{xy}=\frac{15.88}{3.78\times 5.45}=0.77$$

となる．これはプラスである程度1に近いので，やや強い正の相関があると判断される．

2　最小2乗法と回帰直線

散布図への直線のあてはめと残差

　前節では線形（1次式）関係の強さを表す指標として相関係数を学習した．しかし，相関係数は，直接的にその1次式を与えるわけではないので，xが増えればyがどの程度変化するのかを数量的にとらえることはできない．そこでxとyの関係を数量的に把握するために，両者に1次式の関係（線形関係）を想定してみよう．

　そのために，まず，切片a，傾きbを持つ直線を$y=a+bx$とおく．しかし図13-1(b)をみればわかるように，一般的には散布図の全ての点(x_i,y_i)を1本の直線の上にのせることはできない．そこで，散布図上に引く直線を

　　(13.3)　　$\hat{y}=a+bx$

と書くことにする（$\hat{y}$はyハットと読む）．そして，(13.3)でxにx_iを代入したときの直線上のyの値を$\hat{y}_i$として

　　(13.4)　　$\hat{y}_i=a+bx_i$

とする．このとき$y_i-\hat{y}_i=0$ならば，点(x_i,y_i)は(13.3)の直線上にのっているが，$y_i\neq\hat{y}_i$ならば，点(x_i,y_i)から直線に下ろした線の距離（y_iと$\hat{y}_i$の差）

　　(13.5)　　$e_i=y_i-\hat{y}_i=y_i-(a+bx_i)$

は0でない．$e_i>0$ならば点(x_i,y_i)は直線より上に位置しており，$e_i<0$ならば点(x_i,y_i)は直線より下に位置している．これを図示したのが図13-4である．以下では$e_i=y_i-\hat{y}_i$のことを**残差**（residual）という．

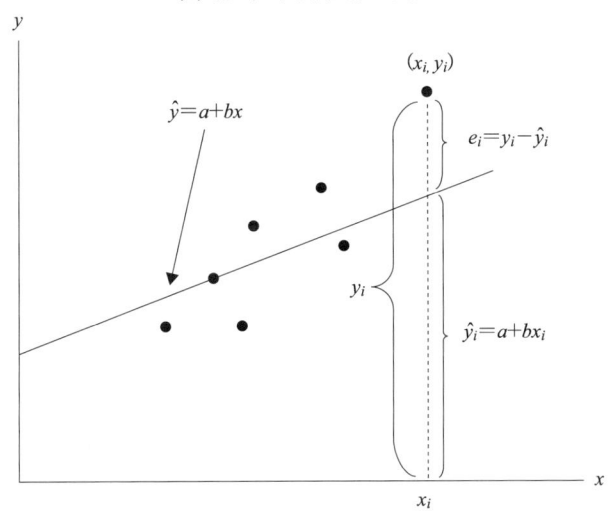

図 13-4　回帰直線と残差

最小2乗法

　もし切片 a と傾き b が与えられると，n 個のデータ (x_i, y_i)（ただし，$i=1, 2, \cdots, n$）について，n 個の残差が (13.5) から得られる．(13.5) は，

(13.6) 　　$y_i = \hat{y}_i + e_i = a + bx_i + e_i \quad (i=1, 2, \cdots, n)$

と表現できる．この式は，y_i を直線までの部分 $a+bx_i$ と，残差の部分 e_i に分解した式である（図13-4参照）．もちろん，$|e_i|$ もしくは e_i^2 が小さいと，y_i と直線との間の距離は小さい．

　上の議論は，1組の a,b を与えた直線 (13.3) についての議論である．次に，その直線の選び方（a,b の決め方）を考えよう．直線を選ぶとは，a,b をデータから決めることである．そこで，散布図上の n 個の全ての点 (x_1, y_1), $(x_2, y_2), \cdots, (x_n, y_n)$ 全体に対して，「できるだけフィット（あてはまり）がよくなる」，すなわち，点から直線に y 軸と平行に下ろした距離が全体として小さくなるような直線として，n 個の残差に対して平均的にみて残差の2乗 e_i^2 がなるべく小さくなるように直線を選ぶことを考える．すなわち，残差の2乗の平均，

$$(13.7) \quad \frac{1}{n}\sum_{i=1}^{n} e_i^2 = \frac{1}{n}\sum_{i=1}^{n}(y_i - a - bx_i)^2$$

を最小にするように a, b を求める．ただし (13.7) の最小化では $1/n$ は直接関係しないので，通常は，**残差 2 乗和**（RSS, residual sum of squares）

$$(13.8) \quad RSS = \sum_{i=1}^{n} e_i^2 = \sum_{i=1}^{n}(y_i - a - bx_i)^2$$

を最小にするように a, b を決定する．このようにして直線を選ぶ方法を**最小 2 乗法**（ordinary least squares; OLS）という．そして，この方法によって推定された a, b を**最小 2 乗推定値**と呼ぶ．a, b の最小 2 乗推定値は次式で与えられる．

最小 2 乗推定値

残差 2 乗和 (13.8) を最小にする a, b は次式で与えられる．

$$(13.9) \quad b^* = \frac{\sum_{i=1}^{n}(x_i - \bar{x})(y_i - \bar{y})}{\sum_{i=1}^{n}(x_i - \bar{x})^2}$$

$$(13.10) \quad a^* = \bar{y} - b\bar{x}$$

［解説］ (13.8) 式で与えられる RSS を a, b の関数とみなし，a, b に関して最小になるような値を求める（微分して 0 とおくなどいくつかの導出方法がある，練習問題10や付録 A4 参照）．つまり，a, b にはいろいろな値が考えられるが，そのうち RSS を最小にするものを a^*, b^* としている．上では，その結果だけを与えてある．なお，最小 2 乗法では，残差 2 乗和 $\sum_{i=1}^{n} e_i^2$ を最小にするという基準を基礎にしているが，残差の絶対値の合計 $\sum_{i=1}^{n}|e_i|$ を最小にするという基準もある．しかし，絶対値は数学的にも扱いにくく（5 章の分散の項参照），また次章で述べるように最小 2 乗推定法による推定量が望ましい性質を持つことから，この方法はあまり利用されない．

以下では記号の簡略化のために，(13.9)，(13.10) の * を省略し a, b を用いることにする．また，残差に関しても，(13.8) の RSS が最小になるように (13.9)，(13.10) によって決められた a^*, b^* に基づく残差という意味で，

e_i^* と表現すべきである（このような残差を最小2乗残差という）．しかし，残差についても簡略化のために * を省略し e_i を用いる．

また，a, b に次のような意味がある．
- a：x が0のときの，y_i の（平均的な）値を表す．
- b：x が1単位増えたとき，y が（平均的に）何単位増えるのかを表す（なお，ここで単位とは，データの単位のことである）．■

最小2乗推定値による直線 $\hat{y}_i = a + bx_i$ を**回帰直線**，あるいは**回帰方程式**と呼ぶ．また，b は**回帰係数**，a は切片あるいは定数項と呼ばれる．その導出法から回帰直線 $\hat{y}_i = a + bx_i$ は，与えられたデータ (x_i, y_i)（$i = 1, 2, \cdots, n$）の残差2乗和 RSS を最小化するものであり，その意味で n 個のデータのなかの x_i と y_i の線形関係を最も強く把握した直線である．$\hat{y}_i$ は，y_i の**推定値**（あるいは**予測値**，内挿値，理論値などとも呼ぶ），データ y_i は実績値，あるいは観測値などと呼ぶ．

なお，(13.9) 式の分母・分子をデータの個数 n で割れば，

$$b = \frac{\sum_{i=1}^{n}(x_i - \bar{x})(y_i - \bar{y})/n}{\sum_{i=1}^{n}(x_i - \bar{x})^2/n} = \frac{s_{xy}}{s_x^2}$$

と，b を x と y の共分散と x の分散の比として書くこともできる．

表13-3より，平均株価とトヨタ自動車の株価の変化率について，回帰直線を求めると，

$$b = \frac{190.62}{171.44} = 1.11, \quad a = 2.36 - 1.11 \times 0.62 = 1.67$$

となり，$\hat{y}_i = 1.67 + 1.11 x_i$ という回帰直線が得られる．この例では，x，y の単位はともに％であるから，回帰係数が $b = 1.11$ であるということは，日経平均株価の変化率が1％上昇すると，トヨタ自動車の株価変化率が平均的に1.11％上昇すると解釈される．また，定数項が $a = 1.67$ というのは，日経平均株価の変化率が0％のとき，トヨタ自動車の株価変化率が平均的に1.67％であることを意味する．

また，この直線を利用すると，例えば3月については $x_3 = 5.3$ であるから，3月の y_i の推定値は，$\hat{y}_3 = 1.67 + 1.11 \times 5.3 = 7.533$（％），3月の残差は $e_3 =$

$y_3 - \hat{y}_3 = 2.9 - 7.533 = -4.653$（％）などと計算できる．日経平均株価の変化率（株式市場全体の動向）から予想される3月のトヨタ自動車の株価変化率は7.533％であったが，実際は，予想された値よりも4.653％低かったなどと解釈できる（図13-1(b)で確かめよ）．

回帰直線と残差の性質

次に，回帰直線の持つ性質を確認し，その意味を考えよう．

(1) x と y の平均値 $(\bar{x}, \bar{y})$ は，(13.10) より $\bar{y} = a + b\bar{x}$ だから，必ず回帰直線上にある．

(2) 残差の合計（平均）は 0 である．実際，残差 e_i の平均を求めると，

$$\bar{e} = \frac{1}{n}\sum_{i=1}^{n} e_i = \frac{1}{n}\sum_{i=1}^{n}(y_i - a - bx_i) = \bar{y} - a - b\bar{x} = 0$$

となる．最後の等号は (13.10) を用いている．これは，残差の合計が 0 となること

(13.11) $\quad \sum_{i=1}^{n} e_i = \sum_{i=1}^{n}(y_i - \hat{y}_i) = 0$

と同等である．この性質は，回帰直線より上にある点（残差がプラスとなる点）と下にある点（残差がマイナスとなる点）の残差のプラス・マイナスの合計が 0 になるという意味で，バランスの取れた直線の選択であることを意味する．

(3) 残差の 2 乗和は，最小である．実際，これは，(13.9), (13.10) の最小 2 乗推定値 a, b の導出が，残差 2 乗和を最小にすることから明らかである．

(1)〜(3) より，$\hat{y}$ が平均値と同様の性質を持っていることがわかる．つまり $\hat{y}$ は，x を与えたときの y の平均的な値を示す（次章1節参照）．

(4) 残差と説明変数には次のような関係がある（証明は練習問題11参照）．

(13.12) $\quad \sum_{i=1}^{n} x_i e_i = 0,$

なお，n 個の残差 $e_1, e_2, \cdots, e_n$ は，制約として (13.11) と (13.12) を持つので，n 個の残差のうち自由に動けるのは $n-2$ 個であり，したがって残差の自由度は $n-2$ である．さらに (13.11) と (13.12) は $\sum_{i=1}^{n} \hat{y}_i e_i = 0$ を意味する

ことを確かめよ．

残差の分散

n 個の残差 $e_1, e_2, \cdots, e_n$ の分散（**残差分散**）は，$\bar{e}=0$ より，

$$(13.13) \quad s_e^2 = \frac{1}{n}\sum_{i=1}^{n}(e_i - \bar{e})^2 = \frac{1}{n}\sum_{i=1}^{n}e_i^2$$

で求められる．この残差分散が小さいほど，直線の各点へのあてはまりの度合いはよく，n 個のデータの x_i と y_i の線形関係は強いことになる．

しかし共分散と同様に，残差分散の大きさは y_i の単位に依存する（残差の単位は y_i の単位に等しい）ため，その値から x_i と y_i の関係の強さを知るのは難しく，相関係数，あるいは次節で述べる決定係数によって関係の強さは測定される．

> **例題13.2** 表13-4は，勤続年数別の所定内給与額のデータ（平成18年）である．所定内給与額とは，毎月決まって支給される給与額のことで，賞与（ボーナス）や残業代，休日手当等は含まれていない．勤続年数を x_i，所定内給与額を y_i とし，回帰直線を求め，その経済的な意味を考えよ（ただし，勤続年数には，階級値を用いている）．また，推定値と残差も算出せよ．
>
> 表 13-4　勤続年数と所定内給与額の関係（平成18年，産業計，企業規模計，男女計）
>
> | 勤続年数階級 | | 0年 | 1～2年 | 3～4年 | 5～9年 | 10～14年 | 15～19年 | 20～24年 | 25～29年 | 30年以上 |
> |---|---|---|---|---|---|---|---|---|---|---|
> | 勤続年数(年) | x_i | 0.0 | 1.5 | 3.5 | 7.0 | 12.0 | 17.0 | 22.0 | 27.0 | 32.0 |
> | 所定内給与額 (千円) | y_i | 217.4 | 230.3 | 246.0 | 264.1 | 300.6 | 348.3 | 395.4 | 426.7 | 444.0 |
>
> （出所）厚生労働省「賃金構造基本調査」．

[解説] 表13-3と同様に，平均からの偏差やその2乗等を表にしたものが，表13-5である．この表より，

$$b = \frac{8068.75}{1079.72} = 7.47, \quad a = 319.20 - 7.47 \times 13.56 = 217.90$$

となり，$\hat{y}_i = 217.90 + 7.47 x_i$ という回帰直線が得られる．

定数項 a は，x が 0 のときの $\hat{y}_i$ の値を表すから，この例題では，勤続年数が 0 年のときの給与（初任給）は 217.90（千円），すなわち，21万7900円程度であることがわかる．また回帰係数 b の値から，勤続年数が 1 年増えると，平均的に所定内給与が 7.47（千円），すなわち，7470円程度増加することがわかる．この係数がプラスであるから，勤続年数が長くなると賃金も増加するという，年功序列賃金制を表している．この回帰係数 b が大きいほど，年功序列の度合いが強いことになり，0 に近いほど，勤続年数の影響はほとんどないことになる．

散布図ならびに回帰直線のグラフは，図13-5で示されている．この図や推定値・残差の大きさをみると，回帰直線がよくあてはまっていて，勤続年数が所定内給与額をよく説明していることがわかる．しかし，残差をみると，勤続年数30年以上のところでマイナスの大きな値を取っており，20～29年ではプラスで大きくなっている．これは，勤続年数と所定内給与に直線的な関係を想定したとき，勤続年数20～29年では，勤続年数から予想される以上の給与が支給され，逆に30年以上ではそれよりも低い給与しか支払われていないことを意味する．つまり，年功序列制賃金が直線的な関係ではなく，ある程度長い勤続年数以上になると，頭打ちになって給与が伸びないという非線形性（曲線的な関係）の存在を示唆している．このように a, b の大きさだけでなく，残差（あるいは実績値と推定値の動き）を考察することも，回帰分析では非常に重要である．■

回帰直線における x の回帰係数 b は，x の y に対する影響の度合いを表すもので，分析ではまずその符号に関する事前の知識（符号条件）と整合的か，そしてその大きさが合理的かどうか注目すべきである．この例では，分析する前に，年功序列制賃金を想定するのであれば，x の係数はプラスでなければならない．この例では，想定どおりである．さらに，その大きさがどの程度大きいのかをみて，妥当性などを判断することになる．特に，b の大きさが 0 に近い場合，x は y にほとんど何ら影響しないことになるが，見かけ上の小ささだけでは判断を誤る場合も多い．その判断をより有効にするのが，14章で議論する仮説検定による判定方式である．

表 13-5 勤続年数と所定内給与額の回帰計算

	勤続年数(年)x_i	所定内給与額(千円)y_i	$x_i-\bar{x}$	$(x_i-\bar{x})^2$	$y_i-\bar{y}$	$(y_i-\bar{y})^2$	$(x_i-\bar{x})(y_i-\bar{y})$	推定値$\hat{y}_i$	残差 $e_i=y_i-\hat{y}_i$	e_i^2
0年	0.0	217.4	−13.56	183.75	−101.80	10,363.24	1379.96	217.90	−0.50	0.25
1〜2年	1.5	230.3	−12.06	145.34	−88.90	7,903.21	1071.74	229.11	1.19	1.42
3〜4年	3.5	246.0	−10.06	101.11	−73.20	5,358.24	736.07	244.05	1.95	3.78
5〜9年	7.0	264.1	−6.56	42.98	−55.10	3,036.01	361.21	270.21	−6.11	37.34
10〜14年	12.0	300.6	−1.56	2.42	−18.60	345.96	28.93	307.58	−6.98	48.66
15〜19年	17.0	348.3	3.44	11.86	29.10	846.81	100.23	344.94	3.36	11.29
20〜24年	22.0	395.4	8.44	71.31	76.20	5,806.44	643.47	382.31	13.09	171.47
25〜29年	27.0	426.7	13.44	180.75	107.50	11,556.25	1,445.28	419.67	7.03	49.42
30年以上	32.0	444.0	18.44	340.20	124.80	15,575.04	2,301.87	457.04	−13.04	169.91
合計	122.0	2,872.8	0.00	1,079.72	0.00	60,791.20	8,068.75	2,872.80	0.00	493.54
平均	13.56	319.20	0.00	119.97	0.00	6,754.58	896.53	319.20	0.00	54.84

表13-4より作成.

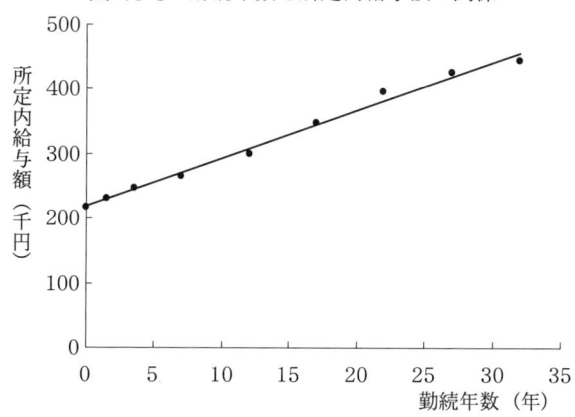

図 13-5 勤続年数と所定内給与額の関係

3 決定係数

説明変数・被説明変数

前節では，2変量のデータ $(x_1, y_1), (x_2, y_2), \cdots, (x_n, y_n)$ に対して，x_i と y_i の間に（13.3）の線形（直線）関係を想定し，最小2乗法によってその線形関係が最も強く出るように a, b をデータから求め，直線を特定化した．そこで

は「y の変動(結果)は,x の変動(原因)によって線形的に引き起こされている」とし,その因果関係が直線関係 (13.3) であるとみることができる.このようにみる場合,x を**説明変数**(あるいは回帰変数,原因変数,独立変数など),y を**被説明変数**(被回帰変数,結果変数,従属変数など)という.実際の分析では分析者が,2つの変数に対して片方を説明変数 x とし,もう1つを被説明変数 y と最初に選択する.回帰分析は,その選択のもとに被説明変数 y の変動をその原因となる説明変数 x の変動によって説明するのである.この因果関係の説明力を測定する指標が本節で説明する決定係数である.

y の変動の分解と決定係数

図13-4にあるように,散布図上のある点 (x_i, y_i) における観測値 y_i は,回帰式(1次式)で説明される部分 $\hat{y}_i(=a+bx_i)$ と残差 $e_i(=y_i-\hat{y}_i)$ の和

(13.14)　$y_i = \hat{y}_i + e_i$

に分解される.この式の両辺から y の平均値 $\bar{y}$ を引くと

(13.15)　$y_i - \bar{y} = (\hat{y}_i - \bar{y}) + e_i$

となる.この式は

$$\underbrace{y_i \text{の変動}}_{(y_i-\bar{y})} = \underbrace{x_i \text{で説明される部分}}_{(\hat{y}_i-\bar{y})} + \underbrace{x_i \text{で説明されない部分}}_{e_i}$$

と解釈できる(上の (13.14) 式にも同様の解釈を与えることができる).この式では,$y_i - \bar{y}$ と $\hat{y}_i - \bar{y}$ が近いほど,逆にいうと残差である $e_i = y_i - \hat{y}_i$ が 0 に近いほど,x_i が y_i をうまく説明していることになる.(13.15) の関係から,データ全体 ($i=1, 2, \cdots, n$) の y の変動に対して回帰式の説明力をみるために,(13.15) 式の両辺を2乗したうえで合計すると,非常に重要な次の関係が成り立つ(練習問題11参照).

---

y の変動の分解

(13.16)　$\underbrace{\sum_{i=1}^{n}(y_i-\bar{y})^2}_{y \text{の全変動}} = \underbrace{\sum_{i=1}^{n}(\hat{y}_i-\bar{y})^2}_{x \text{(回帰)で説明される変動}} + \underbrace{\sum_{i=1}^{n}e_i^2}_{x \text{(回帰)で説明されない変動(残差変動)}}$

3 決定係数

この分解に基づくと，x の変動が y の変動を説明する能力（説明力）を表す測度として，**決定係数** R^2 を次のように定義できる．

決定係数 R^2

(13.17) $\quad R^2 = \dfrac{\sum_{i=1}^{n}(\hat{y}_i - \bar{y})^2}{\sum_{i=1}^{n}(y_i - \bar{y})^2} \quad (0 \leq R^2 \leq 1)$

［解説］ (13.17) より決定係数 R^2 は，y の全変動に対する x で説明できる変動の「割合」であることがわかる．決定係数が，例えば $R^2 = 0.7$ であれば，x によって y の変動の70％が説明されることになる．このように，決定係数 R^2 は y の変動のうち x で説明される割合を示し，説明力の測度（尺度）となっている．決定係数 R^2 が1に近いほど，x の説明力が高く，0に近いほど，x の説明力が低い．

また，(13.16) 式の両辺を $\sum_{i=1}^{n}(y_i - \bar{y})^2$ で割れば，

$$1 = \dfrac{\sum_{i=1}^{n}(\hat{y}_i - \bar{y})^2}{\sum_{i=1}^{n}(y_i - \bar{y})^2} + \dfrac{\sum_{i=1}^{n}e_i^2}{\sum_{i=1}^{n}(y_i - \bar{y})^2}$$

が得られ，決定係数 R^2 は右辺第1項である．よって，R^2 を

(13.18) $\quad R^2 = 1 - \dfrac{\sum_{i=1}^{n}e^2}{\sum_{i=1}^{n}(y_i - \bar{y})^2}$

と書くことができる．つまり決定係数 R^2 は，1から y の全変動に対する x で説明できない残差の変動の割合を引いたものともみることができる．また，(13.16) から，$\sum_{i=1}^{n}(y_i - \bar{y})^2 \geq \sum_{i=1}^{n}(\hat{y}_i - \bar{y})^2$ であるので，$0 \leq R^2 \leq 1$ である．■

例題13.2のデータに対して (13.18) から決定係数を計算すると（表13-5参照），

$$R^2 = 1 - \dfrac{493.54}{60{,}791.20} = 0.9919$$

となる．つまり，勤続年数によって所定内給与額の変動の約99％が説明される．

この値は非常に高く，給与水準が勤続年数によってほとんど決定されていることを意味している．

決定係数と相関係数

本章 1 節で説明した相関係数 r_{xy} も，x と y の線形関係の強さを表すものであった．説明変数が 1 つの場合，決定係数 R^2 と相関係数 r_{xy} には，次の関係がある．

(相関係数)^2＝決定係数： $(r_{xy})^2 = R^2$

[解説]＊　$\hat{y}_i - \bar{y} = (a+bx_i) - (a+b\bar{x}) = b(x_i - \bar{x})$ より，(13.17) の R^2 の分子は，

$$\sum_{i=1}^{n}(\hat{y}_i - \bar{y})^2 = b^2 \times \sum_{i=1}^{n}(x_i - \bar{x})^2 = b\sum_{i=1}^{n}(x_i - \bar{x})(y_i - \bar{y})$$

と表せる（b の公式 (13.9) を用いている）．そして，決定係数と相関係数の定義式より，

$$R^2 = \frac{b\sum_{i=1}^{n}(x_i - \bar{x})(y_i - \bar{y})}{\sum_{i=1}^{n}(y_i - \bar{y})^2} = \frac{\sum_{i=1}^{n}(x_i - \bar{x})(y_i - \bar{y})}{\sum_{i=1}^{n}(x_i - \bar{x})^2} \times \frac{\sum_{i=1}^{n}(x_i - \bar{x})(y_i - \bar{y})}{\sum_{i=1}^{n}(y_i - \bar{y})^2}$$

$$= \left(\frac{S_{xy}}{S_x S_y}\right)^2 = (r_{xy})^2$$

となる．これより，相関係数が与えられていると，それを 2 乗すれば決定係数になることがわかる．また，決定係数の正の平方根をとり，b の符号を付与すれば相関係数が得られる．したがって，$0 \leq R^2 \leq 1$ から，本章 1 節で示した不等式 $-1 \leq r_{xy} \leq 1$ を導出できる．■

本章 1 節の株価変化率の例では，相関係数は $r_{xy}=0.77$ であったから，決定係数は $R^2=(0.77)^2 \fallingdotseq 0.59$ である．これは，(13.18) 式より求める決定係数と一致する．このように説明変数が 1 つの場合の回帰式の決定係数と相関係数には一意的な関係があるが，回帰分析においては，説明力（あてはまり）の尺度として，決定係数を利用することが多い．決定係数の方が，y の変動のうち x

の変動で説明される割合を示すという明確な意味があるからである．例えば，$R^2=0.5$ であれば x が y の50%を説明することを意味するけれども，$r_{xy}=0.5$ の場合，$R^2=0.25$ となり4分の1しか説明できていないことになる．

なお，(13.18)式の右辺第2項の分母・分子を n で割るとそれぞれ分散となるので，それら分散の比を1から減じたものが決定係数であると考えることもできる．すなわち，

$$(13.19) \quad R^2 = 1 - \frac{\sum_{i=1}^{n} e_i^2 / n}{\sum_{i=1}^{n} (y_i - \bar{y})^2 / n} = 1 - \frac{s_e^2}{s_y^2}$$

とみることもできる．ただし，分散の場合，データの個数で割らずに自由度で割った分散を考えることも多い（11章2節参照）．(13.19)式に関して，第2項の分母・分子を n の代わりに，自由度で割った分散に基づいて定義される決定係数を修正決定係数というが，これについては次節で説明する．

4 重回帰分析

重回帰分析

前節で議論した回帰方程式（回帰直線）では，被説明変数 y の変動を説明する説明変数は1つであった．しかし，経済現象における被説明変数 y の変動は，いくつかの説明変数の変動によって引き起こされている場合が多い．例えば2章の例題2.1（20ページ）では，家計の消費水準を可処分所得と消費者物価指数で説明できると考えている．また，本章で用いてきた株価の例では，トヨタ自動車の株価変化率を株式市場全体の動きを示す日経平均株価の変化率で説明しようとしたが，そこでの決定係数は，0.59程度で約6割しか説明されておらず，残りの4割は他の多くの要因（企業の業績，輸出に大きな影響を与える為替レートなど）によって説明されることになるだろう．一般的に市場全体の株価水準の変動は，内外金利水準や鉱工業生産指数，為替レート等の経済の基礎的条件を示す変数（ファンダメンタルズ）の変動や金融的変数の変動で説明されることが多い．いずれにせよ，経済現象に限らず，様々な変数は，通常，複数の要因によって説明される．

回帰分析ではこのような関係を，複数の説明変数を持つ，

(13.20) $\quad \hat{y}_i = a + b_1 x_{1i} + b_2 x_{2i} + \cdots + b_K x_{Ki}$

という回帰方程式で定式化する．この式では，被説明変数 y の変動を複数の説明変数 $(x_1, x_2, \cdots, x_K)$ の変動で説明する．この分析法を**重回帰分析**という．これに対して，説明変数が1つの場合を**単回帰分析**という．(13.20) 式では，一般的に K 個の説明変数 $x_1, x_2, \cdots, x_K$ があると仮定している．この場合データは，$(x_{1i}, x_{2i}, \cdots, x_{Ki}, y_i)$（ただし，$i = 1, 2, \cdots, n$）である．

重回帰分析における最小2乗法と決定係数

(13.20) 式では，データ $(x_{1i}, x_{2i}, \cdots, x_{Ki}, y_i)$ から $a, b_1, b_2, \cdots, b_K$ を推定する．その推定法は単回帰分析と同じで，最小2乗法を利用する．すなわち残差 e_i の2乗和

(13.21) $\quad RSS = \sum_{i=1}^{n} e_i^2 = \sum_{i=1}^{n} (y_i - \hat{y}_i)^2 = \sum_{i=1}^{n} (y_i - a - b_1 x_{1i} - b_2 x_{2i} - \cdots - b_K x_{Ki})^2$

を最小にするように最小2乗推定値 $a^*, b_1^*, b_2^*, \cdots, b_K^*$ を求める．前節までと同様に，以下では簡単化のためにこの最小2乗推定値の $*$ を取って $a, b_1, b_2, \cdots, b_K$ と書くことにする．

重回帰分析での最小2乗推定値の具体的な形は複雑である（章末の参考に $K=2$ の場合が，付録A4に一般の場合が示されている）が，Excelでは簡単に計算できる．

Excelで計算してみよう

Excelでの回帰分析は，「データ」→「データ分析」→「回帰分析」→「入力Y範囲」の指定→「入力X範囲」の指定→「一覧の出力先」の指定→「OK」によって計算される．ただし，複数の説明変数があるとき，それらは横に並んだ列でなければならない．また，「データ分析」が出ない場合は，Excelのメニューから，「ファイル」（またはOfficeボタン）→「Excelのオプション」→「アドイン」→「設定」→「分析ツール」をチェック→「OK」とすればよい．

$K=2$ の場合，回帰方程式 $\hat{y}_i = a + b_1 x_{1i} + b_2 x_{2i}$ は，直線ではなく，y, x_1, x_2 からなる3次元空間内の平面となる．この平面を**回帰平面**という．$K=3$ 以上では，図に表すことはできないが，(13.20) 式をもとに考えることができる．

重回帰分析でも，いくつかの点に関しては，単回帰分析の場合と同様の性質が成立する．

まず最小2乗残差の和は0となる．したがって，その平均値は0となる：

$$\sum_{i=1}^{n} e_i = 0, \quad \bar{e} = 0.$$

ここで（最小2乗）残差は，単回帰の場合と同様に，最小2乗推定値 $a, b_1, b_2, \cdots, b_K$ のもとで

$$e_i = y_i - \hat{y}_i = y_i - a - b_1 x_{1i} - b_2 x_{2i} - \cdots - b_K x_{1K}$$

で定義される．この式で両辺の和を取り，n で割ると，$\bar{e}=0$ より

(13.22) $\quad a = \bar{y} - b_1 \bar{x}_1 - b_2 \bar{x}_2 - \cdots - b_K \bar{x}_K$

が成立し，定数項 a は与えられた回帰係数 $b_1, b_2, \cdots, b_K$ と各変数の平均値により表現される．この式は各変数の平均値 ($\bar{x}_1, \bar{x}_2, \cdots, \bar{x}_K, \bar{y}$) が，(13.20) に最小2乗推定値 $a, b_1, b_2, \cdots, b_K$ を用いた「回帰平面」上にあることを示す．また残差 e_i は K 個の説明変数 ($x_{1i}, x_{2i}, \cdots, x_{Ki}$) の変動によって説明されない y_i の部分である．

残差 e_i の定義から $y_i = \hat{y}_i + e_i$ が成立し，この両辺の和をとり n で割ると，$\bar{e}=0$ より $\bar{y} = \bar{\hat{y}}$（y_i の平均値＝$\hat{y}_i$ の平均値）が成立する．さらに y の変動に関しても単回帰の場合の (13.16) と同様に，$y_i - \bar{y} = \hat{y}_i - \bar{y} + e_i$ の両辺を2乗し合計すると，y の2乗和を

$$\sum_{i=1}^{n} (y_i - \bar{y})^2 = \sum_{i=1}^{n} (\hat{y}_i - \bar{y})^2 + \sum_{i=1}^{n} e_i^2$$

と分解できる．実際，最小2乗法の結果として

(13.23) $\quad \sum_{i=1}^{n} e_i = 0, \quad \sum_{i=1}^{n} x_{1i} e_i = 0, \quad \sum_{i=1}^{n} x_{2i} e_i = 0, \quad \cdots, \quad \sum_{i=1}^{n} x_{Ki} e_i = 0$

が成立する（付録A4）ので，この第2式以下のものを利用すると (13.16) と同じく y の変動（2乗和）の分解を導出できる（練習問題11参照）．したがって決定係数も，単回帰の場合と同様に，

(13.24) $\quad R^2 = \dfrac{\sum_{i=1}^{n} (\hat{y}_i - \bar{y})^2}{\sum_{i=1}^{n} (y_i - \bar{y})^2} = 1 - \dfrac{\sum_{i=1}^{n} e_i^2}{\sum_{i=1}^{n} (y_i - \bar{y})^2}$

で定義される．決定係数 R^2 は，y の変動のうち説明変数 $x_1, x_2, \cdots, x_K$ の変動によって説明される割合である．

このように，重回帰分析でも，基本的な部分は，単回帰分析とほぼ同様である．しかし，いくつかの点で両者に違いがあるので，例をあげながら注意すべき点を説明していこう．

偏回帰係数

> **例題13.3** 表13-1のデータで，トヨタ自動車の株価変化率を y_i，日経平均株価の変化率を x_i として，回帰分析を考える．
> (1)　2月から12月のデータを用いて，y_i を x_i で回帰し，回帰直線 $\hat{y}_i = a + bx_i$，決定係数 R^2 を求めよ．そして，x_i の係数の大きさや決定係数の意味を考えよ．
> (2)　同じく2月から12月のデータを用いて，y_i を x_i と 1 カ月前のトヨタ自動車の株価変化率 y_{i-1} で説明する回帰方程式 $\hat{y}_i = a + b_1 x_i + b_2 y_{i-1}$ を推定し，決定係数 R^2 を求めよ．そして，x_i の係数の大きさや決定係数を比較せよ．

[解説]　(1) 表13-3と同様の表を作成すれば，$\hat{y}_i = 2.1816 + 1.2200 x_i$, $R^2 = 0.7027$ を得る．これより，日経平均株価が 1 ％上昇すると，トヨタ自動車の株価が1.22％上昇すること，日経平均株価の変化率によって，トヨタ自動車の株価変化率が70.27％説明されることがわかる（データ数が異なっているので，1節の結果とは若干異なっている）．

(2)　y_{i-1} を説明変数に用いるということは，1 カ月前のトヨタ自動車の株価変化率が，当月の変化率に何らかの影響を与えると考えることになる．この場合のデータとしては，表13-6にあるように，2月の y_{i-1} には1月のトヨタ自動車の変化率-0.7％を，3月の y_{i-1} には2月の変化率2.8％を…，というように y_i を 1 カ月ずつずらした値を説明変数 y_{i-1} として用いる．このような変数をラグ付き（内生）変数という．説明変数が 2 つあるので，計算は Excel のデータ分析で行い，その結果が表13-6に示されている．そこから

$$\hat{y}_i = 2.2250 + 1.2167 x_i - 0.0311 y_{i-1}, \quad R^2 = 0.7033$$

表 13-6 重回帰分析のデータと分析結果の出力

	y_i	x_i	y_{i-1}
1月	−0.7	3.3	
2月	2.8	−2.7	−0.7
3月	2.9	5.3	2.8
4月	3.6	−0.9	2.9
5月	−11.0	−8.5	3.6
6月	1.0	0.2	−11.0
7月	1.2	−0.3	1.0
8月	5.1	4.4	1.2
9月	0.8	−0.1	5.1
10月	7.9	1.7	0.8
11月	1.3	−0.8	7.9
12月	13.4	5.8	1.3

(注) 表にある，重決定 R^2 と補正 R^2 は，それぞれ本文にある決定係数，修正決定係数（自由度修正済決定係数）である．

概要

回帰統計	
重相関 R	0.838622
重決定 R^2	0.703287
補正 R^2	0.629109
標準誤差	3.584909
観測数	11

分散分析表

	自由度	変動	分散	観測された分散比	有意 F
回帰	2	243.6929	121.8464	9.481052332	0.007751
残差	8	102.8126	12.85157		
合計	10	346.5055			

	係数	標準誤差	t	P値	下限95%	上限95%
切片	2.225019	1.136545	1.957704	0.085962565	−0.39586	4.845898
X 値1	1.216737	0.28143	4.323413	0.00253438	0.567758	1.865715
X 値2	−0.03113	0.240656	−0.12935	0.900272345	−0.58608	0.523826

を得る（出力との対応を確認せよ）．これよりトヨタ自動車の株価変化率は，日経平均株価の変化率と1カ月前のトヨタ自動車の株価変化率によって，70.33%説明されており，(1)の結果よりわずかであるが説明力が上昇している

ことになる．また，日経平均株価の変化率の係数は，1.2167と(1)よりも若干低下している．またラグ付き説明変数の係数はマイナスであるので，前月の変化率（収益率）が高ければ当月の収益率を下げる効果を持つことになる．■

この例での決定係数については次項以降で説明する．ここでは，説明変数の回帰係数について説明しよう．単回帰分析における回帰係数は，xが1単位増えたとき，yが何単位増えるのかを表した（345ページ）．しかし，重回帰分析では，説明変数x_jの回帰係数（$j=1,2,\cdots,K$）は，「他の変数を一定（不変）」とした場合に，x_jだけが1単位増えた場合，yが何単位増えるのかを表す．すなわち，他の変数をコントロールしたうえでのx_jのyに対する影響の大きさを表す．重回帰における説明変数の係数は，しばしば**偏回帰係数**と呼ばれる（「偏」とは，部分的という意味である）．

したがって，上の例題の(2)における$b_1=1.2167$は，1カ月前のトヨタ自動車の株価変化率を一定とすると（すなわち1カ月前の株価変化率が同じだとしたら），日経平均株価が1％上昇すると，当月のトヨタ自動車の株価が1.2167％上昇することを意味する．同様に，日経平均株価の変化率を一定とすると，1カ月前のトヨタ自動車の株価変化率が1％上昇すると，当月のトヨタ自動車の株価が0.0311％低下することになる．

単回帰分析における回帰係数との違いを上の例題で説明しよう．まず(1)では，1カ月前のトヨタ自動車の株価変化率y_{i-1}の影響が，日経平均株価の変化率x_iの（単）回帰係数1.22に一部含まれてしまっている．実際，x_iとy_{i-1}の間にも相関関係があるため，x_iの変動がy_{i-1}を変化させ，その変化によってもたらされるy_iへの影響も部分的に回帰係数1.22には含まれている．それに対して，重回帰分析におけるx_iの係数は，y_{i-1}の影響が分離され，相対的にみて純粋なx_iのy_iへの影響を表している（14章練習問題6を参照せよ）．

説明変数の追加と決定係数

上の例題の(2)では(1)に説明変数y_{i-1}を追加したが，その結果，決定係数は上昇した．このことから説明力が上昇したといえるのだろうか．この問題を以下で議論する．

一般に，**説明変数の数を増加させると決定係数の値も上昇する**．それは説明

変数が増加すると，残差2乗和 $\sum_{i=1}^{n} e_i^2$ が減少するからである．これをみるため，いま K 個の説明変数を用いた (13.20) 式と，そこから K 番目の説明変数を1つ落とした

(13.25) $\quad \hat{y}_i = a + b_1 x_{1i} + b_2 x_{2i} + \cdots + b_{K-1} x_{K-1,i}$

を比較しよう．K 個の説明変数を持つ (13.20) の残差2乗和を $RSS(K)$，$K-1$ 個の説明変数を持つ (13.25) の残差2乗和を $RSS(K-1)$ と書くと，

(13.26) $\quad RSS(K-1) \geq RSS(K)$

が成立する．実際，RSS を最小化する場合，(13.25) では，(13.20) に $b_K = 0$ という制約をおいて最小化するのに対して，(13.20) ではその制約をおかずに最小化するので，(13.20) の残差2乗和 $RSS(K)$ の方が小さくなる．(13.24) の決定係数において，残差2乗和 $RSS = \sum_{i=1}^{n} e_i^2$ が小さい方が決定係数は大きくなるので，(13.26) より，同じ y_i に対しては K 個の説明変数の場合の方が，$K-1$ 個の場合より決定係数が大きくなる．例えば，説明変数が x_{1i} だけの単回帰分析に比べて，x_{2i} を追加した重回帰では残差 $\sum_{i=1}^{n} e_i^2$ は小さくなり，決定係数は上昇する．

したがって，上の例題13.3の(2)で説明変数を追加することによって，決定係数が上昇したとしてもそれは当然の結果であり，(1)と(2)の決定係数を直接比較することはできない．

修正決定係数

このように，説明変数の数を増加させると決定係数は増加するので，決定係数を用いて異なる説明変数を持った2つの回帰式の説明力を比較できない．そこで，$K-1$ 個の説明変数を持つ回帰式 (13.25) にもう1つ説明変数 x_K を追加したときに，K 個の説明変数を持つ回帰式 (13.20) の説明力が十分増加しているかどうかを比較できるように，決定係数を修正することを考える．それは，新しい説明変数 x_K の追加による説明力の増加が十分意味のあるものかどうかをみる測度としての，次の**修正決定係数（自由度修正済決定係数）** $\bar{R}^2$ である．

> **修正決定係数 $\bar{R}^2$**
>
> $$(13.27) \quad \bar{R}^2 = 1 - \frac{\sum_{i=1}^{n} e_i^2/(n-K-1)}{\sum_{i=1}^{n}(y_i-\bar{y})^2/(n-1)}$$

[**解説**] (13.27)式の右辺第 2 項の分母 $\sum_{i=1}^{n}(y_i-\bar{y})^2/(n-1)$ は自由度調整済分散 v_y^2（5 章，11 章参照）である．実際，$\tilde{y}_i = y_i - \bar{y}$ とおくと，n 個の $\tilde{y}_i$ ($i=1,2,\cdots,n$) はその和が 0 となるという制約を持つので，自由度は $n-1$ であった．他方，分子では残差 2 乗和を，その自由度 $(n-K-1)$ で割っている．この自由度について説明しよう．n 個の最小 2 乗残差 $e_1, e_2, \cdots, e_n$ は，単回帰分析の性質(2),(4)の拡張として，(13.23)で示した $K+1$ 個の制約を持つ．よって，n 個の残差のうち自由に動ける数としての自由度は $n-(K+1) = n-K-1$ である．重回帰分析における（残差の）自由度は，データの個数から説明変数の個数＋1（この＋1は定数項 a の部分に対応する）を引いたものである．この理由によって，(13.27) の右辺第 2 項の分子は，自由度 1 個当たりの残差 2 乗和の平均としての自由度調整済分散 $\sum_{i=1}^{n} e_i^2/(n-K-1)$ を利用している．この修正決定係数は，(13.23)式の修正前の決定係数の 2 番目の定義の第 2 項の分母，分子を自由に動ける自由度 1 個当たりの平均値で置き換えたものである．このように考えれば，(13.19) 式は自由度で修正をしていない決定係数を与えているとみることができる．

決定係数 R^2 と修正決定係数 $\bar{R}^2$ には，次の関係がある．

$$\bar{R}^2 = 1 - \frac{\sum_{i=1}^{n} e_i^2/(n-K-1)}{\sum_{i=1}^{n}(y_i-\bar{y})^2/(n-1)} = 1-(1-R^2)\frac{n-1}{n-K-1}$$

この式で，$n-1 > n-K-1$ であるから，$R^2 > \bar{R}^2$ であることがわかる．■

ここで重要な点は，修正決定係数は説明変数を追加しても必ずしも増加しない点である．(13.27) をみると，説明変数を追加すれば $\sum_{i=1}^{n} e_i^2$ は減少するが，K も増加するため $n-K-1$ は減少する（右辺第 2 項分母は不変）．そこでは説明変数の追加による残差 2 乗和 $\sum_{i=1}^{n} e_i^2$ の減少の度合いと，自由度 $n-K-1$ の減少の度合いによって $\sum_{i=1}^{n} e_i^2/(n-K-1)$ が増加するか，減少するかが決ま

る．$\sum_{i=1}^{n} e_i^2/(n-K-1)$ が減少すれば（すなわち，説明変数の追加による自由度の減少以上に，残差2乗和が減少する場合），修正決定係数 $\bar{R}^2$ は増加することになる．逆に，自由度 $n-K-1$ の減少に見合うだけ残差2乗和 $\sum_{i=1}^{n} e_i^2$ が減少しなければ，説明変数を追加することによって $\sum_{i=1}^{n} e_i^2/(n-K-1)$ は増加し，修正決定係数 $\bar{R}^2$ は減少することになる．それゆえ修正決定係数 $\bar{R}^2$ が増加した場合に，その説明変数を意味のあるものとして，回帰方程式に追加すると判断することもできるのである．

なお個別の変数でどの変数が説明力のある変数であるかを判定する方法としては，次章で述べる t 検定がある．そこでは，修正決定係数を上昇させるために，与えられた回帰式でどの変数を削除した方がよいかも判定できる．

例題13.3で修正決定係数を求めてみると，(1)では $R^2=0.7027$ なので，

$$\bar{R}^2 = 1 - (1-0.7027)\frac{11-1}{11-1-1} = 0.6696,$$

y_{i-1} を説明変数に追加した(2)では $R^2=0.7033$ なので，

$$\bar{R}^2 = 1 - (1-0.7033)\frac{11-1}{11-2-1} = 0.6291$$

となる（表13-6の出力では，「補正 R^2」のところを見よ）．つまり，この例では，y_{i-1} を追加すると修正決定係数が減少しており，1カ月前の変化率 y_{i-1} が，当月の変化率 y_i を説明するのにあまり意味がないことを示唆している．

修正決定係数が増加する条件*

上の説明を別の観点からみてみよう．いま，K 個の説明変数を持つ(13.20)の修正決定係数を $\bar{R}^2(K)$，$K-1$ 個の説明変数を持つ(13.25)の修正決定係数を $\bar{R}^2(K-1)$ とする．そして，説明変数を追加することによって修正決定係数が増加する，すなわち

(13.28)　　$\bar{R}^2(K-1) \leq \bar{R}^2(K)$

を満たす条件を求めてみよう．(13.28)に(13.27)を代入して整理すると，

(13.29)　　$F = \dfrac{RSS(K-1) - RSS(K)}{RSS(K)/(n-K-1)} \geq 1$

を得る（練習問題11）．この F のことを F 比という．F 比の分子は説明変数

を1つ追加することによる残差2乗和 RSS の減少分であり，それは（13.26）により正である．また，分母は（13.20）式における自由度1個当たりの残差2乗和の平均値，すなわち残差の自由度調整済分散である．この比が1より大きい場合に限って，（13.20）式の $\bar{R}^2(K)$ の方が，（13.25）式の $\bar{R}^2(K-1)$ より大きくなるのである．

したがって修正決定係数が増加する場合は，（13.29）式の分子の残差2乗和の減少分が分母の残差の自由度調整済分散より大きい場合に限る．すなわち，新たに説明変数を追加した結果得られる説明力の増加が，追加後の回帰式で説明できない変動（残差分散）より大きい場合，その説明変数を加えることになる．これを F 比1の基準という．この基準と，修正決定係数が増加した場合に新しい変数を追加するという基準は同じことである．つまり F 比1の基準による説明は，修正決定係数による説明変数の追加基準に理論的な裏づけを与えるものである．

参考　重回帰分析（$K=2$）の最小2乗推定値

重回帰方程式のうち，最も単純な説明変数が2個（$K=2$）の場合，すなわち，$\hat{y}_i = a + b_1 x_{1i} + b_2 x_{2i}$ の最小2乗推定値 a, b_1, b_2 を示しておく．

$$b_1 = \frac{S_{1y}S_{22} - S_{12}S_{2y}}{S_{11}S_{22} - S_{12}^2}, \quad b_2 = \frac{S_{2y}S_{11} - S_{12}S_{1y}}{S_{11}S_{12} - S_{12}^2}, \quad a = \bar{y} - b_1 \bar{x}_1 - b_2 \bar{x}_2$$

ただし，

$$S_{11} = \sum_{i=1}^{n}(x_{1i} - \bar{x}_1)^2, \quad S_{22} = \sum_{i=1}^{n}(x_{2i} - \bar{x}_2)^2, \quad S_{12} = \sum_{i=1}^{n}(x_{1i} - \bar{x}_1)(x_{2i} - \bar{x}_2)$$

$$S_{1y} = \sum_{i=1}^{n}(x_{1i} - \bar{x}_1)(y_i - \bar{y}), \quad S_{2y} = \sum_{i=1}^{n}(x_{2i} - \bar{x}_2)(y_i - \bar{y})$$

キーワード

散布図　正の相関・負の相関・無相関　共分散　相関係数　残差　残差2乗和　最小2乗法　最小2乗推定値　回帰直線　回帰方程式　回帰係数　残差分散　推定値　説明変数　被説明変数　決定係数　重回帰分析　回帰平面　偏回帰係数　修正決定係数　F 比1の基準

練習問題

1．次の表は，ある商品の価格（x，単位：円）と1カ月当たりの購入量（y，単位：個）のデータである．

価格（円）：x	240	160	120	80
購入量（個）：y	2	3	7	10

(1) 散布図を描け．
(2) xとyの平均，分散，標準偏差，共分散，相関係数を求めよ．
(3) 回帰直線 $\hat{y}_i = a + bx_i$ を求めよ．a, b からどのようなことがわかるか．
(4) 推定値と残差を求めよ．また，決定係数 R^2 を求めよ．

2．次の表は，ある5世帯の年間の所得（x，単位：万円）と年間の消費額（y，単位：万円）のデータである．1と同様の問いに答えよ．

所得（万円）：x	300	400	500	500	500
消費（万円）：y	300	350	350	400	450

3．表2-9のデータから算出した実質消費（民間最終消費支出）をy，表2-5の実質国内総支出をxとする．2000年から2006年のデータを用いるとき，

(1) 散布図を描け．
(2) $\hat{y}_i = a + bx_i$ として，最小2乗法により，aとbを求めよ．また，決定係数，修正決定係数を求めよ．
(3) 実績値・推定値・残差を計算せよ．また，実績値・推定値を時系列プロットせよ．
(4) $y = \alpha + \beta x$ は，消費関数を表す（所得の大きさが消費の大きさを決定する）．α と β は何を意味するか．それらの理論上の大きさを考え，推定結果との対応を確認せよ．

4．表2-3の年間収入十分位階級別の費目別支出のデータについて，消費支出をC，各費目の支出をE_j（$j=$食料，住居，…，その他）とする．ここで，
$$\hat{E}_j = a_j + b_j C$$
という関係を考えるとき，この関係は，**エンゲル関数**と呼ばれる．

(1) 各費目について，a と b を最小2乗法によって計算せよ．また，決定係数，修正決定係数を求めよ．

(2) 収入の増加と費目ごとの支出構成比の変化のパターンを4章練習問題4で求めたが，a の符号によって，費目ごとのパターンが判断できる．なぜか（ヒント：$\hat{E}_j = a_j + b_j C$ の両辺を C で割る）．回帰式の a の値と4章で求めた結果とが対応することを確かめよ．

(3) 各費目の支出弾力性は，消費支出が1％増加したとき，その費目への支出が何％増加（減少）するのかを示す．第 j 項目の支出弾力性 η_j は，

$$\eta_j = \frac{dE_j/E_j}{dC/C} = \frac{dE_j}{dC} \times \frac{C}{E_j} = b \div \frac{E_j}{C}$$

で求められる（d は微分を示すが，変化量と考えてもよい）．つまり，支出弾力性は，エンゲル関数の回帰係数をその費目の消費支出に対する構成比で割ればよい．構成比を平均で評価し，各項目の支出弾力性を求めよ（つまり，$\eta_j = b \div (\overline{E_j}/\overline{C})$ で求める）．弾力性が1を超えるかどうかと(2)の結果（a の符号および支出構成比の変化）を対応させよ．

(4) 説明変数として世帯人員 N を加え $\hat{E}_j = a_j + b_j C + c_j N$ という式（これもエンゲル関数である）を考える（N のデータは下の表参照）．この式を重回帰分析によって各費目について推定し，エンゲル関数を推定せよ．

収入階級	I	II	III	IV	V	VI	VII	VIII	IX	X
世帯人員	3.05	3.20	3.29	3.31	3.44	3.51	3.55	3.58	3.66	3.72

(出所) 表2-3と同じ．

5. 下の表は，2000年～2006年の映画館入場者数と平均料金のデータである．説明変数，被説明変数を考えて，このデータを回帰分析せよ．また，このデータ以外にどのようなデータが必要になるのかを考えよ．

	2000	2001	2002	2003	2004	2005	2006
映画館平均料金（円）	1,262	1,226	1,224	1,252	1,240	1,235	1,233
映画館入場者数(千人)	135,390	163,280	160,767	162,347	170,092	160,453	164,585

(出所) 日本映画製作者連盟．

表 13-7 2005年の都道府県別人口と自動車保有台数

都道府県	人口(万人)	自動車保有台数(万台)	都道府県	人口(万人)	自動車保有台数(万台)	都道府県	人口(万人)	自動車保有台数(万台)	都道府県	人口(万人)	自動車保有台数(万台)
北海道	563	372	東京都	1,258	463	滋賀県	138	95	香川県	101	75
青森県	144	100	神奈川県	879	398	京都府	265	136	愛媛県	147	100
岩手県	139	98	新潟県	243	178	大阪府	882	380	高知県	80	56
宮城県	236	156	富山県	111	87	兵庫県	559	293	福岡県	505	312
秋田県	115	83	石川県	117	86	奈良県	142	83	佐賀県	87	63
山形県	122	92	福井県	82	64	和歌山県	104	74	長崎県	148	91
福島県	209	156	山梨県	88	72	鳥取県	61	45	熊本県	184	128
茨城県	298	238	長野県	220	185	島根県	74	54	大分県	121	87
栃木県	202	160	岐阜県	211	164	岡山県	196	146	宮崎県	115	89
群馬県	202	171	静岡県	379	276	広島県	288	181	鹿児島県	175	130
埼玉県	705	385	愛知県	725	487	山口県	149	106	沖縄県	136	92
千葉県	606	339	三重県	187	143	徳島県	81	61			

(出所) 総務省統計局「国勢調査」，国土交通省「陸運統計要覧」．

6．上の練習問題2で
   (1) y の単位を万円ではなく円にする（10000倍する）と，a と b はどうなるか．
   (2) x の単位を万円ではなく円にする（10000倍する）と，a と b はどうなるか．
   (3) 説明変数 x の測定単位が p 倍，被説明変数 y の測定単位が q 倍になると，a と b がどう変化するのかを公式より一般的に説明せよ．

7．表2-10のデータについて，以下の問いに答えよ．
   (1) x_1 を平均気温，y を交通事故死亡者数として，回帰分析を行え．
   (2) 表13-7は，表2-10と同じ2005年の都道府県別の人口と自動車保有台数のデータである．人口を x_2，自動車保有台数を x_3 として，y を x_1, x_2, x_3 で重回帰せよ．

8．表13-4のデータで，説明変数として勤続年数 x とその2乗 x^2 の2つを用いて重回帰分析を行え．

9．次の式を証明せよ．
   (1) $\sum_{i=1}^{n}(x_i - \bar{x})(y_i - \bar{y}) = \sum_{i=1}^{n} x_i y_i - n\bar{x}\bar{y}$

(2) $\sum_{i=1}^{n}(x_i-\bar{x})(y_i-\bar{y})=\sum_{i=1}^{n}(x_i-\bar{x})y_i$

10*. 最小2乗法による a と b が，(13.10)，(13.9) で与えられることを次の (1)〜(3) の手順に従って証明せよ．

(1) $S=\sum_{i=1}^{n}(y_i-\hat{y}_i)^2=\sum_{i=1}^{n}(y_i-a-bx_i)^2$ とおいて，S を a と b で偏微分 ($\partial S/\partial a$, $\partial S/\partial b$) せよ．

(2) (1)で偏微分した2つの式を0とおいて，それらを変形し，

$$\sum_{i=1}^{n}y_i=na+b\sum_{i=1}^{n}x_i$$

$$\sum_{i=1}^{n}x_iy_i=a\sum_{i=1}^{n}x_i+b\sum_{i=1}^{n}x_i^2$$

となることを示せ（最小化は，微分して0とおく）．上の2つの式は，**正規方程式**と呼ばれる．

(3) 正規方程式を a と b に関する連立方程式とみなして，a と b について解き，(13.9)，(13.10) を導け．

11*. 10を利用して，以下の式を証明し，その意味を考えよ．

(1) $\sum_{i=1}^{n}e_i=0$，ただし $e_i=y_i-\hat{y}_i$．

(2) $\sum_{i=1}^{n}e_ix_i=0$

(3) $\sum_{i=1}^{n}e_i\hat{y}_i=0$

(4) $\sum_{i=1}^{n}(y_i-\bar{y})^2=\sum_{i=1}^{n}(\hat{y}_i-\bar{y})^2+\sum_{i=1}^{n}(y_i-\hat{y}_i)^2$

(5) $\bar{R}^2(K-1)\leq\bar{R}^2(K)$ と $\dfrac{RSS(K-1)-RSS(K)}{RSS(K)/(n-K-1)}\geq 1$ は同値であることを示せ（記号の定義は，(13.29) を参照せよ）．

14章

母集団回帰モデル

　前章では，与えられたデータに対して線形因果関係を想定する回帰分析について説明した．そこでの議論は，データのなかでの分析の枠内であり，母集団の構造との関係を直接分析するものではない．本章では，与えられたデータが，「真」の構造としての母集団における回帰モデルから確率的に生成されたとみて，その母集団構造について推論する方法を解説する（データの外への推論）．母集団からの標本に基づく回帰分析では，一般に複数の説明変数の変動によって Y の変動を説明する場合，データの実現前でみれば被説明変数 Y も確率変数である．そして，説明変数の値を与えたとした場合の条件付モデルを仮定したうえで，最小 2 乗法による回帰係数の推定量（最小 2 乗推定量）の有効性をみたり，母集団パラメータとしての回帰係数についての推論をする．特にモデルに導入する説明変数の妥当性をみるために，t 値と呼ばれる t 統計量の実現値に基づいて各説明変数の説明力を判定する仮説検定が，回帰分析において非常に重要であることを示す．

【本章の内容】
(1) 回帰分析における母集団と標本の関係を，誤差項を持つ回帰モデルで表現する．ここでの誤差項の仮定の設定の仕方で，母集団から生成される被説明変数の母集団確率構造が変わるが，標準的な仮定をもとに，最小 2 乗推定量の分布や性質を考える．
(2) 誤差項の分散等を推定し，回帰係数の信頼区間を導出する．
(3) 回帰係数の仮説検定の意味を理解し，t 値，P 値などによる説明変数の有意

性検定の意味を学習する．
(4) (1)〜(3)を重回帰に拡張する．
(5) 回帰分析の応用例として，ファイナンス理論，時系列分析，相関係数の検定などを取り上げる．

1 母集団単回帰モデル

本節では，回帰分析における母集団と標本の関係を考察し，平均値や比率の場合と同様に，標本データから，母集団の回帰関係に関する情報を推論する考え方と方法を学習する．

まず，前章で学習したことを簡単に復習しておこう．

単回帰分析においては，与えられたデータ $(x_1, y_1), (x_2, y_2), \cdots, (x_n, y_n)$ に対して，線形因果関係を想定し，各点から直線に下ろした距離（残差）の2乗が最小になるように1次式（回帰直線）

(14.1) $\quad \hat{y}_i = a + bx_i \quad (i = 1, 2, \cdots, n)$

を求める方法について説明した（最小2乗法）．この式は，データ $(y_1, y_2, \cdots, y_n)$ の変動を $(x_1, x_2, \cdots, x_n)$ の変動で説明する式である．(14.1)式による最小2乗残差 $e_i = y_i - \hat{y}_i$ は，その平均（合計）が0であるとともに，その2乗和 $\sum_{i=1}^{n} e_i^2$ が最小となるものであった．

母集団回帰モデル

本節では，実現したデータ $(x_1, y_1), (x_2, y_2), \cdots, (x_n, y_n)$ の背後に，母集団の関係式として「真」の構造を表す母集団の回帰関係

(14.2) $\quad Y_i = \alpha + \beta X_i + E_i \quad (i = 1, 2, \cdots, n)$

があると考える．(14.2)を母集団確率的回帰モデル，あるいは単に**母集団回帰モデル**という．n 個のデータはこのモデルから確率的に生成され，実現したとみる．もちろん，(X_i, Y_i) は確率変数であり，第 i 番目の組の (X_i, Y_i) はその確率分布に従って一定の確率でいろいろな値を取るが，そのなかから (x_i, y_i) というデータが実現したと考える．なお α, β は推定対象としての母集団パラメータで，一定の値である．

(14.2)の母集団回帰モデルでは，確率変数X_iが確率変数Y_iの説明変数であるとみる．その場合，(14.2)のE_iは

(14.3)　　$E_i = Y_i - \alpha - \beta X_i$

となるが，これはモデル(14.2)で確率変数X_iによって確率変数Y_iを説明できない部分で，(確率的)**誤差項**と呼ばれる確率変数である．実際，確率変数(X_i, Y_i)がいろいろな値を一定の確率で取るとき，それに対応してE_iもその確率でいろいろな値を取ることになる．(14.2)の母集団回帰モデルでは，確率変数X_iが確率変数Y_iの説明変数であるので，X_iが1つの値x_iを取るとき，Y_iはそれに対応して$\alpha + \beta x_i$の近くの値を取る確率が高いと考えられる．

この考え方を詳しく述べよう．X_iがある1つの値x_iを取ったという条件付で議論する条件付モデル

(14.4)　　$Y_i = \alpha + \beta x_i + E_i$

を考える．(14.2)のモデルは因果関係を示すモデルであるが，そこにおけるX_iに$X_i = x_i$を与えたときのY_iの(条件付)確率分布は，$\alpha + \beta x_i$の近くに確率が集中していて，Y_iの(条件付)平均値$E(Y_i)$は$\alpha + \beta x_i$に対応しているとみることが合理的であろう(厳密には，条件付期待値として$E(Y_i | X_i = x_i)$と表現できる)．そこで，このような見方を誤差項E_iに関する仮定として，以下のように表現する．

誤差項に関する諸仮定

> (条件付) 回帰モデル $Y = \alpha + \beta x_i + E_i$ における誤差項に関する標準的仮定
> 　仮定(i)　E_iの期待値(平均値)は0：$E(E_i) = 0$
> 　仮定(ii)　E_iの分散は一定：$\mathrm{Var}(E_i) = \sigma^2$
> 　仮定(iii)　E_iとE_jは無相関：$\mathrm{Cov}(E_i, E_j) = E(E_i E_j) = 0 \quad (i \neq j)$
> 　仮定(iv)　E_iは正規分布に従う

[**解説**]　以下で各仮定について1つずつ解説していこう．まず重要な点は(条件付)モデル$Y_i = \alpha + \beta x_i + E_i$において，$x_i$は確率変数ではなく，所与の値(確率変数の実現値)であるという点である．その場合，α, βは母集団パラメ

ータであるので，確率変数は Y_i, E_i だけであるが，左辺の被説明変数 Y_i の確率的変動は，右辺の誤差項 E_i の確率的変動に対応するので，E_i の変動を与えると，Y_i の変動はそれに $\alpha + \beta x_i$ を加えたものとして決まる．

仮定(ⅰ) $E_i = Y_i - \alpha - \beta x_i$ の期待値（平均値）が 0 ということは，各 i について，

(14.5) $\quad E(Y_i) = \alpha + \beta x_i$

が成立し，X_i が x_i を取ったとき，Y_i の値はいろいろな値を取る可能性があるが，平均的にみて $\alpha + \beta x_i$ であることを意味する．

仮定(ⅱ) (14.5) より，$Y_i - E(Y_i) = Y_i - (\alpha + \beta x_i) = E_i$ であるから，Y_i の分散は誤差項の分散と等しく，その分散は仮定(ⅱ)を用いると，

$$\mathrm{Var}(Y_i) = \mathrm{Var}(E_i) = \sigma^2$$

となる．ここで重要な点は，この分散の値は i にかかわらず一定値 σ^2 であり，全ての i について共通（一定）である，と仮定していることである（均一分散）．Y_i の分散は，X_i の取った値 x_i の水準に無関係で一定であり，各 Y_i は $\alpha + \beta x_i$ のまわりに均一の分散を持つ（図14-1参照）．計量経済学では，この仮定を緩めて分散が異なるモデルも扱っている．

仮定(ⅲ) 誤差項の共分散は，共分散の定義である (7.30) 式（164ページ），ならびに仮定(ⅰ)より，

$$\mathrm{Cov}(E_i, E_j) = E[(E_i - E(E_i))(E_j - E(E_j))] = E(E_i E_j)$$

となり，仮定(ⅲ)はこの値が 0 であると述べている．

確率的誤差項 $E_1, E_2, \cdots, E_n$ が互いに無相関であることは，与えられた $x_1, x_2, \cdots, x_n$ に対して，$Y_1, Y_2, \cdots, Y_n$ が互いに無相関であることを意味する．特に次の正規分布の仮定のもとでは，$E_1, E_2, \cdots, E_n$ が互いに無相関であればそれらは互いに独立となるので，$Y_1, Y_2, \cdots, Y_n$ も互いに独立となる．また逆に E_i, E_j が無相関でないということは，例えば，ある i に対する誤差項 E_i がプラスであると，その次の誤差項 E_{i+1} もプラスになりやすい，といった相関がある状況である．これは時系列データに対する回帰分析でしばしばみられる状況である．このような発展形も時系列回帰分析では考察されている（練習問題6）．

仮定(ⅳ) 正規分布を仮定すると，Y_i の分布はその平均値 $E(Y_i) = \alpha + \beta x_i$ を中心として対称分布となり，Y_i は平均値のまわりに落ちる確率が高くなる．

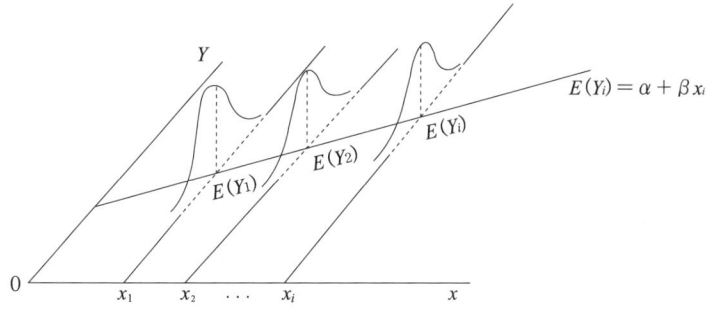

1 母集団単回帰モデル 371

図 14-1 回帰モデルにおける誤差項の分布

また，仮定(iii)の誤差項の無相関性の仮定とあわせると，$E_1, E_2, \cdots, E_n$ は互いに独立に同じ正規分布 $N(0, \sigma^2)$ に従うことになる．したがって，$Y_1, Y_2, \cdots, Y_n$ は互いに独立で，各 Y_i は平均値 $\alpha + \beta x_i$，分散 σ^2 の正規分布に従う．

仮定(i)〜(iv)を前提としたときの Y_i の発生の仕方を $i=1, 2, \cdots, n$ に対して図示したのが図14-1である．■

最小2乗推定量の標本分布

11章と12章で述べた母集団パラメータの推定・検定を展開する場合，パラメータに対応する推定量の標本分布が基礎となった．これと同様に，上に述べた誤差項の標準的仮定のもとで，母集団回帰モデルのパラメータ α, β に関する推論においても，推定量の標本分布が基礎となる．標本平均などの標本分布の導出には，正規母集団やiidの仮定が必要であったが，それに対応した仮定が E_i に関する4つの標準的仮定である．実際，上の仮定のもとでは，$E_1, E_2, \cdots, E_n$ は，iidで正規分布 $N(0, \sigma^2)$ に従う．

母集団回帰モデル (14.4) の場合でも，標本として実現したデータ (x_1, y_1)，$(x_2, y_2), \cdots, (x_n, y_n)$ に対して，最小2乗法によって α, β を推定できる．13章で提示された (13.9), (13.10) は，α, β の最小2乗推定「値」を与える公式である．ここで $y_1, y_2, \cdots, y_n$ は，$x_1, x_2, \cdots, x_n$ が与えられたという条件のもとで，回帰モデル (14.4) の $Y_1, Y_2, \cdots, Y_n$ から実現した値である．そこで，(13.9), (13.10) の最小2乗推定「値」のなかの $y_1, y_2, \cdots, y_n$ を，それが実現する前の確率変数 $Y_1, Y_2, \cdots, Y_n$ で置き換えれば，最小2乗推定「量」が得ら

れる．実現値 a, b に対して，それが実現する前の確率変数（最小2乗推定量）を A, B とすれば，A, B は

$$(14.6) \quad B = \frac{\sum_{i=1}^{n}(x_i - \bar{x})(Y_i - \bar{Y})}{\sum_{i=1}^{n}(x_i - \bar{x})^2}$$

$$(14.7) \quad A = \bar{Y} - B\bar{x}$$

と書くことができる．このとき，B や A は，確率変数 $Y_1, Y_2, \cdots, Y_n$ の関数として確率変数であり，統計量（推定量）である．したがって，10章で述べたように，それらは一定の確率分布（標本分布）に従うことになる．その標本分布の平均値，分散，ならびに分布の形は，誤差項に関する標準的仮定のもとで，以下のようになる．

標準的仮定のもとでの最小2乗推定量 A, B の性質

(1) 仮定(i)のもとでの A, B の平均値（期待値）

$$(14.8) \quad E(A) = \alpha, \quad E(B) = \beta$$

(2) 仮定(i)〜(iii)のもとでの A, B の分散

$$(14.9) \quad \mathrm{Var}(A) = \sigma^2 \left[\frac{1}{n} + \frac{\bar{x}^2}{\sum_{i=1}^{n}(x_i - \bar{x})^2} \right], \quad \mathrm{Var}(B) = \frac{\sigma^2}{\sum_{i=1}^{n}(x_i - \bar{x})^2}$$

(3) 仮定(i)〜(iv)のもとで A, B は正規分布に従う

$$(14.10) \quad A \sim N(\alpha, \mathrm{Var}(A)), \quad B \sim N(\beta, \mathrm{Var}(B))$$

[解説] (14.6)式の分子は，$\sum_{i=1}^{n}(x_i - \bar{x})(Y_i - \bar{Y}) = \sum_{i=1}^{n}(x_i - \bar{x})Y_i$ となるから（13章練習問題9），

$$(14.11) \quad B = \frac{\sum_{i=1}^{n}(x_i - \bar{x})Y_i}{\sum_{i=1}^{n}(x_i - \bar{x})^2} = \sum_{i=1}^{n} c_i Y_i, \quad ただし\ c_i = \frac{x_i - \bar{x}}{\sum_{i=1}^{n}(x_i - \bar{x})^2}$$

と表現される（B は Y の線形関数となる）．$\sum_{i=1}^{n} c_i = 0, \sum_{i=1}^{n} c_i x_i = 1$（練習問題9参照）を用いると，

$$E(B) = \sum_{i=1}^{n} c_i E(Y_i) = \sum_{i=1}^{n} c_i(\alpha + \beta x_i) = \alpha \sum_{i=1}^{n} c_i + \beta \sum_{i=1}^{n} c_i x_i = \beta$$

を得る.すなわち,最小2乗推定量の期待値は,母集団パラメータである β に等しい.また,仮定(iii)の $Y_1, Y_2, \cdots, Y_n$ の無相関性と仮定(ii)の分散の均一性を用いると,

$$\mathrm{Var}(B) = \sum_{i=1}^{n} c_i^2 \mathrm{Var}(Y_i) = \sigma^2 \sum_{i=1}^{n} c_i^2 = \sigma^2 \bigg/ \sum_{i=1}^{n} (x_i - \bar{x})^2$$

を得る.ただし,$\sum_{i=1}^{n} c_i^2 = 1 \big/ \sum_{i=1}^{n} (x_i - \bar{x})^2$ である(練習問題9,A についての結果は,練習問題10参照).(3)は,仮定(i)～(iv)のもとで,A, B の標本分布が正規分布であることを述べている.■

最小2乗推定量の性質

以下で回帰係数の最小2乗推定量 B に関する性質についてのみ述べるが,定数項 A に関しても,まったく同様に議論できる.

(1) 不偏性

(14.8)により,B の標本分布の平均値が,真の母集団回帰係数 β に等しいから,B は β の不偏推定量である(11章2節参照).つまり,B は抽出される標本によって様々な値を取るが,β よりも大きい B の値と β よりも小さい B の値がバランスを取っている,すなわち B の標本分布は,平均的にみて β を中心にバランスが取れている.

(2) 一致性

B が β の不偏推定量であることは,B の実現値としての推定値 b が β の近くに落ちる確率が高いことを保証しない.それを評価するのが(14.9)式の B の分散 $\mathrm{Var}(B)$ であり,B の β からの距離の2乗の平均として測られる.(14.9)式の B の分散は,σ^2 と分母の $\sum_{i=1}^{n}(x_i - \bar{x})^2$ に依存するが,σ^2 は母集団における誤差項の分散であり,コントロールすることはできない.ここで,分母である $\sum_{i=1}^{n}(x_i - \bar{x})^2$ に関して,

(14.12) $n \to \infty$ となるときに,$\sum_{i=1}^{n}(x_i - \bar{x})^2 \to \infty$

が満たされるとき,$\mathrm{Var}(B) \to 0$ となるから,B は β の一致推定量である.

つまり，n を大きくしていけば，B は限りなく β に近い値を取ることになる．(14.12) 式は決して非現実的な仮定ではない．

(3) 最小分散性

β の推定量としてはいろいろなものが考えられるが，そのうち線形推定量，すなわち，

(14.13) $\quad \tilde{\beta} = d_1 Y_1 + d_2 Y_2 + \cdots + d_n Y_n$

（d_i は $x_1, x_2, \cdots, x_n$ に依存してよい，$\tilde{\beta}$ は β ティルダと読む）

の形を持つ推定量を考える．最小2乗推定量 B は (14.11) のように表現できるので，$d_i = c_i = (x_i - \bar{x}) \Big/ \sum_{i=1}^{n} (x_i - \bar{x})^2$ を持つ β の1つの線形推定量である．このとき次の結果が成立する．

(3a) 仮定 (i)〜(iii) のもとで，最小2乗推定量 B は，β の最良線形不偏推定量 (BLUE) である．すなわち B は，線形不偏推定量のなかで，分散が最小の推定量である．

(3b) 仮定 (i)〜(iv) のもとで，最小2乗推定量 B は，β の最良不偏推定量である．すなわち B は，不偏推定量のなかで，分散が最小の推定量である．

[解説] (3a) は，(14.13) の形をもつ線形推定量でかつ不偏性 ($E(\tilde{\beta}) = \beta$) を満たす推定量のなかで，最小2乗推定量 B の分散が最小である，すなわち $\mathrm{Var}(\tilde{\beta}) \geq \mathrm{Var}(B)$ であることを述べている（証明は付録A 5参照）．A についても同様である．BLUE については，11章2節を参照せよ．

(3b) は，(3a) の前提に (iv) の正規分布の仮定を追加すると，(線形推定量でなくても) 不偏推定量のクラスのなかで，最小2乗推定量 B の分散が最小であることを述べている．

これらは，11章2節で述べた標本平均が母平均の推定量として持つ最小分散性に関する性質と同様である．上でも述べたように，これらの望ましい性質は，A についてもまったく同様の成り立つので，確かめてみよ．■

以上の結果は，母集団回帰モデルのパラメータ β，α の推定量として，最小2乗推定量 B，A は，他の線形不偏推定量に比べて，あるいは正規母集団のもとで他の不偏推定量と比べてより良い推定量であることを意味するので，

2 回帰係数の区間推定

推定量の実現値としての推定値 b, a も, 真のパラメータ β, α の近くに落ちている可能性が相対的に高いという意味である.

前節では, 誤差項の標準的仮定(ⅰ)〜(ⅳ)のもとでは, 最小2乗推定量 B, A は, 標本分布として正規分布 (14.10) に従うことをみた. 本節ではこれを利用して, 母集団回帰モデル (14.4) のパラメータ α, β に関する区間推定を行う. 以下では, 回帰係数 β に関する区間推定についてのみ述べるが, 前節と同様, α についても同様の議論が成立する.

誤差項の分散 σ^2 の推定

標準的な仮定(ⅰ)〜(ⅳ)のもとでは, 最小2乗推定量 B の分布は, $N(\beta, \mathrm{Var}(B))$ であるから, B を基準化した確率変数

$$(14.14) \quad Z = \frac{B-\beta}{\sqrt{\mathrm{Var}(B)}} = \frac{B-\beta}{\sigma / \sqrt{\sum_{i=1}^{n}(x_i - \bar{x})^2}}$$

は, 標準正規分布 $N(0,1)$ に従う. もし, σ^2 が既知ならば信頼係数 $1-\alpha$ を与えたうえで, 正規分布表を利用することによって β の区間推定を行うことができる (11章では信頼係数を $2\gamma - 1$ などで表したが, 本章では $1-\alpha$ を用いる. α は次節で説明する仮説検定の有意水準である). 例えば, 信頼係数を95% ($\alpha = 0.05$) とすれば, $P(-1.96 \leq Z \leq 1.96) = 0.95$ より,

$$P\left(-1.96 < \frac{B-\beta}{\sigma / \sqrt{\sum_{i=1}^{n}(x_i - \bar{x})^2}} < 1.96\right) = 0.95$$

が得られ, これを β について解き, B に推定値 b を代入することが考えられる. しかし, 誤差項 E_i の分散 σ^2 は一般に未知であるので, それを推定する必要がある.

誤差項 E_i 自体は直接観測されないが, 誤差項の実現値ともいえる最小2乗残差 e_i は次の式から推定される.

$$e_i = y_i - \hat{y}_i = y_i - (a + bx_i)$$

ここで a, b は最小2乗推定値である．誤差項の分散 σ^2 の推定値としては，e_i の平均値が0なので，残差 e_i の分散として $s_e^2 = \frac{1}{n}\sum_{i=1}^{n} e_i^2$，または自由度 $n-2$ で割った残差の自由度調整済分散

$$(14.15) \quad v_e^2 = \frac{1}{n-2}\sum_{i=1}^{n} e_i^2$$

が利用できる．なお残差の自由度については，13章2節および4節を参照せよ．ここでは後の便宜性から，残差 e_i の分散として (14.15) を用いる．(14.15) は実現値であるが，これを推定量として

$$(14.16) \quad V_{\hat{E}}^2 = \frac{1}{n-2}\sum_{i=1}^{n} \hat{E}_i^2 \quad \text{ただし } \hat{E}_i = Y_i - A - Bx_i$$

と書こう．ここで E_i ではなく $\hat{E}_i$ と書いたのは，E_i は (14.4) による母集団パラメータ α, β によって定義される誤差項であり，最小2乗推定量 A, B を用いた上の場合と区別するためである．この自由度調整済の分散の推定量 $V_{\hat{E}}^2$ は，誤差項の分散 σ^2 の不偏推定量となる．すなわち $E(V_{\hat{E}}^2) = \sigma^2$ を満たす．もちろん，この不偏分散（自由度調整済分散）と分散の推定値の関係は，

$$(14.17) \quad s_e^2 = \frac{n-2}{n} v_e^2$$

である．

回帰係数の信頼区間

σ^2 を $V_{\hat{E}}^2$ によって推定できるので，(14.9) の B の分散の式における σ^2 を，$V_{\hat{E}}^2$ の実現値である v_e^2 で置き換えれば，B の分散の推定値 s_b^2 は，

$$(14.18) \quad s_b^2 = \frac{v_e^2}{\sum_{i=1}^{n}(x_i - \bar{x})^2}$$

である．また (14.14) で σ を $V_{\hat{E}} = \sqrt{V_{\hat{E}}^2}$ で置き換えたものを

$$(14.19) \quad T = \frac{B - \beta}{V_{\hat{E}} \big/ \sqrt{\sum_{i=1}^{n}(x_i - \bar{x})^2}}$$

とおくと，T は自由度 $m=n-2$ の t 分布に従うことがわかっている．したがって，(14.19) における B と V_E^2 の実現値である b と v_e^2 を用いて，β の信頼区間を作ることができる．

例えば，信頼係数を95%とすれば，$P(-t_{0.975} \leq T \leq t_{0.975})=0.95$ より，

$$P^*\left(-t_{0.975} < \frac{b-\beta}{v_e/\sqrt{\sum_{i=1}^{n}(x_i-\bar{x})^2}} < t_{0.975}\right) = 0.95$$

として，これを β について解けば信頼区間が求められる．もちろん，(14.17) の関係より，s_e を用いて表現することも可能である．

より一般的に β の信頼区間を示しておこう．

β の信頼係数 $1-\alpha$ の信頼区間

(14.20) $(b-cs_b, b+cs_b)$ ただし $c=t_{1-\alpha/2}$

ただし，$t_{1-\alpha/2}$ は，信頼係数 $1-\alpha$ を与えたときの自由度 $m=n-2$ の t 分布において $P(-t_{1-\alpha/2} < T < t_{1-\alpha/2})=1-\alpha$ を満たす値，s_b は (14.18) から求める B の標準偏差の推定値である．信頼係数が95%であれば，$t_{1-\alpha/2}$ には $t_{0.975}$ を用いればよい．

例題14.1 例題13.2（347ページ）の勤続年数と所定内給与額のデータについて，
(1) 誤差項の分散・標準偏差の推定値を求めよ．
(2) 回帰係数の分散・標準偏差の推定値を求めよ．
(3) 母集団回帰係数 β の信頼係数95%の信頼区間を求めよ．

[解説] このデータに関する計算結果は，表13-5（349ページ）に示されている．
(1) 誤差項の分散 σ^2 の推定値 v_e^2 は，(14.15) 式に表13-5より必要な数値を代入して，

$$v_e^2 = \frac{1}{9-2} \times 493.54 = 70.51, \quad v_e = \sqrt{70.51} = 8.40.$$

(2) 上の結果を用いて，(14.18) 式を計算すれば，

$$s_b^2 = \frac{70.51}{1079.72} = 0.06530, \quad s_b = \sqrt{0.0653} = 0.2555.$$

(3) 自由度 $m = n-2 = 9-2 = 7$，信頼係数95％より，$t_{0.975}(7) = 2.365$．よって (14.20) 式より，信頼区間は

$$(7.47 - 2.365 \times 0.2555, 7.47 + 2.365 \times 0.2555) = (6.87, 8.08)$$

となる．つまり，勤続年数が1年長くなると，所定内給与額は約6900〜8100円の間で増加することが95％の信頼度でいえることになる．もちろん，この区間には0が含まれないので，母集団回帰係数がプラスであると主張できよう．■

3 回帰係数の仮説検定

　本節では，母集団回帰係数の最小2乗推定量の標本分布を利用して，母集団回帰係数の仮説検定を行う．前節の区間推定法と仮説検定法は一定の関係があるが，仮説検定では主張したい仮説を対立仮説，それを否定する仮説を帰無仮説として設定し，帰無仮説を棄却することによって対立仮説を採択するという枠組みであった(12章参照)．

回帰係数に関する仮説の設定

　母集団回帰モデル (14.4) $Y_i = \alpha + \beta x_i + E_i$ では，実現した各 x_i に対して，確率変数 Y_i の平均値が $E(Y_i) = \alpha + \beta x_i$ であるから，x_i の値とともに Y_i の平均値 $E(Y_i)$ は変わり，正規分布のような対称分布の仮定のもとでは，Y_i はその平均値のまわりの値を取る確率が高い．その意味で，x_i は Y_i の変動に影響を与え，x_i の変動とともに Y_i は確率的な変動を伴って変動する．しかし，もし $\beta = 0$ ならば，Y_i の平均値は α であり，x_i が変わってもその平均値は変化しないから，Y_i の出方も x_i によって影響を受けないことになる．すなわち $\beta = 0$ は，x_i の変動が Y_i に影響を与えない，すなわち x_i は Y_i の説明変数として意味を持たないという仮説に対応する．

そこで説明変数 x_i が Y_i の変動を説明するうえで役に立つ（意味のある）ことを主張する対立仮説 $H_1: \beta \neq 0$ を立て，それを否定した仮説 $H_0: \beta=0$ を帰無仮説とする．すなわち仮説検定問題

(14.21) $\quad H_0: \beta=0 \quad vs \quad H_1: \beta \neq 0$

を設定する．帰無仮説 $H_0: \beta=0$ が棄却できれば，β は（統計的に）0でないといえるので x は Y に影響を与える．帰無仮説が棄却できない場合，x は Y に有意な影響を与えない，すなわち x が説明変数としてふさわしくないと解釈される（厳密には，x は Y に影響しないことが否定できないということに過ぎない）．もちろん，0でない場合の β がプラスであることが，何らかの事前的な情報によって言えるときは，片側検定問題

(14.22) $\quad H_0: \beta=0 \quad vs \quad H_1: \beta>0$

を考えてもよい．例えば，前節の例題14.1のように，年功序列賃金制（勤続年数が長くなれば給与額が増加する）の存在を検定する問題では，対立仮説は $H_1: \beta>0$ とした方がよい．

検定統計量と t 値

仮説 (14.21) を検定する望ましい方法は，12章で学習したように，もし帰無仮説 H_0 が正しいとき，それを間違って棄却する確率（第1種の誤りの確率）を有意水準 α 以下とし，対立仮説 H_1 が正しいとき，それを間違って棄却する確率（第2種の誤りの確率）をなるべく小さくする．その場合の検定統計量は，(14.19) の T を利用すること有効であるがわかっている．そこで，まず仮説 H_0 が正しいとして，$\beta=0$ を (14.19) のなかに代入する．その統計量を T_0 すると，

$$(14.23) \quad T_0 = \frac{B-0}{V_{\hat{E}}/\sqrt{\sum_{i=1}^{n}(x_i-\bar{x})^2}} = \frac{B}{V_{\hat{E}}/\sqrt{\sum_{i=1}^{n}(x_i-\bar{x})^2}}$$

となる．T_0 は，$\beta=0$ が正しいとき，前節で述べたように自由度 $m=n-2$ の t 分布をする．したがって，$t_{1-\alpha/2}$ を自由度 m の t 分布の上側 $(100\times\alpha/2)$ ％点とすれば，$P(t_{1-\alpha/2}<T_0<t_{1-\alpha/2})=1-\alpha$ となる（区間推定の場合と同様）．

そこで，(14.23) の T_0 に，B の実現値 b（最小2乗推定値）ならびに

(14.15) から得られる $V_{\bar{E}}$ の実現値 v_e を代入した値である t_0, すなわち

$$(14.24) \quad t_0 = \frac{b}{v_e / \sqrt{\sum_{i=1}^{n}(x_i - \bar{x})^2}} = \frac{b}{s_b}$$

を計算する. (14.24) の s_b は, (14.18) で定義される B の標準偏差(標準誤差)の推定値である. そして, $|t_0| \geq t_{1-\alpha/2}$ のとき仮説 H_0 を棄却し, そうでない場合 H_0 を棄却しないという検定方式をとる.

(14.24) の t_0 は t 値と呼ばれ, x_i が Y_i の変動の説明変数として有意性を持つかどうかをみる測度である. 有意水準 $\alpha = 0.05$ の場合, 自由度 m が20を超えると $t_{0.975}$ はほぼ2に近いことから, $|t_0|$ が2を超えると, 説明変数が有意である(意味を持っている)と判断してもよい.

以上の検定は, 帰無仮説 $H_0 : \beta = 0$ に関する仮説検定であるが, 他の帰無仮説, 例えば帰無仮説 $H_0 : \beta = \beta_0$ を検定することも, 同様に可能である. その場合, (14.23) の T_0 の計算で, β に 0 ではなく, β_0 を代入すればよい (t_0 も同様). また, 定数項 α についても同様に検定できるが, 回帰分析の場合, 回帰係数 β に関して興味を持つことが多いので, α に関する検定については省略する.

以下で, 仮説検定についてまとめておこう.

回帰係数 β に関する仮説検定

[両側検定]

(1) 仮説の設定　$H_0 : \beta = 0$, $H_1 : \beta \neq 0$

(2) 検定統計量の実現値(t 値)の計算　$t_0 = \dfrac{b}{v_e / \sqrt{\sum_{i=1}^{n}(x_i - \bar{x})^2}} = \dfrac{b}{s_b}$

(3) 棄却域　$t_0 \leq -t_{1-\alpha/2}$ または $t_0 \geq t_{1-\alpha/2}$ 　(α：有意水準)

(4) 判定　t_0 が棄却域に含まれれば, 帰無仮説は棄却され, 説明変数 x は y に有意な影響を与える. そうでなければ, 帰無仮説は棄却されず, 説明変数 x は y に有意な影響を与えるとはいえない.

3 回帰係数の仮説検定

[片側検定]
(1) 仮説の設定　$H_0: \beta=0$, $H_1: \beta>0$ （または $H_1: \beta<0$）
(2) 検定統計量の実現値（t 値）の計算　両側検定の場合と同じ t_0
(3) 棄却域　$t_0 \geq t_{1-\alpha}$（ただし，対立仮説が $H_1: \beta<0$ のときは，$t_0 \leq -t_{1-\alpha}$）
(4) 判定　t_0 が棄却域に含まれれば，帰無仮説は棄却され，説明変数 x は y に有意なプラス（マイナス）の影響を与える．そうでなければ，帰無仮説は棄却されず，説明変数 x は y に有意な影響を与えるとはいえない．

例題14.2 例題14.1と同じデータについて，$H_0: \beta=0$ vs $H_1: \beta>0$ としたときの仮説検定を有意水準5％で行え．

[解説]　例題14.1で b の標準偏差は $s_b=0.2555$ と求められているので，t 値は，(14.24) より，

$$t_0 = \frac{b}{s_b} = \frac{7.47}{0.2555} = 29.244$$

である．自由度は9−2=7，有意水準は0.05なので，巻末の t 分布表より，臨界値 $t_{0.95}(7)=1.895$ となる．上で求めた t 値29.2444は，臨界値よりもはるかに大きいので，帰無仮説は棄却される．したがって，対立仮説 $H_1: \beta>0$ が採択され，勤続年数 (x) が，所定内給与額に有意なプラスの影響を与えていることがわかり，年功序列賃金制を確認することができる．■

t 値と P 値

以上のように β の推定量 B の標本分布を考え，推定量の分散・標準偏差を推定したうえで，β に関する区間推定や仮説検定を行うことができた．Excelでは，こうした推定・検定の結果が出力され，非常に便利である．

表14-1は，例題14.1，14.2で用いたデータに関するExcelのデータ分析の回帰分析の結果である（データ分析による回帰分析の手順は，13章4節参照）．

ここで，回帰係数の最小2乗推定値，すなわち b の値は，表の一番下の行に X 値1の係数として7.47が示されているが，その隣の標準誤差0.2555は s_b

表 14-1 勤続年数と所定内給与額の Excel による回帰分析の結果

概要

回帰統計	
重相関 R	0.995932
重決定 R^2	0.991881
補正 R^2	0.990722
標準誤差	8.396744
観測数	9

分散分析表

	自由度	変動	分散	観測された分散比	有意 F
回帰	1	60297.66	60297.66	855.2216751	1.41E-08
残差	7	493.5371	70.5053		
合計	8	60791.2			

	係数	標準誤差	t	P値	下限95%	上限95%
切片	217.8995	4.453415	48.92864	3.89842E-10	207.3689	228.4302
X 値1	7.472987	0.255538	29.24417	1.40762E-08	6.868737	8.077237

　　　　　　　　　　　　　s_b　　　　　t_0　　　　　　　　　　　信頼区間

を与える数値である．さらに，その行の右側の下限95%，上限95%は，信頼係数95%の信頼区間の下限と上限を表しており，例題14.1の結果と同じである．さらに，補正 R^2（＝修正決定係数）の下の標準誤差というのは，(14.15) の平方根，すなわち誤差項の標準偏差の推定値であり，これも例題14.1の(1)の結果と一致している．

　仮説検定に関する数値は，係数の標準偏差のとなりの t のところに，t 値（t_0 の値）が出力されている．この値は，(14.24) より推定値 b をその標準誤差で割った値であるから，その左横の2つの値の比，すなわち，$7.473 \div 0.2555 = 29.24$ となり上の結果と一致している．これは2より十分大きいので，帰無仮説が棄却されるというのは明らかであるが，厳密には，この t 値と t 分布表から求めた臨界値を比較しなければならない．しかし，t 分布表をいちいちみるのは面倒である．もちろん t 分布表にある値は，Excel の関数 TINV で求めることができる（10章6節）が，その代わりになる出力が，t 値の右に

3 回帰係数の仮説検定

図 14-2 t 値 (t_0) と P 値

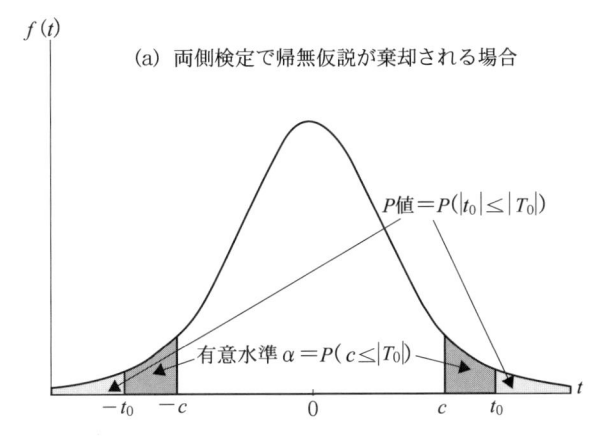

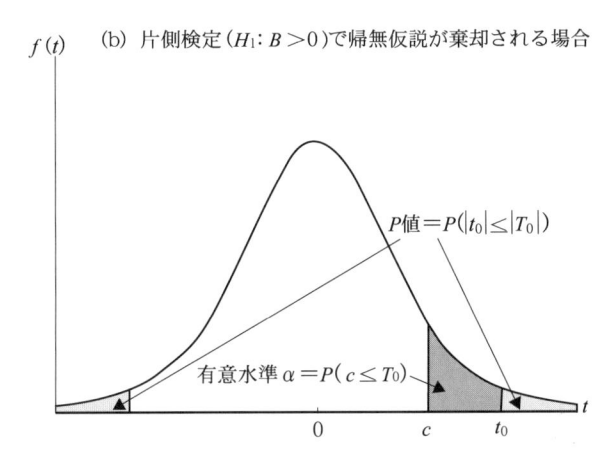

(a) 両側検定で帰無仮説が棄却される場合

$P値 = P(|t_0| \leq |T_0|)$

有意水準 $\alpha = P(c \leq |T_0|)$

(b) 片側検定 ($H_1: B > 0$) で帰無仮説が棄却される場合

$P値 = P(|t_0| \leq |T_0|)$

有意水準 $\alpha = P(c \leq T_0)$

出力されている P 値である.

Excel の回帰分析で与えられている P 値というのは,自由度 m の t 分布において,観測された t 値(絶対値)より大きい確率,すなわち $P(|t_0| \leq |T_0|)$ の値である(図14-2参照).すなわち P 値は,帰無仮説が正しいとしたときに,検定統計量 T_0 が実際にデータから観察された統計量の値 $|t_0|$ 以上の値が出る確率である.したがって,この値が小さいほど,帰無仮説が正しいとする信頼度は小さくなる.つまりこの P 値が有意水準より小さい場合,帰無仮説が棄

却されると考えてよい．ただし，両側検定と片側検定ではP値の見方が若干異なってくる．

両側検定問題 (14.21) で有意水準を5％とすると，棄却域はt分布の両側の2.5％ずつを含む区間，すなわち$|t_0| \geq t_{0.975}$になる．したがって，P値が0.05を下回れば帰無仮説が棄却されることになる（図14-2(a)）．他方，片側検定問題 (14.22) の場合，棄却域は右片側5％点以上の区間$t_0 \geq t_{0.95}$になる．上で述べたようにP値は，両側の確率$P(|t_0| \leq |T_0|)$であるから，図14-2(b)より，P値÷2<0.05となればt値は棄却域に含まれることになる．つまり，P値<0.05×2=0.1，すなわちP値が0.1を下回れば，t_0は棄却域$t_0 \geq t_{0.95}$に含まれることになる．

いずれにせよ，t分布表をみなくても，P値をみることによって次のように仮説検定を行うことが可能になる．

P値による回帰係数βに関する仮説検定（有意水準α）

P値を$P = P(|t_0| \leq |T_0|)$とするときの仮説検定の判定は以下のとおりである．

[両側検定]
仮説　$H_0: \beta = 0$　vs　$H_1: \beta \neq 0$
判定　P値が有意水準αより小さければ，帰無仮説は棄却され，説明変数xはyに有意な影響を与える．P値がαより大きければ，帰無仮説は棄却されず，説明変数xはyに有意な影響を与えるとはいえない．

[片側検定]
仮説　$H_0: \beta = 0$　vs　$H_1: \beta > 0$　（または$H_1: \beta < 0$）
判定　t_0が正でP値が2αより小さければ，帰無仮説は棄却され，説明変数xはyに有意な影響を与える．P値が2αより大きければ，帰無仮説は棄却されず，説明変数xはyに有意な影響を与えるとはいえない．

表14-1をみれば，勤続年数（X値1）のP値は1.41E-08（これは，1.41×10^{-8}を表し，ほとんど0に近いことを意味する）である．例題14.2と同様に片側検定で考えれば，P値は0.1を下回っており，有意水準5％で帰無仮説は棄却され，勤続年数は所定内給与額に有意なプラスの影響を与えているという例題14.2と同じ判定が得られる．

また，P値は12章で説明した平均値や比率に関する仮説検定にも利用できる．つまり，検定統計量の実現値より大きくなる確率（$=P$値）を求め，それと有意水準を比較して，P値が有意水準を下回れば帰無仮説を棄却し，そうでなければ帰無仮説は棄却されないという判定を行えばよい．

例えば，例題12.4（318ページ）では，検定統計量の実現値は $t_0=1$ であった．この例では，検定統計量は自由度 4 の t 分布に従うので，$P(1<|T_0|)$ が P 値となる．この値は t 分布表などからは求めれらず，Excel の関数 TDIST を用いる（すぐ下を参照）．その結果，P 値は0.3739を得る．有意水準を0.05 とすれば，P 値は0.05より大きいので，帰無仮説は棄却されない（例題12.4 の t 分布表を用いた結果とまったく同じ結論である）．

---- **Excel で計算してみよう** ----

Excel で t 分布に関する P 値を求めるのには，関数 TDIST を用いる．これは，TDIST(X,自由度,尾部) で与えられ，X には求めたい数値（上でいう t_0），尾部には両側の確率 $P(|X|<|T|)$ を求めたいときは 1，片側の確率 $P(X<T)$ などを求めたいときには 2 を入力する．上では両側の確率を求めているので，(14.24) から計算された t_0 を関数の X に与え，あとは自由度に m，尾部に 1 を与えればよい．回帰分析の分析ツールの結果（表14-1）について，出力の t を TDIST の X にして，その結果と P 値が一致することを確かめよう．

4 母集団重回帰モデル

母集団重回帰モデル

13章 4 節では，被説明変数 y_i に対して，K 個の説明変数をもつ重回帰方程式

$$(14.25) \quad \hat{y}_i = a + b_1 x_{1i} + b_2 x_{2i} + \cdots + b_K x_{Ki} \quad (i=1,2,\cdots,n)$$

を扱った．この (14.25) に対して母集団を 1 節と同様に考え，母集団回帰モデルを，$X_{1i}=x_{1i}, X_{2i}=x_{2i}, \cdots, X_{Ki}=x_{Ki}$ を与えたときの条件付モデルとして

$$(14.26) \quad Y_i = \alpha + \beta_1 x_{1i} + \beta_2 x_{2i} + \cdots + \beta_K x_{Ki} + E_i$$

を考える．このモデルは 1 節の場合と同様に，確率変数としての説明変数（X_1,

$X_2, \cdots, X_K$) が，値 ($x_{1i}, x_{2i}, \cdots, x_{Ki}$) を実現したときの条件付モデルである．因果関係を表す母集団回帰モデルは，説明変数 ($X_{1i}, X_{2i}, \cdots, X_{Ki}$) が ($x_{1i}, x_{2i}, \cdots, x_{Ki}$) を取ったとき，確率変数としての被説明変数 Y_i が，$\alpha + \beta_1 x_{1i} + \beta_2 x_{2i} + \cdots + \beta_K x_{Ki}$ の近くに落ちる確率が大きいことを想定している．そのため確率的誤差項 E_i についての1節で述べた標準的仮定(i)〜(iv)（もしくは(i)〜(iii)）を母集団回帰モデル (14.26) は満たしていると前提する．この前提のもとでは単回帰モデルについてこれまで説明した全ての議論が並行的に成立する．

最小2乗推定量の標本分布

与えられたデータ ($x_{1i}, x_{2i}, \cdots, x_{Ki}, y_i$) に対して，(14.25) が成立する場合，（偏）回帰係数の推定値 $b_1, b_2, \cdots, b_K$ は，最小2乗推定「値」である．これを $x_{1i}, x_{2i}, \cdots, x_{Ki}$ が与えられたときの $Y_1, Y_2, \cdots, Y_n$ の確率的母集団回帰モデル (14.26) の立場からみて，最小2乗推定値における $y_1, y_2, \cdots, y_n$ を，実現する前の $Y_1, Y_2, \cdots, Y_n$ で置き換えた最小2乗推定量 $B_1, B_2, \cdots, B_K, A$ について考えると，それらは確率変数として標本分布を持つ．この標本分布に関して，単回帰モデルの場合とまったく同様に次の結果が成立する．

(1) 母集団回帰係数 ($\beta_1, \beta_2, \cdots, \beta_K, \alpha$) の最小2乗推定量 ($B_1, B_2, \cdots, B_K, A$) は，仮定(i)〜(iii)のもとで，最良線形不偏推定量（BLUE）であり，その平均値・分散は

(14.27) $\quad E(B_k) = \beta_k, \quad \mathrm{Var}(B_k) = \dfrac{\sigma^2}{n} s^{kk} \quad (k=1, 2, \cdots, K)$

$$E(A) = \alpha, \quad \mathrm{Var}(A) = \dfrac{\sigma^2}{n} s^{00}$$

で与えられる．

(2) 仮定(i)〜(iv)のもとで最小2乗推定量 ($B_1, B_2, \cdots, B_K, A$) は最良不偏推定量で，

$\quad B_k \sim N(\beta_k, \mathrm{Var}(B_k)), \quad A \sim N(\alpha, \mathrm{Var}(A))$

である．

ここで，(14.27) の s^{kk} は，$s_{kj} = \sum_{i=1}^{n}(x_{ki} - \bar{x}_k)(x_{ji} - \bar{x}_j)/n, \quad (k, j = 1, 2, \cdots,$

K), $S=\{s_{kj}\}$ としたときの行列 S の逆行列の第 (k, k) 要素である．また，$s^{00}=\left(1+\sum_{k=1}^{n}\sum_{j=1}^{n}\bar{x}_k\bar{x}_j s_{kj}\right)^{-1}$ である．

ただし，s^{kk} や s^{00} の具体的な形を知る必要はない．それらは，説明変数から計算されるものであり，最小2乗推定量の分散．標準偏差の推定値を計算するときに必要となるが，Excel をはじめとする回帰分析が組み込まれたソフトウェアでは，最小2乗推定量の標準偏差の推定値は，必ずといってよいほど出力される情報である（表13-6では，単回帰分析の場合と同様に，係数の推定値の横の「標準誤差」のところに，各推定値の標準偏差が出力されている）．

回帰係数 β_k の信頼区間

β_k の信頼区間の構築には，2節の単回帰モデルにおける (14.14) 式と同様に，仮定 (i)～(iv) のもとで，基準化確率変数 $Z=(B_k-\beta_k)/\sqrt{\mathrm{Var}(B_k)}$ は $N(0,1)$ に従うことを利用する．(14.27) 式の $\mathrm{Var}(B_k)$ における σ^2 を，その不偏推定量である残差の自由度調整済分散 $V_E^2=\sum_{i=1}^{n}\widehat{E}_i^2/(n-K-1)$ で置き換えた B_k の分散の推定量を $S_{b_k}^2$ とすれば，

$$(14.28) \quad T=\frac{B_k-\beta_k}{S_{b_k}}$$

は，自由度 $m=n-K-1$ の t 分布をする．したがって，B_k と S_{b_k} の実現値である b_k と s_{b_k} を用いて，信頼係数 $1-\alpha$ の β_k の信頼区間は，

$$(14.29) \quad (b_k-t_{1-\alpha/2}s_{b_k}, b_k+t_{1-\alpha/2}s_{b_k})$$

で与えられる．単回帰モデルの場合との違いは自由度のみであり，自由度は $m=n-K-1$ であることに注意しよう．

仮説検定と t 値・P 値

回帰係数 β_k の仮説検定における帰無仮説と対立仮説は，両側検定で考えると

$$(14.30) \quad H_0: \beta_k=0 \quad vs \quad H_1: \beta_k\neq 0$$

となる．H_0 が正しい場合，(14.28) の T に $\beta_k=0$ を代入した $T_0=B_k/S_{b_k}$ は自由度 $m=n-K-1$ の t 分布をする．この B_k および S_{b_k} に，実現値 b_k および s_{b_k} を代入した値，すなわち $t_0=b_k/s_{b_k}$ は，t 値である．そして，有意水準

α のもとでの棄却域は，$|t_0|>t_{1-\alpha/2}$ となる．P 値は，$P(|t_0|\leq|T_0|)$ となる確率であり，これが有意水準 α より小さければ，帰無仮説が棄却される．このように，考え方は単回帰モデルの場合とまったく同じである．片側検定の場合も，単回帰の場合と同様である．

例題13.3（356ページ）のデータに対する重回帰分析の Excel の出力は表13-6に示されている．出力の見方は，本章3節での説明とまったく同様である．日経平均の変化率ならびに1カ月前のトヨタ自動車の株価変化率の係数の信頼係数95%の信頼区間は，それぞれ，$(0.5678, 1.8657)$，$(-0.5861, 0.5238)$ となっている．

他方，それぞれの回帰係数の仮説検定を両側検定で行うと，日経平均の変化率の係数は P 値が0.05より小さいので，統計的に有意である（0であるという帰無仮説が棄却される），すなわち，日経平均の変化率はトヨタ自動車の株価変化率に有意な影響を与えている．他方，1カ月前のトヨタ自動車の株価変化率の P 値は0.90で0.05を上回っており，説明変数として有意な影響を与えているとはいえないことがわかる．

多重共線性

仮説 (14.30) を検定する場合，他の説明変数はそのままにしておいて，第 k 説明変数を Y_i の説明変数として追加的に加える場合，十分説明力があるかどうかを検定していることに注意しよう．したがって，第 k 説明変数が Y_i の説明変数として有効かどうかをみる t 値は，他の説明変数に依存する．もし第 k 説明変数 x_{ki} と同じ役割を果たす説明変数が，他の説明変数のなかに含まれていると，第 k 回帰係数の t 値は小さくなる．特に K 個の説明変数が近似的に線形関係

(14.31) $\quad c_0+c_1x_{1i}+c_2x_{2i}+\cdots c_kx_{ki}+\cdots+c_Kx_{Ki}\fallingdotseq 0 \quad (i=1,2,\cdots,n)$

を満たす場合，第 k 説明変数 x_{ki} は，他の説明変数で表現されることになる．このような場合，K 個の説明変数のうち少なくとも1つは不要であり，β_k に対する t 値のみならず，他の係数の t 値も小さくなることが多い．説明変数の間の近似的線形関係 (14.31) は，最小2乗推定値や t 値を不安定にさせ，分析結果の信頼性を低める．説明変数の間の近似的線形関係によるこの問題を**多**

重共線性（マルチコ，multicollinearity）の問題という（練習問題8参照）．この問題は，重回帰モデルに特有な問題である．

F 検定*

重回帰モデル（14.26）に対して，その K 個の説明変数のうち L 個だけの説明変数を用いた回帰モデル

(14.32) $\quad Y_i = \alpha + \beta_1 x_{1i} + \beta_2 x_{2i} + \cdots + \beta_L x_{Li} + E_i$

を作成する（$K>L$）．そして，（14.32）の回帰モデルが正しいという帰無仮説

(14.33) $\quad H_0 : \beta_{L+1} = \beta_{L+2} = \cdots = \beta_K = 0$

を検定する問題を考えよう．対立仮説 H_1 は，H_0 でない，すなわち，

H_1：「$\beta_{L+1}, \beta_{L+2}, \cdots, \beta_K$ のうち少なくとも1つは0でない」

という仮説となる．ここで，（14.32）の回帰モデルのもとでの残差2乗和 $RSS(H_0)$ と，（14.26）のモデルのもとでの残差2乗和 $RSS(H_1)$ を作れば，$RSS(H_0) > RSS(H_1)$ となることは明らかである（説明変数の多いモデルの方が，RSS は小さくなる．13章4節参照）．そこで，説明変数の増加数（$K-L$）の1個当たりの説明力の増加分 $[RSS(H_0) - RSS(H_1)]/(K-L)$ と，（14.26）のモデルのもとでの残差2乗和 $RSS(H_1)$ を自由度で割ったものを比較した統計量，

(14.34) $\quad F = \dfrac{[RSS(H_0) - RSS(H_1)]/(K-L)}{RSS(H_1)/(n-K-1)}$

をこの仮説検定問題の検定統計量として用いる．検定統計量 F の標本分布を，自由度（$K-L, n-K-1$）の **F 分布**という．データから計算される F の値が，有意水準 α に対して，$P(F > F_{1-\alpha}) = \alpha$ を満たす $F_{1-\alpha}$ より大きいとき，帰無仮説 H_0 を棄却する．この $F_{1-\alpha}$ は，F 分布表（本書では割愛）や Excel の `FINV` という関数から求められる．

また，この検定で $L=0$ とした場合，帰無仮説・対立仮説は，次のようになる．

(14.35) $\quad H_0 : \beta_1 = \beta_2 = \cdots = \beta_K = 0,$

H_1：少なくとも1つの $\beta_1, \beta_2, \cdots, \beta_K$ が0でない．

H_1 は H_0 ではないことを意味する．この帰無仮説は，全ての説明変数が Y の説明要因として有意でない，すなわち重回帰モデルが意味をなさない式であることを示す．この場合の $RSS(H_0)$ は，$\sum_{i=1}^{n}(y_i-\bar{y})^2$ となることに注意しよう．(14.35) の仮説検定に対する検定統計量 (14.34) の実現値は，Excel では，分析ツールの回帰分析の出力の「分散分析表」における「観測された分散比」で出力されている．また，その値に対する F 分布における P 値がその横の「有意 F」で出力される．したがって，この「有意 F」が有意水準（例えば 0.05）よりも小さければ，(14.35) の帰無仮説が棄却されることになる．もし棄却されなければ（有意 F が有意水準より大きい場合），全ての説明変数の係数が 0 である可能性を持つ意味のない回帰モデルを設定したことになる．

5　回帰分析の応用

回帰分析法は，経済現象に関して実証分析する場合，最もよく利用される方法である．したがって，その応用範囲は非常に広い．以下では，回帰分析の応用例として，そのごく一部を紹介することにする．

CAPM

これまで何度か用いてきた株価変化率の例では，被説明変数 y をトヨタ自動車の株価変化率，説明変数 x を日経平均株価の変化率とした．これをより一般的に，ある銘柄 k の株価の変化率を R_{ki}，平均株価の変化率を R_{mi} で表す．R は変化率 (rate of change) を表し，添え字の m は market（市場）を示す．ここで，

(14.36) 　　$R_{ki} = \alpha_k + \beta_k R_{mi} + E_{ki}$

という回帰モデルを考える．(14.36) は，銘柄 k ごとの回帰関係を表している．

R_m は市場収益率と呼ばれ，証券市場全体の収益率であり，(14.36) 式は各銘柄の収益率は市場収益率と定数項で説明できると定式化し，それ以外の部分を誤差項とする．最小 2 乗法により市場収益率で説明される割合は，決定係数 R^2 で計測できる．

資本資産市場価格理論では，(14.36) が次の資産選択の均衡式に対応するモデルとして利用されている（刈屋・佃 [16] などを参照）．

(14.37)　　$E(R_k) = R_f + \beta_k [E(R_m) - R_f]$

ただし，R_f は安全資産（預金等のリスクのない確実な資産）の利子率である．また回帰係数 β_k はシステマティック・リスク（ベータ値）と呼ばれる．実際，(14.36) で $\text{Cov}(R_m, E_k) = 0$ が仮定され，その結果

$$\text{Var}(R_k) = \beta_k^2 \text{Var}(R_m) + \sigma_k^2$$

が成立するから，β_k^2 の大きさは，その銘柄の分散 $\text{Var}(R_k)$ の市場収益率の分散 $\text{Var}(R_m)$（市場リスク）への関わりの大きさを示し，$|\beta_k|$ が大きいほど，その銘柄の市場リスクへの関わりが大きいことになる．逆にシステマティックでないリスク（アンシステマティック・リスクという）は，各銘柄の誤差項の分散 $\sigma_{e_k}^2$ で与えられ，$s_{e_k}^2$ によって推定される．このようなモデルを，CAPM (Capital Asset Pricing Model，資本資産評価モデル，しばしばキャップ・エム）という．CAPM 分析は，回帰分析の応用例の1つである．

CAPM では，$|\beta_k|$ の推定値 $|b_k|$ と，誤差項の分散の推定値 $s_{e_k}^2$ を，個別の銘柄ごとに算出し，結果を比較することが多い．前章の例題では，トヨタ自動車について $|b_k|$ や $s_{e_k}^2$ の数値を得ることができる（練習問題5）．このように回帰分析は，経済理論と対応させ，その理論の妥当性を検討することにも非常に役に立つ．

トレンドの推定と除去

多くの経済データはトレンドを持つものが多い．トレンドは傾向変動とも呼ばれ，上昇（ないしは下降）が長期的に継続する場合をいう．図14-3には，1994年第1四半期から2007年第3四半期までの四半期別の実質GDP（季節調整済）がプロットされているが，上下動を示しながらも，大きな流れとしては，増加傾向にあることがわかり，右上がりの上昇トレンドが存在することがわかる．1990年代以降の長引く不況の影響から，右肩上がりの経済成長が望めなくなったといわれ，様々な経済データに以前ほど強い上昇トレンドはみられなくなったが，トレンドの性質をみたり，トレンドを除去するといった分析は，依然として重要な課題である．

392 14章 母集団回帰モデル

図 14-3 実質 GDP の推移（四半期別，季節調整済，2000年基準）

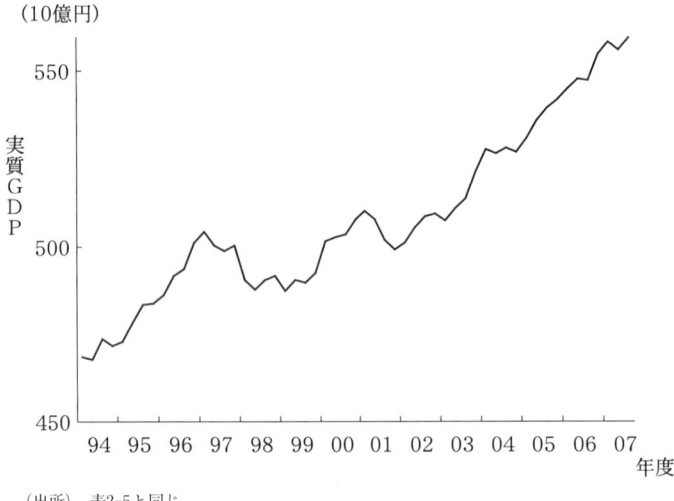

(出所) 表2-5と同じ．

　ある時系列データを Y_t としよう．これまでどおり Y_i でもよいが，時間 (time) を表す添え字として，t を用いる（2章参照）．Y_t にトレンドがある場合，それを除去する方法としては，次のようないくつかの方法が考えられている．

　(1) Y_t の変化率，対前年同月（期）比，階差 $Y_t - Y_{t-1}$ といった変換を施す．例えば，図13-1(a)などは，株価の変化率であり，トレンドは除去されている．

　(2) トレンドに適当な関数を $f(t)$ をあてはめる．$f(t)$ として
　　　線形トレンド $f(t) = \alpha + \beta t$，2次トレンド $f(t) = \alpha + \beta t + \gamma t^2$，
　　　指数トレンド $f(t) = \alpha e^{\beta t}$
などが仮定されることが多い．

　(1)については2章で触れたので，(2)による方法をみていこう．最も簡単な線形トレンドを考えると，$Y_t = \alpha + \beta t + E_t$ と定式化することができる．ここで Y_t の実現値 y_t を用いれば，最小2乗法で α, β を推定することができる．すなわち α, β の推定値を a, b として，

　(14.38)　$\hat{y}_t = a + bt$

表 14-2 実質 GDP に対する線形トレンドの推計

回帰統計	
重相関 R	0.938486386
重決定 R^2	0.880756696
補正 R^2	0.878506823
標準誤差	8556.529148
観測数	55

分散分析表

	自由度	変動	分散	観測された分散比	有意 F
回帰	1	2.87E+10	2.87E+10	391.4694027	3.89E-26
残差	53	3.88E+09	73214191		
合計	54	3.25E+10			

	係数	標準誤差	t	P値	下限95%	上限95%
切片	467651.9669	2339.354	199.9065	5.91922E-78	462959.8	472344.1
X 値1	1438.020014	72.68018	19.78559	3.88834E-26	1292.242	1583.798

という回帰直線（＝線形トレンド）を推定できる．図14-3の実質 GDP のデータに線形トレンドをあてはめてみよう．ここで，t には，1, 2, …, n ($n=55$) を与えて最小2乗法を適用する．Excel の分析ツールによって回帰分析の計算をした結果は，表14-2に示されており，線形トレンドは，

$$\hat{y}_t = 467651.97 + 1438.02t, \quad R^2 = 0.88$$
$$(199.91) \quad (19.79) \quad (\ )\text{は}\,t\,\text{値}$$

と推定される．トレンドの係数の P 値はほぼ 0 で統計的に有意であり，決定係数も 0.88 とある程度高く，トレンドの存在が確認される．そこで，実績値 y_t からトレンドの推定値 $\hat{y}_t$ を引いた残差 $e_t = y_t - \hat{y}_t$ は，トレンドが除去された系列となる．この残差の系列の時系列グラフ（図14-4）をみると，上昇トレンドは存在せずに，循環的な変動がより明確になっていることがわかる．この場合，循環的変動とは景気変動であり，このようにトレンドを除くことによって，好況期・不況期などをよりはっきりと探ることが可能となる．もちろん，説明変数を t だけでなく，t^2 を加えて重回帰にすれば 2 次トレンドが推定できる．また，$y_t = \alpha e^{\beta t}$ で両辺の対数を取れば，$\log y_t = \log \alpha + \beta t$ となるので，

図 14-4 トレンド除去系列の推移

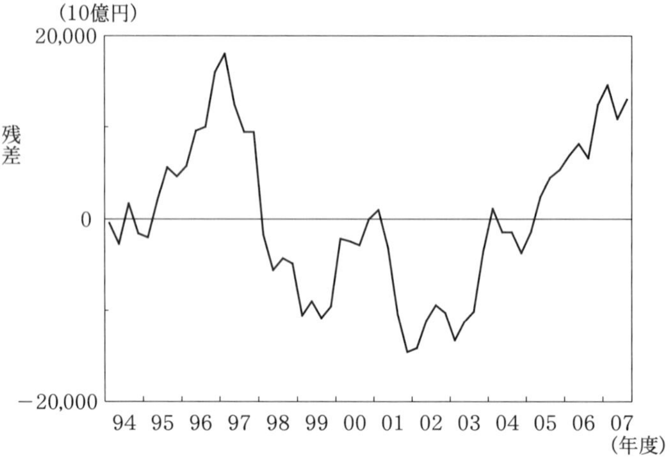

(10億円)

残差

y_t の対数を取った系列 $\log y_t$ に線形トレンドをあてはめれば，指数トレンドをあてはめることになる．

定常時系列

上述のようにトレンドに一定の数式を仮定したり，あるいはトレンドのあるデータの変化率を算出するなどによってトレンドを除去した系列を作成することができる．こうした系列では，その平均値は時間に依存せず，一定（図14-4であれば残差なので平均値は 0 ）であるとみなすことができる．このような平均値に関する条件に加えて，分散やその系列の過去との相関に次のような条件を与えた系列を定常時系列プロセスという．

定常時系列プロセス

時系列 $\{Y_t\}$ が，次の3条件を満たすとき，**定常時系列**または**定常**であるという．

(1) Y_t の平均値は0：$E(Y_t) = 0$
(2) Y_t の分散 $\mathrm{Var}(Y_t)$ は時点に依存せず一定：$\mathrm{Var}(Y_t) = \sigma^2$
(3) Y_t と Y_{t-k} の k 次の自己相関係数 $\rho_k(t)$ は，時点 t に依存せず，k にのみ

依存する：$\rho_k(t)=\rho_k$

[**解説**] (1)に関しては，トレンドを除去した系列を想定すればよい．また，平均値が 0 でなくても，その平均を引いた偏差の系列を考えればよい．(2)の分散については，その分散が時間とともに変化しないことを仮定しており，本章 1 節の回帰モデルの誤差項の分散と同様の仮定である．

(3)の自己相関係数 $\rho_k(t)$ とは，Y_t の時間的相関構造を把握し，それによって Y_t の変動構造を理解する測度であり，

$$(14.39)\quad \rho_k(t)=\frac{\mathrm{Cov}(Y_t,Y_{t-k})}{\sqrt{\mathrm{Var}(Y_t)\mathrm{Var}(Y_{t-k})}} \quad (k=\pm 1,\pm 2,\cdots)$$

で定義される（ρ はローと読む）．この値が 1 に近い場合，Y_t と Y_{t-k} はほぼ線形関係 $Y_t \fallingdotseq a+bY_{t-k}$ にあることになるから，a, b, Y_{t-k} の値を知ることで Y_t の値を予測できよう．(14.39) を k 次の**自己相関係数**といい，Y_t と Y_{t-k} の 1 次関係の強さを測っている．また (14.39) の分子は**自己共分散**（自分自身の過去の系列との共分散）と呼ばれ，Y_t の平均値を $\mu_t=E(Y_t)$ とすれば，

$$\mathrm{Cov}(Y_t,Y_{t-k})=E(Y_t-\mu_t)(Y_{t-k}-\mu_{t-k})$$

で定義される．これに上述の定常時系列プロセスの条件(1)を用いれば，$\mathrm{Cov}(Y_t,Y_{t-k})=E(Y_tY_{t-k})$ となる．自己相関係数 $\rho_k(t)$ は一般に t と k に依存する．しかし，t 期と $t-k$ 期のデータはそれぞれ y_t と y_{t-k} の 1 つずつしかなく，その 2 つのデータでは $\rho_k(t)$ を推定できない．そこで上の定常時系列プロセスの条件(3)を仮定すると，(14.39) の自己相関係数が時点 t には依存せず，その時点差 $t-(t-k)=k$ のみに依存することになる（$\rho_k(t)=\rho_k$）．さらに平均は一定 $\mu_t=\mu$ と仮定する．これらの仮定のもとでは，これまでの 2 次元データ (x_t,y_t) $(t=1,\cdots,n)$ の x_t を，y_t を k 時点ずらしたデータの組 (y_{t-k},y_t) $(t=1,2,\cdots,n)$ とみると，k 次の自己相関係数 ρ_k が推定可能となる．実際，その推定値 $\hat{\rho}_k$ は，

$$\hat{\rho}_k=\frac{\hat{\gamma}_k}{\hat{\gamma}_0} \quad \text{ただし，} \hat{\gamma}_k=\frac{1}{n}\sum_{t=k+1}^{n}(y_t-\bar{y})(y_{t-k}-\bar{y}),\ \hat{\gamma}_0=\frac{1}{n}\sum_{i=1}^{n}(y_t-\bar{y})^2$$

で与えられる．ここの $\hat{\gamma}_k$ は k 次の自己共分散の推定値，$\hat{\gamma}_0$ は分散の推定値で

ある．

例えば，表13-6（357ページ）のトヨタ自動車の株価変化率のデータでは，2〜11月の y_t と y_{t-1} データを用いて，1次の自己共分散を推定し，自己相関係数 ρ_1 を推定することができる（練習問題5）．■

自己回帰モデル

Y_t が定常性を持つかどうかは，その実現値であるデータ y_t について，平均，分散，自己相関係数などを計算した結果をチェックすればよい．そして，必要であれば，線形トレンドなどの除去する，あるいは変化率・階差・対数への変換などを行うことによって，定常性を確保する．その結果，Y_t（Y_t そのもの，あるいはそれに何らかの変換を施した系列）が定常であると判断されれば，次は Y_t に対してこれから述べる時系列モデルをあてはめ，その時系列構造を把握するとともに，予測等に役立てることができる．

時系列モデルには様々なモデルが存在するが，ここでは，最も単純でかつよく用いられる**自己回帰モデル**（autoregressive model; *AR* モデル）について説明しよう．*AR* モデルとは，

$$(14.40) \quad Y_t = \phi_1 Y_{t-1} + \phi_2 Y_{t-2} + \cdots + \phi_p Y_{t-p} + E_t$$

で表される．(14.40) は，Y_t の変動をその自らの過去の変数で説明することから自己回帰モデルと呼ばれ，p 期前までの変数で説明しているので，$AR(p)$ モデルと表現する．p は*AR*モデルの次数と呼ばれる．誤差項 E_t が1節で述べた回帰分析の標準的仮定を満たすとすれば，p が与えられると最小2乗法で $\phi_1, \phi_2, \cdots, \phi_p$（$\phi$ はファイと読む）を推定でき，検定なども回帰分析の場合と同様に行うことができる．$AR(p)$ モデルの推定では，与えられたデータ $\{y_t : t=1,\cdots,n\}$ に対して，最初の $y_1,\cdots,y_p$ は (14.40) の最初の左辺の実現値 y_{p+1} の説明変数として利用されるため，回帰分析のために利用されるデータの組は $n-p$ 個である．実際，実現値の関係式

$$y_t = \phi_1 y_{t-1} + \phi_2 y_{t-2} + \cdots + \phi_p y_{t-p} + e_t$$

で t の動ける範囲は $t = p+1, p+2, \cdots, n$ であることに注意しよう．

最も簡単な*AR*モデルとして $AR(1)$ の例を見てみよう．$AR(1)$ では，y_t を被説明変数，y_{t-1} を説明変数として回帰分析と同様の推定を行えばよい．図14

表 14-3 トレンドを除去した実質 GDP に対する $AR(1)$ モデルの推計

回帰統計	
重相関 R	0.909666
重決定 R^2	0.827491
補正 R^2	0.824174
標準誤差	3587.804
観測数	54

分散分析表

	自由度	変動	分散	観測された分散比	有意 F
回帰	1	3.21E+09	3.21E+09	249.4342088	1.73E−21
残差	52	6.69E+08	12872336		
合計	53	3.88E+09			

	係数	標準誤差	t	P値	下限95%	上限95%
切片	231.4237	488.4432	0.473799	0.637626769	−748.709	1211.556
X 値1	0.930408	0.058911	15.79349	1.73136E−21	0.812195	1.048622

-3で示した実質 GDP からトレンドを除去した系列(図14-4)に対して $AR(1)$ を推定した結果は,表14-3で与えられている.これより,次の $AR(1)$ が推定されたことになる.

$$\hat{y} = 231.4 + 0.9304 y_{t-1}, \quad R^2 = 0.8275, \quad \bar{R}^2 = 0.8242 \quad (\ )内は t 値.$$
$$\quad (0.4738) \quad (15.79)$$

y_{t-1} は,係数の P 値が0に近く,有意水準を1%にとっても有意ということになる.定数項の t 値は有意でない.これはトレンドを除去した系列を扱っているので自然な結果である.他方,AR モデル (14.40) には定数項がないが,もし定数項のない推定をしたい場合は,Excelのデータ分析の回帰分析で,「定数項に0を使用」をチェックすればよい.

AR モデルは,予測に用いることもできる.表14-3の計算に用いたデータは2007年第3四半期までであったから,最後の2007年第3四半期の数値を $AR(1)$ の推定式の右辺の y_{t-1} に代入すれば,$\hat{y}_t$,すなわち翌期である2007年第4四半期の予測値が得られる.さらにその予測値を y_{t-1} に代入すれば,翌2008年第1四半期の予測値が得られ,以下同様に予測が可能となる.

表 14-4　AR モデルの次数と修正決定係数

p	1	2	3	4	5	6
修正決定係数$\bar{R}^2$	0.8242	0.8323	0.8349	0.8514	0.8502	0.8476

実際に与えられた（定常性を得るための変換後もしくは変換前）データに $AR(p)$ モデルを適用するには，モデルの次数 (p) を与える必要がある．次数 p をデータに基づいて選択する問題をモデル選択の問題という．モデル選択の詳細については山本 [15] をみよ．

モデル選択にはいくつかの方法が考えられているが，ここでは修正決定係数 $\bar{R}^2$ に基づく選択について述べておこう．$\bar{R}^2$ に基づく場合，モデルの次数の低い方から順次推定したモデルを比較する．つまり，$AR(1)$ からスタートし，$\bar{R}^2$ が増加するかぎり，次数を増加させる．そして p から $p+1$ に移ったとき $\bar{R}^2$ が減少したとき $AR(p)$ モデルを採用する．13章で説明したように，この基準は F 比 1 の基準である（この基準は若干甘いことが指摘されている）．

実際，上の例で p を 1 から増加させていったときの $\bar{R}^2$ の変化は，表14-4に示されている．この表から，$p=4$ までは $\bar{R}^2$ は増加しているが，$p=5$ で減少に転じており，$AR(4)$ が選択すべきモデルであることを示唆している．このデータが四半期データであることからも，妥当な結果といえるだろう．

相関係数の検定

最後に，相関係数の検定問題と回帰係数の検定問題が密接に関係していることを見ておこう．与えられた n 個の 2 変量データ $(x_1, y_1), (x_2, y_2), \cdots, (x_n, y_n)$ に対して，これらは母集団からの標本で，それらが実現する前の確率変数を $(X_1, Y_1), (X_2, Y_2), \cdots, (X_n, Y_n)$ とする．13章1節では，データ $(x_1, y_1), (x_2, y_2), \cdots, (x_n, y_n)$ に対する相関係数 r_{xy} を定義した．母集団の相関係数 ρ_{xy} も，r_{xy} の場合と同様に次のように定義する．

(14.41) $$\rho_{xy} = \frac{\mathrm{Cov}(X, Y)}{\sqrt{\mathrm{Var}(X)\mathrm{Var}(Y)}}$$

$\mathrm{Cov}(X, Y)$ は確率変数 X と Y の共分散で，$\mathrm{Var}(X), \mathrm{Var}(Y)$ はそれぞれ X，Y の分散である．この定義のもとで，r_{xy} は ρ_{xy} の推定値とみなすことが

できる．実際，$r_{xy}=s_{xy}/s_x s_y$ の分子 s_{xy} は $\mathrm{Cov}(X,Y)$ の推定値，s_x^2, s_y^2 は $\mathrm{Var}(X), \mathrm{Var}(Y)$ の推定値である．この母集団相関係数は，r_{xy} の場合と同様に，$-1 \leq \rho_{xy} \leq 1$ である．さらに回帰係数 β の最小 2 乗推定値が $b=s_{xy}/s_x^2=r_{xy}s_y/s_x$ で表せたことから，母集団においても，

$$\begin{aligned}
\rho_{xy}>0(\text{正の相関}) &\Leftrightarrow \mathrm{Cov}(X,Y)>0 \Leftrightarrow \beta>0 \\
(14.42) \quad \rho_{xy}=0(\text{無相関}) &\Leftrightarrow \mathrm{Cov}(X,Y)=0 \Leftrightarrow \beta=0 \\
\rho_{xy}<0(\text{負の相関}) &\Leftrightarrow \mathrm{Cov}(X,Y)<0 \Leftrightarrow \beta<0
\end{aligned}$$

であることがわかる．

ここで，大きさ n の標本に対する 2 次元確率変数 $(X_1, Y_1), (X_2, Y_2), \cdots, (X_n, Y_n)$ が互いに独立に（iid）2 次元確率分布から生成されているとすると，各 (X_i, Y_i) の平均，分散，共分散は全ての i について共通であり，それらは対応するデータから推定できる．そして，標本相関係数 r_{xy} は，母集団相関係数 ρ_{xy} の推定値となる．r_{xy} に対する推定量の標本分布を考えることもできるが複雑である．しばしば，2 つの変数に相関があるという仮説を主張するために，次のような仮説検定問題

$$(14.43) \quad H_0: \rho_{xy}=0 \quad vs \quad H_1: \rho_{xy} \neq 0$$

を考察する．帰無仮説は X と Y に相関がないというものであり，相関の有無を検定することになる．この仮説の検定統計量は，

$$(14.44) \quad t=\frac{r_{xy}\sqrt{n-2}}{\sqrt{1-r_{xy}^2}}$$

であり，帰無仮説のもとで (14.44) の t は，自由度 $n-2$ の t 分布に従うことがわかっている（これまで確率変数として検定統計量を表記してきたが，ここでは簡略化のために実現値を用いていることに注意せよ）．

表14-3では，$r_{xy}=0.9097, n=54$ より，(14.44) の $t=38.02$ となる．有意水準を 5 ％とすれば，$t_{0.975}(52)=2.007$（Excel の TINV 関数（10章 6 節参照）を用いた．t 分布表からは自由度40と60の間の数値をみればよい）となり，$38.02>2.007$ より帰無仮説が棄却される．この例では時系列関係を扱っているので iid データではないが，定常時系列の場合，標本の大きさが大きいとき近似的にこの検定方式が利用可能である．ここでは，その結果として，Y_t と Y_{t-1} は相関関係がある，といえる．

ここで，(14.44)の検定統計量は，(14.24)で与えられる回帰係数 β に関する t 値と等しいことを示すことができる（証明略）．すなわち，

$$t=\frac{r_{xy}\sqrt{n-2}}{\sqrt{1-r_{xy}^2}}=\frac{b}{v_e/\sqrt{\sum(x_i-\bar{x})^2}}=t_0$$

である．(14.42)より $\beta=0$ と $\rho_{xy}=0$ は同等であるから，母集団回帰モデルでの検定問題

$$H_0: \beta=0 \quad vs \quad H_1: \beta\neq 0$$

は，確率変数としての X, Y の相関係数の検定問題 (14.43) と同等であり，(14.43) の棄却域は，この回帰係数の検定問題での棄却域でもある．

キーワード

母集団回帰モデル　誤差項と標準的仮定　最小2乗推定量　回帰係数の信頼区間　t 値　P 値　多重共線性　F 検定　CAPM　トレンド　定常時系列　自己回帰（AR）モデル　自己共分散　自己相関係数　母集団相関係数

練習問題

1. 13章練習問題1で，誤差項の分散の推定値を求めたうえで，回帰係数の信頼係数95％の信頼区間を作成せよ．また，回帰係数に関する仮説検定を有意水準5％で行え．
2. 13章練習問題2，3，5で，1と同様の問いに答えよ．
3. 13章練習問題4の $\hat{E}_j=a+b_jC+c_jN$ という推定式について，消費支出ならびに世帯人員の係数の有意性を項目別に有意水準5％で仮説検定せよ．また a についても検定し，その符号を考えよ．
4. 13章練習問題7で，交通事故死者数を説明するのに用いた各変数の有意性や符号，修正決定係数などをみながら，どの変数を用いればよいのかを判断せよ．特に多重共線性の問題を考慮しながら判断せよ．どのようなモデルが望ましいか．

表 14-5　マクロ消費関数推定のためのデータ（2000年暦年基準）

（単位　10億円）

年度	実質民間最終消費支出	実質GDP	年度	実質民間最終消費支出	実質GDP
1994	267,113.9	470,888.0	2001	287,704.5	501,617.5
1995	273,764.2	482,749.5	2002	291,203.1	507,014.9
1996	281,056.4	496,903.8	2003	293,067.0	517,712.9
1997	277,865.9	496,877.2	2004	296,698.9	527,993.3
1998	278,583.9	489,438.1	2005	302,483.3	540,769.6
1999	281,703.4	493,048.7	2006	307,693.6	553,439.8
2000	283,757.5	505,621.9			

（出所）　表2-5と同じ．

5．表5-6（118ページ）の自動車メーカー5社の株価について，
　(1)　同表のTOPIXの変化率を市場収益率とみて，CAPMを推定せよ．
　(2)　各変化率について，1次から6次までの自己相関係数を求めよ．
　(3)　各変化率について$AR(1)$モデルを推定せよ．

6．表14-5は，1994年度から2006年度までの実質民間最終消費支出（消費）と実質GDP（所得）のデータである．所得をx，消費をyとして，消費を所得で説明するという消費関数を考える．
　(1)　xとyの時系列グラフを描け．両者の変動には，どんな特徴があるか．
　(2)　yをxで回帰せよ．
　(3)　トレンドをtで表す（1994年は1，95年は2，…，2006年は13）とき，xとyをそれぞれtで回帰し，線形トレンドを推定せよ．
　(4)　(3)の各残差は，xとyからトレンドの影響を除いたものである（トレンドの除去）．xとyからトレンドを除去した系列をv，wとする．つまり，$v_i = x_i - \hat{x}_i = x_i - (a + bt)$，$w_i = y_i - \hat{y}_i = y_i - (a' + b't)$である．$v$，$w$を計算し，$w$を$v$で回帰せよ．
　(5)　所得xとトレンドtで消費yを重回帰せよ（$\hat{y}_t = a + b_1 x_t + b_2 t$を求めよ）．その結果の$b_1$と(4)の$v$の係数は等しくなっていることを確かめよ．また，等しくなっていることの意味を考えよ．
　(6)　(5)の結果についてβ_1，β_2に関する仮説検定を有意水準5％で行え．
　(7)　(5)の結果について残差を計算し，時系列プロットせよ．

(8) 回帰モデルの標準的仮定のうち仮定(iii)，つまり誤差項どうしの相関（自己相関）がないという仮定は，時系列データについては確かめておく必要があるといわれる．なぜ，時系列データでは調べる必要があるのか．時系列データにおいて仮定(iii)がくずれるのは，どんな場合か．

(9) 仮定(iii)を1次の自己相関があるという対立仮説（帰無仮説は1次の自己相関がない）について検定するときは，残差 e_t を用いて，次の値を検定統計量（の実現値）とする．

$$DW = \frac{\sum_{t=2}^{n}(e_t - e_{t-1})^2}{\sum_{t=1}^{n}e_t^2}$$

この式で定義される DW は，ダービン゠ワトソン比（統計量）と呼ばれる．DW は0から4の間の値をとり，仮定(iii)が成立していれば（誤差項に自己相関がなければ），DW は2に近づくことが知られている（ただし n が大きいとき）．(7)の結果から，ダービン゠ワトソン比 DW を算出せよ．

7．表14-6は，13章で用いた勤続年数別所定内給与額を男女別に収集したデータである．

(1) 表14-6のデータを1つの散布図に描け．

(2) 勤続年数を x，所定内給与額を y として，男女別に回帰分析を行え．

(3) 表14-6のデータで，男の場合は1，女の場合は0を与える変数 D_i を考える．すなわち，

$$D_i = \begin{cases} 1 & i\text{ が男の場合} \\ 0 & i\text{ が女の場合} \end{cases}$$

とする．(2)のように男女別に推定するのではなく，男女のデータを同時に用いた

$$\hat{y}_i = a + b_1 x_i + b_2 D_i$$

という推定式を計算せよ．この式は男女別にどのようになるか．また，D_i の係数の有意性を検定し，その意味を考えよ．

このように，男女などといった質的データを回帰分析に導入する場合，

表 14-6　男女別の勤続年数と所定内給与額の関係（平成18年，産業計，企業規模計）

勤続年数階級		0年	1～2年	3～4年	5～9年	10～14年	15～19年	20～24年	25～29年	30年以上
勤続年数(年)x_i		0.0	1.5	3.5	7.0	12.0	17.0	22.0	27.0	32.0
所定内給与額 (千円)y_i	男	240.3	254.3	273.8	291.5	327.6	379.2	426.8	450.9	458.4
	女	186.0	194.9	202.7	214.4	236.5	259.5	280.2	307.2	331.9

(出所) 表13-5と同じ．

上の D_i のような0-1型の変数が用いられる．D_i は**ダミー変数**と呼ばれる．

8. 重回帰モデル $Y_i = \alpha + \beta_1 x_{1i} + \beta_2 x_{2i} + E_i$ における β_1 の最小2乗推定量の分散の推定値 $s_{b_1}^2$ は，

$$s_{b_1}^2 = s_e^2 \frac{S_{22}}{S_{11}S_{22} - S_{12}^2}$$

で与えられる（S_{ij} については，13章の章末の参考をみよ）．この式を変形して，

$$s_{b_1}^2 = \frac{s_e^2}{(1 - r_{12}^2) S_{11}}$$

となることを示せ．ただし，r_{12} は，x_1 と x_2 の相関係数である．この式で，r_{12} が 0（無相関）の場合と 1（完全な相関）の場合，$s_{b_1}^2$ はどうなるか．r_{12} の大きさと多重共線性の問題と関連させて述べよ．

9. (14.11) で定義される c_i について，

$$\sum_{i=1}^{n} c_i = 0, \quad \sum_{i=1}^{n} c_i x_i = 1, \quad \sum_{i=1}^{n} c_i^2 = \frac{1}{\sum_{i=1}^{n} (x_i - \bar{x})^2}$$

が成り立つことを証明せよ．

10. (14.7) の切片の最小2乗推定量について，その平均が (14.8)，分散が (14.9) で与えられることを証明せよ．

付録

この付録は，本文中の内容を理解するうえでは必ずしも必要ではないが，本書のレベルを超えると思われる証明など，数学的にやや高度な事項に関して収録している．

A 1 離散的確率変数の n 次元同時確率分布とその平均値・分散・共分散（7章，8章）

7章4節で離散的データ $x_1, x_2, \cdots, x_n$ に対して，n 個の離散的確率変数 $X_1, X_2, \cdots, X_n$ とその同時確率分布を考える必要性を，標本平均 $\bar{X}$ の標本分布と関連させて述べた．以下では，その同時確率分布をより一般的に提示し，その分布のもとでの平均値，分散，共分散について示す．

n 次元同時確率分布と周辺確率分布

確率分布を考察する際に想定される多くの状況として，各 X_i の取りうる値を共通に $a_1, a_2, \cdots, a_N$（$N=\infty$ の場合も含む）とする．そして，$X_1, X_2, \cdots, X_n$ の同時確率分布を

$$p_{x_1 x_2 \ldots x_n}(k_1, k_2, \cdots, k_n) = P(X_1 = a_{k_1}, X_2 = a_{k_2}, \cdots, X_n = a_{k_n})$$

とおく．ここで，a_{k_j} は，$a_1, a_2, \cdots, a_N$ のいずれかである．このとき $X_1, X_2, \cdots, X_{n-1}$ の同時確率分布は，X_n についてその取りうる値に関して加えたもの，

$$p_{x_1 x_2 \ldots x_{n-1}}(k_1, k_2, \cdots, k_{n-1}) = \sum_{k_n=1}^{N} p_{x_1 x_2 \ldots x_n}(k_1, k_2, \cdots, k_{n-1}, k_n)$$

である．この関係を繰り返すと，

(A1.1) $\quad p_{x_1}(k_1) = \sum_{k_2=1}^{N} \sum_{k_3=1}^{N} \cdots \sum_{k_n=1}^{N} p_{x_1 x_2 \ldots x_n}(k_1, k_2, \cdots, k_n)$

となる．これが X_1 の周辺確率分布である．

平均値・分散・共分散

各 X_i の平均値は，(A1.1) を参考に，それぞれの周辺確率分布から，

と計算される．また X_i と X_j の共分散 $(i \neq j)$ は，

$$(\text{A1.2}) \quad \sigma_{ij} = \text{Cov}(X_i, X_j) = E(X_i - \mu_i)(X_j - \mu_j)$$
$$= \sum_{k_j=1}^{N} \sum_{k_i=1}^{N} (a_{k_i} - \mu_i)(a_{k_j} - \mu_j) p_{x_i x_j}(k_i, k_j)$$

となる．(A1.2) で $i = j$ のときは分散となり，次式で与えられる．

$$\sigma_{ii} = \text{Var}(X_i) = E(X_i - \mu_i)^2 = \sum_{k_i=1}^{N} (a_{k_i} - \mu_i)^2 p_{x_i}(k_i).$$

確率変数の1次式の平均値・分散・共分散

ここで，$X_1, X_2, \cdots, X_n$ の1次式

$$(\text{A1.3}) \quad Z = c_1 X_1 + c_2 X_2 + \cdots + c_n X_n$$

で表される確率変数の平均値と分散を，X_i の平均値 μ_i，分散 σ_{ii}，および共分散 σ_{ij} で表現してみよう．まず Z の平均値は，

$$(\text{A1.4}) \quad \mu_z = E(Z) = c_1 E(X_1) + c_2 E(X_2) + \cdots + c_n E(X_n)$$
$$= c_1 \mu_1 + c_2 \mu_2 + \cdots + c_n \mu_n$$

となる．実際，$E(Z)$ は，

$$\sum_{k_1=1}^{N} \sum_{k_2=1}^{N} \cdots \sum_{k_n=1}^{N} (c_1 a_{k_1} + c_2 a_{k_2} + \cdots + c_n a_{k_n}) p_{x_1 x_2 \ldots x_n}(k_1, k_2, \cdots, k_n)$$

であるが，和をそれぞれの項についてとると，例えば第1項は，(A1.1) より，

$$\sum_{k_1=1}^{N} \sum_{k_2=1}^{N} \cdots \sum_{k_n=1}^{N} c_1 a_{k_1} p_{x_1 x_2 \ldots x_n}(k_1, k_2, \cdots, k_n)$$
$$= c_1 \sum_{k_1=1}^{N} a_{k_1} \sum_{k_2=1}^{N} \cdots \sum_{k_n=1}^{N} p_{x_1 x_2 \ldots x_n}(k_1, k_2, \cdots, k_n) = c_1 \sum_{k_1=1}^{N} a_{k_1} p_{x_1}(k) = c_1 E(X_1)$$

となる．これより (A1.4) を得る．

次に，Z の分散は $\text{Var}(Z) = E(Z - \mu_z)^2$ であるが，(A1.3) と (A1.4) から

$$(Z - \mu_z)^2 = \{c_1(X_1 - \mu_1) + c_2(X_2 - \mu_2) + \cdots + c_n(X_n - \mu_n)\}^2$$

である．そこで右辺を展開して両辺の期待値を取ると，

$$\text{Var}(Z) = E(Z - \mu_z)^2$$
$$= c_1^2 \text{Var}(X_1) + c_1 c_2 \text{Cov}(X_1, X_2) + c_1 c_3 \text{Cov}(X_1, X_3) + \cdots + c_1 c_n \text{Cov}(X_1, X_n)$$
$$+ c_2 c_1 \text{Cov}(X_2, X_1) + c_2^2 \text{Var}(X_2) + c_2 c_3 \text{Cov}(X_2, X_3) + \cdots + c_2 c_n \text{Cov}(X_2, X_n)$$

$$+ c_3c_1\text{Cov}(X_3, X_1) + c_3c_2\text{Cov}(X_3, X_2) + c_3^2\text{Var}(X_3) + \cdots + c_3c_n\text{Cov}(X_3, X_n)$$
$$+ \cdots$$
$$+ c_nc_1\text{Cov}(X_n, X_1) + c_nc_2\text{Cov}(X_n, X_2) + c_nc_3\text{Cov}(X_n, X_3) + \cdots + c_n^2\text{Var}(X_n)$$

となる．よって上と同様に X_i の分散を σ_{ii}，X_i と X_j の共分散を σ_{ij} とすれば，

$$(\text{A1.5}) \quad \text{Var}(Z) = \text{Var}\Big(\sum_{i=1}^{n} c_i X_i\Big) = \sum_{i=1}^{n} c_i^2 \sigma_{ii} + \sum_{i=1}^{n}\sum_{\substack{j=1 \\ i\neq j}}^{n} c_i c_j \sigma_{ij} = \sum_{i=1}^{n}\sum_{j=1}^{n} c_i c_j \sigma_{ij}$$

となる．ここで $\sum_{\substack{i=1 \\ i\neq j}}^{n}\sum_{j=1}^{n}$ は，$i\neq j$ である (i,j) の全ての組について和をとることを意味している．

標本平均 $\bar{X}$ の平均値・分散

ここで（A1.3）で，$c_1 = c_2 = \cdots = c_n = 1/n$ の場合を考えよう．このとき $\sum_{i=1}^{n} c_i X_i = \frac{1}{n}\sum_{i=1}^{n} X_i = \bar{X}$ となる．（A1.5）より，

$$\text{Var}\Big(\sum_{i=1}^{n}\frac{1}{n}X_i\Big) = \frac{1}{n^2}\sum_{i=1}^{n}\sigma_{ii} + \frac{1}{n^2}\sum_{\substack{i=1 \\ i\neq j}}^{n}\sum_{j=1}^{n}\sigma_{ij}$$

である．ここで X_i, X_j が互いに独立であれば共分散は 0（$\sigma_{ij} = 0, i\neq j$）なので，

$$\text{Var}(\bar{X}) = \frac{1}{n^2}\sum_{i=1}^{n}\sigma_{ii}$$

である．

さらに，$X_1, X_2, \cdots, X_n$ が同じ分布に従えば，各 X_i は同じ分散を持ち，その分散を $\sigma_{11} = \sigma_{22} = \cdots = \sigma_{nn} = \sigma^2$ と表せば，

$$\text{Var}(\bar{X}) = \frac{\sigma^2}{n}$$

となる．また，（A1.4）より，各 X_i に共通の平均を $\mu_1 = \mu_2 = \cdots = \mu_n = \mu$ と表せば，

$$E(\bar{X}) = \frac{1}{n}\mu + \frac{1}{n}\mu + \cdots + \frac{1}{n}\mu = \mu$$

である．これはデータが iid である場合の標本平均 $\bar{X}$ の標本分布として10章で議論されている．

A 2 n 個の連続的確率変数 $X_1, X_2, \cdots, X_n$ の同時確率密度関数（9章4節）

n 個の連続的確率変数 $X_1, X_2, \cdots, X_n$ が同時区間 $(a_1, b_1], \cdots, (a_n, b_n]$ のなかに落ちる確率 Q は，

(A2.1)　　$Q \equiv P(a_1 < X_1 \leq b_1, a_2 < X_2 \leq b_2, \cdots, a_n < X_n \leq b_n)$

と定義できる．これを本文と同様に議論をすると，(A2.1) の確率は，確率密度関数 $f^{(n)}(x_1, x_2, \cdots, x_n)$ について対応する「体積」として n 重積分

(A2.2)　　$Q \equiv \int_{a_n}^{b_n} \cdots \int_{a_2}^{b_2} \int_{a_1}^{b_1} f^{(n)}(x_1, x_2, \cdots, x_n) \, dx_1 dx_2 \cdots dx_n$

と表現される (f と $f^{(n)}$ は同じ意味である．215ページ参照)．

次に独立の場合の周辺確率密度関数と同時確率密度関数の関係を考えよう．(A2.1) 式の各区間に対する確率 $P(a_i < X_i \leq b_i)$ は，X_i の (周辺) 確率密度関数 $f_i(x_i)$ を用いて $\int_{a_i}^{b_i} f_i(x_i) \, dx_i$ と書ける．ここで，$X_1, X_2, \cdots, X_n$ が独立であれば，

(A2.3)　　$Q = \int_{a_1}^{b_1} f_1(x_1) \, dx_1 \int_{a_2}^{b_2} f_2(x_2) \, dx_2 \cdots \int_{a_n}^{b_n} f_n(x_n) \, dx_n$

である．したがって (A2.2) と (A2.3) の右辺が全ての $a_i \leq b_i$ について等しくなることは

(A2.4)　　$f^{(n)}(x_1, x_2, \cdots, x_n) = f_1(x_1) f_2(x_2) \cdots f_n(x_n)$

と同等であるので，(A2.4) を独立性の定義としてもよい．もし各 X_i が同一の分布を持つならば，確率密度関数は同一となるので

$$f_1(x) = f_2(x) = \cdots = f_n(x) = f(x)$$

となる．すなわち iid データの場合の同時確率密度関数は，

$$f^{(n)}(x_1, x_2, \cdots, x_n) = f(x_1) f(x_2) \cdots f(x_n)$$

と表すことができる．

A3　チェビシェフの不等式 (11.15) の証明 (11章2節)

離散的確率変数 U (平均値 α，分散 γ^2) の取りうる値を a_k (ただし，$k = 1, 2, \cdots, N$) とし，a_k の値をその取りうる値の範囲によって3つの領域に分ける (図11-4参照)．まず，$\alpha - a_k > \lambda \gamma$ を満たす a_k の添え字 k の領域を I_1，$|a_k - \alpha| \leq \lambda \gamma$ を満たす領域を I_2，$a_k - \alpha > \lambda \gamma$ を満たす領域を I_3 とする．ここで分散の定義より，

$$\gamma^2 = E(U - \alpha)^2 = \sum_{k=1}^{N} (a_k - \alpha)^2 p(k)$$

$$= \sum_{k \in I_1} (a_k - \alpha)^2 p(k) + \sum_{k \in I_2} (a_k - \alpha)^2 p(k) + \sum_{k \in I_3} (a_k - \alpha)^2 p(k)$$

$$\geq \sum_{k \in I_1} (a_k - \alpha)^2 p(k) + \sum_{k \in I_3} (a_k - \alpha)^2 p(k) \quad (\because \text{上の式の第2項は非負})$$

となる $\Big(\sum_{k \in I_1}$ は，区間 I_1 に含まれている k についての合計を取ることを表す．$\sum_{k \in I_2}$,

$\sum_{k \in I_3}$ も同様)．ここで I_1, I_3 においては，$(a_k-a)^2 > (\lambda \gamma)^2$ であるから（図11-4参照），上の最後の式の右辺の $(a_k-a)^2$ を $\lambda^2 \gamma^2$ で置き換えて，

$$\text{右辺} \geq \sum_{k \in I_1} \lambda^2 \gamma^2 p(k) + \sum_{k \in I_3} \lambda^2 \gamma^2 p(k) = \lambda^2 \gamma^2 \Big[\sum_{k \in I_1} p(k) + \sum_{k \in I_3} p(k) \Big]$$
$$= \lambda^2 \gamma^2 P(|U-a| > \lambda \gamma)$$

よって，$\gamma^2 \geq \lambda^2 \gamma^2 P(|U-a| > \lambda \gamma)$ より，両辺を $\lambda^2 \gamma^2$ で割れば，(11.15) を得る．またチェビシェフの不等式は，連続的確率変数の場合にも成立し，同様の方法で証明することができる．

A 4　最小 2 乗推定値の導出

単回帰分析の場合（13章 2 節）

n 個の観測値 $(x_1, y_1), (x_2, y_2), \cdots, (x_n, y_n)$ に対して，回帰直線 $\hat{y}_i = a + bx_i$ をあてはめるとき，残差 2 乗和 $RSS = \sum_{i=1}^{n}(y_i - \hat{y}_i)^2 = \sum_{i=1}^{n}(y_i - a - bx_i)^2$ を最小にする a, b を導出しよう．(13.10), (13.9) の $a^* = \bar{y} - b^* \bar{x}$, $b^* = \dfrac{\sum_{i=1}^{n}(x_i - \bar{x})(y_i - \bar{y})}{\sum_{i=1}^{n}(x_i - \bar{x})^2} = \dfrac{S_{xy}}{S_x^2}$ を用いると，

$$\begin{aligned} RSS &= \sum_{i=1}^{n}(y_i - a - bx_i)^2 = \sum_{i=1}^{n}[y_i - a - bx_i + a^* - (\bar{y} - b^* \bar{x}) + b\bar{x} - b\bar{x}]^2 \\ &= \sum_{i=1}^{n}[(y_i - \bar{y}) - b(x_i - \bar{x}) + (a^* + b^* \bar{x} - a - b\bar{x})]^2 \\ &= \sum_{i=1}^{n}(y_i - \bar{y})^2 + b^2 \sum_{i=1}^{n}(x_i - \bar{x})^2 + n(a^* + b^* \bar{x} - a - b\bar{x})^2 \\ & \quad - 2b \sum_{i=1}^{n}(x_i - \bar{x})(y_i - \bar{y}) \\ &= S_y^2 + b^2 S_x^2 + n(\bar{y} - a - b\bar{x})^2 - 2bS_{xy} \\ &= n(\bar{y} - a - b\bar{x})^2 + \Big(b^2 S_x^2 - 2bS_{xy} + \dfrac{S_{xy}^2}{S_x^2}\Big) + S_y^2 - \dfrac{S_{xy}^2}{S_x^2} \\ &= n(\bar{y} - a - b\bar{x})^2 + \Big(bS_x - \dfrac{S_{xy}}{S_x}\Big)^2 + \Big(S_y^2 - \dfrac{S_{xy}^2}{S_x^2}\Big) \end{aligned}$$

が得られる（ただし，$S_y^2 = \sum_{i=1}^{n}(y_i - \bar{y})^2, S_x^2 = \sum_{i=1}^{n}(x_i - \bar{x})^2, S_{xy} = \sum_{i=1}^{n}(x_i - \bar{x})(y_i - \bar{y})$ である）．

最後の式の第 1 項と第 2 項は非負であるから，$\bar{y} - a - b\bar{x} = 0, bS_x - \dfrac{S_{xy}}{S_x} = 0$ を満たす a, b が，RSS を最小にすることがわかる．その a, b は，(13.10), (13.9) の a^*,

b^* と一致し，それらが最小2乗推定値である．なお，微分を使う証明については，13章練習問題10または次項をみよ．

重回帰分析の場合（13章4節）

13章4節で示された（13.21）の残差2乗和

$$RSS = \sum_{i=1}^{n} e_i^2 = \sum_{i=1}^{n} (y_i - \hat{y}_i)^2 = \sum_{i=1}^{n} (y_i - a - b_1 x_{1i} - b_2 x_{2i} - \cdots - b_K x_{Ki})^2$$

を最小にする $a, b_1, b_2, \cdots, b_K$ を求めるためには，まず各々について偏微分して0とおく．すなわち，

$$(\text{A4.1}) \begin{cases} \dfrac{\partial RSS}{\partial a} = -2\sum_{i=1}^{n} (y_i - a - b_1 x_{1i} - b_2 x_{2i} - \cdots - b_K x_{Ki}) = 0 \\ \dfrac{\partial RSS}{\partial b_1} = -2\sum_{i=1}^{n} x_{1i}(y_i - a - b_1 x_{1i} - b_2 x_{2i} - \cdots - b_K x_{Ki}) = 0 \\ \quad \cdots \cdots \\ \dfrac{\partial RSS}{\partial b_K} = -2\sum_{i=1}^{n} x_{Ki}(y_i - a - b_1 x_{1i} - b_2 x_{2i} - \cdots - b_K x_{Ki}) = 0 \end{cases}$$

そして，この $K+1$ 本の式を同時に満たす $a, b_1, b_2, \cdots, b_K$ が，RSS を最小にするという意味での最小2乗推定値 $a^*, b_1^*, b_2^*, \cdots, b_K^*$ となる．（A4.1）より，それらは次の $K+1$ 本の1次方程式

$$(\text{A4.2}) \begin{cases} \sum_{i=1}^{n} y_i = na + b_1 \sum_{i=1}^{n} x_{1i} + b_2 \sum_{i=1}^{n} x_{2i} + \cdots + b_K \sum_{i=1}^{n} x_{Ki} \\ \sum_{i=1}^{n} x_{1i} y_i = a \sum_{i=1}^{n} x_{1i} + b_1 \sum_{i=1}^{n} x_{1i}^2 + b_2 \sum_{i=1}^{n} x_{1i} x_{2i} + \cdots + b_K \sum_{i=1}^{n} x_{1i} x_{Ki} \\ \sum_{i=1}^{n} x_{2i} y_i = a \sum_{i=1}^{n} x_{2i} + b_1 \sum_{i=1}^{n} x_{1i} x_{2i} + b_2 \sum_{i=1}^{n} x_{2i}^2 + \cdots + b_K \sum_{i=1}^{n} x_{2i} x_{Ki} \\ \quad \cdots \cdots \\ \sum_{i=1}^{n} x_{Ki} y_i = a \sum_{i=1}^{n} x_{Ki} + b_1 \sum_{i=1}^{n} x_{1i} x_{Ki} + b_2 \sum_{i=1}^{n} x_{2i} x_{Ki} + \cdots + b_K \sum_{i=1}^{n} x_{Ki}^2 \end{cases}$$

の解である．（A4.2）は正規方程式と呼ばれる．

残差は $e_i = y_i - a - b_1 x_{1i} - b_2 x_{2i} - \cdots - b_K x_{Ki}$ なので，（A4.1）から，

$$(\text{A4.3}) \quad \sum_{i=1}^{n} e_i = 0, \quad \sum_{i=1}^{n} x_{1i} e_i = 0, \quad \sum_{i=1}^{n} x_{2i} e_i = 0, \quad \cdots, \quad \sum_{i=1}^{n} x_{Ki} e_i = 0$$

という残差の合計は0，残差と各説明変数の積和は0という性質が得られる．

また，$K=1$（単回帰分析）とすれば，（A4.1）は，

$$\sum_{i=1}^{n}(y_i-a-bx_i)=0, \quad \sum_{i=1}^{n}x_i(y_i-a-bx_i)=0$$

となり，これを解けば最小2乗推定値の公式 (13.9)，(13.10) を得る．$K=2$ とすれば，13章の章末の参考における公式が導出できる．

なお (A4.1) は最小化のための必要条件であるが，十分条件は RSS が $a, b_1, b_2,$ …, b_K に関して下に凸の関数であることからいえる．

A 5 最小2乗推定量 B が BLUE（最良線形不偏推定量）であることの証明（14章1節）

まず，線形推定量 (14.13) が不偏性を持つための条件を考える．線形推定量 $\tilde{\beta}=\sum_{i=1}^{n}d_iY_i$ が不偏推定量であるためには，

$$(\text{A5.1}) \quad E(\tilde{\beta})=\sum_{i=1}^{n}d_iE(Y_i)=\sum_{i=1}^{n}d_iE(\alpha+\beta x_i+E_i)=\alpha\sum_{i=1}^{n}d_i+\beta\sum_{i=1}^{n}d_ix_i=\beta$$

が全ての α, β について成立しなければならない．したがって，不偏推定量であるための条件は，$\sum_{i=1}^{n}d_i=0, \sum_{i=1}^{n}d_ix_i=1$ が成立することである．もちろん，最小2乗推定量は (14.11) で示したように $B=\sum_{i=1}^{n}c_iY_i,\quad c_i=(x_i-\bar{x})\Big/\sum_{i=1}^{n}(x_i-\bar{x})^2$ であるから，$\sum_{i=1}^{n}c_i=0, \sum_{i=1}^{n}c_ix_i=1$ を満たすので不偏推定量である（14章練習問題9）．

そこで，不偏推定量の分散を考えると．

$$(\text{A5.2}) \quad \text{Var}(\tilde{\beta})=E(\tilde{\beta}-\beta)^2=E(\tilde{\beta}-B+B-\beta)^2$$
$$=E(\tilde{\beta}-B)^2+2E(\tilde{\beta}-B)(B-\beta)+\text{Var}(B)$$

と表せる．c_i や d_i の性質を用いると，

$$\tilde{\beta}-B=\sum_{i=1}^{n}d_iY_i-\sum_{i=1}^{n}c_iY_i=\sum_{i=1}^{n}(d_i-c_i)(\alpha+\beta x_i+E_i)$$
$$=\alpha\sum_{i=1}^{n}(d_i-c_i)+\beta\sum_{i=1}^{n}(d_i-c_i)x_i+\sum_{i=1}^{n}(d_i-c_i)E_i=\sum_{i=1}^{n}(d_i-c_i)E_i$$
$$B-\beta=\sum_{i=1}^{n}c_iY_i-\beta=\sum_{i=1}^{n}c_i(\alpha+\beta x_i+E_i)-\beta=\alpha\sum_{i=1}^{n}c_i+\beta\sum_{i=1}^{n}c_ix_i+\sum_{i=1}^{n}c_iE_i-\beta$$
$$=\sum_{i=1}^{n}c_iE_i$$

となるので，(A5.2) の最後の式の第2項は，誤差項の標準的仮定(iii)である $E(E_iE_j)=0$ （$i\neq j$，誤差項の無相関性）を利用すると，

$$E(\tilde{\beta}-B)(B-\beta)=E\left[\sum_{i=1}^{n}(d_i-c_i)E_i\sum_{i=1}^{n}c_iE_i\right]=E\left[\sum_{i=1}^{n}(d_i-c_i)c_iE_i^2\right]$$
$$=\sigma^2\sum_{i=1}^{n}(d_i-c_i)c_i=0$$

となる.ただし,上式の最後の等号では,$\sum_{i=1}^{n} d_i = 0, \sum_{i=1}^{n} d_i x_i = 1$ より,

$$\sum_{i=1}^{n} d_i c_i = \sum_{i=1}^{n} d_i \frac{x_i - \bar{x}}{\sum_{i=1}^{n}(x_i - \bar{x})^2} = \frac{1}{\sum_{i=1}^{n}(x_i - \bar{x})^2},$$

$$\sum_{i=1}^{n} c_i^2 = \sum_{i=1}^{n} \left[\frac{x_i - \bar{x}}{\sum_{i=1}^{n}(x_i - \bar{x})^2} \right]^2 = \frac{1}{\sum_{i=1}^{n}(x_i - \bar{x})^2}$$

を用いている.よって,(A5.2)は,

$$\mathrm{Var}(\tilde{\beta}) = E(\tilde{\beta} - B)^2 + \mathrm{Var}(B)$$

となる.ここで,$E(\tilde{\beta}-B)^2 \geq 0$ であるから,$\mathrm{Var}(\tilde{\beta}) \geq \mathrm{Var}(B)$ が証明される.また,等号が成立するのは $E(\tilde{\beta}-B)^2=0$,すなわち $\tilde{\beta}=B$ が成立する場合であり,$\tilde{\beta}$ が最小2乗推定量の場合に不偏推定量の分散が最小になることがわかる.

練習問題　略解

以下で Web と書かれている問題については，もとのデータや計算の過程などを含めた解答例が，本書のウェブページで参照できるようになっている。ウェブページは，

　　　http://wwwecono.meijo-u.ac.jp/~katsuura/index.html

にある本書のページへのリンクから入るようになっている（解答はいずれも Excel ファイル）。したがって以下では，ウェブで参照できる以外の問題の解答を中心に示している（ウェブで参照できる問題についても，簡単に解答のみを示せる問題については解答を示してある）。

1章

1．(1) GDP，国民所得，輸出など。(2) 知能指数，試験の成績，学歴，卒業した大学の偏差値なども考えられるが，「頭の良さ」と対応しているかどうかは疑問である。(3) 売上高，利益，借入金，配当金など。(4) 生産指数，消費，投資，雇用者数，失業率，景気動向指数など。

2．省略。

3．当然のことながら，降水確率が高くなれば，傘を持っていくと判断するだろう。これは，雨が降ったときに傘がないと，濡れる不快感が伴うからである。降水確率が何％以上であれば傘を持っていくのかは，その人ごとに異なる。それは，傘を持つことによる不快感（面倒くささ）と濡れることの不快感によって決まってくる。濡れてもいいが，雨が降らなければ傘を持つのはものすごく面倒だと感じる人は，降水確率が高くなってはじめて（たとえば80％以上）傘を持とうと考えるだろう。しかし，傘を持つことは我慢できるが，濡れることは絶対に嫌だと感じる人は，低い降水確率でも傘を持っていくだろう。つまり2つの不快感の強さによって決まってくる（どちらも同じくらい嫌だという人は，降水確率50％が基準となり，濡れる方が相対的に嫌だという人は降水確率50％以下で傘を持つと判断すればよい。金持ちは傘を買えばよい，あるいはタクシーを利用すればよいと考えるかもしれないので，その降水確率に対する基準も異なる）。

414　練習問題　略解

4．(1) 全国の有権者が母集団である（有限母集団）．標本は，そのなかから，無作為に取ればよいが，男女の比率，居住地（大都市・中都市・農村など）等をコントロールすべきである．(2) 全国の大学生が母集団（有限母集団）であるが，男女別や自宅生と下宿生とで分けて考えた方がよい．当然，下宿生の方が通学時間が短いからである（女子は自宅生が多いなど両者には関係があると思われる）．したがって，男女で自宅・下宿生と別々に標本を取るべきである．また，都市規模別（大都市圏と地方都市など）に分けることも必要であろう．(3) 試験は，概念的には何回でも受けられるから，この問題は，無限母集団と考えられる．実際に受ける何回かの試験の結果が標本である．しかし，ある生徒にとっての真の偏差値というものが存在するかどうかは疑問である．また，試験のたびにその生徒の実力は一定ではないことに注意せよ．(4) ある会社の全従業員を調べることができるので，有限母集団である．この場合，男女や勤続年数によって給料が異なるので，標本はそれらをコントロールすべきである．(5) 全国の世帯が母集団（有限母集団）である．教育費は，子供がいるかいないか，あるいは子供の数に影響を受けるので，それらを考慮して標本をとるべきである．

5．(1) データの外への推論　(2) データのなかでの分析　(3)・(4) 両方考えられる．

2章

1．フロー：GDP，出生数・死亡数，輸出・輸入，新車販売台数，貯蓄額など
ストック：資本ストック，人口，国債累積残高，自動車登録台数，貯蓄現在高など
どちらでもない：為替レート，平均株価，消費者物価指数など

2．Web　(2) ある日の東京外国為替市場（東京市場），ロンドン市場，ニューヨーク市場の為替レート．また，ある日の東京市場での円-ドルレート，円-ユーロレート，円-ポンドレートなど．

3．Web
4．Web
5．Web
6．Web
7．Web
8．Web　(1) クロスセクションデータ．平均気温のデータには順序に意味が

ある（平均気温の低い北の方から平均気温の高い南の方へとだいたい都道府県が並んでいるから）．

(2) 交通事故死者数はフローのデータ，平均気温はどちらでもない．

(3) 平均気温には構成比の意味がない．交通事故死者数は意味がある．

(4) 平均気温が低いと冬期に降雪が多い，路面が凍結しやすいなど，交通事故が発生しやすい環境にあるかもしれない．分析の方法としては，3章のクロス集計，12章の独立性の検定，13章の回帰分析などを参照せよ．

9．(1) 年賀はがきに対して，当たれば1，はずれれば0という値を与えて(2.7)を計算すれば，それが4等の当たる確率の推定値になる．われわれは，その真の値が2/100であることを知っている．もらった年賀はがきが多いほど，この真の確率に近づくだろう（しかし，100枚程度では，近づく保証はない）．

(2) 10万人に対して，失業していれば1，就業していれば0を与えて(2.7)を計算すれば，失業率になる．この場合の母集団は，日本全体（日本の全ての労働力人口）である．したがって，母集団は有限である．10万人というかなり多くの人数を調査していれば，その精度はかなり高いといえよう．

(3) 予想される明日の天気の状態（気圧配置，気温，季節等）と同じような状態にある過去のデータをみて，そのうち，雨の降った日に1，降らなかった日には0を与えて(2.7)を算出したものが降水確率である．この場合の母集団は，同じような気象状態にある日であるといえよう．

3章

1．省略．
2．Web
3．Web
4．Web
5．Web
6．Web (2) ジニ係数…全世帯：0.566，勤労者世帯：0.562
7．Web
8．Web 例えば，国別の収入（貯蓄）階級別世帯数のデータ，従業員規模別の生産額・従業員数，企業規模別売上高のデータなど．

4章

1. (1) 16 (2) 12 (3) 11 (4) 28 (5) 80 (6) 106 (7) 4 (8) 0 (9) 42 (10) 28

2. (1) 250 (2) 70 (3) 17900 (4) 0 (5) 5400 (6) 1250 (7) 90 (8) 70 (9) 20 (10) 900 (11) 2500

3. Web 4.1%

4. Web

5. Web 日経平均株価…平均0.10%（0.09%），メディアン 0 %（0.75%） モード 0 % 為替レート…平均0.20%（0.03%），メディアン 0 %（0.24%） モード 0 %，ただし，（ ）はもとのデータからの結果．

6. Web

7. Web 全世帯…平均1722万円，メディアン…941万円（968.9万円），モード 30万円 勤労者世帯…平均1264万円，メディアン…741万円（746.3万円），モード33万円，ただし（ ）は，比例配分に基づく方法によるメディアン．

8. Web (2) 民間需要…1.016（1.6%），公的需要…0.994（-0.6%），海外需要…1.226（22.6%），国内総支出…1.015（1.5%）

9. Web

10. (4.4) $\sum_{i=1}^{n} ax_i = ax_1 + ax_2 + \cdots + ax_n = a(x_1 + x_2 + \cdots + x_n) = a\sum_{i=1}^{n} x_i$

    (4.5) $\sum_{i=1}^{n}(x_i + y_i) = (x_1 + y_1) + (x_2 + y_2) + \cdots + (x_n + y_n)$
    $= (x_1 + x_2 + \cdots + x_n) + (y_1 + y_2 + \cdots + y_n) = \sum_{i=1}^{n} x_i + \sum_{i=1}^{n} y_i$

    (4.6) $\sum_{i=1}^{n} a = a + a + \cdots + a = na$

11. $\overline{x+c} = \frac{1}{n}\sum_{i=1}^{n}(x_i + c) = \frac{1}{n}\left(\sum_{i=1}^{n} x_i + \sum_{i=1}^{n} c\right) = \frac{1}{n}\sum_{i=1}^{n} x_i + \frac{1}{n}nc = \bar{x} + c$,

    $\overline{ax} = \frac{1}{n}\sum_{i=1}^{n} ax_i = \frac{a}{n}\sum_{i=1}^{n} x_i = a\bar{x}$

    $\overline{ax+c} = \frac{1}{n}\sum_{i=1}^{n}(ax_i + c) = \frac{1}{n}\left(\sum_{i=1}^{n} ax_i + \sum_{i=1}^{n} c\right) = \frac{a}{n}\sum_{i=1}^{n} x_i + \frac{1}{n}nc = a\bar{x} + c$

12. $\dfrac{d\sum_{i=1}^{n}(x_i - a)^2}{da} = -2\sum_{i=1}^{n}(x_i - a) = 0$ であるから，$\sum_{i=1}^{n} x_i - na = 0$．よって，$a^* =$

$\frac{1}{n}\sum_{i=1}^{n}x_i=\bar{x}$.

5章

1. Web (1) 男：分散…6400，標準偏差…80万円，女：分散…10000，標準偏差…100万円 (2) (1)と同じ (3) 分散…14400，標準偏差…120万円
2. Web A株：平均（リターン）…1%，分散…2，標準偏差（リスク）…1.41%，B株：平均（リターン）…1%，分散…0.4，標準偏差（リスク）…0.63%．リターンは等しいが，リスクはB株の方が小さい．
3. Web 1998年：分散…31.9，標準偏差…5.6%，2002年：分散…4.3，標準偏差…2.1%
4. Web
5. Web
6. Web 全産業：分散…1,229.1，標準偏差…35.1，変動係数…3.52
製造業：分散…3,976.8，標準偏差…63.1，変動係数…3.49
卸売・小売業：分散…425.3，標準偏差…20.6，変動係数…2.76
金融保険業：分散…2,956.2，標準偏差…54.4，変動係数…3.14
7. Web 全世帯：分散…3,934,643，標準偏差…1,983.6，変動係数…1.152
勤労者世帯：分散…2,224,211，標準偏差…1,491.4，変動係数…1.180
8. Web
9. Web (2) 株価指数（TOPIX）のリターンは個別銘柄の中間程度であるが，リスクは最も小さくなっている．
10. $s_{x+c}^2=\frac{1}{n}\sum_{i=1}^{n}\{(x_i+c)-(\bar{x}+c)\}^2=\frac{1}{n}\sum_{i=1}^{n}(x_i-\bar{x})^2=s_x^2$

$s_{ax}^2=\frac{1}{n}\sum_{i=1}^{n}(ax_i-a\bar{x})^2=\frac{1}{n}\sum_{i=1}^{n}\{a(x_i-\bar{x})\}^2=a^2\frac{1}{n}\sum_{i=1}^{n}(x_i-\bar{x})^2=a^2s_x^2$

$s_{ax+c}^2=\frac{1}{n}\sum_{i=1}^{n}\{(ax_i+c)-(a\bar{x}+c)\}^2=\frac{1}{n}\sum_{i=1}^{n}\{a^2(x_i-\bar{x})\}^2=a^2s_x^2$

11. (1) $\sum_{i=1}^{n}(x_i-\bar{x})^2=\sum_{i=1}^{n}x_i^2-2\sum_{i=1}^{n}x_i\bar{x}+\sum_{i=1}^{n}\bar{x}^2=\sum_{i=1}^{n}x_i^2-2\bar{x}(n\bar{x})+n\bar{x}^2=\sum_{i=1}^{n}x_i^2-n\bar{x}^2$

(2) $\sum_{i=1}^{n}(x_i-\bar{x})^2=\sum_{i=1}^{n}(x_i-\bar{x})(x_i-\bar{x})=\sum_{i=1}^{n}(x_i-\bar{x})x_i-\bar{x}\sum_{i=1}^{n}(x_i-\bar{x})=\sum_{i=1}^{n}(x_i-\bar{x})x_i$

6章

1. Web
2. Web
3. Web
4. Web　交通事故死者数：歪度…0.82，尖度…2.38，四分位歪度…1.73，四分位範囲／レンジ…0.38，平均気温：歪度…−0.17，尖度…4.84，四分位歪度…0.55，四分位範囲／レンジ…0.16，
5. 歪度 $b_1^* = \dfrac{1}{n}\sum_{i=1}^{m} n_i \left(\dfrac{x_i^* - \bar{x}^*}{s_x^*}\right)^3$，尖度 $b_2^* = \dfrac{1}{n}\sum_{i=1}^{m} n_i \left(\dfrac{x_i^* - \bar{x}^*}{s_x^*}\right)^4$
6. Web　日経平均：歪度…−0.29（−0.21），尖度…2.40（2.34），為替レート：歪度…−0.79（−0.64），尖度…6.12（6.25），（　）は度数分布表より計算．
7. Web　歪度は1.69で，右に歪んだ分布となり，図3-5と整合的である．尖度は6.51．
8.
$$\bar{z} = \frac{1}{n}\sum_{i=1}^{n}\frac{x_i - \bar{x}}{s_x} = \frac{1}{ns_x}\sum_{i=1}^{n}(x_i - \bar{x}) = 0,$$

$$s_z^2 = \frac{1}{n}\sum_{i=1}^{n} z_i^2 = \frac{1}{n}\sum_{i=1}^{n}\left(\frac{x_i - \bar{x}}{s_x}\right)^2 = \frac{1}{s_x^2}\frac{1}{n}\sum_{i=1}^{n}(x_i - \bar{x})^2 = \frac{1}{s_x^2}s_x^2 = 1.$$

偏差値を $T_i = 10z_i + 50$ とすると，
$$\bar{T} = \overline{10z + 50} = 10\bar{z} + 50 = 50, \quad s_T^2 = s_{10z+50}^2 = 10^2 s_z^2 = 100.$$

7章

1. Web　平均7，分散35/6，標準偏差 $\sqrt{35/6} = 2.4$
2. 期待値 $= 150 \times 0.3 + 250 \times 0.7 = 220$（人），
分散 $= (150-220)^2 \times 0.3 + (250-220)^2 \times 0.7 = 2100$，標準偏差 $= \sqrt{2100} = 45.8$（人）
3. 勝つ確率 $= 1 - (5/6)^4 = 0.5177\cdots$，
期待値 $= 950 \times \{1 - (5/6)^4\} + (-1000) \times (5/6)^4 = 9.6$．よって得である．
分散 $= (950 - 9.6)^2 \times \{1 - (5/6)^4\} + (-1000 - 9.6)^2 \times (5/6)^4 = 949,427$
4. (1)　条件 A では，$P(X=0)$ は，2本とも当たらない確率であるから，1本目が当たらない確率は6/10，1本目が当たらず2本目も当たらない確率は5/9であるから，

$P(X=0) = 6/10 \times 5/9 = 30/90$

である．2本とも当たる確率は，

$P(X=2) = 4/10 \times 3/9 = 12/90$

である．1本だけ当たる確率は，1本目が当たり2本目がはずれる確率($4/10 \times 6/9$)と1本目がはずれて2本目が当たる確率($6/10 \times 4/9$)を加えるか，または，1から$30/90+12/90$を引くかの方法で，$48/90$と求められる．

条件 B では，$P(X=0)$ は，1本目が当たらない確率が$6/10$で，1本目が当たらず2本目も当たらない確率は$6/10$であり1本目と変わらない．よって，$6/10 \times 6/10 = 36/100$である．同様に $P(X=1) = 48/100, P(X=2) = 16/100$ となる．

(2)　$A : E(X) = 0 \times \dfrac{30}{90} + 1000 \times \dfrac{48}{90} + 2000 \times \dfrac{12}{90} = 800$（円）

$\mathrm{Var}(X) = (0-800)^2 \times \dfrac{30}{90} + (1000-800)^2 \times \dfrac{48}{90} + (2000-800)^2 \times \dfrac{12}{90}$

$= 426,666.66\cdots$

$B : E(X) = 0 \times \dfrac{36}{100} + 1000 \times \dfrac{48}{100} + 2000 \times \dfrac{16}{100} = 800$（円）

$\mathrm{Var}(X) = (0-800)^2 \times \dfrac{36}{100} + (1000-800)^2 \times \dfrac{48}{100} + (2000-800)^2 \times \dfrac{16}{100}$

$= 480,000$

2つの条件について期待値は等しいが，分散は条件 B の方が大きくなっている．つまり，リターンは同じだが，条件 B の方がリスクが大きいことになる．

5．$Y=0$ に対する X の条件付確率は，$p_{x|y}(i|0) = p_{xy}(i,0) \div p_y(0)$ であるから，
$p_{x|y}(1|0) = (8/120) \div (1/2) = 8/60, \cdots, p_{x|y}(6|0) = (12/120) \div (1/2) = 12/60$
と求められる．$X=3$ に対する Y の条件付確率は，$p_{y|x}(k|3) = p_{xy}(3,k) \div p_x(3)$ であるから，

$p_{y|x}(0|3) = (10/120) \div (1/6) = 1/2, p_{y|x}(1|3) = (10/120) \div (1/6) = 1/2$．

6．Web　(3)　A 株：$E(X) = (-10) \times 1/2 + 5 \times 1/3 + 15 \times 1/6 = -5/6$

$= -0.83(\%)$

$\mathrm{Var}(X) = (-10+0.83)^2 \times 1/2 + (5+0.83)^2 \times 1/3 + (15+0.83)^2 \times 1/6$

$= -5/6 = 95.1$

$\sigma_x = \sqrt{95.1} = 9.75(\%)$

B 株：$E(Y) = 20 \times \dfrac{1}{2} + 10 \times \dfrac{1}{3} + (-5) \times \dfrac{1}{6} = \dfrac{75}{6} = 12.5(\%)$

$$\mathrm{Var}(Y) = (-20+12.5)^2 \times \frac{1}{2} + (10-12.5)^2 \times \frac{1}{3} + (-5-12.5)^2 \times \frac{1}{6} = 81.25$$

$$\sigma_y = \sqrt{81.25} = 9.01(\%)$$

B株の方が，リターンが高く，リスクが小さい．たとえば，円高の起こる可能性が大きいこのような経済の状態では，B株を買った方が得であろう．

7．省略．

8．Bを検査Bで陽性が出る事象，Aを病気Aにかかっている事象（A^cはかかっていない事象）とすると，

$$P(A|B) = \frac{P(B|A)P(A)}{P(B|A)P(A) + P(B|A^c)P(A^c)}$$

$$= \frac{0.9 \times 0.03}{0.9 \times 0.03 + 0.05 \times 0.97} = 0.358.$$

9．Yを故障しているという事象，A, Bを生産している国を表すとすれば，

$$P(B|Y) = \frac{P(Y|B)P(B)}{P(Y|B)P(B) + P(Y|A)P(A)}$$

$$= \frac{0.05 \times 0.4}{0.05 \times 0.4 + 0.02 \times 0.6} = 0.625.$$

10．(1) $E(bX) = \sum_{k=1}^{N} ba_k p(k) = b \sum_{k=1}^{N} a_k p(k) = bE(X)$

(2) $E(c) = \sum_{k=1}^{N} cp(k) = c \sum_{k=1}^{N} p(k) = c$

(3) $E(X+c) = \sum_{k=1}^{N} (a_k + c) p(k) = \sum_{k=1}^{N} a_k p(k) + \sum_{k=1}^{N} cp(k) = E(X) + c$

(4) $E(X-\mu) = E(X) - E(\mu) = \mu - \mu = 0$

(5) $E(X-\mu)^2 = E(X^2 - 2\mu X + \mu^2) = E(X^2) - 2\mu E(X) + E(\mu^2)$
$= E(X^2) - 2\mu^2 + \mu^2 = E(X^2) - \mu^2$

(6) $\mathrm{Var}(aX+c) = E[(aX+c) - (a\mu+c)]^2 = a^2 E(X-\mu)^2 = a^2 \mathrm{Var}(X)$

11．$E\left(\dfrac{X-\mu}{\sigma}\right) = \dfrac{1}{\sigma} E(X-\mu) = 0, \mathrm{Var}\left(\dfrac{X-\mu}{\sigma}\right) = E\left(\dfrac{X-\mu}{\sigma}\right)^2 = \dfrac{1}{\sigma^2} E(X-\mu)^2 = 1$

8章

1．例えば，$P(X=5) \times P(Y=10) = (1/3) \times (1/3) = 1/9$ で，これは，$P(X=5, Y=10) = 1/3$ と等しくない．よって，XとYは独立ではない．

2．(1) Xの周辺確率：$p_x(0) = 0.2, p_x(1) = 0.6, p_x(2) = 0.2$

Yの周辺確率：$p_x(0) = 0.7, p_x(1) = 0.3$

(2)　$E(X)=1.0, \mathrm{Var}(X)=0.4, \sigma_x=0.632, E(Y)=0.3, \mathrm{Var}(Y)=0.21, \sigma_y=0.458$.

(3)　$\mathrm{Cov}(X,Y)=0$. 独立性に関しては，例えば，
$$P(X=0)\times P(Y=0)=0.2\times 0.7=0.14\neq P(X=0, Y=0)=0.05$$
であるから独立でない．X と Y が独立であれば，X と Y の共分散（相関係数）は 0 になるが，この例のように共分散（相関係数）が 0 であっても，X と Y は独立であるとは限らない．

3．2 項分布で $n=3, k=1, p=1/6, q=1-1/6=5/6$ とすればよい．よって，
$$P(X=1)={}_3C_1\left(\frac{1}{6}\right)^1\left(\frac{5}{6}\right)^2=\frac{75}{216}=0.3472\cdots$$
である．確率関数は，$p(x)={}_3C_x(1/6)^x(5/6)^{3-x}$ となる．期待値は $E(X)=np=3\times(1/6)=0.5$．

4．2 項分布で，$n=10, k=7, p=0.51, q=1-0.51=0.49$ とすればよい．
$$P(Z=7)={}_{10}C_7\times 0.51^7\times 0.49^3=0.1267.$$
また平均は $np=10\times 0.51=5.1$（人）である．

5．|Web|　1 人も治癒しない確率は，2 項分布で，$n=10, k=0, p=0.6, q=1-0.6=0.4$ とすればよい．よって，$P(Z=0)={}_{10}C_0\times 0.6^0\times 0.4^{10}\fallingdotseq 0.0001$
同様に，$P(Z\geq 3)=1-\{P(Z=0)+P(Z=1)+P(Z=2)\}=0.9877$

6．|Web|　$n=100, k=0,1, p=0.005, q=1-0.005=0.995$ より，
$P(Z\geq 2)=1-\{P(Z=0)+P(Z=1)\}=0.0898$ となり，ポアソン分布から計算した 0.0902 とかなり近い（2 項分布のポアソン近似）．

7．2 項分布 $p(k)={}_nC_k p^k(1-p)^{n-k}$ で，$np=\lambda$（一定）とおいて $n\to\infty$ とすれば，
$$p(k)={}_nC_k\left(\frac{\lambda}{n}\right)^k\left(1-\frac{\lambda}{n}\right)^{n-k}=\frac{n(n-1)\cdots(n-k+1)}{k!}\left(\frac{\lambda}{n}\right)^k\left(1-\frac{\lambda}{n}\right)^n\left(1-\frac{\lambda}{n}\right)^{-k}$$
$$=\left(1-\frac{\lambda}{n}\right)^n\frac{\lambda^k}{k!}\frac{n}{n}\frac{(n-1)}{n}\cdots\frac{(n-k+1)}{n}\left(1-\frac{\lambda}{n}\right)^{-k}$$
$$=\left(1-\frac{\lambda}{n}\right)^n\frac{\lambda^k}{k!}\prod_{i=0}^{k-1}\left(1-\frac{i}{n}\right)\left(1-\frac{\lambda}{n}\right)^{-1}$$
ここで $n\to\infty$ とすれば，$\displaystyle\lim_{n\to\infty}\prod_{i=0}^{k-1}\left[\left(1-\frac{i}{n}\right)\left(1-\frac{\lambda}{n}\right)^{-1}\right]=1, \lim_{n\to\infty}\left(1-\frac{\lambda}{n}\right)^n=e^{-\lambda}$ より，
$\displaystyle\lim_{n\to\infty}p(k)=e^{-\lambda}\frac{\lambda^k}{k!}$ が得られる．

8．n を愛知県の人口，p を愛知県である 1 日に交通事故で死亡する確率と考えれば，$\lambda=np=0.9$ とみることができる．よって，$P(X=0)=e^{-0.9}0.9^0/0!=0.407$．ま

た，$P(X \leq 2) = P(X=0) + P(X=1) + P(X=2) = 0.937$．

9.
$$E(Z) = \sum_{k=0}^{n} kp(k) = \sum_{k=0}^{n} k \, {}_nC_k p^k q^{n-k} = \sum_{k=1}^{n} k \frac{n!}{(n-k)!k!} p^k q^{n-k}$$
$$= \sum_{k=1}^{n} \frac{n \times (n-1)!}{[(n-1)-(k-1)]!(k-1)!} p \times p^{k-1} q^{(n-1)-(k-1)}$$
$$= np \sum_{k=1}^{n} \frac{(n-1)!}{[(n-1)-(k-1)]!(k-1)!} p^{k-1} q^{(n-1)-(k-1)} = np$$

となる．また分散は，$E[Z(Z-1)] = n(n-1)p^2$ であることを証明したうえで，$\text{Var}(Z) = E(Z^2) - [E(Z)]^2 = E[Z(Z-1)] + E(Z) - [E(Z)]^2$ を用いればよい（省略，例えば大屋［4］を参照）．

9章

1. (1) $f(0) \times 20 \div 2 = 1$（三角形の面積，下図参照）より，$f(0) = 0.1$．

(2) $0 \leq x \leq 20$ では，切片 0.1，傾き $-0.1/20 = -0.005$ の直線より，$f(x) = 0.1 - 0.005x$．$x < 0, x > 20$ では，$f(x) = 0$．グラフは下図参照．

(3) $[f(4) + f(6)] \times 2 \div 2 = (0.08 + 0.07) \times 2 \times (1/2) = 0.15$．また，積分を用いれば，
$$\int_4^6 (0.1 - 0.005x)\, dx = [0.1x - 0.0025x^2]_4^6 = 0.15．$$

(4) 期待値の公式より，
$$\int_{-\infty}^{\infty} xf(x)\, dx = \int_0^{20} x(0.1 - 0.005x)\, dx = \left[0.05x^2 - \frac{0.005}{3}x^3\right]_0^{20} = \frac{20}{3}（分）$$

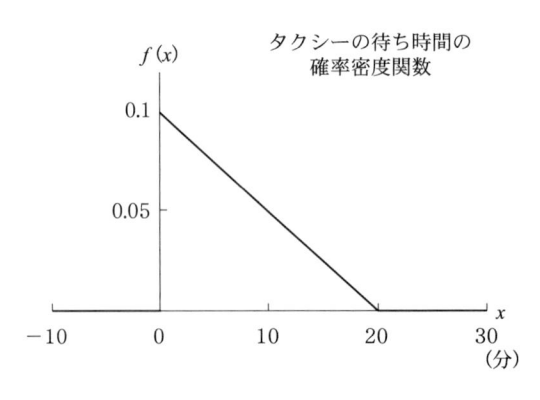

9章 略解

2．(1) 0.975　(2) 0.025　(3) 0.025　(4) 0.95　(5) 0.05　(6) 0.0418　(7) 0.0495　(8) 0.9902　(9) 0.8185

3．(1) 0.5398　(2) 0.3085　(3) 0.3413

4．75点…15.87%，48点…78.81%

5．偏差値60…15.87%，偏差値70…2.28%，偏差値45…69.15%

6．$f(x) = \begin{cases} 1/60 & (0 \leq x \leq 60) \\ 0 & (x < 0, x > 60) \end{cases}$

平均 $E(X) \int_{-\infty}^{\infty} xf(x)\,dx = \int_0^{60} x\left(\frac{1}{60}\right) dx = \left[\frac{1}{120}x^2\right]_0^{60} = 30.$

（確率分布が対称なので，その中央の値が平均と考えればわかる）

分散 $\mathrm{Var}(X) = \int_{-\infty}^{\infty}(x-\mu)^2 f(x)\,dx = \int_0^{60}(x-30)^2\left(\frac{1}{60}\right) dx$

$= \frac{1}{60}\int_0^{60}(x^2 - 60x + 900)\,dx = \left(\frac{1}{60}\right)\left[\frac{1}{3}x^3 - 30x^2 + 900x\right]_0^{60} = 300$

7．[Web]　$n=10$ の場合：$p(x) = {}_{10}C_x (1/6)^x (5/6)^{10-x}$　$(x=0, 1, \cdots, 10)$
以下同様に確率関数を求めて，x に値を代入して $p(x)$ を計算する（ただし，確率の計算に，$p(x+1) = p(x) \times (n-x) \times p \div \{(x+1) - q\}$ という関係を用いる方法もある）．

$n=100$ のとき $x=20$ の確率は，$p(20) = {}_{100}C_{20}(1/6)^{20}(5/6)^{80}$ という計算をしなければならない（実際に計算してみると，$p(20) = 0.067862$ となる）．そこで正規分布で近似し，$\mu = np = 100/6$，$\sigma^2 = npq = 500/36$ より，正規分布 $X \sim N(100/6, 500/36)$ において $19.5 \leq X < 20.5$ となる確率を求める．

$P(19.5 < X < 20.5) = P\left(\frac{19.5 - 100/6}{\sqrt{500/36}} < \frac{X - 100/6}{\sqrt{500/36}} < \frac{20.5 - 100/6}{\sqrt{500/36}}\right)$

$= P(0.76 < Z < 1.03) = \Phi(1.03) - \Phi(0.76) = 0.8485 - 0.7764 = 0.0721$

0.0679と0.0721を比べれば，それほど悪い近似ではないことがわかる．

8．[Web]

9．$E(X) = \int_a^b x \frac{1}{b-a} dx = \frac{1}{b-a}\left[\frac{x^2}{2}\right]_a^b = \frac{1}{b-a}\left(\frac{b^2}{2} - \frac{a^2}{2}\right) = \frac{a+b}{2}$

$\mathrm{Var}(X) = \int_a^b \left(x - \frac{a+b}{2}\right)^2 \frac{1}{b-a} dx = \frac{1}{b-a}\left[\frac{x^3}{3} - \frac{(a+b)x^2}{2} + \frac{(a+b)^2 x}{4}\right]_a^b$

$= \frac{(b-a)^2}{12}$

10．$E(X_1 + X_2 + \cdots + X_n) = \int_{-\infty}^{\infty}(x_1 + x_2 + \cdots + x_n)f^{(n)}(x_1 + x_2 + \cdots + x_n)\,dx$

$$= \int_{-\infty}^{\infty} (x_1+x_2+\cdots+x_n) f_1(x_1) f_2(x_2) \cdots f_n(x_n)\, dx$$

$$= \int_{-\infty}^{\infty} x_1 f_1(x_1)\, dx_1 + \int_{-\infty}^{\infty} x_2 f_2(x_2)\, dx_2 + \cdots + \int_{-\infty}^{\infty} x_n f_n(x_n)\, dx_n$$

$$= E(X_1) + E(X_2) + \cdots + E(X_n)$$

$$\mathrm{Var}(X_1+X_2+\cdots+X_n) = \int_{-\infty}^{\infty} \{(x_1+x_2+\cdots+x_n)$$
$$- (\mu_1+\mu_2+\cdots+\mu_n)\}^2 f^{(n)}(x_1+x_2+\cdots+x_n)\, dx$$

$$= \int_{-\infty}^{\infty} (x_1-\mu_1)^2 f_1(x_1)\, dx_1 + \int_{-\infty}^{\infty} (x_2-\mu_2)^2 f_2(x_2)\, dx_2 + \cdots + \int_{-\infty}^{\infty} (x_n-\mu_n)^2 f_n(x_n)\, dx_n$$

$$+ \int_{-\infty}^{\infty}\int_{-\infty}^{\infty} (x_1-\mu_1)(x_2-\mu_2) f_1(x_1) f_2(x_2)\, dx_1 dx_2$$

$$+ \int_{-\infty}^{\infty}\int_{-\infty}^{\infty} (x_1-\mu_1)(x_3-\mu_3) f_1(x_1) f_3(x_3)\, dx_1 dx_3 + \cdots$$

$$= \mathrm{Var}(X_1) + \mathrm{Var}(X_2) + \cdots + \mathrm{Var}(X_n)$$

11. $\mathrm{Var}[wX+(1-w)Y] = E[\{wX+(1-w)Y\} - \{w\mu_x+(1-w)\mu_y\}]^2$
$= E[w(X-\mu_x)]^2 + E[(1-w)(Y-\mu_y)]^2 + 2E[w(1-w)(X-\mu_x)(Y-\mu_y)]$
$= w^2 \mathrm{Var}(X) + (1-w)^2 \mathrm{Var}(Y) + 2w(1-w)\mathrm{Cov}(X,Y)$

12. |Web|　(2)　リターン：$0.012w+0.025(1-w)$,
リスク（分散）：$0.003w^2+0.003(1-w)^2+2w(1-w)\times 0.002$　(4)　$w=0.4$

10章

1．(1)　社員に1〜800の番号をつける．例えば，表の第3行の第5列から始めると，299,056,491,989,550,714番が標本として選ばれる．途中，989のように800を超える数字はとばす．(2)　男女の比率は3：2なので，男6人，女4人を別々に(1)と同様に選ぶ．

2．省略．

3．|Web|　(1)　母平均35，母分散1225，母標準偏差35　(4)　平均35，分散408.33，標準偏差20.21　(5)　標本平均の標本分布の平均35，分散612.5，標準偏差24.75

4．|Web|　重複を許さない場合：平均0.4，分散0.09，標準偏差0.3，重複を許す場合：平均0.4，分散0.12，標準偏差0.35

5．|Web|

6．$P(\bar{X}\geq 1.5) = P(Z\geq 2.5) = 0.0062$, $n=6$ で $P(\bar{X}>0) = P(Z>-0.61) = 0.7291$.

7．(1) $Z=(\bar{X}-p)/\sqrt{pq/n}\sim N(0,1)$ で，$p=0.28$，$n=500$，$\bar{X}$ に0.3を代入すれば，$P(\bar{X}>0.3)=P(Z>1.00)=0.1587$．(2) $P(\bar{X}\leq 0.15)=P(Z\leq -1.29)=0.0985$．十分これは起こりうる確率である（必ずしも不調とはいえない）．

8．6と同様に $P(\bar{X}\leq 999)=P(Z\leq -2.5)=0.0062$

9．(1) 1.753 (2) 2.131 (3) 2.602 (4) 2.974

10．(1) 0.95 (2) 0.1 (3) 0.95

11章

1．Web (1) 平均1.8, 分散2.56, 標準偏差1.6
(2) 95%信頼区間…$(-0.4208, 4.0208)$．信頼区間に0が含まれているので，マイナスの可能性もあり，購入しない方がよい．99%信頼区間…$(-1.8832, 5.4832)$

2．Web $(2.7344, 6.0656)$．4%を下回っている可能性もある．

3．Web

4．Web 95%信頼区間…$(9.706\%, 10.294\%)$，99%信頼区間…$(9.614\%, 10.386\%)$

5．Web サッカー…$(48.7\%, 56.7\%)$，紅白歌合戦…$(26.9\%, 34.3\%)$

6．Web (1) $(67.9\%, 72.1\%)$ (2) 71.9%が信頼区間に含まれるので誤差の範囲内．

7．Web $1.96\sqrt{\dfrac{0.04(1-0.04)}{n}}\leq 0.01$ より，$n\geq 1475.17\cdots$．よって，1476人以上．同様に0.1%以下の場合は，$n\geq 147517.44\cdots$ で147518人以上（1%の場合より精度を10倍にするため，標本の大きさは100倍になる）．

8．Web 標準偏差が5の場合：$1.96\dfrac{5}{\sqrt{n}}\leq 2$ より，$n\geq 24.01\cdots$．よって25回以上．標準偏差が3の場合は，$n\geq 8.64\cdots$ より9回以上．

9．Web 標本平均と自由度調整済分散が不偏性を持っている．

10．Web

11．$\mathrm{MSE}(\hat{\theta})=E(\hat{\theta}-\theta)^2=E[\hat{\theta}-E(\hat{\theta})+E(\hat{\theta})-\theta]^2$
$\qquad =E[\hat{\theta}-E(\hat{\theta})]^2+2E[\hat{\theta}-E(\hat{\theta})][E(\hat{\theta})-\theta]+[E(\hat{\theta})-\theta]^2$

ここで $E(\hat{\theta})-\theta$ は確率変数ではないので，第2項は，
$\qquad E[\hat{\theta}-E(\hat{\theta})][E(\hat{\theta})-\theta]=[E(\hat{\theta})-\theta]E[\hat{\theta}-E(\hat{\theta})]$

$$=[E(\hat{\theta})-\theta][E(\hat{\theta})-E(\hat{\theta})]=0.$$

よって，$\text{MSE}(\hat{\theta})=\text{Var}(\hat{\theta})+[E(\hat{\theta})-\theta]^2=\hat{\theta}$ の分散 $+(\hat{\theta}$ の偏り$)^2$ となる．つまり，MSE が小さいことは，推定量の分散と偏りの2乗を加えた値が小さいことを意味する．もちろん不偏推定量であれば，第2項（偏り）は0であるので，MSE＝推定量の分散となる．

12. Web (11.10) 式を $P(-1.96\sqrt{p(1-p)/n}<\bar{X}-p<1.96\sqrt{p(1-p)/n}))=0.95$ とし，（ ）内を2乗して変形すると，

$$(\bar{X}-p)^2<1.96^2 p(1-p)/n$$
$$n(\bar{X}^2-2\bar{X}p+p^2)<1.96^2 p-1.96^2 p^2$$
$$(n+1.96^2)p^2-(2n\bar{X}+1.96^2)p+n\bar{X}^2<0$$

となる．これは，pに関する2次方程式だから，これを等式とおいたときの解（2次方程式を解の公式で解く）を a_1, a_2 とすれば，$P(a_1<p<a_2)=0.95$ となる．a_1, a_2 は (11.11) の不等式をはさむ値と等しい．問6 (1) について計算すると (67.82%, 72.09%) となり，区間は (11.9) に基づく結果とほとんど変わらない．

13. $f(x)=\dfrac{1}{\sqrt{2\pi}\sigma}\exp\left\{-\dfrac{(x-\mu)^2}{2\sigma^2}\right\}$ より，尤度関数は

$$L(\theta|x)=f(x_1)\times f(x_2)\times\cdots\times f(x_n)=\dfrac{1}{(\sqrt{2\pi}\sigma)^n}\exp\left\{-\dfrac{\sum_{i=1}^{n}(x_i-\mu)^2}{2\sigma^2}\right\}$$

となる．この対数を取って母平均 μ で偏微分して0とおけば，$\hat{\mu}=\dfrac{1}{n}\sum_{i=1}^{n}x_i=\bar{x}$ を得る．

12章

1. (1) H_1：「被告は有罪である」 (2) 第1種の誤り：被告が無罪であるのに有罪であると判決を下す誤り．第2種の誤り：被告が有罪であるのに無罪であると判決を下す誤り． (3) 常に有罪であると判決を下せば，第1種の誤りを犯す可能性があり，常に無罪と判決を下せば，第2種の誤りを犯す可能性がある． (4) まず第1種の誤りをできるだけ小さくしたうえで，第2種の誤りを小さくする．

2. Web $H_0:\mu=0$ vs $H_1:\mu>0$, $t_{0.95}(3)=2.353$, $t_0=(1.5-0)/(0.5/\sqrt{4-1})=5.196$ より，帰無仮説は棄却される（プラスである）．

3. $H_0:\mu=3$ vs $H_1:\mu\neq3$, $t_{0.975}(25)=2.060$, $t_0=(3.5-3)/(2/\sqrt{26-1})=1.25$ より，帰無仮説は棄却されない（3年でないとはいえない）．

12章 略解 **427**

4. Web $H_0: \mu=4$ vs $H_1: \mu>4$, $t_{0.95}(4)=2.132$, $t_0=(4.4-4)/(1.2/\sqrt{5-1})=0.667$ より，帰無仮説は棄却されない（4％を超えたとはいえない）．

5. Web $H_0: \mu=1$ vs $H_1: \mu>1$, $t_{0.95}(5)=2.015$, $t_0=(1.52-1)/(1.13/\sqrt{6-1})=2.328$ より，帰無仮説は棄却さる（1％を超えたといえる）．

6. Web (2) 日産自動車とホンダについて，分散が等しい場合の平均値の差の検定を行うと，$t=\sqrt{\dfrac{nm}{n+m}}\cdot\dfrac{\bar{x}-\bar{y}}{v}=-0.8593$．$t_{0.975}(44)=2.013$ より，帰無仮説は棄却されない（平均値に差があるとはいえない）．ホンダとトヨタ自動車については，$t=-0.2181$ で同様の結論．

7. Web $H_0: p=0.5$ vs $H_1: p>0.5$ で，棄却域は $z_{0.95}=1.645$ より，$z_0>1.645$．$\hat{p}=0.527$, $n=600$ なので，$z_0=\dfrac{0.527-0.5}{\sqrt{0.5\times 0.5/600}}=1.323$．よって，帰無仮説は棄却されず，50％を超えたとはいえない．紅白歌合戦についても $z_0=\dfrac{0.306-0.3}{\sqrt{0.3\times 0.7/600}}=0.321$ より，30％を超えたとはいえない．

8. Web $z_0=\dfrac{0.7-0.667}{\sqrt{0.667\times 0.333/1768}}=2.973$ より，帰無仮説は棄却され，2/3を超えたといえる．比率の差の検定は，$z=\dfrac{0.7-0.578}{\sqrt{0.7\times 0.3/1768+0.578\times 0.422/1025}}=6.459$ より，安倍内閣の支持率の方が高いといえる．

9. Web (1) 分散が等しい場合の平均値の差の検定を行うと，$t=-5.677$．$t_{0.975}(11)=2.201$ より，帰無仮説は棄却される（東北地方と関東地方では平均気温に差がある）．
(2) $u=0.189$, $\chi^2_{0.95}(1)=3.841$ より，平均気温と交通事故死者数は独立であることは否定されない（両者に関連はないと判定できるであろう）．

10. Web 都市規模別：$u=1.793$, $\chi^2_{0.95}(4)=9.488$ より，都市規模によって生活に対する満足度に違いがあるという仮説は棄却されない．性別：$u=33.131$, $\chi^2_{0.95}(2)=5.991$ より，男女によって生活に対する満足度に違いがある．

11. Web 日経平均：歪度 $b_1=-0.294$，尖度 $b_2=2.403$ より，$z_1=-1.309$, $z_2=-1.329$, $jb=3.480$．ここで，$z_{0.975}=1.96$, $\chi^2_{0.95}(2)=5.991$ より，いずれの方

法でも正規分布であるという帰無仮説は棄却されない．為替レート：歪度 $b_1=-0.787$，尖度 $b_2=6.120$ より，$z_1=-3.506, z_2=6.947, jb=60.562$ が得られ，正規分布ではないと判断される．

13章

1. Web (2) 価格：$\bar{x}=150, s_x^2=3500, s_x=59.16$，購入量：$\bar{y}=6, s_y^2=10.25$，$s_y=3.20$ 共分散 $s_{xy}=-175$，相関係数 $r_{xy}=-0.9239$ (3) $\hat{y}_i=13-0.05x_i$，価格が100円上がると購入量は5個減少する．(4) $R^2=0.8537$，価格によって，購入量の約85%が説明される．

2. Web (2) 所得：$\bar{x}=440, s_x^2=6400, s_x=800$，消費：$\bar{y}=370, s_y^2=2600, s_y=50.99$ 共分散 $s_{xy}=3200$，相関係数 $r_{xy}=0.7845$ (3) $\hat{y}_i=150-0.5x_i$，所得が0のときの消費は150万円．所得が1万円増加すると消費が0.5万円（5000円）増加する．(4) $R^2=0.6154$，所得によって，消費の約62%が説明される．

3. Web (2) $\hat{y}_i=79562+0.4119x_i$　$R^2=0.9361, \bar{R}^2=0.9234$ (4) a：基礎消費（所得が0のときの消費，$a>0$），β：限界消費性向（所得が1単位増加したとき，消費が何単位増加するかを表す，$0<\beta<1$）．推定された a, b は符号条件を満たしている．

4. Web (2) $\hat{E}_j/C=a_j/C+b_j$ より，$a_j>0$ ならば消費支出 C の増加により構成比 $\hat{E}_j/C$ は低下（必需品），$a_j<0$ ならば C の増加により構成比 $\hat{E}_j/C$ は上昇する（選択的支出）．$a_j<0$ の項目は，家具・家事用品，被服及び履物，教育，教養娯楽，その他の消費支出で，それ以外の項目は $a_j>0$ となっている．これは構成比を直接みた4章練習問題4の結果とほぼ一致している．

5. Web $\hat{y}_i=818924.2-532.2x_i$　$R^2=0.4358$．消費者物価指数によって，映画館平均料金を割り，相対価格を算出するなどが考えられる．

6. Web (1) $\hat{y}_i=150-0.00005x_i$，$R^2=0.6154$．a は変化せず，b は10000分の1になる．(2) $\hat{y}_i=1500000-5000x_i$，$R^2=0.6154$．$a, b$ いずれも，もとの値の10000倍になる．(3) x が p 倍になると，a は変化せず，b は p 分の1倍になる．y が q 倍になると，a, b ともに q 倍になる．決定係数は変化しない．

7. Web (1) $\hat{y}_i=195.7-3.257x_{1i}$　$R^2=0.0083$，$\bar{R}^2=-0.0137$
(2) $\hat{y}_i=30.797-0.9465x_{1i}-0.1792x_{2i}+1.0714x_{3i}$，$R^2=0.9401$，$\bar{R}^2=0.9359$

8. Web $\hat{y}_i=214.8+8.3374x_i-0.0282x_i^2$　$R^2=0.9929, \bar{R}^2=0.9905$

9. (1) $\sum_{i=1}^{n}(x_i-\bar{x})(y_i-\bar{y}) = \sum_{i=1}^{n}x_i y_i - \bar{y}\sum_{i=1}^{n}x_i - \bar{x}\sum_{i=1}^{n}y_i + \sum_{i=1}^{n}\bar{x}\bar{y}$

$= \sum_{i=1}^{n}x_i y_i - n\bar{x}\bar{y} - n\bar{x}\bar{y} + n\bar{x}\bar{y} = \sum_{i=1}^{n}x_i y_i - n\bar{x}\bar{y}$

(2) $\sum_{i=1}^{n}(x_i-\bar{x})(y_i-\bar{y}) = \sum_{i=1}^{n}(x_i-\bar{x})y_i - \bar{y}\sum_{i=1}^{n}(x_i-\bar{x}) = \sum_{i=1}^{n}(x_i-\bar{x})y_i$

10. (1) $\dfrac{\partial S}{\partial a} = -2\sum_{i=1}^{n}(y_i - a - bx_i)$, $\dfrac{\partial S}{\partial b} = -2\sum_{i=1}^{n}x_i(y_i - a - bx_i)$

(2) $-2\sum_{i=1}^{n}(y_i - a - bx_i) = 0 \cdots ①$

より, $\sum_{i=1}^{n}y_i - \sum_{i=1}^{n}a - b\sum_{i=1}^{n}x_i = 0$. よって, $\sum_{i=1}^{n}y_i = na + b\sum_{i=1}^{n}x_i$. また,

$-2\sum_{i=1}^{n}x_i(y_i - a - bx_i) = 0 \cdots ②$

より, $\sum_{i=1}^{n}x_i y_i - a\sum_{i=1}^{n}x_i - b\sum_{i=1}^{n}x_i^2 = 0$. よって, $\sum_{i=1}^{n}x_i y_i = a\sum_{i=1}^{n}x_i + b\sum_{i=1}^{n}x_i^2$.

(3) 正規方程式の第1式の両辺に $\sum_{i=1}^{n}x_i$ を，第2式の両辺に n をそれぞれ掛けて，a の係数をそろえる．そして，後者から前者を引いて a を消去すると

$n\sum_{i=1}^{n}x_i y_i - \sum_{i=1}^{n}x_i \sum_{i=1}^{n}y_i = b\left[n\sum_{i=1}^{n}x_i^2 - \left(\sum_{i=1}^{n}x_i\right)^2\right]$

を得る．これを b について解き，分母・分子を n で割ると

$b = \left[\sum_{i=1}^{n}x_i y_i - n\times\left(\sum_{i=1}^{n}x_i/n\right)\left(\sum_{i=1}^{n}y_i/n\right)\right] / \left[\sum_{i=1}^{n}x_i^2 - n\times\left(\sum_{i=1}^{n}x_i/n\right)^2\right]$

となり, (13.9) を得る．また，正規方程式の第1式の両辺を n で割れば, (13.10) を得る．

11. (1) 上の①より, $\sum_{i=1}^{n}(y_i - a - bx_i) = 0$. よって, $\sum_{i=1}^{n}e_i = 0$.

(2) 上の②より, $\sum_{i=1}^{n}x_i(y_i - a - bx_i) = 0$. よって, $\sum_{i=1}^{n}e_i x_i = 0$.

(3) $\sum_{i=1}^{n}e_i \hat{y}_i = \sum_{i=1}^{n}e_i(a + bx_i) = a\sum_{i=1}^{n}e_i + b\sum_{i=1}^{n}e_i x_i = 0$

(4) $\sum_{i=1}^{n}(y_i - \bar{y})^2 = \sum_{i=1}^{n}(y_i - \hat{y}_i + \hat{y}_i - \bar{y})^2 = \sum_{i=1}^{n}(y_i - \hat{y}_i)^2 + \sum_{i=1}^{n}(\hat{y}_i - \bar{y})^2$

$+ 2\sum_{i=1}^{n}(y_i - \hat{y}_i)(\hat{y}_i - \bar{y})^2$

ここで, $\sum_{i=1}^{n}(y_i - \hat{y}_i)(\hat{y}_i - \bar{y}) = \sum_{i=1}^{n}e_i \hat{y}_i - \bar{y}\sum_{i=1}^{n}e_i = \sum_{i=1}^{n}e_i(a+bx_i) = a\sum_{i=1}^{n}e_i + b\sum_{i=1}^{n}e_i x_i = 0$

(5) $\bar{R}^2(K-1) \leq \bar{R}^2(K)$ をそれぞれの定義から，以下のように変形していく．

$$1-\frac{RSS(K-1)/\{n-(K-1)-1\}}{\sum_{i=1}^{n}(y_i-\bar{y})^2/(n-1)} \leq 1-\frac{RSS(K)/\{n-K-1\}}{\sum_{i=1}^{n}(y_i-\bar{y})^2/(n-1)},$$

$$\frac{RSS(K-1)}{n-K} \geq \frac{RSS(K)}{n-K-1} \text{より}, \quad \frac{RSS(K-1)}{RSS(K)} \geq \frac{n-K}{n-K-1}.$$

ここで両辺から1を引き変形すると,

$$\frac{RSS(K-1)-RSS(K)}{RSS(K)} \geq \frac{n-K-(n-K-1)}{n-K-1} \text{より},$$

$$\frac{RSS(K-1)-RSS(K)}{RSS(K)/(n-K-1)} \geq 1.$$

14章

1. $v_e^2=3$. 信頼区間 $(-0.1130, 0.01298)$. $H_0: \beta=0$ vs $H_1: \beta<0$, $t_0=-3.416$, $t_{0.95}(2)=2.920$ より, 帰無仮説は棄却され, 価格の係数はマイナスである (有意である).

2. 13章2: $v_e^2=1666.67$. 信頼区間 $(-0.2263, 1.2263)$. $H_0: \beta=0$ vs $H_1: \beta>0$, $t_0=2.191$, $t_{0.95}(3)=2.353$ より, 帰無仮説は棄却されない (有意でない).
13章3: $v_e^2=5,331,833.01$. 信頼区間 $(0.2883, 0.5356)$. $H_0: \beta=0$ vs $H_1: \beta>0$, $t_0=8.562$, $t_{0.95}(5)=2.015$ より, 帰無仮説は棄却され, 回帰係数はプラスである (有意である).
13章5: $v_e^2=83,982,461$. 信頼区間 $(-1228.46, 163.99)$. $H_0: \beta=0$ vs $H_1: \beta<0$, $t_0=-1.965$, $t_{0.95}(5)=2.015$ より, 帰無仮説は棄却されない (有意でない).

3. Web

4. Web 平均気温は有意な影響を与えていない. また, 人口と保有台数の間には, 高い相関関係 (相関係数0.95) があり, 多重共線性が存在していると判断される (2つの変数を同時に回帰式に入れると有意性や符号条件に問題が生じる). したがって, 人口当たりの事故件数を人口当たりの自動車保有台数で説明するといったモデルが考えられる.

5. Web

6. Web
(2) $\hat{y}_i = 39193.57 + 0.4880 x_i$ $\quad R^2=0.9582, \bar{R}^2=0.9544,$
$\qquad\qquad [15.8778^*]$

ただし, [ ] は t 値で, * は有意であることを示す (以下同様).

(3) $\hat{y}_i = 266111.7 + 2892.8t$　　$R^2 = 0.9457, \bar{R}^2 = 0.9407$
　　　　　$[13.8386^*]$

　　　$\hat{x}_i = 467390.4 + 5582.4t$　　$R^2 = 0.8754, \bar{R}^2 = 0.8640$
　　　　　$[8.789^*]$

(4) $\hat{w}_i = 0.0000 + 0.2761v_i$　　$R^2 = 0.7039, \bar{R}^2 = 0.67639$
　　　　　$[5.1132^*]$

(5) $\hat{y}_i = 137054.9 + 0.2761x_i + 1351.4t$　　$R^2 = 0.9839, \bar{R}^2 = 0.9807$
　　　　　$[4.8753^*]$　$[3.9989^*]$

x の係数と(4)の v の係数と等しいのは，重回帰における係数は偏回帰係数で，上式の x の係数0.2761が，y と x から t の線形の影響を取り除いた場合の x の y への影響の強さを表すからである．

(6) $H_0: \beta_1 = 0$　vs　$H_1: \beta_1 > 0, t_0 = 4.875, t_{0.95}(10) = 1.812$ より，帰無仮説は棄却される（有意な影響を与える）．β_2 についても同様に $t_0 = 3.999$ より，有意である．

(8) 時系列データでは，誤差項がプラス，あるいはマイナスが続きやすいことがある．例えば，オイルショックなどによって誤差が一時的に大きくなった場合，その影響が消えるまでに時間がかかることや，習慣形成といったことが自己相関を生じさせる．

(9) $DW = 2.332$

7. Web (2) 男：$\hat{y}_i = 245.2 + 7.3448x_i$　　$R^2 = 0.9813, \bar{R}^2 = 0.9786$
　　　　　　　　　$[19.161^*]$

女：$\hat{y}_i = 185.2 + 4473x_i$　　$R^2 = 0.9976, \bar{R}^2 = 0.9973$
　　　$[53.994^*]$

(3) $\hat{y}_i = 165.8 + 5.9087x_i + 98.8333D_i$,　　$R^2 = 0.9551, \bar{R}^2 = 0.9491$
　　　$[14.190^*]$　$[10.835^*]$

男の場合：$\hat{y}_i = 264.7 + 5.9087x_i$, 女の場合：$\hat{y}_i = 165.8 + 5.9087x_i$

8. $s_{b_1}^2 = s_e^2 \dfrac{S_{22}}{S_{11}S_{22} - S_{12}^2} = \dfrac{s_e^2}{S_{11} - S_{12}^2/S_{22}} = \dfrac{s_e^2}{S_{11}(1 - S_{12}^2/S_{11}S_{22})} = \dfrac{s_e^2}{S_{11}(1 - r_{12}^2)}$

$r_{12} = 0$（多重共線性なし）であれば，$s_{b_1}^2$ は単回帰のときの分散に等しい．また，$r_{12} = 1$（完全な多重共線性）のとき，$s_{b_1}^2 \to \infty$ となる．r_{12} が大きければ（1に近ければ），s_{b_1} の分母の $1 - r_{12}^2$ は小さくなり，$s_{b_1}^2$ は大きくなる．つまり，多重共線性がある（説明変数どうしの相関が高い）と推定値の精度が悪くなる．

9. $\displaystyle\sum_{i=1}^{n} c_i = \sum_{i=1}^{n} \dfrac{x_i - \bar{x}}{\sum_{i=1}^{n}(x_i - \bar{x})^2} = \dfrac{1}{\sum_{i=1}^{n}(x_i - \bar{x})^2} \sum_{i=1}^{n}(x_i - \bar{x}) = 0,$

$\displaystyle\sum_{i=1}^{n} c_i x_i = \dfrac{\sum_{i=1}^{n}(x_i - \bar{x})x_i}{\sum_{i=1}^{n}(x_i - \bar{x})^2} = \dfrac{\sum_{i=1}^{n}(x_i - \bar{x})^2}{\sum_{i=1}^{n}(x_i - \bar{x})^2} = 1,$

$$\sum_{i=1}^{n} c_i^2 = \sum_{i=1}^{n} \left[\frac{x_i - \bar{x}}{\sum_{i=1}^{n}(x_i-\bar{x})^2} \right]^2 = \frac{1}{\left[\sum_{i=1}^{n}(x_i-\bar{x})^2\right]^2} \sum_{i=1}^{n}(x_i-\bar{x})^2 = \frac{1}{\sum_{i=1}^{n}(x_i-\bar{x})^2}.$$

10. $E(A) = E(\bar{Y} - B\bar{x}) = E(\alpha + \beta\bar{x} + \bar{E} - B\bar{x}) = E(\alpha) - \bar{x}E(B-\beta) + E(\bar{E}) = \alpha$

また，$A = \bar{Y} - B\bar{x}$, $\bar{Y} = \alpha + \beta\bar{x} + \bar{E}$ より，

$$\mathrm{Var}(A) = E(A-\alpha)^2 = E(\beta\bar{x} + \bar{E} - B\bar{x})^2 = E\{-(B-\beta)\bar{x} + \bar{E}\}^2$$
$$= \bar{x}^2 E(B-\beta)^2 - 2\bar{x}E\{(B-\beta)\bar{E}\} + E(\bar{E})^2$$

となる．ここで第2項は0であることが証明される（山本［9］などを参照）ので，

$$\mathrm{Var}(A) = \bar{x}^2 \mathrm{Var}(B) + \frac{\sigma^2}{n} = \sigma^2 \left\{ \frac{\bar{x}^2}{\sum_{i=1}^{n}(x_i-\bar{x})^2} + \frac{1}{n} \right\}.$$

付表

1. 正規分布表
2. t 分布表
3. χ^2（カイ2乗）分布表

付表1. 正規分布表

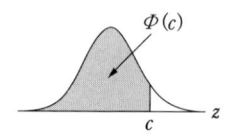

例：$c=1.64$ を与え，$P(z<c)=\Phi(c)=0.9495$ を求める．

c	.00	.01	.02	.03	.04	.05	.06	.07	.08	.09
.0	.5000	.5040	.5080	.5120	.5160	.5199	.5239	.5279	.5319	.5359
.1	.5398	.5438	.5478	.5517	.5557	.5596	.5636	.5675	.5714	.5753
.2	.5793	.5832	.5871	.5910	.5948	.5987	.6026	.6064	.6103	.6141
.3	.6179	.6217	.6255	.6293	.6331	.6368	.6406	.6443	.6480	.6517
.4	.6554	.6591	.6628	.6664	.6700	.6736	.6772	.6808	.6844	.6879
.5	.6915	.6950	.6985	.7019	.7054	.7088	.7123	.7157	.7190	.7224
.6	.7257	.7291	.7324	.7357	.7389	.7422	.7454	.7486	.7517	.7549
.7	.7580	.7611	.7642	.7673	.7704	.7734	.7764	.7794	.7823	.7852
.8	.7881	.7910	.7939	.7967	.7995	.8023	.8051	.8078	.8106	.8133
.9	.8159	.8186	.8212	.8238	.8264	.8289	.8315	.8340	.8365	.8389
1.0	.8413	.8438	.8461	.8485	.8508	.8531	.8554	.8577	.8599	.8621
1.1	.8643	.8665	.8686	.8708	.8729	.8749	.8770	.8790	.8810	.8830
1.2	.8849	.8869	.8888	.8907	.8925	.8944	.8962	.8980	.8997	.9015
1.3	.9032	.9049	.9066	.9082	.9099	.9115	.9131	.9147	.9162	.9177
1.4	.9192	.9207	.9222	.9236	.9251	.9265	.9279	.9292	.9306	.9319
1.5	.9332	.9345	.9357	.9370	.9382	.9394	.9406	.9418	.9429	.9441
1.6	.9452	.9463	.9474	.9484	.9495	.9505	.9515	.9525	.9535	.9545
1.7	.9554	.9564	.9573	.9582	.9591	.9599	.9608	.9616	.9625	.9633
1.8	.9641	.9649	.9656	.9664	.9671	.9678	.9686	.9693	.9699	.9706
1.9	.9713	.9719	.9726	.9732	.9738	.9744	.9750	.9756	.9761	.9767
2.0	.9772	.9778	.9783	.9788	.9793	.9798	.9803	.9808	.9812	.9817
2.1	.9821	.9826	.9830	.9834	.9838	.9842	.9846	.9850	.9854	.9857
2.2	.9861	.9864	.9868	.9871	.9875	.9878	.9881	.9884	.9887	.9890
2.3	.9893	.9896	.9898	.9901	.9904	.9906	.9909	.9911	.9913	.9916
2.4	.9918	.9920	.9922	.9925	.9927	.9929	.9931	.9932	.9934	.9936
2.5	.9938	.9940	.9941	.9943	.9945	.9946	.9948	.9949	.9951	.9952
2.6	.9953	.9955	.9956	.9957	.9959	.9960	.9961	.9962	.9963	.9964
2.7	.9965	.9966	.9967	.9968	.9969	.9970	.9971	.9972	.9973	.9974
2.8	.9974	.9975	.9976	.9977	.9977	.9978	.9979	.9979	.9980	.9981
2.9	.9981	.9982	.9982	.9983	.9984	.9984	.9985	.9985	.9986	.9986
3.0	.9987	.9987	.9987	.9988	.9988	.9989	.9989	.9989	.9990	.9990
3.1	.9990	.9991	.9991	.9991	.9992	.9992	.9992	.9992	.9993	.9993
3.2	.9993	.9993	.9994	.9994	.9994	.9994	.9994	.9995	.9995	.9995
3.3	.9995	.9995	.9995	.9996	.9996	.9996	.9996	.9996	.9996	.9997
3.4	.9997	.9997	.9997	.9997	.9997	.9997	.9997	.9997	.9997	.9998
3.5	.9998	.9998	.9998	.9998	.9998	.9998	.9998	.9998	.9998	.9998

（注）紙幅の都合で1桁目の0を省いている．.5000は0.5000の意味である．

付表2. t 分布表

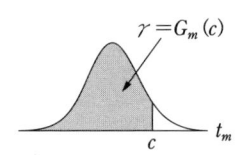

$\gamma = G_m(c)$

$\gamma = G_m(c) = P(T_m < c)$

例：$m=10$ と $\gamma = G_m(c) = P(T_m < c) = 0.95$ を与えて，$c = 1.812$ を求める．

自由度 m \ γ	0.75	0.9	0.95	0.975	0.99	0.995
1	1.000	3.078	6.314	12.706	31.821	63.657
2	0.816	1.886	2.920	4.303	6.965	9.925
3	0.765	1.638	2.353	3.182	4.541	5.841
4	0.741	1.533	2.132	2.776	3.747	4.604
5	0.727	1.476	2.015	2.571	3.365	4.032
6	0.718	1.440	1.943	2.447	3.143	3.707
7	0.711	1.415	1.895	2.365	2.998	3.499
8	0.706	1.397	1.860	2.306	2.896	3.355
9	0.703	1.383	1.833	2.262	2.821	3.250
10	0.700	1.372	1.812	2.228	2.764	3.169
11	0.697	1.363	1.796	2.201	2.718	3.106
12	0.695	1.356	1.782	2.179	2.681	3.055
13	0.694	1.350	1.771	2.160	2.650	3.012
14	0.692	1.345	1.761	2.145	2.624	2.977
15	0.691	1.341	1.753	2.131	2.602	2.947
16	0.690	1.337	1.746	2.120	2.583	2.921
17	0.689	1.333	1.740	2.110	2.567	2.898
18	0.688	1.330	1.734	2.101	2.552	2.878
19	0.688	1.328	1.729	2.093	2.539	2.861
20	0.687	1.325	1.725	2.086	2.528	2.845
21	0.686	1.323	1.721	2.080	2.518	2.831
22	0.686	1.321	1.717	2.074	2.508	2.819
23	0.685	1.319	1.714	2.069	2.500	2.807
24	0.685	1.318	1.711	2.064	2.492	2.797
25	0.684	1.316	1.708	2.060	2.485	2.787
26	0.684	1.315	1.706	2.056	2.479	2.779
27	0.684	1.314	1.703	2.052	2.473	2.771
28	0.683	1.313	1.701	2.048	2.467	2.763
29	0.683	1.311	1.699	2.045	2.462	2.756
30	0.683	1.310	1.697	2.042	2.457	2.750
40	0.681	1.303	1.684	2.021	2.423	2.704
50	0.679	1.299	1.676	2.009	2.403	2.678
60	0.679	1.296	1.671	2.000	2.390	2.660
70	0.678	1.294	1.667	1.994	2.381	2.648
80	0.678	1.292	1.664	1.990	2.374	2.639
90	0.677	1.291	1.662	1.987	2.368	2.632
100	0.677	1.290	1.660	1.984	2.364	2.626
120	0.677	1.289	1.658	1.980	2.358	2.617
∞	0.674	1.282	1.645	1.960	2.326	2.576

付表 3. χ^2（カイ 2 乗）分布表

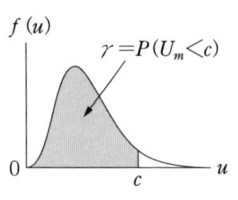

$f(u)$, $\gamma = P(U_m < c)$

例：$m=10$ と $\gamma=P(U_m<c)=0.95$ を与えて，$c=18.307$ を求める．

自由度m \ α	0.005	0.01	0.025	0.05	0.95	0.975	0.99	0.995
1	0.000	0.000	0.001	0.004	3.841	5.024	6.635	7.879
2	0.010	0.020	0.051	0.103	5.991	7.378	9.210	10.597
3	0.072	0.115	0.216	0.352	7.815	9.348	11.345	12.838
4	0.207	0.297	0.484	0.711	9.488	11.143	13.277	14.860
5	0.412	0.554	0.831	1.145	11.070	12.833	15.086	16.750
6	0.676	0.872	1.237	1.635	12.592	14.449	16.812	18.548
7	0.989	1.239	1.690	2.167	14.067	16.013	18.475	20.278
8	1.344	1.646	2.180	2.733	15.507	17.535	20.090	21.955
9	1.735	2.088	2.700	3.325	16.919	19.023	21.666	23.589
10	2.156	2.558	3.247	3.940	18.307	20.483	23.209	25.188
11	2.603	3.053	3.816	4.575	19.675	21.920	24.725	26.757
12	3.074	3.571	4.404	5.226	21.026	23.337	26.217	28.300
13	3.565	4.107	5.009	5.892	22.362	24.736	27.688	29.819
14	4.075	4.660	5.629	6.571	23.685	26.119	29.141	31.319
15	4.601	5.229	6.262	7.261	24.996	27.488	30.578	32.801
16	5.142	5.812	6.908	7.962	26.296	28.845	32.000	34.267
17	5.697	6.408	7.564	8.672	27.587	30.191	33.409	35.718
18	6.265	7.015	8.231	9.390	28.869	31.526	34.805	37.156
19	6.844	7.633	8.907	10.117	30.144	32.852	36.191	38.582
20	7.434	8.260	9.591	10.851	31.410	34.170	37.566	39.997
21	8.034	8.897	10.283	11.591	32.671	35.479	38.932	41.401
22	8.643	9.542	10.982	12.338	33.924	36.781	40.289	42.796
23	9.260	10.196	11.689	13.091	35.172	38.076	41.638	44.181
24	9.886	10.856	12.401	13.848	36.415	39.364	42.980	45.559
25	10.520	11.524	13.120	14.611	37.652	40.646	44.314	46.928
26	11.160	12.198	13.844	15.379	38.885	41.923	45.642	48.290
27	11.808	12.879	14.573	16.151	40.113	43.195	46.963	49.645
28	12.461	13.565	15.308	16.928	41.337	44.461	48.278	50.993
29	13.121	14.256	16.047	17.708	42.557	45.722	49.588	52.336
30	13.787	14.953	16.791	18.493	43.773	46.979	50.892	53.672
40	20.707	22.164	24.433	26.509	55.758	59.342	63.691	66.766
50	27.991	29.707	32.357	34.764	67.505	71.420	76.154	79.490
60	35.534	37.485	40.482	43.188	79.082	83.298	88.379	91.952
70	43.275	45.442	48.758	51.739	90.531	95.023	100.425	104.215
80	51.172	53.540	57.153	60.391	101.879	106.629	112.329	116.321
90	59.196	61.754	65.647	69.126	113.145	118.136	124.116	128.299
100	67.328	70.065	74.222	77.929	124.342	129.561	135.807	140.169

参考文献

- 統計学のテキストは多い，文科系向きのものとして
  - ［1］ 田中勝人『基礎コース　統計学』新世社，1998年．
  - ［2］ 宮川公男『基本統計学　第3版』有斐閣，1999年．
  - ［3］ 森棟公夫『統計学入門　第2版』新世社，2000年．
  - ［4］ 大屋幸輔『コア・テキスト統計学』新世社，2003年．
  - ［5］ 岩田暁一『経済分析のための統計的方法（第2版）』東洋経済新報社，1983年．
  - ［6］ 竹村彰通『現代数理統計学』創文社，1991年

をあげておく．いずれも標準的テキストである．［1］［2］［3］［4］はほぼ本書と同じレベルであるのに対して，［5］はややレベルが高く，［6］はさらにレベルが高い．

- 回帰分析を中心とした計量経済分析法のテキストとしては
  - ［7］ 白砂堤津耶『例題で学ぶ初歩からの計量経済学　第2版』日本評論社，2007年．
  - ［8］ 森棟公夫『基礎コース　計量経済学』新世社，2005年．
  - ［9］ 山本拓『計量経済学』新世社，1995年．
  - ［10］ 蓑谷千凰彦『計量経済学　第3版』東洋経済新報社，1997年．
  - ［11］ 森棟公夫『計量経済学』東洋経済新報社，1999年．
  - ［12］ 刈屋武昭監修・日本銀行調査統計局編『計量経済分析の基礎と応用』東洋経済新報社，1985年．
  - ［13］ 刈屋武昭『計量経済分析の考え方と実際』東洋経済新報社，1986年．

等がある．［7］［8］は初級者向けの教科書である．［9］［10］はそれらよりややレベルが高く，［11］は時系列分析に関しても話題が豊富である．［12］は実際の分析者用のテキストで，［13］は回帰分析の考え方，景気分析が詳しい．

- 14章で述べた時系列分析については
  - ［14］ 溝口敏行・刈屋武昭『経済時系列分析入門』日本経済新聞社，1983年．
  - ［15］ 山本拓『経済の時系列分析』創文社，1988年．

等がある．[15] はレベルが高い．

- 金融・証券分析について興味のある方は

[16] 刈屋武昭・佃良彦編著『金融・証券数量分析入門』東洋経済新報社，1991年．

を参照されたい．

- 3章で述べたヒストグラムの階級幅の取り方およびそこでの文献については

[17] Kogure, A., *Optimal Cells for a Histogram, Hassakusha*, 1990.

を参照されたい．

- 実際に経済分析をする場合，データについての知識が必要となる．そのための基本的な文献として，以下の2冊をあげておく．

[18] 中村隆英・新家健精・美添泰人・豊田敬『経済統計入門（第2版）』東京大学出版会，1992年．

[19] 廣松毅・佐藤朋彦・高木新太郎・木村正一『経済統計』新世社，2006年．

- 本書でもExcelによる計算方法を説明しているが，Excelによって統計学を学ぶためのテキストは数多く出されている．そのうち，以下の2冊だけをあげておく．

[20] 渡辺美智子・神田智弘『Excel徹底活用　統計データ分析　改訂新版』秀和システム，2008年．

[21] 縄田和満『Excelによる統計入門［Excel2007対応版］』朝倉書店，2007年．

- 3章，4章で述べた所得分配の不平等に関しては，以下の2冊を引用した．

[22] 大竹文雄『日本の不平等』日本経済新聞社，2005年．

[23] OECD, *OECD Economic Surveys: Japan 2006*, OECD Publishing, 2006.

索引

【ア行】

iid　173
iid データ　228
RSS →残差 2 乗和　344
RDD 法　238
一様分布　207
一致推定量　282
一致性　282
移動平均　94
ウェイト　77
AR モデル　396
F 検定　389
F 比　361
F 比 1 の基準　362
F 分布　389
MSE　280
エンゲル関数　364
オープンエンドの階級　54

【カ行】

回帰係数　345
　　——の仮説検定　378, 387
　　——の信頼区間　376, 387
回帰直線　345
回帰分析　8, 333
回帰方程式　345
階級　49
　　オープンエンドの——　54
階級値　56
階級幅　55
階級幅調整済度数　57
χ^2（カイ 2 乗）分布　291
χ^2 分布表　436
確率関数　138
確率分布　138
確率変数　137

　　——の標準偏差　144
　　——の分散　142, 405
　　——の平均　140, 405
離散化——　194
離散的——　137
確率密度関数　195
家計調査　26
可算個　39
加重平均　77
仮説検定　302
片側検定
　　母比率の——　315
　　母平均の——　311
片側検定問題　305
頑健→ロバスト　86
完全平等線　63
ガンマ分布　209
幾何分布　187
幾何平均　93
棄却　304
棄却域　306
棄却点　307
記述統計　11
基準化　120
　　——の効果　132
基準化確率変数　148
基準化変量（基準化統計量, 標準化変量）　120
期待値　140
　　——の性質　144
期待度数　324
帰無仮説　304
CAPM　391
級限界　55
共分散　164, 339
寄与度　33
均等分布線　63

区間推定　266
クロス集計　59
クロスセクションデータ　21
経済成長率　32
系統抽出法　237
決定係数　351
　　修正——　359
検定
　　F——　389
　　ジャーク・ベラ——　330
　　正規性の——　329
　　相関係数の——　398
　　適合度——　325
　　独立性の——　326
　　分割表の——　327
　　分散の——　329
検定統計量　307
効率性→有効性　280
誤差項　369
　　——に関する標準的仮定　369

【サ行】

最小2乗残差　345
最小2乗推定値　344, 362
　　——の導出　409
最小2乗推定量の標本分布　371, 386
最小2乗法　344
最小分散不偏推定量　281
採択　304
最頻値　89
最尤推定値　296
最尤（推定）法　294
最良線形不偏推定量　281, 411
残差　342
残差2乗和（RSS）　344
残差分散　347
算術平均　93
散布図（相関図）　334
サンプリング→標本抽出　226
サンプル→標本　11, 226
時系列グラフ　22
時系列データ　22
時系列分析　22
自己回帰モデル　396
事後確率　161

自己共分散　395
自己相関係数　395
支出弾力性　364
指数分布　208
事前確率　161
視聴率調査　224
失業率　43
実質化　30
実質データ　30
質的データ　38
ジニ係数　66
四分位数　88
四分位範囲　115
四分位偏差　115
四分位歪度　130
資本資産評価モデル　391
ジャーク・ベラ検定　330
収益率　31
重回帰分析　354
修正決定係数　359
自由度　111, 121, 256
自由度修正済決定係数→修正決定係数　359
自由度調整済分散　111, 289
周辺確率　153, 213
周辺確率分布　154, 405
周辺密度関数　213
受容域　307
順序統計量　85
条件付確率　156, 213
条件付密度関数　213
消費者物価指数　30
所得格差　60
信頼区間　266, 270
　　母比率の——　273
　　母平均の——　269
信頼係数　266, 270
推測統計　12
推定　226
　　区間——　266
推定値　247, 345
推定量　247
　　一致——　282
　　最小分散不偏——　281
　　最良線形不偏——　281, 411

索引　441

不偏──　278
スタージスの公式　69
ストック（変数）　20
正規確率変数　199
正規性の検定　329
正規分布　199
正規分布表　202,434
正規方程式　366
正規母集団　250
正規密度関数　199
正の相関　336
説明変数　350
全数調査　231
尖度　127,148,261
増加寄与率　33,42
相関係数　341
　──の検定　398
相関図（散布図）　334
相対度数　49
相対貧困率　88
層別（層化）抽出法　235
総和記号　78

【タ行】

第1種の誤り（過誤）　309
第2種の誤り（過誤）　309
対数尤度　296
代表値　76
対立仮説　304
互いに独立に同じ分布に従う→iid　173
多重共線性　388
多段抽出法　236
ダービン=ワトソン比　402
ダミー変数　403
単回帰分析　354
短観　38
単純集計　59
単純平均　78
単純無作為抽出法　233
チェビシェフの不等式　283,408
中央値　85
中心極限定理　250-255
定常時系列　394
t値　380,387
t統計量　256

t分布　256
t分布表　259,435
ディフュージョン・インデックス　36
データ
　クロスセクション──　21
　時系列──　22
　実質──　30
　質的──　38
　名目──　30
　離散的──　40
　量的──　38
　連続的──　40
適合度検定　325
点推定　266
等間隔抽出法　237
統計的推論　226
統計量　246
　一致──　282
　t──　256
同時確率　151,213
同時確率分布　153,405
同時（確率）密度関数　214,407
独立性（独立である）　170,214
　──の検定　326
度数　49
度数多角形（度数曲線）　52
度数分布表　49
　──からの分散の計算　108
　──からの平均値の計算　81
　──からのメディアンの計算　86
トレンド　391

【ナ行】

2項確率　150
2項試行　149,176
2項分布　180
2次元確率密度関数　213
日銀短観→短観　38
日銀ディフュージョンインデックス　38

【ハ行】

パスカル分布　189
外れ値　77
パラメータ　246
範囲→レンジ　114

ヒストグラム　52
被説明変数　350
左スソが長い分布　92
左に歪んだ分布　92
P 値　383, 387
非復元抽出　227
標準誤差　284
標準正規分布　201
標準正規分布関数　202
標準偏差　105
表側　24
表頭　24
標本　11, 226
標本抽出　226
標本調査　231
標本の大きさ　48
　——の決定　284
標本比率　247
　——の標本分布　247
標本平均　239, 246
　——標本分布　239
復元抽出　228
物価指数　29
負の2項分布　189
負の相関　336
不偏推定量　278
不偏性　278
不偏分散　111
BLUE →最良線形不偏推定量　281, 411
フロー（変数）　20
分割表の検定　327
分散　105
分布
　一様——　207
　F ——　389
　χ^2 ——　291
　ガンマ——　209
　幾何——　187
　指数——　208
　正規——　199
　t ——　256
　2項——　180
　パスカル——　189
　左スソが長い——　92
　左に歪んだ——　92
　標準正規——　201
　負の2項——　189
　ポアソン——　185
　右スソが長い——　92
　右に歪んだ——　92
分布関数　202
平均
　移動——　94
　加重——　77
　幾何——　93
　単純——　78, 93
平均2乗誤差　281
平均値　76
　——の差の検定　319
平均偏差　115
ベイズの定理　159
ベルヌーイ試行→2項試行　149, 176
偏回帰係数　358
変化率　31
偏差　82
　平均からの——　82
偏差2乗和（偏差平方和）　84
偏差値　124
変動係数　112
ポアソン分布　185
母集団　11, 225
母集団回帰モデル　368
母集団重回帰モデル　385
母数→パラメータ　246
母（集団）比率　247
　——の片側検定　315
　——の信頼区間　273
　——の両側検定　318
母（集団）分散　239
　——の信頼区間　291
母（集団）平均　239
　——の片側検定　311
　——の信頼区間　269
　——の両側検定　317

【マ行】

マルチコ→多重共線性　388
右スソが長い分布　92
右に歪んだ分布　92
密度関数　195

無限母集団　15, 228
無作為抽出法　232
無相関　336
名目データ　30
メディアン→中央値　85
モード→最頻値　89

【ヤ行】

有意水準　306
有意抽出法　232
有限母集団　14, 227
有効性　280
尤度　295
予測値　345

【ラ行】

乱数　233
ランダムサンプリング　232
離散化確率変数　194
離散的確率変数　137

離散的データ　40
リスク　111
リターン　109
両側検定　318
　母比率の──　318
　母平均の──　317
両側検定問題　304
量的データ　38
臨界値　307
累積相対度数　51
累積度数　50
レンジ　114
連続的データ　40
労働力人口　43
労働力率　43
ロバスト　86
ローレンツ曲線　62

【ワ行】

歪度　126, 148, 261

著者紹介

刈屋　武昭（かりや　たけあき）

1944年浜松市生まれ．一橋大学経済学部卒業．ミネソタ大学 Ph. D．九州大学理学博士．一橋大学経済研究所教授，みずほ第一フィナンシャルテクノロジー（MDFT）理事，京都大学経済研究所（KIER）教授を経て，現在，城西国際大学特任教授，明治大学専門職大学院グローバル・ビジネス研究科長，KIER 客員教授，MDFT 研究理事，アメリカ数理統計学会フェロー，日本価値創造 ERM 学会会長．日本金融証券・計量工学学会会長（1993-97年），日本不動産金融工学学会会長（2001-05年），日本保険・年金リスク学会会長（2003-06年）．日本統計学会賞，日本金融証券・計量工学学会賞受賞．主要著作に，『債券計量分析の基礎と応用』（東洋経済新報社，1995年），『非線形経済時系列分析法とその応用』（共著，岩波書店，1997年），『金融工学の基礎』（東洋経済新報社，1997年），『信用リスク分析の基礎』（東洋経済新報社，1999年），『金融工学入門』（共著，東洋経済新報社，2002年），*Generalized Least Squares*（John Wiley, 2004, 倉田博史氏と共著）等，多数．

勝浦　正樹（かつうら　まさき）

1961年東京都生まれ．早稲田大学政治経済学部卒業．同大学経済学研究科博士課程単位取得．現在，名城大学経済学部教授，文化経済学会＜日本＞会長．主要著作に，『経済・経営・商学系の Macintosh 入門』（共著，講談社，1994年），『ワーク・ライフ・バランスと日本人の生活行動』（共編著，日本統計協会，2010年）等．

統計学　第2版〈プログレッシブ経済学シリーズ〉

2008年8月14日　第1刷発行
2022年12月16日　第9刷発行

著者　刈屋武昭／勝浦正樹
発行者　駒橋憲一

発行所　〒103-8345　東京都中央区日本橋本石町1-2-1　東洋経済新報社
電話　東洋経済コールセンター03(6386)1040

印刷・製本　港北メディアサービス

本書のコピー，スキャン，デジタル化等の無断複製は，著作権法上での例外である私的利用を除き禁じられています．本書を代行業者等の第三者に依頼してコピー，スキャンやデジタル化することは，たとえ個人や家庭内での利用であっても一切認められておりません．
© 2008〈検印省略〉落丁・乱丁本はお取替えいたします．
Printed in Japan　ISBN 978-4-492-81299-0　https://toyokeizai.net/